# 近世政治空間論

裁き・公・「日本」

杉本史子

東京大学出版会

Early Modern Political History in Terms of Spatial Theory:
Judgements, Public Sphere, and "Japan"

Fumiko SUGIMOTO

University of Tokyo Press, 2018
ISBN 978-4-13-020155-1

# 目次

# 序章　空間と主体の近世政治史

本書をまとめるにあたって企図したのは、近世史研究の成果に空間論的視点を導入した新たな政治史である。各部表題の「政治空間」には、以下の三種を含意している。まず、政治的に作出された空間（ここでは仮に、政治空間αと呼ぶ）であり、次に、政治的意味を付与された空間（政治空間β）である。そして、社会のなかから政治的意味が発見され自発的に創出される場・空間がある（政治空間γ）。本書の三部構成は、この文脈からは、次のように位置づけられる。本書第一部では、政治空間αのひとつとして江戸城をとらえ、そのなかでの裁判とはなにかを問い直す。裁判の場もまた政治空間αの一種であるとともに、後述するように、諸身分によって多義的な意味づけをなされていた。また本書では、太平洋が政治空間化（政治空間β）するなかに近世「日本」を置く（第二部）。このように、いわゆる国内支配の問題を孤立してとらえるのではなく、一八世紀以降の「日本」が、海洋把握の変化と蒸気船によって太平洋が政治空間化していくそのただなかにあったことに注目し、その意味を問うというスタンスは、本書の大きな特色をなしている。[1]政治空間としての「日本」も変容を遂げていく。そして、これらと密接な関係をもってあるいはこれらに対する批判のなかに、近世「日本」における政治空間γが立ち上がってくる。ある種の書画会、開成所（開成所は、蕃書調所、洋書調所など、その名称を何度も変更されているため、以下、本書では、煩を避けて、開成所と総称する）に代表される制度化された自発的な社会的結合の場、「非公式会議」、戊辰戦争期の議会等をここでは想定している（第三部）。以上の説明からも明らかなように、ここでいう政治史とは、狭い意味での政治機構論・権力編成論ではない。[2]

裁判史研究・情報論・出版史・芸能論・洋学史研究という枠組みを超えて、近世後期社会の変容と新たな世界の希求を明らかにしていくことをめざした。藤田覚の、「江戸時代後期に生きた「庶民」の生産、生活、文化のさまざまな面での巨大な変化こそが、江戸時代の政治や社会を突き崩し、近代の歴史を準備したもっとも深部の力である」という見方をここでは、共有している[3]。

本書の目的は、より具体的には、近世後期から幕末維新期の政治史を複数のレベルの具体的な空間のなかに置きなおし、下記の独自の視点から、その特質を描き出すことに置かれる。まず、マクロのレベルとしては海洋における国際的情報共有という大状況に注目し、近世日本社会とその情報空間の変化について論じる。次に、研究史上「幕府」と呼ばれてきた政治権力の中心部を、城と都市の重なり合う空間である「江戸城」のなかに置き直し、「天下の公儀」（本書第一章参照）の特質と限界性を裁判から明らかにする。そして、近世の政治社会の重要な主体[4]（次節の空間と主体についての記述、第一章第一節1参照）として、身分的中間層に加えて「身分的周縁としての文化[5]」を紐帯にして形成されつつあった圏や場（後述）を創り上げた人々を、また、いわゆる為政者だけでなく知識人層を、浮かび上がらせる。

以下本章では、第一節で、本書全体に関わる空間論的視点について述べ、第二節において、第一部から第三部各部に関わる研究史を押さえたうえで、本書の視角を提示する。なお、各章に関わる研究史については、それぞれの章において論じる。また、各部・各章を横断するテーマについての総括と展望については、終章において記述したい。

## 第一節　歴史研究における空間論的視点

当時の人々がどのような世界イメージを持っていたのか、そして、人々が自分たちを取り巻き支えている世界をどのように可視化し手中に収めようとしてきたか、これらの点は、現代の私たちと必ずしも同質ではない。彼ら独自の世界観をふまえなければ、彼らの考えや行為の意味を正しく理解できない。歴史研究における空間論的視点の根底に存在するのは、第一に、歴史分析には、歴史的主体とそれを取り巻く世界の問題を視野に入れる必要があるという視点である。[6]

第二に、「空間の問題は政治の問題」である。[7] 空間を理解し移動する発想や方法もまた、時代や地域によって一様ではない。空間論的視点のなかでは、人々はその時代固有の具体的空間のなかで行動・移動し他者やモノを認知する生身の身体をもった存在として様々な行為を行う主体としてとらえられる。[8] 支配の側がそれをいかに統制しようとしたか、あるいは権力闘争の場でそれがいかに争われたかを、自覚的・具体的に追究する視点が浮かび上がってくる。

第三に、社会の側からの主体的動きを分析する際にも、空間論的視点は有効である。人々が生きるために、いかに独自の領域・空間や場を作り上げ世界や社会のなかに自分たちの位置を獲得しようとしてきたかを問う視点は、土地に対する実際の開発行為のみならず、商行為を行う場、自発的な社会的結合の場などを抽出することを可能とする。

これらとは別に、研究方法上の空間論的視点というべきものについても、述べておかなければならない。本書終章で述べるように、本書全体の底流にあるのは「身分社会における公とは何か」という問いであるが、異質の他者を認識することが公の成立と深く関わるならば、たとえば「公共圏」といった、複数の質の異なる要素を同時に俎上に載せて考察することを可能とする空間的な問題のとらえ方[9]はこうした分析にこそ有効と考えられる。その圏において質の異なる複数の要素が相互に衝突や交渉していく、またそれらの圏自体成立した瞬間に掘り崩されていく、逆に社会のなかで自己運動・増殖していく、その営為のなかに、矛盾、紛争、コミュニケーションを含んでいる。こうした動態的歴史把握を、空間論的視点は可能とする。

以上のような歴史研究における空間論的視点は、本書の孤立した視点ではなく、実は、日本における近世日本史研究においても、共同体論・村落史・都市史・国家支配・外交史・文化史にわたって成果を生み出しつつある。この点は研究史的にはあまり自覚化されてこなかったので、ここでまとめておこう。

歴史を分析するには当時の人々の具体的な世界観・地理認識をふまえることが必要という認識は、「空間の歴史」として構想されたフェルナン・ブローデル『地中海』[10]の影響もあり、今日学界に共有されているといってよいだろう。[11]吉田伸之が都市を空間としてとらえ（次節）、荒野泰典が世界図分析による各時代の具体的な世界観を明らかにしたうえでの外交分析の必要を論じたことに代表されるように、[12]世界史把握、社会の基礎構造、国家支配の問題、都市・身分制研究、村落史、幕末史、文化史、美術史など各分野で、第一から第三の空間論的視点を導入した成果が蓄積されつつある。[13]

これらの成果は、政治史的には、境界や周縁もあらかじめ存在するものではなく、このダイナミクスのなかで創出され絶えず問い直されていくものであり、また「国家」権力が上から一方的に設定するものではないことを明らかにしている。たとえばかつて塚本学が提示した「「国家公権」が境界領域を決するのは当然で、領主権とは別のレベルであろう」というとらえ方[14]では、幕府評定所で取られた場所熟談——用水や新田開発などの出入はただちに出訴を受理することはせず、現地での解決を慫慂した——という原則すら説明しえないであろう。本書第一部は、右のような「国家」のとらえ方に対する問い直しでもある。[15]

日本における近世史研究における、研究方法としての空間論的アプローチ・歴史叙述としてここで注目したいのは、塚田孝の、近世日本において幕府法廷へと問題が浮上することを「「政治社会」レベルへの浮上」ととらえるという見方である。[16]近世において裁判という場は、現実社会に大きな意味をもちながら、独自のルール（一種の訴訟法の形成）と、学習すべき法廷技術によって成り立つ、一種の自律した世界を形成し始めていた。[17]このような場の形成に対処する戦略として、幕府評定所での出入筋裁判を有利に進めるために、地域連合が利用されることもあった。[18]このような場と社会の関係について、塚田は、「レベル」「浮上」という空間論的な言説を使って、社会のなかでの裁判の占める位置をわかりやすく提示することに成功している。

また、人々が場を共有することの意味は、学問史やコミュニケーションの歴史的検討のうえでも注目されてきている。後述（序章第二節3）するように、かつてのように個人としての思想家や学者だけではなく、身分制社会のなかでの特異な空間のなかの「講習」や「会読の場」[19]、学校という場の歴史的意味が考察の対象となっている。本書においては、情報受容における場の共有にも注目していく（本書第四―六章）。

空間論的視点は、以上のような、ヒトを具体的空間に置き直すことを意味するだけではなく、ヒトが作り上げた諸種のモノや表現も具体的な空間のなかでの具体的な物質性をもった存在としてとらえなおすことにつながる。表現を、単なる内容分析だけでなく物質的側面からとらえ直すという視点[20]は、広く、文学史・書誌学・古書体学・古書冊学など人文学諸分野における表現に対するアプローチの問い直しの問題として展開している。[21]歴史分析の対象となる史料とは何かという歴史分析の基本的な問いもこの動向[22]をふまえて問い直されなければならない。

## 第二節　近世史研究の流れと本書各部の視点

近世史研究の大きな流れは、社会構成体論から、一九六〇年代の幕藩制国家論・変革主体論、一九七〇年代の新たな潮流としての社会史の導入を経て、多様な分野に拡散してきたと総括されている。[23]わたくしは、この過程は次のような注目すべき三つの方向性を持っていると考えている。第一に、身分や集団という社会の基礎概念について借り物の概念ではなく日本列島に展開した歴史のなかから模索・構築することが試みられた。この点については、次の本節1でのべていきたい。

第二に、近世史の各分野を横断する視野をもった研究動向が出てきている。思想史研究の立場からその起爆剤となったのは、支配・思想家の思想史と民衆思想に二分されていた研究状況を克服し武家・思想家のみならず民衆レベルにまで浸透した政治意識を『太平記』受容のなかから探り当てた若尾政希の研究と言えよう。[24]「政治文化」をキータームとして、このような研究成果を包括的にとらえようとする視点からの優れた研究史整理も小野将によりなされている。[25]同時に、横断的な視座をもった研究動向のなかからは新たな論争も生じており、[26]従来の各分野での研究史上の概念や方法論の特質と射程とを見極めたうえでの対話が必要と考えられる。

第三に、一国史・国境を超えた歴史分析が、複数の視点から行われるようになってきている。日本における日本史研究においては、これまで、国家を超えた地域や海域への注目がなされてきたが、二〇〇〇年代に入るとグローバルヒストリーという言葉を冠した新たな世界史把握の模索が姿を見せ始めた。グローバルヒストリーにおいては、当初、国境を超えた物流や境界領域についての分析が主流であったが、支配組織・社会編成・文化や表現まで含めて、ヨーロッパを車輪の中軸と置き他地域を車輪のスポーク的位置に置く世界史の見方を掘り崩そうとする視点[27]がでてきている。[28]既存の実証史学やローカルヒストリーとの対話が期待される。近世日本史研究において、多言語・多国間外交史構築の志向のもとで、「日本」の政治や社会を、国内史・対外史という区分を超えて世界の動向と連動した視野のもとに捉え直そうとする研究成果が出されている。開港前夜の国内政治をオランダ語史料の描く世界の動向をふまえて分析した横山伊徳『日本近世の歴史5　開国前夜の世界』（吉川弘文館、二〇一三年）、主に一八世紀から西南戦争までを描き通した宮地正人『幕末維新変革史』（上下、岩波書店、二〇一二年）は、こうした世界史把握のなかでの近世後期から近代日本を見事に描き出している。

### 1　第一部　政治空間としての江戸城と裁判――「天下の公儀」を問い直す

本書第一部では、近世の政治体制と裁判を、空間論的視点を導入して問い直す。ここで押さえておきたいことは、前述したように、日本における近世日本史研究は、歴史段階を規定するものとしていわゆる下部構造（経済的土台）に注目する経済一元論的見方や、「世界史の基本法則」をいかに日本列島やその周囲の地域に見出すかという視点から脱皮し、日本列島上に生起した歴史事象についての具体的で精緻な分析の上に立って、独自の身分論・集団論を構築したうえで社会編成・支配の問題、権力論まで含めて論じた成果を生み出してきたことである[29]。ここでは、この動向のなかで、社会の基礎単位の再定義から支配の仕組みや権力編成の問題まで組み込んで論じた代表的論者である、朝尾直弘と高木昭作を取り上げ、その議論の意味と本書の位置を確定しておきたい。

近世の身分や共同体という歴史を分析するための基礎概念についての独自の理解を示し、近世史理解に大きな影響を与えたのは、朝尾直弘である。朝尾は、石母田正の身分理解を批判し、直接生産過程＝階級関係と、社会体制としての身分制の問題とを区別してとらえる視角を導き出した。そして、身分は、階級と異なり、「地方的である」との見方を提示した。町人や村人の身分は第一次的に町と村が決定し、国家や権力はそのあとで自分たちの身分制度の網をかぶせたとの理解を示した。この見解は、次に述べる高木の、身分は国家的役割に本質的に規定されるという身分理解との間で論争を引き起こし、身分制、身分と国家・社会の関係という近世史全体に関わって研究を刺激していった[30]。

朝尾は、町や村の本質は「地縁的・職業的身分共同体」であるとの理解を示し（朝尾直弘『朝尾直弘著作集』第7巻、岩波書店、四一頁[31]。以下「著作集」と略称する）、従来の封建的共同体論から転換した。日本の歴史のなかから、歴史主体としての身分集団を発見したのである[32]。このことは、後述する社会集団論にも影響を与え、近世社会についての理解を大きく前進させた。朝尾は、血縁や家族を超えた地縁団体として独自の論理を成長させていった中世末の惣村に注目し、そのような惣村から近世の村や町が発生してくるとした。朝尾によれば、それぞれ「公共」の観念を形成させつつあったこの町・村は、「将軍権力」により史上初めて社会的制度として公認された。領主階級の主従制は被支

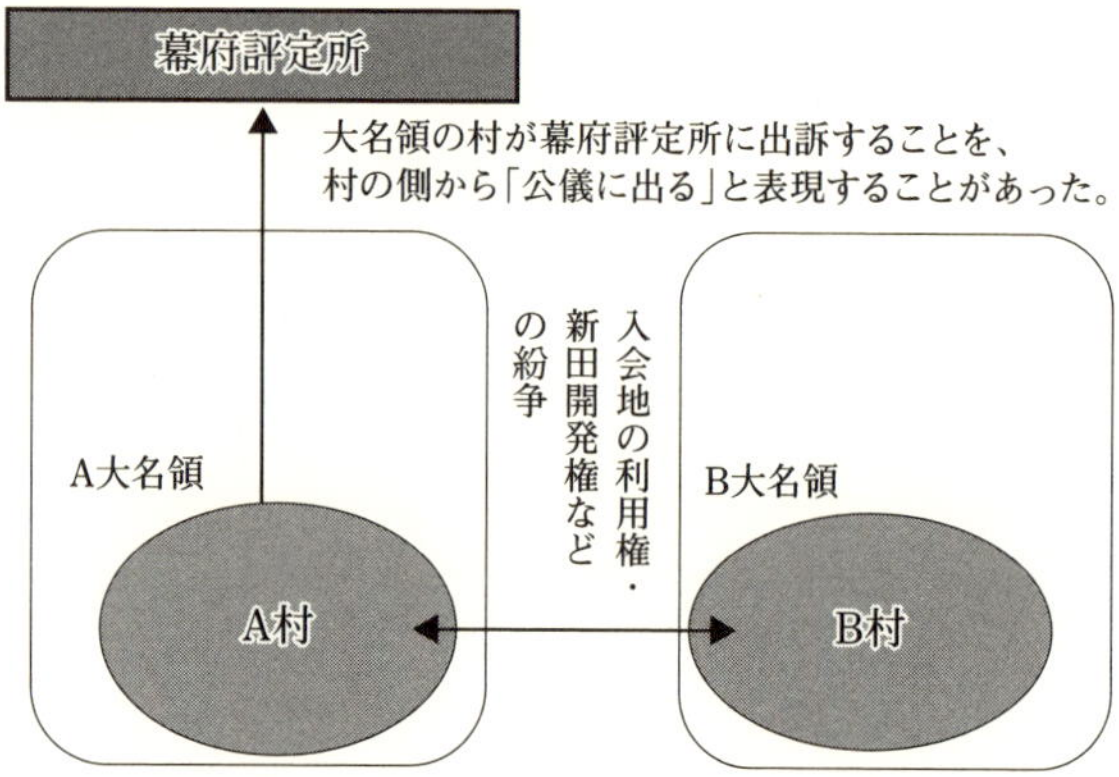


**図1**　公儀に出る

注）杉本史子『領域支配の展開と近世』（山川出版社，1999年，270頁），本書第二章第三節参照．

配層まで貫徹せず、領主集団と領民集団は一種の契約関係を結んだ（著作集3、三四九―三五七頁）[33]。

近世日本では、権力の公的側面を表現するとき武家権力側の自称として「公儀」が用いられていた。もちろん、この場合公権力とは、あくまで、身分制社会におけるそれであり、近代的な国民主権にもとづいた公ではない。「公儀」を代表するのは幕府や国持大名であった。しかし同時に、民衆側から、幕府の法廷に出訴する場合「公儀に出る」と表現することがあった（図1）。次の朝尾直弘の成果にみられるように、このような用例が成立しうること自体が、近世社会の達成を示している。

朝尾によれば、「公儀」は中世末に、諸国の在地領主の相互保障のための組織として形成された。そして、織田信長により、兵農分離をとげた武家領主の普遍的な利害を代表する機構として再生した。近世の「公儀」は将軍と大名＝武家領主の集団保障体制であったが、その編成は第一人者の「家」の体制として表れた。一方で、朝尾は、「公儀」たる領主は、町・村を主従制のなかに組み込めなかったと評価した。公権は、各階層に法的・事実的に分有され、「公儀」は重層する公権を包摂しきるには至らなかったのである（著作集3、二四八―二五一頁、三五〇頁）[34]。

朝尾は、近世の社会編成についてはこのように理解したうえで、イデオロギー上では、「寺院や神社もこの新しく編成された貴族の集団（法制上は頂点に位置し、また最高の司祭としての機能を持った天皇と公家集団を将軍権力が保護・編成し、新たな任務をあたえて再生させたものを意味する――杉本補足）のもとに位置づけられたため、ムラやチョウの共同体の枠内にあった「公共」的な観念も、究極的には、かれらの神や仏たちとともに、将軍権力を中核とする「公儀」イデオロギーのもとに吸収され、収斂していく構造をもっていた」（著作集4、一八一頁）[35]とまとめた。「公儀」は、地縁的共同体を基礎とする近世社会の達成であるとともに、社会を編成し覆うものであった。

本書第二章・第三章では、朝尾がかつて「評定所が公武寺社をつうじ最高の裁判機関として成立し、ここに公儀は名実ともに将軍＝幕府を指すものとなったのである」と述べ「公儀」の最も重要な機関として位置づけた評定所の裁きとは何であったかを問い直す。なお、本書では、近代的な判決とは異なる面を持つ近世権力の決定を、滋賀秀三『清代中国の法と裁判』（創文社、一九八三年、一四八、二二七頁）の用法をふまえて、「裁き」と呼びたい。ただし、本書第三章で明らかにするように、徳川政権の裁きは、清の裁きと同質な面と異質な面とを併せ持っていた。

一方、精緻な史料解釈のなかから、独自の近世の国家支配像・社会編成論を打ち出したのは、高木昭作である。高木は、かつての、領主の土地所有に基づく「経済外強制」による支配の実現という考え方とは異なる独自の社会編成の枠組みを提示し、近世史研究をリードした。高木の議論は多岐にわたるが、本書に関わる支配と社会編成の問題については次の諸点を挙げることができよう。高木は、(1)将軍権力が、大名に対する主従関係や領主的土地所有だけでなく伝統的国制を引き継いだ国家的支配・被支配関係をも有していたことを国奉行や国役を取り上げて論じ、(2)丸山眞男の「兵営国家」という用語を近世に適用させ、武士だけでなく、百姓・職人等の庶民に至るまで軍事動員を軸として国家に編成されたとの理解を提示した（役―身分論）[36]。(3)さらに高木は、大塚久雄『共同体の基礎理論』（岩波書店、第一刷は一九五五年）をふまえて、近代的な所有論ではなく、近世の宗教・呪術観・自然観・世界観をふまえた、国土の「領有」像を提示した[37]。こんにちでは、役―身分論については見直しが始まっており、また高木が(3)から導き出した、あらゆるものの権能を天皇に求める近世史理解も批判の対象となっている[38]。しかし、近世領主の軍事政権としての側面を国家論にまでまとめあげたその成果は今なお多くの示唆に富んでいる。

近世において国家的領有が現地での領有を包摂していくとする高木の理解に対し、杉本史子『領域支配の展開と近世』（山川出版社、一九九九年、一〇頁）は、この二つの領有は近世においてもなお矛盾と相克を内包しつつ展開していくという見解を提示した。本書第二章・第三章では、この視点をさらに発展させ、高木が上述の動きの要に据えた評定所を、都市と城という両方の空間のなかに置き直すことで、裁判の裏面の政治的人脈工作の総和だけでは、その裁きのあり方はとらえきれないこと、また裁き自身が抱えていた矛盾と限界性を明らかにする。

その前提として、第一章では、いわゆる「幕藩制国家」において複数の裁判権が並立していたことに注目する。政体の複合的構成と複数裁判権の併存のなかで出される幕府の判決とは、何であったかという問いがここに生まれてくる。本書第一章第二節においては、将軍家―大名家の権力編成の試金石となっていた複数支配にわたる紛争（「支配違江懸る出入」）を裁く裁判が、社会の側から本来の趣旨とは異なる、実質的な上訴として利用されていたことの意味を、比較史的視点も視野に入れながら整理する。

第二章では、まず江戸城を外堀の範囲まで含む惣構全体としての政治空間（政治空間 α）としてとらえたうえで、その分節化を試みる。江戸城は「城内」＋吹上御庭という〈中核空間〉と、その周辺曲輪＝〈境界空間〉の複合としてとらえることができる。〈境界空間〉とは、これまで政治史研究と都市史研究のそれぞれの研究がバラバラに進められてきたなかでは必ずしも認知されてこなかった、城と都市の両面を持った政治空間である。徳川政権は、「公儀」の権力編成を担う〈中核空間〉と、社会的機能を主に担う〈境界空間〉の両方を政権の空間的基盤の中心に置いていた。このような理解のうえに立って、それらに置かれた諸役所は成熟した都市的機能に依拠して業務を遂行していたことを、評定所を素材に具体的に論じていきたい。

すでに都市史研究においては、吉田伸之[39]により、都市空間とは、異質な要素が共在する空間であるという見方が出されてきたが、江戸およびその周辺は支配関係・主従関係にない武士や百姓町人が一つの地域に混在する特異な地域であり、上から設定された法・規範などとともに、その実際のありよう自体が身分制社会の現実を規定していた[40]。この点は近世身分論の問題に止まらない[41]。徳川政権の日常的な政治運営がこうした空間のなかでなされていたという視点は、政治史を人脈関係分析で事足れりとする研究視角に対しても再考を促すものと考える。

以上をふまえたうえ、第三章では、「公儀」の裁きを問い直す。第三章で明らかにするのは、現代の裁判判決とは異なり、江戸幕府評定所は、出入筋裁判において多様な裁許方式を採用し、意識的に使い分けていたこと、そして実際の裁判のなかでは、評定所は、本来当座の解決を受諾することを誓約させる裁許方式を、最も確定力をもった裁きを適用すべき裁判や、担当奉行の交代後も裁許を遵守することを誓約させるべき裁判に対しても、拡大使用するという、弥縫策をとらざるをえなくなっていたことである。裁判手続きは精緻化する一方、幕府倒壊までの半世紀は、実質的には、判決の確定性を後退させる裁きの運用が行われていたことが、ここで明らかにされる。

## 2　第二部　政治空間化する太平洋と「日本」――地球的世界のなかの表現と公開

第二部では、世界的規模での空間観念の変容およびそのなかでの情報共有の動向と、「日本」の対外関係・政治史・情報史とを有機的にとらえることをめざす。ここでいう「地球的世界」とは、かつて山口啓二が幕藩体制の成立を「地球的世界の形成」の中に置いたことをふまえている[42]。

さらに、一八―一九世紀、「日本」の周囲に、新たな政治空間（政治空間$\beta$）が出現しようとしていた。第五章では、イギリスを中心に世界的規模で推進された新たな海洋把握と情報共有、蒸気船の登場という世界情勢の変化のなかで、島々の集合体である「日本」に対する視点の変化が生じていたことをまず明らかにする（終章参照）。そのなかで、幕府洋学教育・研究機関であった開成所は条約締結国に向けて出版する官板「日本図」に、「日本」をどのように範囲まで掲載するかという問題を幕府に突きつけていく。同時に、開成所は、出版日本図に対してこれまでにない質の検閲を提案し実施していった。外交に携わった経験は、彼らの情報に対する見方を変えていったのである[43]。

彼らの前にあった近世「日本」社会では、すでに、急速に一般化した民間商業出版が社会のありようを変容させていた。第四章では、社会のなかから分散的に発信された表現・情報（本書では社会情報と呼ぶ）[44]に注目し、近世に急速に一般化した民間出版と結びつき社会の側から築きあげられてきた「公開」のありかたの特質を探る。

以下、社会情報をめぐる研究動向と本書の位置について述べておきたい。近年、近世情報論（本書第四章）、思想史、近世文学[45]、出版史・書籍論[46]、芸能史[47]、美術史の分野においても、孤立した作品論・作家論・思想論ではなく、近世の身分秩序や政治社会変動のなかで個々の表現をとらえる問題意識をもった成果が急速に出されてきている。政治史の側においても、「虚構」をも含んだ歴史分析の動きがみられ[48]、相互の研究交流が期待されている[49]。文化の商品化とその基盤となる社会構造の具体層を探る「社会＝文化構造」論、江戸の都市社会における文化へゲモニーという視角を提示してきた吉田伸之の議論[50]はこうした動向を推し進める有力な手がかりを提供している。

そのなかで、歴史学の側からの大きな成果として、高橋敏『大坂落城異聞　正史と稗史の狭間から[51]』という、正史からは排除された大坂落城と敗者たちにまつわる稗史を、縁故大名に伝えられたと伝承する口伝や浄瑠璃・地芝居・実録などの広い分野にわたる事象を掬い上げ丹念に分析することで、見事に浮かび上がらせた成果が出された。以下、高橋の成果に胸を借り、その理解の特質と対比させるかたちで、近世の表現と公開についての本書の立場を述べていこう。

わたくしは、戦後歴史学の分析の基軸に置かれてきた支配―被支配のための表現群とは異なる、表現すること自体を目的として作成され消費される表現群と表現主体を、自覚的に歴史分析の対象にすることで、より豊かな近世像が明らかにできると考えている。残念ながら本書に収録はできなかったが、杉本史子「十八世紀、秀吉への謀反を演じるということ――並木正三『三千世界商往来』と近世社会」（藤田達生編『近世成立期の大規模戦争　戦場論　下』岩田書院、二〇〇六年）では、明和九年（一七七二）大坂で上演された、主人公が朝鮮王の力を借り、真柴久吉＝羽柴秀吉に対する謀反を企図するというストーリをもった並木正三『三千世界商往来』を取り上げた。近世日本では現在とは異なり複数の世界像が併存していたことや、『三千世界商往来』が描く「日本」、朝鮮・中国・日本をめぐる国民国家的発想とは異なる統治体制理解・帰属意識の存在、また主人公には密貿易でとらえられた実在のモデルが存在したことを明らかにし、上演時の絵尽（印刷物）のオランダ人画像には長崎版画からの影響がみられることなど、歌舞伎とタイアップした出版物と既存の出版物との複雑な引用関係を指摘した。表現し販売することを目的とした表現群には、それが作りものであるからこそ盛り込まれた、近世人の世界のとらえかたが表明されている。

それとともに、わたくしが注目すべきだと考えるのは、当時の狂言作者たちのありようと自己認識・身分意識である。高橋は、大坂落城ものを書き上げた作者たちを「アウトサイダー」として「幕藩体制」の傍観者的位置にいたと総括した。しかし右の論文で明らかにしたように、「作者」とは日常世界を常に取材し、興行主と共に、人々に向けた表現・販売の意味を練り上げる存在であり、木版出版物に、「作者」としての肖像画を掲載される存在でもあった。その「作者」像の背景には自分の著作物を積み上げた様子が描かれていた（図2）。たしかに彼らは近松門左衛門の言葉を借りれば「世のまかい（紛い）もの」であったが、実は彼らは、身分社会での自らの位置を儒者や草紙・読本作者との差異で測っており、身分制社会のなかにおける自分の位置を考察し

**図2**　並木正三の肖像

出典）『並木正三一代咄』（早稲田大学演劇博物館蔵）

文字で表現する力量をもっていた。幕末の江戸の狂言作者三升屋二三治は、作者として読むべきものまでも、具体的に列挙している。[52]彼らは、身分制社会のなかで、作品だけでなく作者としての自分たちをも社会に向けて発信しようとする発想をもち実現していた。

実録研究[53]が明らかにしてきたように、社会情報の多くは、歌舞伎や、実在の事件・人物を事実を伝える装いのもとに小説風に綴った実録として、物語化された。世相や世の中の新奇な出来事を、既知の物語を土台として、当時の人々に理解しやすいかたちで提示した。「驚くべき出来事」を「その社会が納得できる物語」として落ち着きどころを探り、「物語として位置づけることを通して、現実世界を理解可能な物として可視化する」[54]。その表現を担った、社会情報の大きな部分は、前述したように戦後歴史学の分析の中軸に据えられてきた、支配―被支配のツールとしての表現群（村・町方文書、藩政文書など）とは異なり、表現すること自体を目的として創作され消費される表現群であった。[55]興行主・作者・役者の表現に対する自覚的営為は、歴史学にとって貴重な新しい分析対象になりうる。この表現群の特質を生かした歴史分析の方法論の確立は、今後に残された大きな課題と言える。

高橋は、「歌舞伎や実録の「大坂落城異聞」は、正史と稗史の狭間で生み落とされ、継承され、流布していった。いわば表の正史と裏の稗史が棲み分け状態で共存していた」「江戸時代の人々はこのように勝者と敗者の歴史を受け入れ、使い分ける歴史認識、棲み分けの精神構造をもっていたのではなかろうか」と結論づけている。[56]しかし、精神構造の問題としてとらえる前に、近代的出版統制・情報統制とは異なる、近世身分制の問題と密着した人間観、それらに対する統制の問題を今一度具体的に検討する必要がある。[57]近世の社会情報は、社会のありように密着した多様なメディアの層を持っており、権力の対応も一律ではなかった。歌舞伎については、かつて今田洋三が、享保六年（一七二一）一二月の町年寄から書物問屋に伝えさせた新刊本禁止令について「浄瑠璃本は制外たるへし」とされたことに注目し、芝居小屋の上演や浄瑠璃本は制外とされ、一般の文化統制とは異なる統制、被差別の扱いがなされる一方、

「一般向けの一枚刷り絵図になったとたん発禁にあった」ととらえている。[58] 都市論・身分論の進展は出版にかかわる人々の具体像を明らかにしてきた。絵草紙・一枚摺などの出版物を商品化する中心に位置したのは、地本草紙問屋あるいは草紙問屋と呼ばれる存在であった。幕末期の地本草紙問屋仮組は、才気あふれる多数の絵師を抱え、ブレーンとしての知識人とも交流した。その周辺に板木屋などが存在し、さらに板木屋の周辺には、印判師や板摺職人らの分厚い層があった。板木屋の下職としての武家内職の工房は武家地内にあり、幕府は取り締りが困難であった。こうした状況が、非合法の隠彰・出版を可能にした。[59] 実録の作者の多くは講釈師であり、実録は市販されることはなく貸本屋からのみ提供され、書写されて伝播していった。[60] 刊行物の世界では流通を許されないレベルの情報も、写本の世界では事実としては流通していた。[61] 庶民が政治を解釈したり発信するということ自体が為政者にとってはあってはならないことであった身分制社会のなかで、多様な社会情報がどのような身分とどのようなメディアによって担われたのか、どの局面において統制されたのか、今一度再考することが必要であろう。

第四章は、こうした視点から、特に社会情報を担った近世特有のメディアのありかたに注目した。近世においては、第一に、ネットワークや孤独な黙読[62]だけではなく、劇場や祭礼など、多くの人々がひとつの空間と体験を共有するという享受のありかたが大きな意味をもっていた。この社会空間は諸身分が集う場であった。第二に、歌舞伎や口舌文芸の持つ身体表現[63]は、近世日本に発達した民間出版と結びつき、強い伝播力を獲得した。この、場を共有して享受される歌舞伎などの身体を使った表現と錦絵や番付類など民間出版とが結びついた情報のありかたを第四章では「近世的公開メディア」と総称する。

「公開」の発想を欠いていた近世社会のメディアに、あえて「近世的公開メディア」という名称を与えた意味は第四章に論述したが、「近世的公開メディア」とは、時事的な報道が禁じられていたはずの近世日本にあって、ネットワークやサロンよりもさらに開かれたレベルで、「日本」の外の世界を日常世界のなかに注ぎこむ目に見えない水路であり、同時に、現実社会を相対化する多様なイメージを生む水源であった。舞台の上から現実社会を再解釈することさえ行われていたのである。社会は自らの方法で政治を凝視し表現する力を蓄えていた[64]。第三部における政治空間γはこの蓄積のうえに姿を現した。

### 3　第三部　新たな政治空間の模索と政体構想

第三部では、一九世紀「日本」で模索された新しい政治空間の希求と政体構想を明らかにする。

近世から近代への展開について、かつてのウクラード論や世直し状況論を超えて描き出す、新たな移行期論は未だ提起されていない。本書もその課題に全面的に答えうるものではないが、次のような視点でこの問題にアプローチしていきたいと考える。まず朝尾直弘がかつて注目した支配—被支配の中間層[65]とは別のレベルの、文化・学問を媒介項とした身分横断的な圏や場に注目し、一九世紀前半を、新たな政治空間（政治空間γ）の創出の可能性をもった歴史段階として浮かび上がらせていく。次に、日本の近代化過程において「「政治社会」レヴェルでの身分制の全否定を含めた転換がなぜいかにして起こり得たのか[66]」という問いに対しては、研究史上「蘭学者」「洋学者」と呼ばれてきた人々を、世界的規模での政治的変動期（本書第六章）にあってある意味学問ネットワーク・結社といった自発的な社会的結合[67]と国家論の交差する地点に立っていた存在ととらえ、彼らが既存の政治社会をどのようにとらえ、何を否定し何を希求したのかという視点から検討していきたい。彼らが訳したオランダ書のなかには、「「国」から独立した諸個人が横に繋がる形態」としての「マートシカッペイ」、すなわち小関三英のいう「会社の党」が散見されたのだ[68]。

ここではさらに、昌平坂学問所や開成所といった学校にも、こうした自発的な社会的結合としての性格を見出すことができることを指摘したい。近年、昌平坂学問所をはじめとする「既存の政治組織でない、学派とか学校（藩校・郷校）などが重要な政治基盤として機能する[69]」側面が指摘されている[70]。これらの教育・研究機関は、本来は幕臣教育機関だったが、実際には、多様な出自の出身者に依存していた。彼らは、既存の政治秩序・出自をある意味断ち切った立場での発想をも獲得していった。学問所では多様な身分出身者が御儒者の門弟という資格を得て入学した。藩士たちにとっては藩を離れた一種の留学先であり、選ばれたエリート集団として「縁を離れた」議論も可能だった。

こうした視点から、本書で注目したのは開成所である。開成所に一八六〇年前後に採用されたのは、多くは洋学を学ぶために一旦脱藩を敢行したり家から勘当をうけた人物たちであった（第七章表1）。開成所採用後は出身藩とつながりを回復した者が多かったとはいえ、身分制社会のなかにおいて自らの出自を断ち切るという個人としての自発的決断が彼らのキャリアの本質をなしていた。

このように、学問所や開成所といった、多様な諸身分が参画した徳川政権の諸専門機関＝学校もまた、制度化[71]されてはいるが一種の自発的な社会的結合としての性格をも併せ持った場であったとみることができる。近世身分制社会のなかで、昌平坂学問所・私塾・藩校に広がっていた、ヨコの関係に立脚した「会読」が注目されているが[72]、開成所の柳河春三が加藤弘之・箕作麟祥・渡部一郎（温）らと設立した翻訳新聞の編纂・閲覧の結社を「会訳社」（本書第七章）と名付けたことも、こうした「会読」の発想と無関係ではなかったと考えられる。

第六章は、渡辺崋山を取り上げ蘭学者・武士・画工という複数の属性を生きた崋山が、身分制社会をどうとらえたかを、「近世の身分的周縁論」シリーズの一論文として分析したものである。崋山は身分秩序に対する外部的視点を獲得していったが、その契機となったのは、蘭学だけでなく、民間出版文化や開かれた書画会への参加であり、また画工としての実践であったことを明らかにした。崋山は、政治社会においては、帝鑑之間に位置づけられた三宅家の年寄（家老に相当する）でありながら、社会においては、生活のために画を売る町絵師的存在、江戸の民間出版界にも足を置く存在であった。江戸や旅先で書画を媒介とする身分を超えた自主的な集まりを主宰し参加するという、社会の複数の場を行き来する存在であった。当時の徳川政体とは異なる社会のありかたを蘭学に求め、また地球的視野から、岡山藩主と自分を「同じ人間」ととらえる視点を獲得していた。高木昭作が「当時は自己の所属する国家・社会を相対化し、類型化して理解する方法や発想などありえようはずもなく、日本近世の百姓にとって国家・社会とは即自的に神国日本」[73]であったと記述したような近世的身分秩序を、その価値において逆転させる可能性を、ここにみることができる。そして、自発的な社会的結合の媒介項としての学問への注目の視点からは、崋山が「西洋事情書」において、西洋諸国における教主（崋山は「ジュシャ」とルビを振っている）を日本における儒者の地位を強化した存在ととらえ、教主は君主を掣肘する存在であることを評価していたことが注目される。崋山の「慎機論」も、こうしたあるべき儒者像を念頭に解釈しなおすべきだと考える。

かつて、佐藤昌介は、幕府から弾圧された蛮社は、富国強兵のための知識・技術たる「幕末洋学」の反対物なのではなくその先駆であり、閣老水野忠邦の施策には間接的ながら崋山らの影響が認められることを指摘していた。幕末的危機の進行に伴い、幕府権力内部に崋山的知見ないし洋学が浸透する一方、それを弾圧する蛮社の獄的なものが絶えず拡大再生産されていったとの佐藤の指摘は[74]、絶えず念頭に置かれなければならないだろう。

近世日本には、固有の社団的集団が存在し自発的な社会的結合諸関係が胚胎していた。しかし議会はそこには存在しなかった。第七章では、佐藤の指摘するように近世権力からは諸刃の剣として位置づけられていた洋学者たちが、開成所という場を得て、戊辰戦争期という一種の権力の空白期に、一時ではあるが、「公議」を冠した二院制議会を創出したことを明らかにする。もちろん、今日の私たちは、議会について、それが設定されたことのみをもって手放しで評価できない地平に立っている[75]。しかし、ここで注目すべきは、この動きは、封建領主たちのいわゆる「公議政体論」[76]だけでとらえることはできず、いわば「制度化された自発的な社会的結合」の場で自律的な動きをみせていた学者・技術者集団無くしては現実化されることはなかったという事実である[77]。

（1）政治空間$\beta$としては、生産技術・測量技術や移動の技術の変化によって新たな価値が見出された山野河海などの領域などもその例として想定できる。

（2）本書第五章、また杉本史子「新たな海洋把握と「日本」の創出——開成所と幕末維新」（『日本史研究』六三四号、二〇一五年）も合わせ参照されたい。

（3）藤田覚「王政復古の大号令と五箇条の誓文」（『岩波講座日本歴史　月報一九』二〇一五年）、一頁。

（4）ここではとりあえず、広義の「政治社会」を、治者たちの共同体のみならず複数の政治空間、治者と被治者の相互関係、また、支配関係・主従制では必ずしも律することのできない場——都市空間、文化的な圏や場、経済活動など——をも含む用語として用いている。政治社会という語は、近世日本史研究では、狭義の政治史の枠組みを超えた用語として使用されることが多いが、次に述べるように、研究分野や論者によってさまざまな意味を付与されている。歴史学の分野では、近藤和彦が、「政治社会」を、狭義の政治史を超えて、「ローカルな／集団内の／集団間の、また国を超えた広域の諸力が働く磁場・アリーナを問題とする」と定義している（近藤和彦「政治文化　何がどう問題か」（歴史学研究会編『現代歴史学の成果と課題　一九八〇—二〇〇〇年Ⅱ　国家像・社会像の変貌』青木書店、二〇〇三年）、二五三頁）。加藤節は、「政治社会」（英語では、civil society と表現される）は、政治思想史研究において、同一の用語がいくつかの歴史段階を通して使われるそのひとつの典型としている。civil society は、長い間、①「治者と被治者から成る人的共同体としての国家」を意味していた。②しかし、一八世紀中期以降、civil society は、国家と社会の分離を背景として、「私人間の社会的関係の束」を指す概念としても使われるようになった（加藤節『同時代史考　政治思想史講義』未来社、二〇一二年、一五七—一五八頁、同「市民社会」『CD=ROM版　世界大百科事典』株式会社日立システムアンドサービス、一九九八年）。②の文脈では、civil society は、「市民社会」という日本語に訳されることが多く、①も、「古い政治社会」のほか、「古い市民社会」と表現されることもある。なお、植村邦彦は、ロックの“Political, or Civil Society”を、「政治社会、あるいは国家＝市民社会」と日本語訳している（植村邦彦『市民社会とは何か　基本概念の系譜』平凡社新書六五九、二〇一〇年、四七頁）。塚田孝は、近代化過程に見られる国家と社会の分離について、「古い市民社会」（＝政治社会）が、議会という形をとって自己の政治的存在を組織することにより「政治的国家」を分離し、「（市民社会としての）市民社会」を生み出す過程であるととらえた。近世日本を念頭に置いた塚田孝の「政治社会」概念には、①為政者が主導的に創出した、日常世界からは別の独自の論理・機能をもった場・圏としての「政治社会」（複数形で語られるものであり、近年では塚田は「政治空間」という表現も使っている。仮に狭義の政治社会と呼ぶ）と、②公私未分離段階の「政治社会」（基本的には単数形。仮に広義の政治社会と呼ぶ）という理解の、両方が含まれている。このふたつの「政治社会」は「周縁社会」によって重ね合わされている。前述したように、「周縁社会」に属する集団や個人は、狭義の政治社会のひとつである裁判に出訴し「御尊判」を得て裁きにより公認されることをめざす。塚田は、ここで公認されることは、狭義の政治社会へ彼・彼らが位置づけられたことを意味すると理解している（塚田孝『近世身分制と周縁社会』東京大学出版会、一九九七年、四七―八四頁、同『身分論から歴史学を考える』校倉書房、二〇〇〇年、二一七―二二一頁）。

（5）小野将が指摘しているように、身分的周縁論は「身分的周縁としての文化」という研究視角を生み出した（小野将「日本近世の政治文化」歴史学研究会編『現代歴史学の成果と課題　一九八〇―二〇〇〇年　Ⅱ　国家像・社会像の変貌』青木書店、二〇〇三年、二七九―二八一頁）。公的身分としては支配階級に所属する人々も含めて身分を超えた人々が、諸種の文化的・学問的ネットワークを形成しこの周縁的な場において交流を行っていた。

（6）杉本史子「近世地図論序説――身分秩序と主体・行為・モノ」（『歴史学研究』八四一号、二〇〇六年）、二―六頁。また本書第一章第一節1、三五頁。

（7）高橋秀直「禁裏御所の政治空間と大坂遷都問題」（同『幕末維新の政治と天皇』吉川弘文館、二〇〇七年）、五二一頁。また、深井雅海「江戸城――空間に表現される秩序」（鵜飼政志・蔵持重裕・杉本史子・宮瀧交二・若尾政希編『歴史をよむ』東京大学出版会、二〇〇四年、一八―二一頁）、同『江戸城――本丸御殿と幕府政治』（中公新書、二〇〇八年）。

（8）ロジェ・シャルチエは、読むという行為を、抽象的な知的行為ではなく「身体を用いる行為であって、空間のうちに印づけられており、自己あるいは他者との関係におかれている」と述べている（ロジェ・シャルチエ『読書の文化史』福井憲彦訳、新曜社、一九九二年、九頁）。

（9）花田達朗『公共圏という名の社会空間』（木鐸社、一九九六年、はしがき・第二章・第五章）における空間の概念を参考とした。

（10）フェルナン・ブローデル『地中海』（全五巻、浜名優美訳、藤原書店、一九九一―一九九五年）。

（11）たとえば、「シリーズ日本近世史」（岩波新書）シリーズにおいても、水本邦彦『村　百姓たちの近世』は村の景観から、藤井譲治『戦国乱世から太平の世へ』は天下概念の地理的検討から、また、吉田伸之『都市　江戸に生きる』は「社会＝空間構造論」から、論を起こしている（いずれも二〇一五年刊行）。

（12）荒野泰典「近世の対外観」（『岩波講座日本通史13　近世3』岩波書店、一九九四年）、同「東アジアの発見――「世界史の成立」と日本人の対応」（『史苑』六一―一、二〇〇〇年）、同「近世日本における「東アジア」の「発見」」（貴志俊彦・荒野泰典・小風秀雄編『「東アジア」の時代性』渓水社、二〇〇五年）、荒野泰典・石井正敏・村井章介編『日本の対外関係6　近世的世界の成熟』（吉川弘文館、二〇一〇年）。

（13）まず、社会の基礎構造をめぐる議論のなかでは、序章第二節でも述べるように、朝尾直弘が地縁性を共同体の基礎に据えたことを挙げなければならないだろう。村と個別領主のそれぞれの領域支配の進展に対して、近世における国家支配の問題として、国絵図という形式をとった空間把握の意味も検討されてきた。杉本史子『領域支配の展開と近世』（山川出版社、一九九九年）は、村の〈領域の領有〉と、幕藩領主の領域支配の相克を論じた。研究史については、杉本史子「国絵図」（『岩波講座日本通史12　近世2』（岩波書店、一九九四年）、三〇三―三二五頁）。また、都市史研究・身分制研究において空間や場の問題を歴史分析に導入して注目した大きな成果が出されている。吉田伸之は社会＝空間構造論・社会的権力論・対抗的ヘゲモニー論・身分的周縁論から、分節構造を持った動態的な都市社会を見事に描き出し、塚田孝は、えた身分内法に基づいた「職場」秩序に注目している（高橋康夫・吉田伸之編『日本都市史入門Ⅰ　空間』東京大学出版会、一九八九年、吉田伸之『伝統都市・江戸』東京大学出版会、二〇一二年、同「問題提起」『年報都市史研究12　伝統都市の分節構造』二〇〇四年、「特集　二一世紀の近世史研究――吉田伸之氏の業績に学ぶ」『論集きんせい』三四号、二〇一二年に収録された牧原成征、小野将、多和田雅保、岩淵令治の論考。塚田孝『近世身分社会の捉え方』部落問題研究所、二〇一〇年、四八―五三頁）。世界史的視野からは、モンゴル史・日本史・地理学の研究者が協力し地図を使った世界・アジア分析を行った、藤井譲治・金田章裕・杉山正明『大地の肖像――絵図・地図が語る世界』（京都大学学術出版会、二〇〇七年）がある。また、文化史の分野では、横田冬彦が「日本」についての空間的・時間的・文化的共通認識の成立を論じ（横田冬彦「近世の出版文化と〈日本〉」酒井直樹編『歴史の描き方1　ナショナル・ヒストリーを学び捨てる』東京大学出版会、二〇〇六年、九三―一三三頁）、村落史においても、水本邦彦『絵図と景観の近世』（校倉書房、二〇〇二年）をあげることができる。幕末維新史については、注(7)高橋秀直、二〇〇七年のほか久住真也「幕末期公家参内に関する空間的考察」（『中央史学』三三号、二〇一〇年）、同「幕末政治と禁裏空間の変容」（『日本歴史』七六〇号、二〇一一年）など。美術史においても、場所という空間的な観点から作品をみるという観点がだされている（中村興二・岸文和編「はじめに」『日本美術を学ぶ人のために』世界思想社、二〇〇一年）。

(14)　塚本学「書評　杉本史子著『領域支配の展開と近世』」(『史学雑誌』一〇九編第九号、二〇〇〇年)、一〇四頁。
(15)　前掲塚本学書評(注(14))では、「著者の利用する史料の多くに目を通さぬだけでなく、博捜する研究論文のいくつかも目にしないままの失礼な書評は、現役を引退した年寄が伸び盛りの関取と土俵にあがったらぶっとばされるのを思い出させる」(一〇八頁)など、書評者としての責務放棄についての免罪符を随所に自ら散りばめながら、「論旨の徹底を欠くところを、国家史、とくに国郡制論へのこだわりの言説で蔽うことになった面がないだろうか」(一〇八頁)などの、論拠を明示しないままの批判がくりかえされており、書評としてのマナーを踏みはずしたものと言わざるをえない。塚本自身の「国家史」や「国郡制論」批判を明確に提示したうえでの土俵入りでなかった点は、書評を受けて立つ側としては、特に遺憾である。
(16)　塚田孝『近世身分制と周縁社会』(東京大学出版会、一九九七年、三―六頁)、同『身分論から歴史学を考える』(校倉書房、二〇〇〇年、一五三―一五七頁)。
(17)　杉本史子『領域支配の展開と近世』(山川出版社、一九九九年)第三章「『百姓公事』の位置」は、このような近世的訴訟法の形成を「百姓公事」という面から明らかにしたものである。
(18)　定兼学「「地域社会」の生成と消滅――備前国児島二十二ケ浦の場合」(『瀬戸内海地域史研究　第9輯』文献出版、二〇〇二年)、のち同『江戸時代の社会を考える』(三門印刷所、二〇一七年、八七―一一一頁)収録。
(19)　前田勉「儒学・国学・洋学」(『岩波講座日本歴史12　近世3』岩波書店、二〇一四年)、二二二頁。
(20)　詳しくは、杉本史子「近世地図論序説――身分秩序と主体・行為・モノ」(『歴史学研究』八四一号、二〇〇八年、八―九頁)、同「史料学の試み――「モノとしての史料」を問い直す」(齋藤晃編『テクストと人文学――知の土台を解剖する』人文書院、二〇〇九年、五〇―七〇頁)を参照されたい。
(21)　齋藤晃編『テクストと人文学　知の土台を解剖する』(人文書院、二〇〇九年)に収められた諸論考。
(22)　なお、史料論に空間的視点を導入する試みとして、高木俊輔・渡辺浩一編『日本近世史料学研究――史料空間論への旅立ち』(北海道大学図書刊行会、二〇〇〇年)がある。
(23)　藤井譲治「近世史への招待」(『岩波講座日本歴史10　近世1』二〇一四年)、八―一六頁。
(24)　若尾政希『「太平記読み」の時代――近世政治思想史の構想』(平凡社ライブラリー、二〇一二年)。
(25)　小野将「日本近世の政治文化」(歴史学研究会編『現代歴史学の成果と課題　一九八〇―二〇〇〇年Ⅱ　国家像・社会像

の変貌』青木書店、二〇〇三年、二七六―二九四頁)。小野は、藤田覚「二〇〇一年の歴史学界――回顧と展望　日本(近世)総論」(『史学雑誌』一一一編五号、二〇〇二年)による「政治文化」という用語の有効性への懐疑をふまえたうえで、近世の国家・社会・文化を包括して考察する「暫定的な符丁」として「政治文化」を使用した。小野の意図は、「近世固有(中世とも近代とも異なるという意味で)の社会編成と文化的枠組の関係、その下での文化事象のもつ政治性を問い直す」(二七六頁)ことに置かれている。このような視点を支える研究成果として、一九八〇年代以降、身分論の進展に裏打ちされた文化・情報のあり方――多様なステイタスに位置づけられた人々が主体としてそれらを創り上げ・流通させ・受容し・行為を生み出していくありさま、都市と農村に分節化された近世社会のありようとその結節点となる中間層の力量、王権を支える公の観念(公儀論)・神国観念、イエの編成、先行国家の枠組み(国郡制)、軍事を基礎においた政治組織など――が、具体的に明らかにされてきたことを指摘した。

(26) たとえば、「藩」を政治機構としての側面だけではなく、人々の生活や文化・帰属意識に対する大きな規定性を持っていたものととらえる研究成果が盛んにだされている。この研究は、「藩世界」「尾張藩社会」「藩地域」などの用語を用い、いわば「藩」の全体史をとらえようとする。しかしこのような研究動向に対しては疑義も提出されている(高野信治「大名と藩」『岩波講座日本歴史11　近世2』岩波書店、二〇一四年、四五―六四頁)。またたとえば、思想史・学問史と政治史・外交史のあいだでは、思想家・学者の見解がどれほど実際の政治に影響を持ったかの評価をめぐる論争(たとえば、後藤敦史「拙著『開国期徳川幕府の政治と外交』の奈良勝司氏書評について」『日本史研究』六四四号、二〇一六年、六七―七七頁など)も生じている。

(27) ベンジャミン・エルマン「地域史とグローバルヒストリーの一体的なアプローチによる東アジア近世史の再考」(羽田正編『グローバルヒストリーと東アジア史』東京大学出版会、二〇一六年、五二頁)。グローバルヒストリーの具体的成果としては、秋田茂・桃木至朗編による『グローバルヒストリーと帝国』『グローバルヒストリーと戦争』(共に、大阪大学出版会、二〇一六年)など。グローバリゼーションを、球体としての地球に注目し、近代的空間観・世界観を超克しようとする視点としてとらえようとする動きもある(北川真也「地図学的理性を超える地球の潜勢力」『現代思想』第四五巻一八号、二〇一七年、一八九―一九一頁)。

(28) 村上衛「大分岐をこえて――K・ポメランツの議論をめぐって」(『歴史学研究』九四九号、二〇一六年、四九―五四頁)では、ポメランツの成果における実証レベルでの問題点を指摘している。

(29)　注(25)参照。
(30)　この論争については、塚田孝「近世身分制研究の展開」(『現代歴史学の成果と課題　一九八〇—二〇〇〇年Ⅱ　国家像・社会像の変貌』青木書店、二〇〇三年、一六一—一七六頁)。
(31)　初出は「近世の身分制と賤民」(『部落問題研究』六八号、一九八一年)。
(32)　水本邦彦「解題」(『朝尾直弘著作集』第八巻、岩波書店、二〇〇四年)、三七八頁。
(33)　初出は、「「公儀」と幕藩領主制」(歴史学研究会・日本史研究会編『講座日本歴史5』東京大学出版会、一九八五年)。
(34)　初出は、「将軍政治の権力構造」(『岩波講座日本歴史10　近世2』一九七五年)。
(35)　初出は、「将軍権力の特質」(『歴史学研究』六一八号、一九九一年)。
(36)　高木昭作『日本近世国家史の研究』(岩波書店、一九九〇年)第Ⅰ章・第Ⅴ章。
(37)　この点については、杉本史子『領域支配の展開と近世』(山川出版社、一九九九年)の序章を参照のこと。
(38)　本文(1)～(3)の高木の議論に対しては、次のような批判がなされている。(1)と(2)の関係が説明しきれていない(村田路人「高木昭作『日本近世国家史の研究』」(『日本史研究』三六三、一九九二年、八〇—八八頁)という指摘がなされている。(1)については、「国郡制の枠組」は、律令制的な国家的支配の権原(名義)の体系という公法の問題であるにもかかわらず、高木の近世天皇制論は語義分析に頼った超歴史的な宗教カリスマの問題へと転回してしまったとの水林彪の批判がある(水林彪「近世天皇制研究についての一考察(下)——近代天皇制の存在的必然性についての諸学説の批判的検討」『歴史学研究』五九七号、一九八九年、二六—三〇頁)。(2)役—身分論については、次のように見直しの段階に入っている。近世初期の「国家的役賦課」は実証レベルからなりたたない(牧原成征「近世身分制の原点」『文化交流研究』二五、二〇一二年、四七—五三頁)という指摘が出されている。社会集団論の進化をふまえて、「兵営国家」(役—身分論)は、「平和」な時代(寛永期以降)には社会の原理となると同時に形骸化し、現実には社会に多様な自立的な諸集団が展開したとみる見方(注(30)塚田孝「近世身分制研究の展開」、二〇〇三年、一六五頁)や、「役」による職人身分編成は、大規模な普請や作事が集中した近世初期の一時的現象であったこと、近世権力にとっては誰が「百姓」身分であるかは問題ではなくその判断は村に委ねられたとの見方(母利美和「研究展望　高木昭作『日本近世国家史の研究』——「役」による政治的身分編成の再考」『日本史研究』五九一号、二〇一一年、四八—六〇頁)が出されている。まとまった研究史整理として、小野将「身分(制)社会論・身分周縁論の諸課題」(『論集　きんせい』三四号、二〇一二年)。また吉田伸之は、これらの成果をふまえて、高木の「領有」論では、職人・商人・「日用」にとっての貨幣――前期的資本の問題がカバーされておらず、町人身分論、商人論、都市論が今後の検討課題として残されていることを指摘している（吉田伸之「高木史学と「領有―所有」論」、「高木先生を偲ぶ会」報告、二〇一二年七月一四日、於東京大学山上会館）。三鬼清一郎は、高木の議論では、あらゆるものの権能が究極的には天皇に求められているとして、近世政治史における天皇の「持衰《じさい》」的機能の具体的機能が明らかにされる必要があるとの指摘をしている（三鬼清一郎「書評　高木昭作『日本近世国家史の研究』」『史学雑誌』一〇四編第三号、一九九五年、一一一―一一七頁）。なお、高木の「兵営国家」という用語は、アメリカの政治学者ハロルド・ラスウエルの「兵営国家」（garrison state）をふまえて、丸山眞男がその例として「徳川幕藩体制」を挙げた（「開国」『忠誠と反逆』筑摩書房、一九九八年、一九八頁）ことに拠っている。しかし、丸山は、軍事的組織の特徴たる精神主義と様式主義の結合という戦時の特質が平常的に凍結されたことにその本質を置いており（前掲書、二〇一頁）、徳川レジームについては戦国割拠状況の凍結と理解し、幕藩体制を一種の連邦政府とみていた（丸山眞男・加藤周一『翻訳と日本の近代』岩波書店、一九九八年、二〇頁）。高木の「兵営国家」の考え方が丸山の理解とは異なることは、留意されるべきであろう。

(39)　吉田伸之『巨大城下町江戸の分節構造』（山川出版社、二〇〇〇年）、終章。

(40)　中野達哉『江戸の武家社会と百姓・町人』（岩田書院、二〇一四年）、三八三頁。

(41)　前述したような高木―朝尾論争の影響も受けながら、吉田伸之・塚田孝らの都市史研究・身分制研究により、農村における土地（不動産）所有を軸とした従来の近世理解に加え、主に都市に展開した動産所有・無所有に基礎を置いた諸集団、さらに状態として存在する身分にまで及んで、その具体像が明らかにされるようになった。領主―村関係に偏していた研究状況から脱皮し、多様な不動産・動産所有のありかたから近世の身分社会を広く見渡すことが可能となった（塚田孝「社会集団論をめぐって」『近世日本身分制の研究』兵庫部落問題研究所、一九八七年、『シリーズ近世の身分的周縁』全六巻、吉川弘文館、二〇〇〇年、『身分的周縁と近世社会』全九巻、吉川弘文館、二〇〇六―二〇〇八年、佐藤信・吉田伸之編『体系日本史六　都市社会史』山川出版社、二〇〇一年、吉田伸之『伝統都市・江戸』東京大学出版会、二〇一二年など）。吉田伸之の、固有の身分が成立するためには、職分＝所有と経営の質および分業における位置、共同組織＝所有と経営の集団的保障、役＝社会のなかでの地位の公定と合意の三つの点が不可欠であるとの理解（吉田伸之「巨大都市における身分と職分」『近世都市社会の身分構造』東京大学出版会、一九九八年）は、身分から社会と政治の問題を見通した近世身分論のひとつの到達点を示すものといえる。

（42）山口啓二『鎖国と開国』（岩波書店、一九九三年、第一講）。
（43）杉本史子「新たな海洋把握と「日本」の創出――開成所と幕末維新」（『日本史研究』六三四号、二〇一五年、三―三一頁）。
（44）「社会情報」ということばは、こんにち、情報を社会と人間の関係からとらえようとする視点から用いられることが多い。その問題意識は共有しつつも、本書においては本文に説明した、近世の状況をふまえた意味で用いる。
（45）学問と文学の接触を近世中期文学の特質と見、庶民の世間咄まで視野に入れた、日野龍夫『江戸人とユートピア』（朝日選書、一九七七年、のち、岩波現代文庫、二〇〇四年）。馬琴を戯作者曲亭馬琴としてだけではなく武士の出自を持つ滝沢馬琴としての固有の〈生〉を含めて描き出す、高田衛『滝沢馬琴』（ミネルヴァ書房、二〇〇六年）。また井上泰至は、一七世紀―一八世紀前半の一般の歴史意識における通俗軍書の影響を明らかにしてきた、井上泰至『近世刊行軍書論』（笠間書院、二〇一五年）を刊行するとともに、井上泰至・田中康二編『江戸の文学史と思想史』（ぺりかん社、二〇一一年）、井上泰至・金時徳『秀吉の対外戦争――変容する語りとイメージ』（笠間書院、二〇一一年）など、多分野・国際的な意欲作を発表している。
（46）杉本史子「十八世紀、秀吉への謀反を演じるということ――並木正三『三千世界商往来』と近世社会」（藤田達生編『近世成立期の大規模戦争　戦場論　下』岩田書院、二〇〇六年）の研究史整理を参照のこと。この研究動向については、神田由築「芸能と文化」（『岩波講座日本歴史13　近世4』岩波書店、二〇一五年、二八九―三二一頁）参照。
（47）たとえば、歴史学と美術史のコラボレーションとして、浅野秀剛・吉田伸之編『浮世絵をよむ』（全六巻、朝日新聞社、一九九七年）。大久保純一『浮世絵出版論――大量生産・消費される〈美術〉』（吉川弘文館、二〇一三年）は歴史学・美術史双方に関わる研究史についてまとめている。また並木誠士『絵画の変――日本美術の絢爛たる開花』（中央公論新社、二〇〇九年）は、画題や表現の特徴ばかりでなく、絵画を鑑賞する場、製作者の側を近代的画家とは異なる社会的存在としてとらえ、具体的な歴史のなかにおいて描いている。
（48）たとえば、御家騒動研究において、かつて北島正元は、「実録物や芝居・講談などの虚構を打破して、騒動の実態を究明」（一一頁）しようとした（北島正元編『新版　御家騒動』上、新人物往来社、一九七〇年）が、こんにちでは、「「史実」と「虚構」の距離を確定したうえで、長期的時間軸のなかで「史実」と「虚構」がはたしてきた歴史的役割をも検証する」ことが新たな課題として設定されている（福田千鶴「序論　御家騒動とはなにか」福田千鶴編『新選　御家騒動』上下、新人物往来社、二〇〇七年、一六頁）。
(49) 二〇一五年には、こうした視角からの書物・出版文化の現在の成果を問う若尾政希・鈴木俊幸・横田冬彦編『本の文化史』（全六巻、平凡社）シリーズの刊行も始まった。
(50) 吉田伸之『身分的周縁と社会＝文化構造』（部落問題研究所、二〇〇三年）。
(51) 高橋敏『大坂落城異聞　正史と稗史の狭間から』（岩波書店、二〇一六年、六―八頁）。
(52) 「作者年中行事」（芸能史研究会『日本庶民文化史料集成　第六巻　歌舞伎』三一書房、一九七三年）、六六九―七一五頁。
(53) 実録研究の研究史については、佐藤宏之「実録の流れ――「越後騒動」と歴史・記憶・メディア」（若尾政希編『本の文化史3　書籍文化とその基底』平凡社、二〇一五年）参照。ただし、佐藤の論考も、近世のメディアについては、記録類と文芸諸様式に言及するにとどまる。また注(60)参照。
(54) 小二田誠二「ニュース言語の江戸・明治」（『文学』四巻一号、二〇〇三年）。また、松尾葦江「激動する物語を読むということ」（『国語と国文学』八五―一一、二〇〇八年）。
(55) 杉本史子「演じられる近世社会――歌舞伎作者並木正三と「三千世界商往来」」（『日本歴史』八〇〇号、二〇一四年）、一一三―一一六頁。
(56) 高橋敏『大坂落城異聞　正史と稗史の狭間から』（岩波書店、二〇一六年、一七九・一八一頁）。
(57) たとえば、従来あいまいであった近世出版統制法の個別都市法としての性格と、一方で、身分統制と密着した書物統制のありようについては、近年、山本秀樹の成果（山本秀樹『岡山大学文学部研究叢書29　江戸時代三都出版法大概――文学史・出版史のために』岡山大学文学部、二〇一〇年、同「江戸幕府の特定写本禁止法とその思想（上）（下）」『岡山大学文学部紀要』六一・六二号、二〇一四年）が積み上げられてきている。
(58) 今田洋三『江戸の禁書』（吉川弘文館、一九八一年）、一四七―一五五頁。
(59) 吉田伸之『身分的周縁と社会＝文化構造』（部落問題研究所、二〇〇三年）、二九二頁。
(60) 高橋圭一『実録研究――筋を通す文学』（清文堂出版、二〇〇二年）、二―三頁。
(61) 宮地正人は、幕末日本に全国的に存在した「風説留世界」に注目し、公論世界の端緒的形成とみている（同『幕末維新変革史』上、岩波書店、二〇一二年、一一〇―一一一頁）。
(62) 前田愛『前田愛著作集　第二巻　近代読者の成立』（筑摩書房、一九八九年）、一四九頁。

(63)　物事を理解するうえで、〈見る〉〈聞く〉とは区別された、〈具体的な空間における体験〉の重要性は、俳優・演出家の笈田ヨシの次のような言葉を借りよう。「物を理解するに見たり考えたりするだけでは足りないのです。体験してみなければわかりません。いい芝居は、見たり聞いたりするだけでなく、その場で大事な事を体験できる空間を与えてくれるのです」（毛利美咲編『ピーター・ブルック――最新作『バトルフィールド』までの創作の軌跡』（パルコ、二〇一五年、七七頁））。

(64)　本書には収録しなかったが、社会の側から、幕末「日本」各地の地政学的変動を鳥瞰図・地図として表現・出版した書肆・浮世絵師・国学者たちに注目した論考として、杉本史子「時事と鳥瞰図――幕末、新たな空間の誕生と五雲亭貞秀」（『千葉県史研究』一六、二〇〇三年）、同「房総の空間を描く」（『千葉県の歴史　通史編　近世2』二〇〇八年）、同「鳥瞰風景のなかの将軍」（箱石大編『戊辰戦争の史料学』勉誠出版、二〇一三年）、Sugimoto Fumiko. "Shifting Perspectives on the Shogunate's Last Years: Gountei Sadahide's Bird's-Eye View Landscape Prints." *Monumenta Nipponica* 72-1 (2017), pp. 1-30。

(65)　朝尾直弘は近世から近代への展開を、社会の深部からの大きな変化のなかでとらえ、そのなかで「幕藩制の支配身分の下層と被支配身分の上層との融合を軸とした中間身分が、日本の近代化を推進することになった」との見解を提出している（朝尾直弘「一八世紀の社会変動と身分的中間層」『朝尾直弘著作集』第7巻、岩波書店、二〇〇四年、二〇九―二一八頁）。こうした支配身分と被支配身分の中間に位置する人々とその役割については、支配を支える仕組みとなっていたことや下からの政策形成の視点など多くの成果が出されている（久留島浩編『シリーズ近世の身分的周縁　支配をささえる人々』吉川弘文館、二〇〇〇年）。また、岩淵令治「近世都市社会の展開」（『岩波講座日本歴史11　近世2』岩波書店、二〇一四年、一七九―二一二頁）は、この点から、西坂靖、塚本明、加藤貴、小林信也らの成果を整理しており、優れた研究史整理になっている。本書第一章でも、幕府裁判においても代官手代がその根幹を担っていたことを指摘した。

(66)　小野将「身分制社会論という視角――近世日本史研究から考える」（『歴史評論』五六四号、一九九七年）、一〇〇頁。

(67)　「自発的な社会的結合」については、次のような、アソシアシオンをめぐる研究動向を念頭においている。喜安朗は、パリにおける都市の近代化を次のように描いている。一八世紀後半からブルジョワ層のなかに、ソシアビリテの新たなかたち、すなわち目的と要求に応じたヴォランタリーな結合関係である「アソシアシオン的結合」が生まれてくる。アソシアシオン的結合は一九世紀には急速に発展を遂げ、「社会批判や政治批判を展開し、理想社会の実現や政治体制の転換を試みる」（二〇〇七頁）ものも出現する（喜安朗『パリ　都市統治の近代』岩波新書、二〇〇九年、七・一八六―一八七・二〇五―二〇七・二三三頁。また同「日常的実践の個性化とソシアビリテ」二宮宏之編『結び合うかたち　ソシアビリテ論の射程』山川出版社、一九九五年、一九七―二二六頁）。なお、二宮宏之は、ソシアビリテについて「人と人との結びあうかたち」という緩やかな定義をし、「現在を生きる者にとって、共同体か個人かというこの二者択一的な思考をいかに乗り超えうるかは、大きな課題となっている」と述べている（二宮宏之「まえがき」「問題提起」、同前二宮編、一九九五年、ⅱ・四頁）。二宮弘之によりこのソシアビリテ論を導入した日本の歴史学界の成果としては、集団と集団のみならずより大きな枠組みすなわち国制史に接近するという注目すべき見解が生み出され、ソシアビリテの内包する矛盾にも目が向けられている。そこでは、絶対主義国家が社会的諸集団に特権を付与して社団編成したことが注目され、このような社団が解体して初めて、平等な市民からなる社会の誕生が考えられるようになった（中野隆生「「ソシアビリテ＝社会的結合」論の二〇年」（歴史学研究会編『現代歴史学の成果と課題一九八〇―二〇〇〇年　Ⅱ　国家像・社会像の変貌』青木書店、二〇〇三年、一七七―一九〇頁）。また、イギリス史における、社団・アソシエーションと王権をめぐる研究史については、菅原秀二「書評　坂巻清著『イギリス近世の国家と都市――王権・社団・アソシエーション』」（『史学雑誌』第一二六編第六号、二〇一七年、九二一―一〇一頁）がまとめている。一方、岸本美緒は、ソシアビリテ論を一八―一九世紀フランス史から切り離して中国に適用させることに懐疑を表明している。そこでは、中国史に即して、ヴォランタリーなかたちでの社会的結合は帝政中国を通じて存在しており特定の時代の特徴とはできないこと、また意識的に形成される相互扶助組織が一見自然発生的な結合契機である血縁を標榜ししかも個の滅却へつながる性格を持っていたことなどが指摘された（岸本美緒「ソシアビリテ論の射程は東方にとどくか」（二宮宏之編『結びあうかたち　ソシアビリテ論の射程』山川出版社、一九九五年、一〇八―一一〇頁）。近世日本史研究においては、都市史・社会集団論の立場から、比較史的地平を視野にいれた検討がなされている（井上徹・塚田孝編『大阪市立大学文学研究科叢書　第3巻　東アジア近世都市における社会的結合』清文堂出版、二〇〇五年、吉田伸之「序　ソシアビリテと分節構造」都市史研究会編『年報　都市史研究15　分節構造と社会的結合』山川出版社、二〇〇七年など）。また、深谷克己らによる『〈江戸〉の人と身分』シリーズ（吉川弘文館、二〇一〇年）など、近世的な個人のありかたについても検討が進展してきている。

(68)　前田勉「儒学・国学・洋学」（『岩波講座日本歴史12　近世3』岩波書店、二〇一四年）、二三六―二三八頁。

(69)　朴薫「一九世紀前半日本における「議論政治」の形成とその意味」（木村直也編『講座明治維新1　世界史の中の明治維新』（有志舎、二〇一〇年）、二一五頁。同「十九世紀前半日本における「議論政治」の形成とその意味――東アジア政治史の視点から」（辻本雅史・徐興慶編『日本学研究叢書21　思想史から東アジアを考える』国立台湾研究中心、二〇一六年）。公議輿論型政治の前提となる動きを明らかにした藤田覚は、昌平坂学問所が公議輿論を支える重要な場としての可能性をもっていたことを浮かび上がらせた（藤田覚『近世後期政治史と対外関係』東京大学出版会、二〇〇五年、二八一―二八四頁）。三谷博は、「公議」を体現・実行した人物として横井小楠を位置づけ、その背後に、閉じられた特別な空間を設定してそこに集まった人を身分制を超えて対等の存在とする「講習」思想が存在していたとみた（三谷博「「王政」と「公議」――横井小楠と大久保利通」三谷博編『明治維新を考える』有志舎、二〇〇六年、七六―八〇頁）。

(70)　前田勉『江戸の読書会　会読の思想史』（平凡社、二〇一二年）、二〇三―二〇八頁。

(71)　喜安朗は、一八五〇年の労働者相互扶助会の保護策など、産業化のなかで徐々にアソシアシオンが制度化されたことに注目している（同『パリ　都市統治の近代』（岩波新書、二〇〇九年、一二五―一二七頁）。また二宮宏之は「形をもたないソシアビリテ」は「形をもったソシアビリテ」と結びつくことによってはじめて秩序形成力をもちうるという見通しを提出している（同「問題提起」、二宮宏之編『結び合うかたち　ソシアビリテ論の射程』山川出版社、一九九五年、一二頁）。

(72)　前田勉『江戸の読書会　会読の思想史』（平凡社、二〇一二年）、五四―六七頁。

(73)　高木昭作『将軍権力と天皇』（青木書店、二〇〇三年）、一二九頁。

(74)　佐藤昌介『洋学史研究序説――洋学と封建権力』（岩波書店、一九六四年）、三五七頁。

(75)　青木康編著『イギリス近世・近代史と議会制統治』（吉田書店、二〇一五年）、植村邦彦『市民社会とは何か　基本概念の系譜』（平凡社、二〇一〇年、三一九―三二一頁）。

(76)　原口清は、慶応三年の現実政治のなかでとなえられた公議政体論は、幕府の廃止を前提とし、諸侯会議を国家意志決定の最高機関とする権力形態の構想であり、封建的個別領有権の維持を前提とし、支配階級の内部矛盾を「封建民主主義」によって調整克服し、支配体制の再編・存続をはかるものであったと理解している（「日本近代国家の形成」『原口清著作集4』二〇〇八年、三九頁）。また本書第七章「はじめに」・終章注(2)参照。

(77)　中国史を念頭に、国民国家を、社会的結合の一種としてとらえ直す可能性も指摘されている（岸本美緒「ソシアビリテ論の射程は東方に届くか」二宮弘之編『結びあうかたち　ソシアビリテ論の射程』山川出版社、一九九五年、一一三頁）。

# 第一部　政治空間としての江戸城と裁判

## ――「天下の公儀」を問い直す

# 第一章　近世の政治体制と裁判権の特質

本章では、まず近世日本の権力編成の中核をなしたいわゆる「幕藩体制」[1]について、近世における法の複合的構成に注目する本書の立場を説明する（第一節）。次に、複数の裁判権並立の問題を取り上げ、この問題がどのように「公儀」の裁きの問題と関わってくるのかという問題意識について述べ（第二節）、本書第一部の基本的視点を提示したい。

## 第一節　複数の法と「天下の公儀」

法の重層とそれらを動態的に把握する視点の萌芽は、すでに一九八〇―一九九〇年代に朝尾直弘によって出されていた。朝尾は、近世には幕府法・藩法・旗本領主の法・寺社法・律令法・公家法・村や町の掟など多くの法があり、各法の間には序列・階級や、地域差があること、公儀の法度とは規範的なものにとどまり、それぞれの法を機能させつつ複数の法体系を統合したものであったと指摘した。また、下からの政策形成の問題としての願触に注目し[2]、下からの官僚制形成の可能性を町代触にみた[3]。この近世日本における諸集団が公権を分有しているという朝尾の視点は、塚田孝の、都市法を、政治空間全体を覆う公儀法度、自律的な集団内を規律する法、集団相互の関係を規定する法に区分したうえでそれらの関係を総合的にとらえる視点を提起する前提となった[4]。

しかし、この視点は、朝尾自身のなかでは、近世成立期における「「将軍権力」の創出」のようなまとまった議論としては結実することはなく、藤井譲治・水本邦彦・横田冬彦により主題別に編成された『朝尾直弘著作集』においても第6巻「近世都市論」に収められている。また、朝尾の指摘する公や法の重層の問題を、権力編成の問題までも視野に入れて論じることは必ずしも十分にはなされてこなかった。

次項では、複合秩序に注目した国家論を提示している代表的論者として三谷博と水林彪の議論を紹介したうえで、本書の視点を示したい。

### 1　複合的構成の特質

三谷博は、近世日本を大名国家のうえに、「公儀」と「禁裏」というふたつの王権をもつ、複合国家とみている⑤。三谷の議論は、近世史研究の一般的国家像をふまえたうえで、ともすればあいまいな位置づけをされがちな近世の天皇を将軍とならぶ王権のひとつと明確に位置づけたことに特色を持っている。さらにそのうえで、ふたつの王権の併存というありかたについては、一九世紀タイに類似の例がみられるが臨時のものに過ぎず、世界史的には稀有な例であるとの理解を示した。これに対して、吉田光男は、権力（江戸の将軍）と権威（京都の天皇）の併存について、北京の皇帝と漢城の国王、ローマ皇帝と各国君主、カリフとスルタンも同様にとらえられるという指摘を行っており⑥、今後比較史的検討が進展することが望まれる。

水林彪は、『封建制の再編と日本的社会の確立』において、近世日本を、小国家による複合国家秩序ととらえた。注目すべきは、水林が、小国家として、徳川領国（将軍家御料・譜代大名領・旗本領を含む）と、戦国大名に由来する国持大名とを念頭に置いている点である。これは一見、朝幕関係も政教関係も視野に入っていない研究段階の狭い政権のとらえ方にみえる。しかし、水林は、近世における国家的統治に関わる仕事を家業にする身分集団としては、武家・公家・寺家・被差別賤民身分の四つがあったとし、武家は「他の三身分を指揮して、国家的支配の全体を統括していた[7]」と明確に位置づけたうえで、天皇制的権威が必要とされる国家的支配とは、端的にいえば公家と寺家に対する支配であったととらえている[8]。いわゆる国家的支配のすべてに天皇制的権威が必要とされたわけではないとする点は、序章に述べた高木の天皇論を止揚するうえでの注目すべき点である[9]。また、大名一般ではなく、国持大名を複合的構成の一方の主役だったとみて近世の政治体制理解を組み立てた点は、現在の近世成立期の武家編成の見直しという研究動向からみてもあらためて注目すべき視点だといわなければならない[10]。

一方で、水林は、「イエを中心とする自律的権力（自由圏）が強固に存在し」王権を制約してきた西欧中世に対して、日本近世においては、自律的権力は徹底的に解体され、上位のイエの職務の下請的執行団体としての自律性しか残されていなかった[11]、近世の国制を構成する各家は「上位の家ないし国家に強く従属するタイプのライトゥルギー的義務団体」であった[12]という歴史理解を示している。そして、水林は幕藩体制の崩壊は黒船による一撃によるものであり、「日本近世的ライトゥルギー支配体制とこれを生み出す人々の秩序観念」は「内側からの根本的な崩壊を経験することなく、わが国近現代の国制ないし人々の心性のうちに強固に生き続けていく[13]」と、近世から近代への移行の契機を、近世的秩序の外側に求める。そして、明治国家体制以後、日本は、「人的身分制的統合秩序」（正当な暴力を分有する族的諸勢力が、幾段階もの人的身分的統合関係によって重層的権力秩序を形成している国制）から「制度的領域国家体制」（正当な暴力を独占した国家が人々を行政区画単位に編成して非人格的非身分制的に支配する国制）に移行したとする[14]。

これに対して、本書では、一国史的な立場に立って歴史事象を内在・外在と区分するという視点を超えて「日本」をとらえる。また、秩序や観念から歴史をみるよりも、具体的な空間のなかに歴史的主体や歴史事象を置き、それらを問い直し、創り変えていこうとする活動に注目しながら近世から近代への歴史の動きを動態的に描くという立場に立つ。

研究史上「幕藩体制」と呼ばれてきた政治体制は、近代的な中央―地方のようなシステマティックな構造とは異質な要素をもっていた。日本国内において将軍家を含む各領主がそれぞれ自己の領地からの追放刑を継続していたことは、そのことを雄弁に語ってくれる。[15] 追放刑によってその領域から罪人を駆逐すべき個々の支配空間が、いくつも重なり合いながら列島上に併存していた。幕府は、これを廃止することはできなかった。[16] 幕府の武士に対する重追放《おもきついほう》は、関東（武蔵・相模・上野・下野・安房・上総・下総・常陸）、畿内（山城・摂津・和泉・大和）、肥前（幕府直轄都市長崎あり）、東海道筋・木曽路筋、甲斐（幕府直轄城である甲府城あり）、駿河（幕府直轄城である駿府城あり）からの追放[17]であった。これらの領域がいわば幕府にとっての内側の空間であった。享保七年（一七二二）二月、幕府は科人《とがにん》の領分外への追放抑止を命じ、[18] 会津藩・仙台藩・名古屋藩はこの指令に従った。しかし二本松藩が家臣や領民を他領に追放する刑をやめたのは、寛政五年（一七九三）であり、しかも、その間、領民追放を幕府に届けている。[19]

そして、ダニエル・ボツマンの次のような記述は、江戸における将軍の刑罰権の誇示（残虐な処刑の公開）が、このような複雑な権力編成・統治構造のなかに埋め込まれていたことを、雄弁に語っている。「重要なのは、江戸時代の政体の特徴を説明するのに、「幕藩体制」といった後付けの用語に頼るのではなく、身分が武士政権をまとめる上で核となる原理として機能していたことを重視すべきという点である。この政体は、一方に中央政府、もう一方に国家的機能を果たす地方組織という単純な二重権力体制などではない。権力と特権を広範囲にわたって複雑に組み合わせて成立しているものなのである。その意味で、一八六〇年代のわずか四年に江戸の刑場で幕府が磔や火刑に処した人数が、大藩である鳥取藩で四〇年以上の間に同じ刑に処せられた人数より多かったのは、偶然ではなく必然的な結果である。極刑の執行が権力と特権の象徴であった政治的秩序の中では、鈴ヶ森と小塚原にたびたび掲げられた「見世物としての死体」は、犯罪予備軍に警告を送るだけでなく、権威をもった数多くの社会層や小集団で構成される身分制社会の頂点に、将軍と幕府がいることを明示する役割も果たしていたのである[20]」。

さらに、この複雑な諸領主の実際の支配領域と重なり合って、「日本」を六十余りの区画（国＝くに）に区分する伝統的空間区分観念が存在していた。国という古代国家の地方区分に由来する空間区分は、実際には、中世の開発や領土争いにより地理上では変動していた。しかし、国とその下位区分である郡による全国区分システム（国郡制）の発想は、否定されることなく継続していた。ひとつの国を治めることは、日本の正統な支配者の一員になるという観念が生き続けていた。

## 2　支配空間の重層――領知と国

上述のような「幕府」や「藩」の領主権の複雑な併存の仕方からみると、国郡制とは、観念的ではあるが支配空間全体をひとつのシステムにより把握しようとする発想を持ったものであったととらえることができるかもしれない。武家政権は、ついにこれに代わる全体システムを構築しようとはしなかった。

しかし、幕府はときに、中央―国という枠組みを、諸権力を超越した自己の立場を際立たせる装置として活用することがあった。各国の図（国絵図）を作成させて提出させた事業にその典型例をみることができる。国絵図とは、ひとつの国を一辺数メートルにも及ぶ巨大な紙面に美麗に描いた手書の地図で、全国から将軍の元に提出された（天保国絵図を除く）。この事業の遂行過程では、各国にその国を代表する清書担当の藩が指定され、各藩・幕府領・寺社は、図作成に必要なデータを代表藩に送り、代表藩が主導して、その国の図を作成し将軍に献上するという、時限的な将軍―各国のシステムが元禄期（一七世紀末―一八世紀初頭）に出現した。しかし、この時の「国」の把握には限界があり[21]、またこのシステムが恒常的政治システムとなることはなかった。

こうした状況は、徳川政権において、国家的支配は主従制的支配と並び立つものではなく、自明の内実を備えたものというよりは、あくまでそのときどきの将軍家―大名家の権力編成の動向の従属変数として可能な形で実施されていたというとらえ方が必要だということを示している。このことは、所領を超えて実施される国絵図や日本図による

「日本」の視覚化、伊能忠敬の全国測量が行われたのが、家康、家光、綱吉、吉宗、家斉[22]といった有力な将軍の時であった[23]ことと無関係ではない。

### 3　「天下の公儀」と評定所

朝尾直弘は、寛永武家諸法度が大名以外に将軍の近習・物頭を法度の対象に組み込んだこと、そして次に述べるように彼らによって構成された「奉行所」・評定所が大名領主の上位に位置づけられたことが、幕府が「天下の公儀」として諸家を統制する基本構造となっていったと位置づけた。朝尾は、寛永武家諸法度において、大名領主の武装を「公儀」の上級機関である「奉行所」が統制する権限を定め、私闘を禁じ「奉行所」指示に従うことを命じたと指摘し、「公儀」の行政・裁判・刑罰執行諸機関を大名領主の上位に置いたとの理解を示した[24]。とくに評定所については、紛争の平和的処理の手続きと組織を定めたものである点で重視している。

右の見解については、ただちに次のような指摘が可能であろう。将軍家と大名家の間には、主従関係や武家諸法度などの規範は存在するが、その関係を行政的な上下ラインとしてとらえることはできない。藤井讓治が明らかにしているように、居城について「奉行所」が許認可を行うのは堀・土塁・石垣修築についてであり、城郭の変動を伴うものは将軍の許可が必要であった[25]。これらは、将軍の臣下統制の一環であり、この機能をもって近代的意味での行政と呼ぶのは必ずしも適切ではない。また、本書第二章・第三章で明らかにするように、評定所は、領主裁判所に対して、統一的な審級制のもとに置かれた上級裁判所ではなかった。刑罰執行についても、家中・領民に対する大名の「自分仕置」を前提としていた[26]、等々。

しかし、単一の国家システムを欠いた状況で「公儀」が単なる主従制の束を超えた機能を果たそうとするとき、老中のもとでそれを主導的に担った「奉行所」・評定所のこうした性格に、朝尾が注目した意味は大きい。水林のいう

「小国家」のなかで、将軍家のみが、広い意味での家人・家中[27]――いわゆる譜代大名とともに、万石未満の旗本・御家人――を「公儀」の構成員とした。水林の用語を借りるならば「複合国家秩序」の成員たる将軍・大名、およびその秩序を担う「公儀」の役人たち（老中・所司代・三奉行など）には、官位が与えられた。[29]これらのメンバーは、「公事方御定書」を公式に参照できるメンバー[30]と重なる部分が多い（幕府役職についていない大名を除く）。その彼らが、こうした「奉行所」・評定所をはじめとする役所において、寺社や大名といった他の支配主体や、彼らの集陣地としての江戸に対する役務に関わっていく体制が創られたのである。将軍家は「天下の公儀」として、外交権や軍事統括権の問題とともに、近代的中央行政や司法とは異なるが、近世の複合的構成のなかでシステム化されない不定形なかたちでこうした機能を実行しようとした。なかんづく、寺社・町・勘定奉行を中核とした評定所一座は、「公儀」諸局の合議組織として、次節に述べる、大名たちの領有に関わる論所裁判や重要な吟味裁判などに対しての裁きを行っていった。

以上の観点から、幕府の評定所や「奉行所」を、「天下の公儀」の近世的行政・司法の諸機関と呼ぶことは可能だろう。本書では、このうち評定所を取り上げ、第二章・第三章においてその問い直しを行っていく。

## 第二節　近世裁判再考――複合的構成のなかの幕府裁判

### 1　評定所をめぐる法制史研究の流れ

支配体制と裁判の問題を検討するにあたって、まず、幕府評定所を中心に、第二次世界大戦後に出された法制史研究の主な著作について概略を押さえておきたい。

まず特筆すべきは、中田薫による、評定公事、勘定奉行掛公事、寺社奉行内寄合公事など幕府裁判制度をふまえた、詳細な幕府裁判実例の紹介[31]である。近世の領主層（武家・公家・寺社）や各種共同体・集団・個人の残した史料のなかには紛争・裁判に関わるものは膨大に残されており、これらを素材にした歴史分析・地域史研究もまた盛んに行われてきた。しかし、裁判制度とそこにおける裁判書類の機能を理解したうえでの史料分析がいかにあるべきか、中田が早い時期にその好例を示したことは、注目されてよいだろう。そして、近世民事訴訟の研究について、今なお依拠すべき基本文献ともいえる小早川欣吾『近世民事訴訟制度の研究』（有斐閣）が一九五七年に刊行されたことの意義は、いくら強調しても強調しすぎることはない。一方、近世刑事訴訟法については、平松義郎『近世刑事訴訟法の研究』（創文社、一九六〇年）が、近世における裁判担当諸機関についても体系的に論じ、評定所業務や、一領地・支配内で完結せず他領他支配に関わる事件についても研究基盤となる知見を提供した。平松義郎「近世法」が『岩波講座日本歴史11　近世3』（一九七六年）に収載されたことは、近世史研究者にとって大きな意義を持っていた。

一九七〇—八〇年代は、以上の基礎のうえに立って、評定所研究の基盤が整備された時期と言える。まず、一九七三年、それまでほとんど知られていなかった評定所史料が、京都大学日本法史研究会編『近世法制史料集』（創文社）として刊行された。幕府政治と司法の関係という問題意識のもとに服藤弘司（『刑事法と民事法』創文社、一九八三年）が、評定衆の服務規程ともいうべき「評定所張紙」が将軍御代替わりごとに発布されたことや、裁判が行政から独立せず癒着していたという指摘をしたことは、政治史研究のうえでも重要である。そして、日本法制史学会の結成や『御触書集成』（高柳眞三・石井編、岩波書店、初版は一九三四—三七年）など数々の重要な近世法制史料集の編纂・刊行を主導した石井良助の『近世民事訴訟法史』（創文社、一九八四年）、『日本刑事法史』（創文社、一九八六年）が次々と刊行され、評定所研究理解の基礎がかたちづくられた。石井は、評定所における会議のありかたや留役についての詳細な理解を示したのみならず評定所の政治文化史ともいうべき側面にまで踏み込んで議論するとともに、史料博捜のうえに立った[32]豊富な史料紹介を行った。ただ石井の史料解釈は主として個々の記事内容についてであり、それらの記事が収載された冊子全体や史料群がどういう目的で誰により作成されたのかについては分析が及んでいない場合がある。[33] 石井の収集した豊富な近世法制史料類が各機関に収蔵され整理が進んできたこんにち、[34] 石井の成果をふまえ、近世史料学・アーカイブズ論の成果をふまえた再検討を行うことで、より豊かな近世像が構築されることが期待される。

この時期には、水林彪『日本通史Ⅱ　封建制の再編と日本的社会の確立』（山川出版社、一九八七年）が刊行され、前節に言及したように、歴史学・法史学の両分野を見据えて水林独自の近世像が提出されたこと、また、前述小早川欣吾『増補　近世民事訴訟制度の研究』に「支配違江懸る出入」が増補されて、名著普及会から一九八八年に刊行されたことも特筆しておかなくてはならない。一九九一年には大平祐一により、近世の訴訟・裁判制度についての、裁判の性格、裁判機関・役人、裁判管轄、法源、裁判手続き各項目にわたる詳細な研究史整理がなされた。[35]

## 2　裁判の歴史学的検討——本書の前提

小早川は、訴訟制度を論じるにあたって、願や届と区別された狭義の訴をその検討対象とし検討範囲を限定した。それは、体系的な近世民事訴訟制度の研究を欠いていた小早川の研究段階では正鵠を射た研究方針であった。しかし、現在の研究状況のなかでは、より広い視野からの裁判史研究が求められている。こんにちでは、裁判所という制度について、必ずしも全ての社会に適合的なものではないという視点が出され、[36] またこの制度を選択した社会においても裁判と裁判外の関係は多様であったことが注目されている。一九八〇年代以降、両者を包括する視野をもつ「紛争史研究」が進展してきた。[37] 裁判という権力による解決は、ヨーロッパを含む前近代の多くの地域で、社会のうえに屹立して存在していたというよりは、社会のなかのさまざまな紛争解決手段のなかに含まれるひとつの過程であったことが明らかになってきた。一八世紀のヨーロッパやアメリカにおいても紛争当事者や周囲の者によるさまざまなルートによる紛争処理が多用されており、[38] ヨーロッパ・中東・清など広範な地域で、ギルドなどによる仲裁裁判が広範にみられた[39]。

裁判の問題が、社会史・政治史など広い領野と複雑に結び合っていたことは、近世日本においても同様である。序章に述べたように、近世社会の基礎から支配の仕組みや権力編成の問題まで組み込んで論じた代表的論者である高木昭作と朝尾直弘が、ともに幕府評定所やその裁判に注目した[40]ことは偶然ではない。

朝尾の公儀論を村の自力論の立場からとらえなおし、自力と裁判の問題を見据えて独自の近世像まで深めたのは水本邦彦である。水本は『シリーズ日本近世史2　村　百姓たちの近世』（岩波新書、二〇一五年）において、裁判からみた近江国甲賀郡における近世の成立を四つの時期に分けた。第一期である一五世紀には、自力救済・当知行を社会の原理としながらも、さまざまな上級領主が訴訟の受け皿として登場した。第二期（一六世紀初頭から、天正一三年（一五八五）の甲賀地侍の追放まで）に入ると、地侍たちの調停が主流となった。そして「村」「村衆」が紛争当事者として登場してくる。鉄火と仲人裁許を主流とする第三期を経て、第四期（寛永期以降）には、奉行による裁許に移行する。水本はこれを「公儀領主裁判の完成過程」（六七頁）ととらえている。近世の領主権力は、もはや紛争と当事者に向けた起請文による公平の表明を行うことはなかった。近世村の村掟は、自力による制裁と、過酷な刑罰からなる公儀領主への依存との組み合わせを前提にしており、生産や生活秩序については自分たちでルールを決めた。他力を組み込むことで生じた余力は生業に投入された。水本は、このような他力を組み込んだ自力のありかたを、中世の「自助型自力」と対比して「身分型自力」と呼んでいる[41]。

水本の集団内法（村掟）のとらえかたに対しては、和泉国の絞油業者の集団内法（仲間掟）が公儀法の枠組みを踏襲しながらも、よりダイレクトに彼らの利害認識や市場の実態を反映するものであるという例を引き、集団内法は公儀法を補強する側面と権益拡大を目的に公儀法を歪曲させる側面との両面を持っていたという指摘がなされており[42]、正鵠を射ていると考える。

また、領主裁判については、水本はあまりに完成された不動のものととらえすぎている。この点は、本書第三章で本格的に論じるが、本項冒頭で述べた裁判をめぐる研究動向からも、また、次に示すような、「公儀」の裁判が実は身分的中間層によって支えられ必ずしも政権側が望むような運用とはなっていなかったという指摘からも見直されるべきだと考える。岩城卓二は、訴願を支える用達や郷宿などが顧客である村に沿った営業を行っていくようになると指摘しており[43]、杉本は、代官手代が裁許のための現地調査（地改）担当者として論地に派遣され、彼らが現地で見込んだ内容が評定所の裁許内容とされることが多く、代官手代という身分には不相応な、「政治の元を仕組む」ともいえるほど重大な役割を負っていたことが幕府の側で問題視されていたことを指摘した[44]。

次に、朝尾の指摘した法の多元性を前提に近世の法についてまとめ直したものに、二〇一四年刊行の『岩波講座日本歴史12　近世3』に収録された小倉宗の「近世の法」がある。小倉は、上方における幕府の支配構造についての小倉自身の最新の知見をふまえて、これまでの法制史研究では手薄であった享保以前法令と裁判の検討から享保期に整備された公事方御定書の性格まで論じなおした。小倉が「法そのものの実体や作用と、法を運用する組織や手続とが明確に区別されず、むしろ両者が一体となって機能したことから、近世の法をよりよく理解するためには、内容のみならず、その制度や過程を分析することが不可欠となる」（一七六頁）とまとめたことは、法制史学と歴史学の協同を推進するうえで重要な視点といえる。しかし、一方で、評定所裁判についての近世史研究における実証研究の成果[45]がほとんどふまえられていない点が惜しまれる。

本節で述べてきた研究史の流れのなかで、杉本は一九九〇年代から二〇〇〇年代にかけて、幕府評定所裁判について次のような研究成果を発表した。

（一）一九九六年には、一七世紀半ば（明暦三―四年、一六五七―五八年）、複数大名領に関わる沖の島・篠山《ささやま》争論に対して、評定所において、「山川田畑の出入」や領地の「境目の儀」については、大名が自らの名前で訴訟を提起することが否定（領主「直公事」の否定）され、双方の百姓が原告・被告となる「百姓公事」の原則が示されたこと、一方「狼藉」については大名の書付を老中に提出することも可能であるとの見解が出されていたことを明らかにした。(46)

この点は、今後検討すべき以下の問題群につながる。まず、「大名の自分仕置権を超える事件」が幕府の裁判役所に係属する手順についての平松義郎の理解の再検討である。平松はこの手順には二通りのものがあるとした。ひとつは、私人が幕府裁判役所に直接出訴する方式（「目安懸」）であり、その審理・判決は、評定所でなされた。ふたつめは領主名で老中宛に奉行所吟味願を提出する方式であり、老中は、評定所ではなく、管轄すべき奉行に下付して裁判させた。平松は、「目秘」を典拠として両方式の使い分けは、出入物か吟味物かの区別によったとした。(47)しかし、出入として扱うか吟味の対象とするか、または、幕府に係属させないで当事者同士で解決する方法を選ぶのかは、多くは紛争当事者や支配者の政治的判断のもとで選択されており、使い分けの説明とはなっていない。いうまでもなく、藩は幕府の地方組織ではなく、幕府と諸藩の裁判権・刑罰権の関係は、ひとつの体系だった秩序のなかに位置付けられてはおらず、ある意味競合していた。(48)このような状況のなかで、複数領主に関わる紛争の処理を誰がどのように行うのかという問題はそれ自体政治的問題であった。

次に、大名レベルの裁判権・刑罰権に触れた幕府指令についても見直しが必要である。この種の指令としては、寛永一〇年（一六三三）のいわゆる「公事裁許定」、元禄一〇年（一六九七）のいわゆる「自分仕置令」、宝永七年（一七一〇）武家諸法度がある。寛永一〇年指令では「一　国持之面々、家中幷町人・百姓目安之事、其国主可為仕置次第事、」とされた。ただ、同指令は後年「定」と呼ばれることになるが、本来は同七月一九日の老中より執達された「定」をうけた内規（「覚」）であった。(49)次に宝永七年武家諸法度では「一　私領百姓の訴論は、其領主の裁断たるへし、事若他領に係るにおいては、或は両地之領主互に相通し、或は支配の頭人各相会して議定すへし、事尚一決しかたきにおいては、評定所に就て裁決を請しむへき事、」(50)とされた。しかし、享保二年（一七一七）、吉宗は天和三年

（一六八三）法度を復活した。以降幕末まで天和法度が引き継がれ、宝永七年の条項は以降の武家諸法度には掲載されることはなかった。これらに対し、元禄一〇年令は、「逆罪・付火・生類を傷つけたり損じたものは、「一領・一家中」内は、伺うに及ばず、江戸の御仕置に準じて、自分仕置に申し付けられるように。他所へ入り組んだものは、月番老中迄伺われるべきである」という内容をもち、生類の記述を削除したうえで、「公事方御定書」に収録された。それぞれの指令が出された経緯とその周知の範囲、永続的な効果を予定した指令であったのか、などを、安易に後世の法技術書の解釈に頼ることなく再検討していくことが必要であろう。実際、仙台藩では、自領内で他領者が犯罪を成した場合はもちろん領分者が他領民に対して罪を犯した場合でも、幕府に委ねることなく、相手の了解をとりつつ自分仕置を行っていたことを吉田正志が指摘しており(51)、元禄一〇年令の「他領え入り組候ハヽ、月番老中迄被相伺候」という指示が実際にはどのように運用されていたかについては今後検討される必要がある。

この問題はまた、次に記す、老中権能をどのようにとらえるかという問題にもつながってくる。寛永一一年（一六三四）のいわゆる「老中職務定則」に掲げられた「一　国持衆惣大名壱万石以上御用幷訴訟之事」、また寛永一二年条々において五人の老中に命じられた「一国持大名御用幷訴訟事」（国持大名に関わる命令事項や、国持大名からの届・伺・訴え）を扱うという職務内容(52)とは、右の沖の島・篠山の事例で示された、「狼藉」については大名の書付を老中に提出することも可能であるという判断とどのような位置関係にあるのか。領主にとって重要な「境目の儀」について評定所への大名提訴権を否定し「百姓公事」とした判断の意味が、以上の問題を視野に入れたうえで、あらためて権力・社会編成の観点から問われなければならない。

さらに視野を広げるならば、近世における、裁判で解決される問題群と「裁判外」で解決される問題群をどうとらえるか、という問題ともつながる。ここにおける「裁判外」とは、通常念頭に置かれる社会のなかでの解決ばかりでなく、政治的に決着づけられる方法をも、また、被支配層のみならず国持大名クラスの紛争解決がどのようになされたかという問題をも、その視野のなかに含んでいる。

（二）二〇〇一年・二〇一四年には杉本は評定所出入筋裁判において、判決受諾行為が要請される裁許方式と、受託を前提としない裁許方式が使い分けられていたことを明らかにした。そして、滋賀秀三[53]が明らかにした中国清代地方長官の判決における判決受諾の誓約書など比較史的視野からの検討の必要性を指摘した[54]。本章・第三章はこれらをより深化させたものである。

（三）一九九二年には、杉本は、村からみれば、第三者による調停、領主への出訴、関係村での議定、村内合意という各種の手段を複合させて問題解決にあたるということがむしろ通常であり、そのうち領主に報告した内容は一部にすぎなかったことを、村政文書の保管・運用分析から指摘していたが[55]、二〇〇〇年以降、複合国家の立場に立って、狭義の裁判史にとどまらず、広く合法・非合法の訴えから近世社会をとらえる大平祐一の貴重な成果――『目安箱の研究』（創文社、二〇〇三年）、『近世の非合法的訴訟』（創文社、二〇一一年）、『近世日本の訴訟と法』（創文社、二〇一三年）――が次々と刊行され、近世史研究に大きな影響を与えている。

以上のような成果の蓄積により、裁判の問題を、近世社会全体を占う重要な論点として位置づける大きな研究史的基盤が形成されたといえよう。

### 3　複合的構成のなかの幕府裁判

本書では、以上のような研究史の理解のうえに立ち、幕府評定所における出入筋裁判を分析する。本書第三章で扱う評定所での出入筋裁判とは、次のような多様な近世社会における訴えの海の中では、最もフォーマルな手順をとったものと言える。

こんにちでは、歴史学・法制史の双方の研究の進展により、人々が支配者に向けて行った訴えを、当時の為政者が設定した合法・非合法の枠を超えて全体的に広く見通すことが可能となっている[56]。一八世紀以降についてみれば、次のような多様な訴えがなされていた。まず、百姓らが数の力に依拠して城下・門前において集団で訴える強訴、徒党を形成したうえで生産を放棄して立ち退く逃散は、近世の権力からは、非合法的訴えとして位置づけられ死罪など厳罰の対象とされた。次に、添簡など通常の手順を踏まない、駕籠訴や駆込訴などの訴訟＝越訴などは、半ば合法的訴えとして位置づけられ、江戸払いなどの軽微な処罰にとどめられ、受理されることもあった。そして、役所や奉行所に一定の手続きをとって訴える、合法的訴訟があった。江戸には、評定所などに出訴するために地方から江戸に来る客を相手にした公事宿（宿屋と各種裁判書類の作成・代行・召喚状送達などを兼ねた業者）が、近世後期には一〇〇人前後営業していた。このほか、「特別訴訟」ともいうべき、目安箱や臨時の徳川家使節（巡検使など）への訴えも存在した。これらの訴えは複合的に提起されることも多かった。

### ①　近世出入筋裁判の特質

ここで近世の出入筋裁判についての基本事項を整理しておこう。法制史上の通説では、近世日本において出入筋裁判とは、訴訟方と相手方との間で争われる裁判であり、民事と刑事を区別する現代の裁判観を適用するとすれば民事裁判に相当するものと理解されている。「裁許」とは、出入筋裁判の判決を意味する。また、刑事裁判に相当する吟味筋裁判の決着は、「落着」と呼ばれた。水林彪は、出入筋裁判は、「国家が両紛争当事者の間にはいって裁きをつけるという三極的構造」であるのに対し、吟味筋裁判は、「警察・検察と裁判官の役割を一身に担う役人が、犯罪者を含めて事件にかかわる人々を取り調べるという二極構造」であると説明している。同時に、紛争解決のための出入筋裁判も、現代の民事裁判の枠には収まらない刑事裁判的な色彩を帯びており、訴えの内容以外の軽微な刑事罰が、裁く側から紛争当事者に科されることが多かった[57]。

小早川以降これまでの研究で明らかにされてきた近世の出入筋裁判の特徴を、本書のテーマに必要な範囲で挙げるとすれば次の諸点となろう。

・適用されるべき法や裁判手続きが、身分によって異なるという身分制的性格をもっていた。

・訴訟の提起は権利ではなく、裁く側が出された訴状の内容を審査して（目安糺、訴状糺）、受理・不受理を決定した。共同体内で解決すべきとされた「仲間事」は受理されず、「金公事」（借金銀・売掛銀など）は冷遇された。逆に最も重視されたのは支配層の領有権・年貢収集権とも密接な関係を持った論所であった。「幕藩領主権力は、原則として自己に関心のある事項のみを、自己の関心にしたがって裁判したに過ぎない」という石井紫郎のとらえ方は、このような近世領主裁判の一面を言い当てている。(58)

・支配関係を超えて幕府の奉行所に訴状を提出する場合には、支配役所の添状が必要であった。(59)

・基本的には一審制であり、上訴が制度化されていなかった。

② 「支配違江懸る出入」から「公儀」の裁きを問い直す

複合的構成からなっていた近世日本において、個々の支配を超える紛争（「支配違江懸る出入」）や重大事件については誰がどのように判断したのかという点についてあらためて整理しておきたい。(60) 幕府の最高権力者はいうまでもなく将軍であった。初代将軍家康・二代秀忠・三代家光は直裁を行っていた。しかし、一六八一年の大名家相続をめぐる紛争（越後騒動）に対する五代将軍綱吉の裁定を最後に、一般的には将軍の直裁は行われなくなったとされている。(61)複数の支配にわたる論所（境界論・入会論・水論）についての裁判については、幕府の奉行が主管となり評定所において裁きが下された。たとえ大名領の村であっても領主に届けたうえでここに提訴できた。

このことは、中世にはありえなかった権利を近世の地縁的共同体が獲得していたことを意味している。(62) この評定所での村同士の争いを、高木昭作は「百姓を表にたてた藩相互の争い」であり、出訴を選択したことにより、現地での領有が国家の領有に包摂されたと位置づけた[63]。この高木の見解は、評定所裁判の裏面に、大名による活発な政治的工作が存在していることを指摘した点では重要ではあるが、中世からの歴史の展開のなかでは、前述したように（本節2）、一七世紀に幕府側が山川田畑の争いや境界についての評定所への領主の出訴権（領主の直公事）を否定し、村を訴訟主体としたこと（百姓公事[64]）こそが注目されるべきであろう。一六七四―七五年に評定所で争われた牛の峠・北河内山論（日向国那珂郡と諸県郡との境であり、飫肥藩伊東家と薩摩藩島津家の領境でもあった）では、評定所一座の三奉行は「国郡之堺、百姓知らざれば何者か知るべき哉」と発言している。前述したように個別の領主支配を超えた空間把握の枠組みとして位置づけられていた国郡の境は現地の百姓の認識に基づくという理解が、評定所において明確に表明されたのである[65]。

前述したように、近世の幕藩領主が作り上げた裁判制度は制度上の上訴制度を欠いていた。しかし、社会の側は、実質的上訴を実現させていた。次に記すように、彼らは、裁判権の多元性・重層性を逆手に取っていたのである。同一の訴えが奉行所を代えて提起されることも行われ、これに対して奉行所側は、処罰はできず「道理」を申し聞かせるという対応をするしかなかった[66]。石尾芳久は、前述したような幕藩領主の裁判管轄権の存在のありかたを、戦国期の分国支配以前にもさかのぼるような裁判権乃至は裁判管轄権の競合的状況（統合への志向を含む）の遺制が認められると理解し、このような競合状況のなか、民衆の側は、「支配違い江懸る出入」を上訴制度に代わるものとして利用したことを指摘した[67]。また大平祐一も、制度的には一審制であり、「裁判の確定前にその裁判に不服が生じた場合、上級裁判所に裁判の取消または変更を求める申立」としての上訴制度はないとしながらも、しかし、広い意味での上訴（裁判の確定前にその取消や変更を求めて上級審に対してする不服申立てという現在の上訴概念より広い、審理中または審理後に、その審理のやりかたや結果に対して改善を訴える行為）は行われていたことを指摘した。さらに訴える側が「差出」

（事件の審理を、幕府直轄領や個別領主役所から、幕府の役所や上級機関に移送すること）要求をすることすら行われていた(68)。岩槻藩領分の武蔵埼玉郡大竹村名主は、領主の裁許に対する請印を拒否し、奉行所への「差出」を願って、老中方に度々駕籠訴をし、奉行所（勘定奉行所か）に駆込訴を行った。この件の処罰について、勘定奉行根岸肥前守鎮衛は、寛政三年（一七九一）（去ル亥年）手限伺で「所払」を伺ったが、老中の指図により「江戸払」と決定された(69)。

以上に加え、このような幕藩領主内だけでなく、朝・幕という二元的ありかたを利用して、自己の権益を守った事例として、八瀬童子と自称する人々の法廷闘争があることをつけ加えておこう(70)。

評定所において、「公儀」の奉行やその下の実務官僚たちは、このように領主や民衆との間の矛盾に満ちた状況(71)のなかで審議をし、裁きを出していったのである。次の第二章で評定所を江戸城と都市のなかで問いなおし、第三章においてその裁きの実態を明らかにしていこう。

（1）　近世日本の政治体制は、将軍─大名の紐帯がその骨格を成したことから、「幕藩体制」と呼び習わされてきた。しかし、近年、朝幕関係研究の進展があり、また近世における宗教集団についても、幕藩領主からの一方的な統制ではつかみきれない実態の究明をふまえ、あらためて、近世の政教関係としての検討が始まっている。中核をなす武家編成や大名とは何かという基本理解についても、とくに近世成立期を中心に見直しが進んでいる。大名とその編成については、松尾美恵子が、早くから、一般に言われている親藩（一門）・譜代・外様という三分法で大名家を類別する見方を問いなおすという重要な成果を発表してきた（松尾美恵子「近世大名の類別に関する一考察」（徳川林政史研究所『研究紀要』、一九八五年）、同「近世大名制の成立」（『学習院史学』三三号、一九九五年））。近年の注目すべき動向としては、一万石以上・以下で武家領主層を区分する見方が定着する以前の徳川家による武家編成の見直しが挙げられる（三宅正浩「江戸幕府の政治構造」『岩波講座日本歴史11　近世2』二〇一四年）。また、藤本仁文「近世上方支配の再編」（『史林』第九四巻第四号、二〇一一年）は、元禄・享保期を画期に、幕府官僚と譜代大名の分離が果たされたと指摘した（一八頁）。幕府と諸藩の権力編成については、かつての「幕藩制国家論」においては、将軍に集中した軍役体系が注目されてきた。しかし、その後、藩の近世政治社会上の広がりが注目され（序章注(26)）、また、地域の近世文書調査の進展と出版物をはじめとする多様な史料が分析対象となるなかで、幕府の全国法令とみなされてきたものが、特定の地域・対象・政治状況において交付・出版された具体像もつかめるようになった（たとえば、山本英二『慶安御触書成立試論』日本エディタースクール、一九九九年、同『慶安の触書は出されたか』山川出版社、二〇〇二年、一一・七七・八二頁）。また藩や藩士が重要なプレーヤーとなる幕末政治史研究の進展もあり、一九八〇年前後から、藩の自立的側面を重視した研究が主流になっている（この立場に立つ近年の成果として、大平祐一『近世日本の訴訟と法』創文社、二〇一三年、小倉宗「近世の法」『岩波講座日本歴史12　近世3』二〇一四年、荒木裕行『近世中後期の藩と幕府』東京大学出版会、二〇一七年など）。

(2) 朝尾直弘『朝尾直弘著作集　第6巻』（岩波書店、二〇〇四年）、「自序」ix頁ほか。

(3) 朝尾直弘「元禄期京都の町代触と町代」（『日本政治社会史研究』下、塙書房、一九八五年、のち『朝尾直弘著作集　第6巻』岩波書店、二〇〇四年収録）。

(4) 塚田孝「都市法」（吉田伸之・伊藤毅編『伝統都市2　権力とヘゲモニー』東京大学出版会、二〇一〇年）。塚田は、諸社会集団はそれぞれ自律的な法共同体という性格をもっていたと理解している（塚田孝「近世大坂の法と社会」塚田孝編『近世大坂の法と社会』清文堂出版、二〇〇七年、六頁）。

(5) 三谷博・山口輝臣『一九世紀日本の歴史――明治維新を考える』（放送大学教育振興会、二〇〇〇年）、三七―四九頁。

(6) 吉田光男『近世ソウル都市社会研究――漢城の街と住民』（草風館、二〇〇九年）、五九―六〇頁。

(7) 水林彪『封建制の再編と日本的社会の確立』（山川出版社、一九八七年）、二七二頁。

(8) 水林彪『封建制の再編と日本的社会の確立』（山川出版社、一九八七年）、二七九―二八〇、三一四―三一六頁。

(9) 水林は、「天皇の権威は、律令法体系の権威の現象形態にすぎなかった」（四五一頁）と理解している（水林彪『封建制の再編と日本的社会の確立』山川出版社、一九八七年）。

(10) 本章注(1)参照。ただし、前述したように、近世成立期の譜代大名・旗本概念については見直されている（三宅正浩「江戸幕府の政治構造」（『岩波講座日本歴史11　近世2』二〇一四年）、四―九頁）。

(11) 水林彪「序論」（水林彪『国制と法の歴史理論』創文社、二〇一〇年）、一三・二六頁。

(12) 水林彪「現代日本の所有問題とその歴史的文脈」（水林彪『国制と法の歴史理論』創文社、二〇一〇年）、四九六頁。

(13) 水林彪「序論」（水林彪『国制と法の歴史理論』創文社、二〇一〇年）、二六頁。『封建制の再編と日本的社会の確立』では語られていた、①小国家としての大名領が一定の分権的主体として存続しており、②また一七世紀後半以降、「逆に、諸集団の自律性は再び高まり、国家は社会から撤退してゆく現象さえみられた」（四五二頁）という近世の動態的把握の視点は、同書以後、後景に退いたかにみえる。

（14）水林彪『天皇制史論』（岩波書店、二〇〇六年）、二三・二四頁。なお水林は、中国については戦国時代以降、フランスについては革命以降を、「制度的領域国家体制」であるとみている。

（15）水林彪は、近世の刑罰の基本が死刑と追放刑であったことを、「幕藩制国家が、本来は、地方的・分権的存在である武士によって建設された国家であるという特徴が反映していたものと思われる」と理解している（『封建制の再編と日本的社会の確立』（山川出版社、一九八七年）、三〇〇頁。

（16）服藤弘司『地方支配機構と法』（創文社、一九八七年）。天保改革の無宿野非人旧里帰郷令は、都市における人口増加・農村部の労働人口の確保・追放刑の弊害などの問題に対する政策の最終的な到達点を示すと評価されている（坂本忠久『天保改革の法と政策』創文社、一九九七年、三三三頁）。

（17）三浦周行「追放刑論」（『法制史の研究』岩波書店、一九一九年）、九九三―九九四頁。

（18）『憲教類典』（『内閣文庫所蔵史籍叢刊』四〇巻、汲古書院、一九八四年）、四七七頁「科人追放之事」。

（19）吉田正志『仙台藩刑事法の研究』（慈学社出版、二〇一二年）、二一八頁、同「解題」（吉田正志編『藩法史料叢書6　二本松藩』創文社、二〇一五年）、三九頁。

（20）ダニエル・V・ボツマン『血塗られた慈悲、笞打つ帝国。――江戸から明治へ、刑罰はいかに権力を変えたのか？』（合同出版、二〇〇九年）、一一九・一二〇頁。

（21）杉本史子『領域支配の展開と近世』（山川出版社、一九九九年）、一八八―一八九・一九三頁。

（22）家斉は、太政大臣という前例にない昇進を果たし天保期諸大名の官位上昇につながった。また家斉の子女のうち二七名が、御三家・御三卿・大名に養子・輿入りし、これにより大名家格が変動した（藤田覚『近世政治史と天皇』吉川弘文館、一九九九年、第九・十章）。

（23）杉本史子「支配・領有のための絵図Ⅰ――日本図・国絵図」（杉本史子、礒永和貴、小野寺淳、ロナルド・トビ、中野等、平井松午編『絵図学入門』東京大学出版会、二〇一一年）。

（24）朝尾直弘「将軍政治の権力構造」「「公儀」と幕藩領主制」（『朝尾直弘著作集　第3巻』岩波書店、二〇〇四年）、二二五四・三四二頁。

(25) 藤井譲治『幕藩領主の権力構造』（岩波書店、二〇〇二年）、三三二―三三三頁。

(26) 平松義郎「近世法」（『岩波講座日本歴史11　近世3』岩波書店、一九七六年）、三五六頁。

(27) 一七世紀後半の綱吉期に武家が万石以上・未満の基準によって分けられるようになって以降も、大名家臣は、「藩公儀」には包摂されていくが、「幕府公儀」からは排除されていた（藤井譲治『幕藩領主の権力構造』岩波書店、二〇〇二年）四九六頁。

(28) 新見吉治「武士の身分と職制」（進士慶幹編『江戸時代武士の生活』雄山閣出版、一九六三年）、三五頁。朝尾直弘は、寛永武家諸法度は、万石以上を原則として武家と認定したが、将軍家のみは、万石以下でも「近習・物頭」を含むことができると規定したとの理解を示した（前掲・朝尾直弘「将軍政治の権力構造」『朝尾直弘著作集　第3巻』二五三頁）。これに対し、三宅は、寛永令は箇条ごとに武家区分の対象を選択しており、万石以上が武家と認定されたわけではないと批判した。そのうえで、「物頭」ないしは「近習の物頭」は、当時の「譜代」に日常的に目見しており、「譜代」とともに軍事組織としての幕府にあって中核的存在であったとした（三宅正浩「江戸幕府の政治構造」（『岩波講座日本歴史11　近世2』二〇一四年）、一一―一五頁。

(29) 水林彪『天皇制史論』（岩波書店、二〇〇六年）、二六八頁。

(30) 寛保三年四月、三奉行にあて「此度御定書相極御仕置之定ニ而、大切成事ニ候間、奉行中心得に致、猥ニ他見無之様ニ可被相心得候」と達せられた（『憲教類典』（『内閣文庫所蔵史籍叢刊』四〇巻、汲古書院、一九八四年）五一二頁。

(31) 中田薫『法制史論集　第三巻』（岩波書店、一九四三年）、七五三―八三二頁。

(32) 「日本法制史研究の軌跡――石井良助教授にきく」（『専修史学』一〇号、一九七八年）、一六―一七頁。

(33) 本書第三章第一節『当用便覧』等。

(34) 篠崎佑太「石井良助旧蔵史料の整理と紹介」（基盤研究（A）『法令・人事から見た近世政策決定システムの研究（二〇一一―二〇一四年度、課題番号23242037）報告書』（研究代表者、山本博文））、一四三―一七四頁。

(35) 大平祐一「近世の訴訟、裁判制度について」（『法制史研究』四一号、一九九一年）。

(36) サイモン・ロバーツ、千葉正士監訳『秩序と紛争――人類学的考察』（西田書店、一九八二年）。

(37) 服部良久『アルプスの農民紛争』（京都大学学術出版会、二〇〇九年）。他に、同「中世ヨーロッパにおける紛争と紛争解決——儀礼・コミュニケーション・国制」(『史学雑誌』一一三編第三号、二〇〇四年)、同「西洋中世における権力と社会のインタラクション」(『創文』二〇一一年四号)など。

(38)　川口由彦「調停制度分析における法史学的視点」(川口由彦編『日本近代法史の探究1　調停の近代』勁草書房、二〇一一年)、三四頁。

(39)　ピーター・クラーク、米山秀訳「東洋の都市と西洋の都市」(『比較都市史研究』第三五巻第一号、二〇一六年)。

(40)　高木昭作の国家領有論においては幕府評定所における国境論のありかたが重要な意味を付されている(本書序章)。また朝尾直弘は、近世における公・法の重層という見方のうえにたって、紛争の平和的処理の手続きと組織を定めた幕府評定所や「奉行所」を、行政・司法のうえでも公儀を構成する不可欠の機関として重視した(本章第一節)。

(41)　水本邦彦『村　百姓たちの近世』(岩波新書、二〇一五年)、一〇二頁、同「村から見た徳川日本——「身分型自力」の社会論」(『歴史科学』二〇六号、二〇一一年)、三九—四二頁。

(42)　島崎未央「水本邦彦氏の『徳川社会』観」(『歴史科学』二〇六号、二〇一一年)。

(43)　岩城卓二『近世畿内・近国支配の構造』(柏書房、二〇〇六年)、三〇頁、第二部第四章ほか。

(44)　杉本史子「「裁許」と近世社会——口頭・文字・絵図」(黒田日出男、メアリ・エリザベス・ベリ、杉本編『地図と絵図の政治文化史』東京大学出版会、二〇〇一年、一八五—二六七頁)。

(45)　本章および第三章引用文献参照。

(46)　杉本史子「地域と近世国家——「百姓公事」の位置」(『新しい近世史2』新人物往来社、一九九六年、のち杉本史子『領域支配の展開と近世』山川出版社、一九九九年、第三章に収録)。

(47)　平松義郎『近世刑事訴訟法の研究』(創文社、一九六〇年)、八八—九〇頁。

(48)　本書終章注(11)参照。

(49)　茎田佳寿子「江戸諸法度」(『江戸幕府法の研究』巌南堂書店、一九八〇年)、二五二—二五七頁。なお、史料引用は、『憲教類典』四(前掲『内閣文庫所蔵史籍叢刊』四〇巻)、四一三、四一五頁によった。また平松の吟味願の解釈に対しては、山本英貴「岡山藩の自分仕置と対幕藩交渉」(『日本史研究』六六七号、二〇一八年)七二—七三頁も問い直している。

(50)　『御触書寛保集成』。なお『憲教類典』四(前掲『内閣文庫所蔵史籍叢刊』四〇巻)、三一五頁の当該条は、「両地之領主互に相通し」の部分を欠き、他にも助詞などの文言表記に異同がある。

(51)　吉田正志『仙台藩刑事法の研究』(慈学社出版、二〇一二年)、七―一八頁。
(52)　藤井讓治『江戸幕府老中制形成過程の研究』(校倉書房、一九九〇年)、二一六頁、同『近世史小論集』(思文閣出版、二〇一二年)、二〇八・二一三・二一六頁。
(53)　滋賀秀三『清代中国の法と裁判』(創文社、一九八四年)。
(54)　杉本史子「「裁許」と近世社会――口頭・文字・絵図」(黒田日出男、メアリ・エリザベス・ベリ、杉本史子編『地図と絵図の政治文化史』東京大学出版会、二〇〇一年、二一九―二二二頁、同「近世日本裁判再考」(臼井佐知子、H・ジャン・エルキン、岡崎敦、金炫栄、渡辺浩一編『契約と紛争の比較史料学――中近世における社会秩序と文書』吉川弘文館、二〇一四年、一二一―一二三頁、注37。
(55)　杉本史子「絵図に表された近世――その一　裁判と絵図」(『神戸大学史学年報』七号、一九九二年)、のち「裁許裏書絵図と村の「訴訟」」として、杉本『領域支配の展開と近世』(山川出版社、一九九九年)第四章に収録。
(56)　保坂智『百姓一揆と義民の研究』(吉川弘文館、二〇〇六年)、大平祐一『目安箱の研究』(創文社、二〇〇三年)、同『近世の非合法的訴訟』(創文社、二〇一一年)、同「判決がでたあと――江戸時代の「訴訟社会」像」(夫馬進編『中国訴訟社会史の研究』京都大学学術出版会、二〇一一年)、同「「出入」の終了――江戸時代の民事訴訟手続」(『立命館法学』三二七・三二八号、二〇一〇年)、同「近世日本における訴願手続――「訴訟」の体系的考察に向けて」(『立命館法学』三一六号、二〇〇八年)。
(57)　水林彪『封建制の再編と日本的社会の確立』(山川出版社、一九八七年)、二九八頁。
(58)　石井紫郎『日本国制史研究Ⅱ　日本人の国家生活』(東京大学出版会、一九八六年)、二三八頁。また小早川欣吾は裁判の等級性としてとらえている(小早川欣吾『増補　近世民事訴訟制度の研究』名著普及会、一九八八年、一二四―一二七頁)。
(59)　小早川欣吾『増補　近世民事訴訟制度の研究』(名著普及会、一九八八年)、二六九―二七三頁。
(60)　たとえば、一四世紀イタリアの地方都市ルッカでは、外国人領主が頻繁に交代し、多数の法廷が乱立していた。このような状況では、ひとつの法廷の判決は必ずしも権利を完全に確定するものではなかった(中谷惣「中世後期イタリアにおける訴訟戦略と情報管理――ルッカの事例から」『史学雑誌』一一七編一一号、二〇〇八年、七頁)。
(61)　家綱継統後は、「訴訟」「御用」双方とも将軍直裁判・直支配は姿を消したとされる(服藤弘司「『幕末御触書集成』解題」『幕末御触書集成　別巻　解題』岩波書店、一九九七年、一九三頁)。

(62)　この点から、太閤検地により村に公的性格が認められたという朝尾直弘の指摘（「泰平の世」『朝尾直弘著作集　第7巻』岩波書店、二〇〇四年、七七頁）は重要である。
(63)　高木昭作『日本近世国家史の研究』（岩波書店、一九九〇年）、四〇頁。
(64)　杉本史子『領域支配の展開と近世』（山川出版社、一九九九年）、九九―一〇二・一〇五・一〇六・一一一・一一二頁。なお、この原則は史料中では「大徳院様已来」と表記されている。前著ではこれは台徳院すなわち秀忠を意味すると解釈していたが、大猷院すなわち家光を指す可能性もある。
(65)　『宮崎県史　史料編　近世四』（一九九五年）、九八〇頁。
(66)　小早川欣吾『増補　近世民事訴訟制度の研究』（名著普及会、一九八八年）、二八〇頁所引「公事方御用留」。
(67)　石尾芳久「支配違江懸る出入について――摂州嶋下郡味舌下村馬場家文書を中心として」（『関西大学法学論集』二五―四～六号合併号、一九七五年）。
(68)　大平祐一『近世の非合法的訴訟』（創文社、二〇一一年）、一九五頁。
(69)　青木虹二編『編年百姓一揆史料集成』第七巻（三一書房、一九八一年）、二六〇頁。
(70)　Sugimoto Fumiko, "Fixing Sacred Borders: Villagers, Monks and Their Two Sovereign Masters," *Cartographic Japan: A History in Maps*, edited by Karen Wigen, Sugimoto Fumiko, and Cary Karacas, The University of Chicago Press, 3. 2016.
(71)　杉本史子『領域支配の展開と近世』（山川出版社、一九九九年）序章・第一章・第三章・第四章・第六章、本書序章第二節1、および、金公事における証書主義が幕府裁判の桎梏となっていたことについては本書第三章第三節参照。
(補注)　本章第2節2では、出入筋と吟味筋についての、訴える側の政治的選択について注目した。本書脱稿後刊行された、大平祐一「江戸幕府の刑事裁判と「手続の選択」――「吟味筋」かそれとも「出入筋」か」（水林彪・青木人志・松園潤一郎編『法と国制の比較史――西欧・東アジア・日本』日本評論社、二〇一八年）は、近世日本においては、御料も私領も、刑事事件（ここでは吟味筋・出入筋両方を含んでいる）の全てを奉行所が自ら捜査・解明する力量を有しておらず、嫌疑が濃厚ではない事案については目安糺において出入筋裁判を選択したとして、幕藩領主裁判の限界性を指摘している（五五〇・五五五頁）。

# 第二章　城と都市のなかの評定所

本章では、評定所を、城と都市という二つの空間の重なりのなかに置くことでその性格を問いなおしたい。いうまでもなく、当時、司法・行政・立法の三権は分立してはいなかった。評定所も、独立した裁判所として立法・行政を掣肘する存在では、もちろんなかった。三権未分立の状況を単に未成熟な体制ととらえるのではなく、将軍や老中以下諸役との関係のなかで評定所がどのように裁判を実現していたか、評定所に訴訟を提起することがどのような意味を持っていたかについて考えていきたい。

## 第一節　評定所の形成――法と空間

まず、評定所の形成について近世政治史の成果をふまえながら整理しておきたい。三代将軍家光は、寛永一一―一二年（一六三四―三五）、老中（当時は年寄と呼ばれた）に集中した権能を分解し、国持大名・寺社方など相手によって担当者を分けた。また、寛永一二年一二月二日、新任の老中三人（松平信綱・阿部忠秋・堀田正盛）を「評定衆」として、評定所会議（当時は「寄合」と呼ばれた）を主宰させることにした。そして古参の二人の老中（土井利勝・酒井忠勝）から評定衆にあて、会議や裁判について規定（「定」）を定めた。この「定」は正徳二年（一七一二）には「評定所法式」と呼ばれているので[1]、本章でも便宜上その呼称を採用する。「評定所法式」の発令の翌日、それまで老中宅など

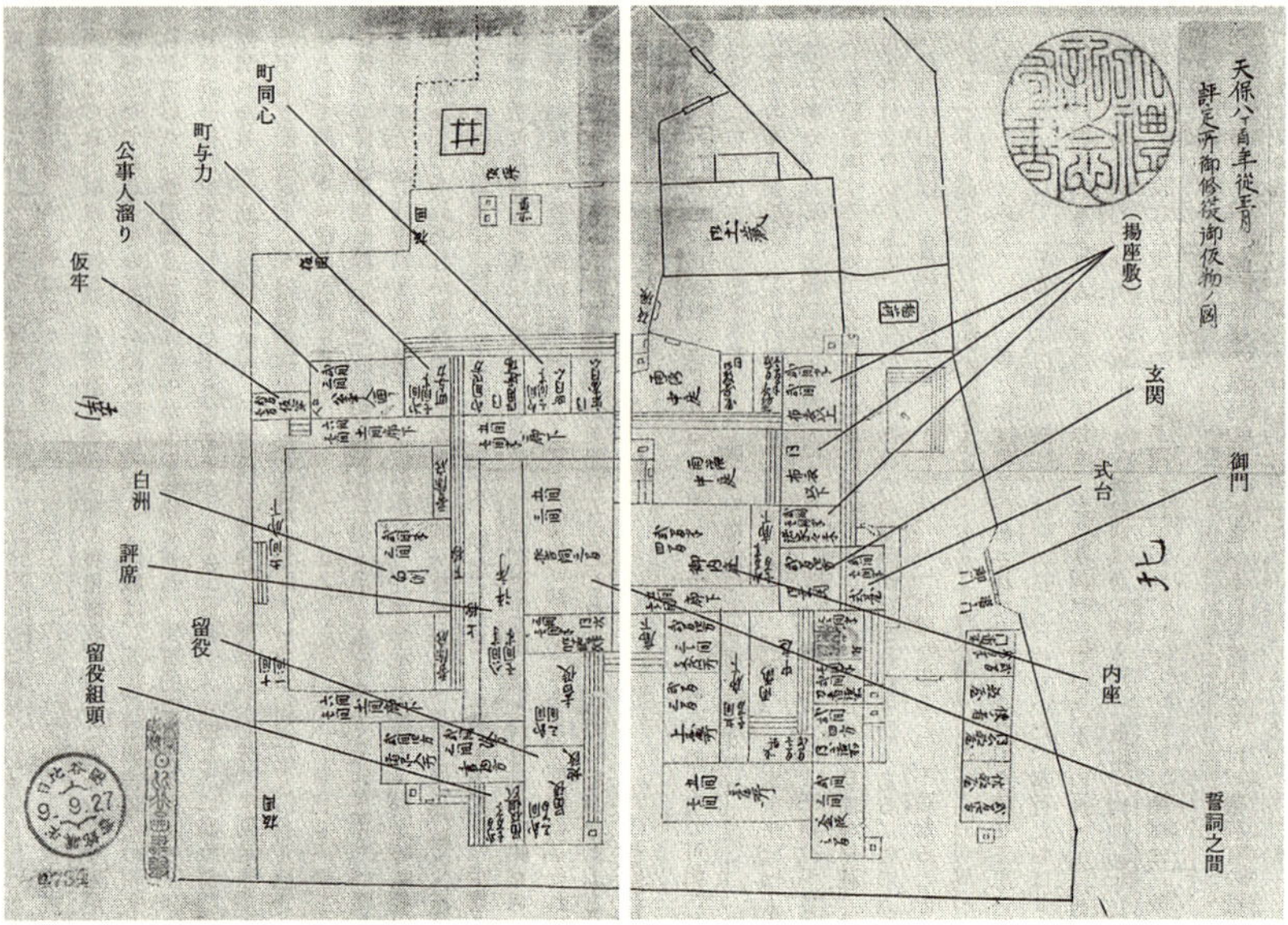


**図1** 「評定所御修復御仮物ノ図」

出典）東京都立中央図書館東京誌料蔵，深井雅海『江戸城――本丸御殿と幕府政治』（中公新書，2008年），図25を引用

で行われていた寄合の場が、伝奏屋敷に定められた[2]。このように、家光政権下、老中制の整備と並行して、評定所についての法と空間が定められた。ただし、この時点では、まだ老中の職務分掌は実際には流動的であったと考えられる[3]。将軍―老中―諸職という幕政機構の基軸が形成されるのは、寛永一五年（一六三八）ごろであり、老中よりも上位に、井伊直孝のような、全国各地の軍事上の要所に配され幕政上に役職を持たない政治顧問的な層も存在していた[4]。

寛文八年（一六六八）、評定所は基本的には老中配下の中心的な三つの奉行（寺社奉行・町奉行・勘定奉行）が主宰する会議体となり、老中は、後述する式日のみ傍聴することになった。評定所では、老中が陪席し儀式を伴った定例全体会議（寄合の式日）、老中抜きの諸奉行などによる定例全体会議（諸奉行の立会）、各奉行別会議（内寄合）の三種の会議が行われた。一七世紀半ばには、諸大名の留守居や町年寄などへの法令伝達に評定所が活用されている[5]。

「評定所法式」は、寛永期には古参年寄から評定

衆に任じられた新参年寄に達せられた。正徳二年以後は、将軍の襲職ごとに、老中から三奉行他で構成された評定衆に対して発令され[6]、各『御触書集成』の「御条目之部」に収載されて幕令のなかで重要なものとして位置づけられた。

寛永一二年（一六三五）の「評定所法式」では、評定衆の寄合の場は役者（役職者）以外は出入禁止、音信禁止とされ、また、公事訴訟に出る者はたとえ直参といえども刀脇差を帯びることは禁止と定められた[7]。公事関係者については本丸（本章第二節2参照）における帯刀制限よりも厳しい内容といえる。正徳二年以降の「評定所法式」では、役人以外出入禁止・音信禁止の対象となる空間が「評定所」であると明記され、公事訴訟に出る者の刀・脇差禁止の規定も踏襲された。

「天保八丁酉年、従正月、評定所御修復御仮物ノ図」（図1）によると、評定所の中心部分には評定所一座の会議室である「内座」や新任の役人が就任の誓いを行う「誓詞の間」があり、その南側には、裁判のための施設（公事人（原告・被告）が控える公事人溜り、公事人などが取調をうける白洲・廊下、奉行たちの座る評席など）、その両側には、役人（西側に町与力・町同心・牢屋同心、東側に評定所の留役組頭・留役・書役）の部屋が置かれていた。これらの周囲は、板塀や板囲で囲繞されていた[8]。

## 第二節　政治空間としての「江戸城」

評定所は、「江戸城」のなかに設置された。ここで「江戸城」と呼ぶのは、次に述べていくように、将軍の居所を中心に何重もの堀で囲繞された空間、すなわち、いわゆる外堀で囲まれた空間全体を指している[9]。

図2「江戸城概念図」は、将軍の居所を中心に設置された堀により区画されたエリアを、図示したものである[10]。この空間は実際には複雑な地形上に工事を重ねて建築されており、それ自体が複雑な形状をしていた。しかし、図はあ

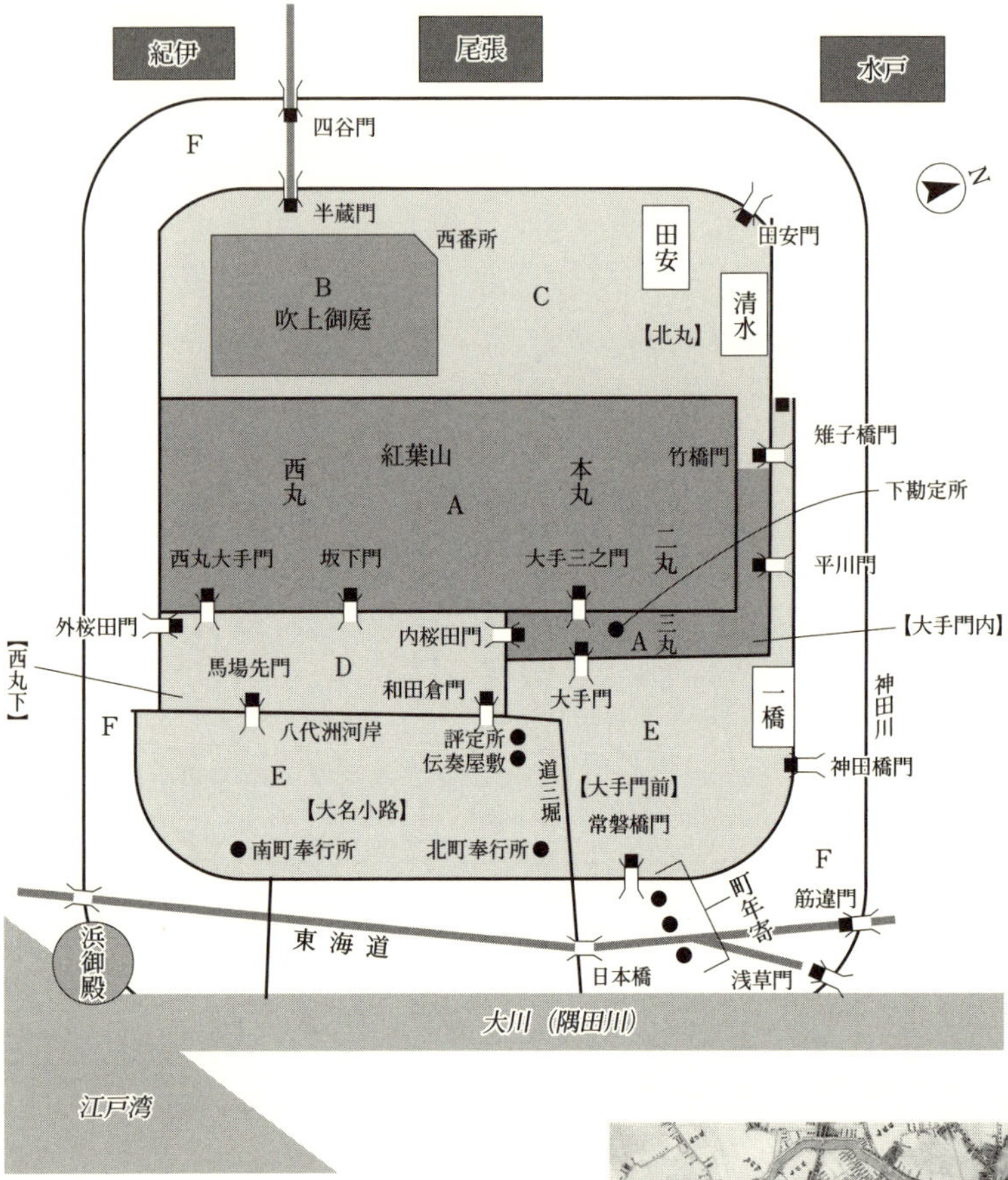


図2　江戸城概念図（上）

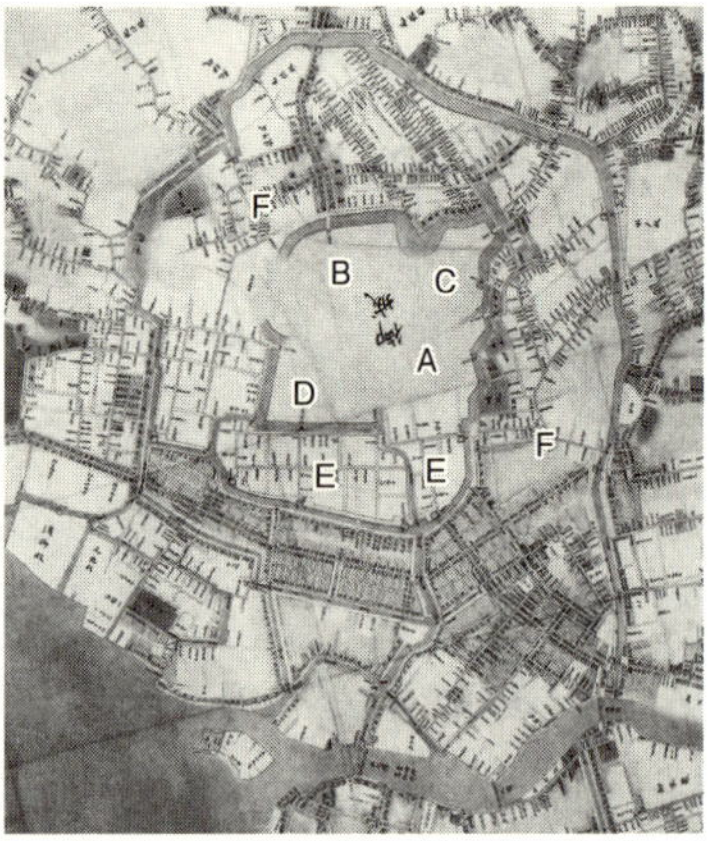


図2　参考図（下）

注）『江戸実測図（南）』（国土地理院，186. 伊能忠敬測量による「江戸府内」図（文化14年（1817）高橋景保誌）の写）の画像にA~Fを加筆した．

えて単純なかたちでこれを表現し、A―F各エリアの位置関係を示すことを主眼にした。表示の都合上、F部分は相対的に狭く表示されている。この図の目的は、あくまで各エリアの相対的位置関係の図示であり、形状・広さではない。各エリアを呼ぶ名称は時期によって変化しているので、A―Fのアルファベットで示し、代表的な名称を【　】で付した。またそれらを連結する主要な出入り口の城門・橋を記号で表示した。

図2は、一八世紀前半から一九世紀前半の状況を表現している。その始期は、寛永一三年（一六三六）外曲輪（図のFの堀＝外堀）が完成し、明暦三年（一六五七）の大火で焼失した本丸の万治二年（一六五九）の再建を経て、享保六年（一七二一）に城外門（Aエリア内部以外の門）の警備の基本法が定められた段階に置いている。[11]終期は、文久二年（一八六二）を一応の目安にしている。開港以降外交を中心として幕府役職の新設が顕著になるが、特に文久二年一二月を画期とし同閏八月から翌年三月にかけて軍事関係の諸役職新設が最初のピークを迎え、「江戸城」の城門守衛のあり方も変化する。[12]西丸下には歩兵屯所が置かれ（文久三年正月）、大手三之門の守衛も歩兵組が行うようになる（慶応二年（一八六六）八月）[13]。文久二年閏八月には、万石以上・以下に対し駕籠ではなく騎馬での登城（乗切登城）が許可される。[14]また後述するように、文久三年には西丸・本丸・二丸が焼失するという未曽有の事態が起こっている。「江戸城」の中心であった本丸はこの後再建されることはなく、「江戸城」の構造は大きく変わった。そして政治の舞台として京坂が大きくクローズアップされていくことになる。

この図2の時期の特質を、江戸の展開からも確認しておこう。吉田伸之は江戸の展開を次のように一期から八期に分けている。[15]

一期　**中世武士の居館**

二期　**戦国期武将の城郭**　長禄元年（一四五七）太田資長により城が建設されるが、城下全体を囲む惣構はまだ成立していない。

三期　**豊臣政権期**　徳川家康の居城となり、城の整備が進められる。大規模な複合城下町段階か。

四期　**惣構のなかの江戸**　四―八期は巨大城下町段階。江戸全体を堀でほぼ囲繞した。町人地を中心とする都市社会が史料上に登場し始める。惣構のなかの町人地は「古町三百町」と呼ばれ、日本橋・中橋・京橋には職人町が集中し、城の御用を務めた。浅草や品川はいまだ江戸の外部であった。

五期　**明暦大火と大拡張**　大火（一六五七年）後は、町人地を惣構の外・海岸部・隅田川対岸造成地に展開させ、本所・深川に幕藩領主や市中への大量な物資を共有するターミナル機能を集中させた。一八世紀初頭までに江戸は巨大都市の第二段階に達し、幕末までこの空間規模を維持した。

六期　**成熟期としての一八世紀**（享保―寛政）　江戸は、固定した広大な空間を枠組みとして、その内部に都市社会を熟成させていく。

七期　**爛熟と専制の江戸**（文化・文政―天保改革）　文化一〇年（一八一三）の菱垣廻船積問屋仲間の公認をはじめとして、社会集団を株仲間として把握する「株仲間体制」が敷かれた。この体制が、天保一一年（一八四〇）に廃止されたあと、社会統合システムの「空白」のなかで人々の無限の欲望が姿を現す。都市社会に対して前例のない専制を敷いた天保改革に対して、武家政治を桎梏ととらえる「世論」が形成されていった。

八期　**維新へ向かう解体と再生**　嘉永四年（一八五一）の株仲間体制復活は、様々な混乱や紛争を生んだ。一八五四年日米和親条約による開国から大政奉還による幕府倒壊に至る過程は、巨大城下町としての江戸が死に瀕する過程であった。

図2はこの段階区分からみると、六期から八期にかかる時期にあたる。すでに五期に、都市は図2のFエリア範囲を超えて拡張していた。文政元年（一八一八）老中は従来の寺社勧化場と変死・迷子掲示の取扱範囲を、江戸市内＝「御府内」の範囲と定めた。

### 1　城と城下町――政治史と都市史

図2の表現する外堀に囲まれた空間は、近世史研究では、本丸を中心とする政治史分析以外は主に城下町研究の対象内として扱われてきた。吉田伸之は、「城下町は、武士がもつ独自の理念に基づいて建設された城塞都市である」[16]と定義する。そして城下町の原型のひとつは石井進の中世武士の所領支配理解に置くことができるとして「武士のイエ＝館・屋敷は、支配・暴力装置という政治的側面と、流通・経済におけるヘゲモニー的側面において都市性を有し、また同時に、在地社会において不断に形成されていく多様な都市性の新たな凝集域・結晶体ともなってゆく」（三六六頁）とまとめた。吉田によれば、このような祖型が、城下町の幼生へと転化していく過程で、その内部にイエとは異質な都市性が分化してくる。そして、成体としての城下町（真正）城下町）は、この都市性を解体・再編し、城郭を中心として濃縮された都市空間を確定していく。吉田が、城下町の中には家中屋敷、足軽町、寺社地、町人地といった諸社会が並立し、イエ支配とはまったく異なる異質の都市性を内包しそのことによって町人地への依存を強めていったと指摘したことは重要である。万石以上の領主の城下町には、新たな都市性を複合的にもち合わせた複合城下町が成立した。町数にして数百から千数百の町、人口にして数十万を擁する、巨大城下町も生まれた。その代表が江戸である。そこでは、大名藩邸など自律的で有力な家中屋敷がみられるとともに、大店が「全国的な固有のネットワーク」を構築し、「全国に及ぶ流通市場の心臓部」（三八一頁）としての市場社会、自律的な社会＝空間構造として成熟した民衆社会がみられた[17]。

吉田はまた、城下町の骨格は、城郭・武家地・足軽町・寺町・町人地といったそれぞれ独立した社会＝空間領域が複合し分節的に共在し形成されたとし、分節的で相互閉鎖的な身分的構成を、商品世界が土台から解体させていくという筋道でとらえている。さらに塚田孝の社会集団の重層・複合論をふまえて、都市社会を部分的にではあれ編成・

統合する磁極要素の存在を指摘し、権力や社会的権力による支配・従属関係や矛盾・対抗関係を含んだ動態的・立体的な分節構造論を提示した[18]。そして、吉田は特異な中央城下町としての江戸・駿府・京都などにおいてのみ固有にみられる特質である首都性の解明を城下町研究の課題のひとつとして提言している[19]。

本章では、以上のような、武士によるイエ支配と都市性に城下町の本質を置いた吉田の成果を前提に、外堀内全体を城ととらえることで、都市と城の両面をもった政治空間を浮かび上がらせる。そして、このような政治空間のなかで中央的権力としての「公儀」の機能が具体的にどのように実現されていたかを明らかにすることで、首都性の問題にアプローチしていきたいと考える。

本章の結論をこの文脈から先取りして述べるとすれば、次のように概括することができるだろう。政治空間としての「江戸城」は、大きく〈中核空間〉〈境界空間Ⅰ〉〈境界空間Ⅱ〉に分節化された空間としてとらえることができる。従来の政治史が対象としてきた本丸に代表される将軍権力を中核とする権力編成のための人工空間は、このなかの〈中核空間〉としてとらえ直される。一方「公儀」の中央政府的権能、すなわち社会の編成にかかわる機能のうえで大きな意味をもったのは、これまで、①本丸を中心とする「城内」を主舞台にした政治史・儀礼史研究、②大名藩邸を舞台とする藩研究、③城下町を対象とする都市史研究、のはざまに沈み込み、研究上も一般の歴史認識のうえでも、十分に掬い上げられてはこなかった、〈境界空間〉に置かれた「公儀」の近世的行政・司法諸機関・場（本書序章）であった。〈境界空間〉とは、いわば、都市空間と城空間が重なり合う領域であった。そしてこれらの〈境界空間〉に置かれた諸局の合議の場である評定所や老中や諸奉行の役宅はまた、それぞれ独自の政治空間をなしていた。

城下町は、吉田らによって、分節化された社会＝空間構造としてとらえられることによりさまざまな豊かな相貌を現し始めたが、「江戸城」はそれ自体、分節化された政治＝空間構造ととらえることが可能であり、しかもその大きな部分が都市空間と重なり合っていた。本章で明らかにしていくように、城と都市の関係のありかたが「公儀」の存立に大きな意味をもっていたのである。

## 2　エリア・門・建造物

「江戸城」の各エリアは、水堀によって隔てられ、武装した門と橋によってのみ連結される、いわば〈島〉であった。[20]門は、人の動きを統御する装置であり、空間を分割しヒトの移動を統御するという権力の意志の存在を抜きにしては、これらの空間の意味を理解することはできない。[21]

一方堀は、〈島〉を分かつ境界であるとともに、水路でもあった。堀は上下水道と組み合わされて城と城下の給水・排水を担っていた。[22]水路による物流確保については、後述Fエリアの記述のなかで言及する。

図2の範囲は、これらの装置によってヒトとモノの動きが統御された空間であった。大名屋敷や町人地の境堀は、一八世紀にはその防御的性格が失われ埋設されるものもみられたことが指摘されており、江戸城の城門・堀も簡略化されていく。[23]しかしその政治上軍事上の意味は完全には失われることはなかった。たとえば、将軍や幕臣が江戸を離れる日光社参時には、巡邏・番の強化がなされ、Fの堀の南半分から海岸地域は海からの上陸に備えて船留などの警戒態勢が敷かれ、Cに入る門の内、半蔵門・田安門・清水門、Dに入る門の内馬場先門が閉門され、Eエリアへの門も夜間閉門とされ、藩主自ら番所につめるなど、厳重な警戒態勢が敷かれた。[24]幕末の諸軍事的危機の際にも城門閉鎖・水路通行監視や制限が行われている。これらの問題は、江戸を中心とした箱根・碓氷を結ぶ関東山地の諸陸路や利根川・江戸川をはじめとして設けられた関所・関門の問題[25]ともあわせて検討する必要がある。

本項では、図2の各エリアの諸施設について説明する。

**【Aエリア】**

Aエリアには、本丸・西丸をはじめとする壮麗な殿舎群・園地、代々の将軍を祀る廟、金蔵などが置かれていた。

このエリア内の本丸・西丸・二丸・三丸・紅葉山は、「城内」と呼ばれた。以下本丸について述べていく。

〈儀礼空間〉

本丸は将軍とその家族の住居であるとともに、将軍権力を誇示する儀礼の場であり、将軍という存在によって価値づけられた空間であった。接客・対面のためのたくさんの殿舎が設けられ、将軍の私的領域に近い部屋ほど高い価値をもった。将軍の生活空間に含まれる「御座の間」で謁見できるのは、大名では大廊下・溜詰、幕臣の場合は諸太夫役・布衣以上に限られていた[26]。大広間・白書院[27]は、坪当たり標準工数からいっても本丸の中でも最も手がかかった建造物であった[28]。表向きの儀礼ホールの代表ともいえる大広間は、将軍の座する上段から中段・下段・二の間・三の間・四の間・入側《いりかわ》と序列づけられ、床の高さ・天井の高さ・内部仕様まで差異が設けられた、儀礼空間の代表であった[29]。部屋のどの場所で謁見できるかは、官位によって定められていた。具体的な儀礼の場においては将軍との距離が重要であった。たとえば、国持大名毛利家当主（当時侍従）の年始の大広間での将軍との謁見は、下段の下から一畳目という、将軍とは約一六メートルも離れた位置での「謁見」であり、白書院で謁見する御三家の場合と比べ約二倍の距離があったと考えられる[30]。

〈役所空間〉

また本丸には幕府役所の中心部分が置かれた。執務室としては、老中の上御用部屋、若年寄の下御用部屋、その他、勘定奉行・勘定吟味役の御殿勘定所、作事奉行・普請奉行・小普請奉行の各御用詰所、目付の目付部屋などが置かれた。また御目見え以上のほとんどの役職には殿席が与えられた。ここで毎日巡回してくる老中に挨拶をした。また殿席は、将軍に御目見えする際の控席ともなった。諸大名が本丸に入る口は「御玄関」だったが、老中や将軍側近など奥に執務室がある諸役人は納戸口（老中口）から、奏者番・大小目付・三奉行（寺社・町・勘定）は中之口から本丸に出入りした。各役職は、これらの口の付近には支度部屋としての「下部屋」が与えられていた[31]。

ここで、瀧村鶴雄の『職務餘話　外篇』(32)によって、幕府の役人たちがどのような日常世界で過ごしていたのか、その一端をうかがってみよう。瀧村鶴雄は、天保一〇年（一八三九）出生、安政二年（一八五五）幕府の勘定方役人、文久元年（一八六一）表右筆・奥右筆歴任、明治二年（一八六九）徳川宗家を継いだ家達《いえさと》の家扶となり同家の家政にかかわり、明治四五年（一九一二）死去した。瀧村の、いわゆる『続徳川実紀』についての考証(33)は、いまなお研究の基礎をなしている。『職務餘話』は後年の記述のため、同時代史料で検証する必要があることはもちろんであるが、一般的には史料に残りにくい幕府諸役所での日常を語っている。

次の記事に記述された、幕府各局において役人相互がどう呼び合っていたかという基本的なレベルの問題は、彼らの相互関係を端的に表している。

局々の用語

御目付ハみつから拙者といひ、他を呼ひてハ御手前様といふ、津田真一郎（真道）や加藤弘蔵（弘之）の如き書生風の人にても、御目付仰付られ、即日拙者が御手前がと改め、いひなれぬ詞づかひをかしかりき、諸局相互の文書ニ此段及御達候とかくを、御目付にかきり此段申達候とかく、又起請文前書を御目付へ問合するに、候の字一字くらゐハ前々より加へたるも除きたるもあルを、そのいづれをか取りて改め、附札之通相違有之候ト答ふる例なり、杓子定規なるへし、御小姓・御小納戸の類、御前辺にて名を呼ぶニ互ニ敬語をはふきて主計とか式部とかいふ様によびすてなり、御前にてみづからの事を私がなどいふ事なく、主計が式部がなどいふ様に、名をいふ、多人数の名前御記憶の為めにハよかりしなるへし、

御右筆ハ、御互に名をよびて誰殿といひ、第三者をも誰殿といふ、老中・若年寄・組頭の事をも亦誰殿といふ、くつろぎたる宴席にても、殿ことばはぬけかたし、

御勘定ハ相互いに苗字にてサンと呼ふ、組頭の事をば名にて殿といふ、組頭が御勘定をよぶにハ名にて殿といふ、

表1　幕府局々の詞

| 話者の役職 | 自分を指す言葉 | 相手を指す言葉 | 第三者を指す言葉 |
| --- | --- | --- | --- |
| 目付 | （目付に対してカ）拙者 | （目付に対してカ）御手前様 | |
| 右筆 | | （右筆に対して）名＋殿 | 名＋殿 |
| 勘定所<br>勘定組頭 | | （御勘定に対して）名＋殿 | |
| 勘定所<br>御勘定 | | （勘定組頭に対して）名＋殿<br>（御勘定に対して）苗字＋サン<br>（普請役に対して）苗字呼び捨て | |

御勘定か御普請役をよふにハ苗字よびすてなり、此外諸局大同小異あるべし（下略）

表1は、この記事から判明する、各局役人たちが使用した、自分を指す言葉、対面する相手に呼びかける言葉、第三者を指す言葉を整理したものである。目付は、自分を指す言葉は「拙者」、対面相手に対しては、「御手前様」と呼びかけた。これは、津田真道や加藤弘之といった慶応四年（一八六八）に開成所から目付に採用された（本書第七章参照）「書生風」の人々にとっては、「言い慣れない」言葉遣いであった。右筆は、同役間では「名＋殿」で呼び合い、第三者も「名＋殿」と呼んだ（ここでの「名」とは、官途名と思われる。ただし、正式に幕府の推挙により朝廷から任命されたもの以外の通称も含むものと思われる）。右筆が老中・若年寄・右筆組頭という上位の役人に言及する場合も、同様の「名＋殿」が使用された。この「名＋殿」は、勘定所の勘定組頭とその配下の御勘定相互間でも用いられた。しかし、御勘定相互間ではより率直でフラットな「苗字＋サン」が使われていた。また御勘定が普請役を呼ぶ場合は苗字呼び捨てであった。

これが将軍面前の小姓・小納戸になると、称する主体を抹消し完全に将軍すなわち上からの一方的な関係に一元化された呼称が自分を指す言葉にも相手（小姓・小納戸）を指す言葉にも使われる。彼らは相互に官途を呼び捨てにし、多数の家臣に接する将軍のために、自称ですら官途をもって表現するのである。

次に、本丸への出入りと武装解除の問題については、瀧村は次のように説明している。

刀脇指

将軍家の御玄関ハ提け刀にて昇降する事を許さす、刀をは供方に渡し、脇指のみとなる、中之口より部屋或は役所に入るものハ、提け刀にて昇降す、　御前へ召出さるゝ時ハ、脇指を脱するを礼とす、

「将軍家の御玄関」すなわち本丸玄関では（表《おもて》大名たちは）提刀も許されず供方（刀番）に刀を渡し脇差のみとなったが、（詰衆や役職者が）中之口から部屋や役所などに入るときは提刀で昇降した。なお、将軍御前に召し出されるときは脇差も脱することを礼としていた。提刀とは手に刀を提げて持つことで、瞬時に抜刀できない姿勢であった。本丸空間における武装解除は、身分・立場によって異なっていたといえる[35][36]。

**【Aエリアの本丸・西丸に入る城門】**

本丸・西丸に入る最も重要な門は、大手門・内桜田門・西丸大手門の「大手三門」であった。この大手三門は、幕府から許可された者のみが通過でき、開門時間も内門・外門とも卯刻―酉刻のみに限定されていた。下馬札が設置され、供の大半はここから先には入れなかった。また、Aの内部には、図には示していないが、多くの門（城内門）や番所が設置され、将軍家の直臣団（番衆）が警護していた[37]。

**【Aエリア東端の大手門内、Bエリア吹上、Cエリア北丸】**

Aエリア東端の大手門内と、Aエリアの西側に隣接するB吹上・C北丸は、明暦大火のあと、徳川家重臣、御三家、将軍側室[38]らの屋敷が徐々に外部に排出され、その跡地はそれぞれ独自の展開をみせた。大手門内には下勘定所が、Bには吹上御庭が、Cには、御三卿のうち田安・清水が置かれた。

〈大手門内〉

Aエリア東端の大手門内は、寛永期には、二丸曲輪入口前の、出撃時の馬出し的機能をもった曲輪であり、日常的には広場として使用され、また重臣屋敷が配置されていた曲輪であった[39]。登城する大名たちは、大手三之門の前の下

乗橋でさらに供の者を減じ自身も駕籠から降り、中之門―中雀門（本丸玄関手前）へと向かった。玄関からは、大名ひとりで歩いて行くことになる[40]。

庄内藩の上屋敷足軽屋敷で小頭が足軽番人に対し読み上げたとされる享保一六年八月「大手下馬前条目」には、内桜田門と大手門の通り抜け禁止という条項があり、当時事実上は大手門―内桜田門間で通り抜けがなされていたと思われる。また大手門の通常時用の門帳に登録された幕臣・役人・出入り町人たちは、本丸と大手三之門の間の金蔵・富士見宝蔵や、次に記す下勘定所への通行を許可されていた[41]。

大手門内には、少なくとも享保以降[42]、下勘定所という、全国の徳川家領の年貢や、代官手代[43]の召抱や暇伺、廻米方、諸国堤川除普請や国役、新田開発、五街道、知行割、村鑑帳、運上、鉱山、御林、諸国神社仏閣普請などを取り扱う役所[44]が置かれた。このように、下勘定所は、朝尾直弘が「「公儀」の行政・裁判機関」と呼んだ「奉行所」・評定所とは別の側面から幕府の全国支配を担った。その主務が徳川家領掌握という点からは、Eエリアよりも大手門内がふさわしい。同時に、諸大名の留守居の呼び出しや申し渡しもここで行われており、「城内」本丸に置かれた御殿勘定所とは区別された機能が期待されていた。安永四年（一七七五）六月には、大手門内の下勘定所内の腰掛・供部屋は、勘定所向の供に限るべきところ、外向供の者や六尺が入り込んでいる状況があり、無用の者や他の供廻りが立ち入れないようにとの通達が、向き向きに出されている（『御触書天明集成』一七九四）。

〈吹上御庭〉

明暦大火、元禄一〇年（一六九七）の火事を経て、吹上の武家屋敷はすべて移転し、宝永・正徳期（一七〇四―一七一五）に代官町の一部を取り込み庭園として整備された。Bに作られた吹上御庭は将軍家の庭園であり、城内が火災になった際の将軍家避難の場所でもあった。松尾美惠子により安永八年から天明三年（一七七九―八三）の吹上御庭を描いたものとして紹介された「江戸城吹上御庭園図」には、玉川上水・仙（千）川上水の高桝（給水器）、神田上水の井戸も描かれている[45]。一般的には玉川上水は四谷門外で江戸城の本丸・吹上、大名屋敷、町人地用に分岐し、神田上水は水戸藩邸にまず給水しそのあまり水を町人地に供給したとされている[46]。また、千川上水は玉川上水の分水であり上水として機能したのは、元禄九―享保七年（一六九六―一七二二）、安永八―天明六年（一七七九―八六）だとされている。この図が事実を描いているとすれば[47]、吹上御庭はこの時期三つの上水による給水が確保されていたこととなる。また、動植物が飼育・栽培され菓子・酒・砂糖・穀物などまで生産され、天文台も描かれている。この図が描く吹上御庭は、将軍が治める社会の生産活動の縮図を現出させたともいえる空間である。将軍が裁判・武芸・相撲などを上覧する場でもあった。

将軍家斉の時代（一七八七―一八三七年在職）には遊興の場として新たに整備された[48]。文政五年（一八二二）に元薩摩藩主であり将軍家斉の岳父にあたる島津重豪《しげひで》が吹上御庭の「拝見」を許されたときは、まず坂下門で乗物を下り、数人の家臣とともに徒目付・小人目付に案内され、吹上に入る吹上矢来門では目付の出迎えをうけ随行一人のみとなり、吹上奉行が所々待機するという態勢で園内を巡覧し、半蔵門から退出した。織殿で調整された織物も拝領している[49]。なお、和宮降嫁に際しても、万延元年（一八六〇）孝明天皇女御である九条夙子に吹上の織殿で織りたてた袱紗が献上されており、将軍家と諸家の交際の上で、吹上御庭とそこでの生産物が意味を持ち続けていた[50]。

〈北丸とその周辺〉

C北丸と、AおよびB吹上との間は、半蔵門から竹橋門まで通り抜けが可能であった。幕府は一時、この領域の通行を制限しようとする動きを見せたが、恒常化することはなかった。すなわち、宝永七年（一七一〇）一一月、北丸の北部を囲む田安門・清水門・竹橋門のうちへ入ることのできる人間を老中・若年寄・側衆・大小目付等の限られた者に限定したが[51]、正徳六年（一七一六）六月には、半蔵口門・竹橋門・田安門・清水門は古来のとおり往還これあるはずと通達された（『御触書寛保集成』八三九・八四三）。

【Dエリア西丸下】

D西丸下は、一七世紀初頭ごろ日比谷入江を直線的に埋め立てて造成された。Dエリアは、武家地のなかでも、将軍側近や幕府重役（老中や若年寄）が役宅を拝領したエリアであり、この地域は役職の交代により頻繁に居住者が交代した。[52] たとえば、龍野藩主脇坂家では、一〇代当主安董《やすただ》が、天保七年（一八三六）二月一六日西丸老中格に、同八年七月九日から老中に就任し、天保一二年（一八四一）一月二四日致仕したが、天保七年二月二六日から天保一二年四月四日まで西丸下に上屋敷を拝領している。一一代当主の安宅《やすおり》の第一次老中時代（安政四年（一八五七）八月―万延元年（一八六〇）一一月）には辰ノ口に、第二次老中時代（文久二年（一八六二）五月―同九月）には西丸下に上屋敷を拝領している。[53] 先述したように、このDエリアに入る主要な城門は、譜代大名が警備した。

【Eエリア大手門前・大名小路】

Eエリアは、中央を貫通する堀によってふたつの部分に分かれているが、北部が大手門前、南部が大名小路（少なくとも一八世紀以降この名称が確認できる）にほぼ相当する。このEエリアも、近世初期と図2の表す時期とでは大きく性格を変化させている。このエリアは、寛永期（一六二四―四四）には道三堀沿いや八代洲河岸には町人地が存在したが、明暦大火を経て、文久二年（一八六二）には主に武家屋敷のエリアとなっていた。[54] この点については、次のFエリアの説明のなかで、E・Fエリアあわせて、外堀建設以前からの経緯について説明する。

図2の時期、Eエリアには、町政を支配する町奉行所、複数の支配に関わる紛争を裁く評定所、天皇の使者が滞在する伝奏屋敷などが置かれ、また大名の公邸ともいえる上屋敷も立ち並んでいた。すなわち、幕府と、都市民・大名・天皇といった諸権力・諸勢力との折衝・応対を任とする諸役所・場がここには置かれた。このエリアについては、第3節で言及する。

【C・D・Eの城門】

C、D、Eより内の領域は「内曲輪」と呼ばれた領域にほぼ相当する。これらのエリアに入る諸門の開門は、内門は大手三門と同じく卯刻―酉刻であったが、内門の潜り戸を子刻まで開け、外門は夜中も開けられていた。それぞれの城門警備の担当者は異なっていた。Dに入る城門（外桜田門・馬場先門・和田倉門）とCにつながる城門（竹橋門）は譜代大名が警備したのに対して、Eエリアに入る城門は外様大名が警備した。

【Fエリア】

Fエリアは、前述したように、「外曲輪」と呼ばれる範囲に相当する。

E・Fエリアについては、外堀が築かれる以前すなわち図2の空間構造が成立する以前の水路造成工事についても言及しておく必要があろう。徳川家康が江戸に城を築くにあたってまず行ったのは、城直下に道三堀を開削し製塩産地であった行徳と江戸を結ぶ沿海運河を通すことだったといわれている。そしてこの水路は、のちに日本列島をめぐる海運網のひとつである東廻り航路と、信州や関東平野の穀倉地帯といった広大な後背地に繋がる利根川・江戸川（旧利根川）に連結していく。寛永期には道三堀沿岸と、日比谷入江を埋めたて残した八代洲河岸、本町通・通り町筋などに町人地が成立していた。しかし、明暦大火後、幕府倉庫群は現在の日本橋川付近から格段に規模の大きな隅田川沿岸に移転された。また、埋め立て後に陸地を櫛形に掘り込んで船を直接着岸させていた八丁舟入堀も元禄三年（一六九〇）までには埋め立てられた。

神田川は、城の外堀の一部として位置づけられるとともに、平川・谷端川・小石川・旧石神井川の放水路として開削され、洪水時には北岸部の犠牲を前提に南岸部に位置する江戸城の安全を図った。そして神田川の舟運寄港地としてすでに成立していた和泉橋上流から牛込船河原町に至る区間を拡幅して、海に繋がる水運を一挙に三キロメートルも内陸部に引き込んだ(55)。堀と川のネットワークの沿岸には町人地の河岸や幕府・大名・旗本たちの荷揚場が無数に設けられた。水深の浅い個所では大型船の通行は不可能であったが、艀船は外堀の牛込揚場まで進入可能であった(56)。

図2の時期、Fエリアには、西部の台地に江戸城を守護する徳川家臣団が置かれた。一方、東部の低地をはじめとして江戸城を支える物流に携わる町人地が存在した。Fの城門（幸橋門を除く）は、万石以下寄合が警備したが、通常は内門・外門ともに夜間も開けられていた[57]。一方で、Fの城門（浅草橋門・牛込門・市谷門・四谷門、赤坂門、山下門、虎之門、幸橋門、筋違橋門、小石川口門）よりうちは、小者・中間・百姓・馬方は下馬を命じられた（寛文二年（一六六二）一一月『御触書寛保集成』八三二）。久留島浩が指摘するように、軍事組織を基盤として徳川政権の軍団の中核に置かれたのは「騎」であった。「馬上で戦をすることが本来的な武士身分の象徴」であり、葬儀などの儀礼においても馬上で行列した[58]。下馬を命じることは身分統制の意味をも持っていたと思われる。この下馬の領域は、武家地も含む都市域が外堀を超えてより広大な空間へと伸長するにつれ、拡大していった。

### 3　政治空間としての「江戸城」――〈中核空間〉〈境界空間Ⅰ〉〈境界空間Ⅱ〉

表2は以上の記述をまとめたものである。享保六年（一七二一）以来の開閉原則と開門時の通行原則からみると、この時期の「江戸城」は、平時は、次のように大きく三つの空間に分けられていた（表2「空間区分」）。

〈中核空間〉　許可された者のみが入ることのできる空間（Aエリア、Bエリア）。図2では、濃いグレーで示した。なお、B吹上御庭は、吹上奉行の管轄下にあったという点では「城内」とは異なる。しかし、基本的には許可された者のみが入ることができた空間であり、将軍の公事上聴や直臣の武芸をはじめとする各種の上覧の主舞台として将軍権力を象徴する場であるとともに、将軍家の面々の災害避難場としてその生命維持装置的機能を果たしていたこのエリアは、〈中核空間〉のなかで独自の機能を果たしていた。

〈境界空間Ⅰ〉　開門時には諸身分が通行することが可能だが、夜間には内門が閉ざされる空間（C、D、Eエリア）。図2では、薄いグレーで示した。このなかでは、前述したように、C・Dエリアの城門は譜代大名が守り、Cについ

**表2**　江戸城の〈中核空間〉〈境界空間Ⅰ〉〈境界空間Ⅱ〉

| 都市と城 | | 空間区分 | エリア（堀で区画） | エリア内に含まれる空間・地域の呼称 | 城内・曲輪の区別 | エリア内に入る門の警備担当 | エリア内に入る門の開閉原則 | 開門時の通行 |
|---|---|---|---|---|---|---|---|---|
| 城 | | 〈中核空間〉 | A | 「城内」（本丸・二丸・三丸，西丸，紅葉山） | 城内 | 大手三門は大身の譜代大名（城内の門は旗本・御家人警護） | 内外門とも卯～酉刻のみ開門 | 許可された者のみ入ることができる |
| | | | B | 吹上御庭 | 内曲輪 | | | |
| | 都市的空間に含まれる | 〈境界空間Ⅰ〉 | C | 北の丸 | | 譜代大名 | 内門は卯～酉刻のみ開門．内門潜戸は子刻まで開門．外門は夜通し開門 | 通行許可 |
| | | | D | 西丸下，他 | | | | |
| | | | E | 大手門前，大名小路 | | 外様大名 | | |
| | | 〈境界空間Ⅱ〉 | F | 日本橋本町，他 | 外曲輪 | 旗本の寄合（幸橋門を除く） | 内・外門とも夜間も開門 | |

ては〈中核空間〉へ含めようとする動きも見られた。これに対して、前述したように、Eエリアには、伝奏屋敷・評定所・町奉行所などが置かれ、とくに幕府と外界との折衝・応対を任務とする諸役所・場が置かれたエリアといえる。

〈境界空間Ⅱ〉　基本的に閉門されず、夜間も自由に通行できる空間。ここには「全国の町人の筆頭として」正月三日に城内で将軍への御目見えが許された（元和年間（一六一五―二四）以降定例化）町年寄三家の拝領屋敷が存在した。拝領屋敷は、役所として、武家の役宅と同様、住居と役宅を兼ねていた(59)。東部は海陸の物流と直結していたばかりではなく、また民間の商業出版の中心地でもあった。将軍を中心とした支配層から支配組織を通じて流される情報とは異質の、金銭さえ出せばだれでも入手できる情報がここから津々浦々にまで流通していったのである（本書第二部）。

「江戸城」空間を、外堀を凌駕して広がっていた都市空間との関係からみると、〈境界空間Ⅰ〉と〈境界空間Ⅱ〉（以下両者を総称する場合は〈境界空間〉と表記する）は、基本的に諸身分が通行可能（〈境界空間Ⅰ〉については開門時）という意味では、都市空間に含めてとらえることもできる。大手門外や内桜田門外の下馬先空間は多くの見物人や立売商人が集まる名所であり大名等の退出時は駕籠が轟轟とすれ違うような騒然とした状況であった。しかし、フランスなどの広場空間とは異なり、たとえば内桜田門外に立った人は「(大名屋敷の——杉本補足)長屋塀で周囲を囲まれ、城を見上げることになる」[60]との岩淵令治の描写は、こうした〈境界空間〉の空間的特質をよく表している。

〈境界空間〉を中心とする空間は、多様な直訴の可能な空間でもあった。評定所の門前には、百姓や町人から将軍への直訴状を入れることのできる目安箱が置かれた[61]。また幕府役人や大名屋敷の門で訴える「門訴」や、老中などの高官の一行が駕籠に乗って城内や役所に向かう行列に直訴する「駕籠訴」が展開した[62]。

一方、〈中核空間〉は、基本的には都市とは隔絶されていた。岩淵令治は、東は大手三門と坂下門、北は平川門、西は半蔵門内の西番所（図2）がその境界装置をなしていたとの見解を提示している[63]。

ここで、城郭史研究の成果[64]も参照してまとめると、本章の「江戸城」の〈中核空間〉とは、寛永期まで特に高い軍事的機能を確保されていた本丸（二丸・三丸が付属）・西丸・紅葉山という中心曲輪群等に、宝永・正徳期（一七〇四—一七一五）以降造成された吹上御庭を加えた領域であり、〈境界空間I〉とはこれらの空間を取り巻く周辺曲輪群であった。そして、〈境界空間II〉とは、本来は都市全体を囲繞した領域だったといえよう。ただし都市域は、前述したように、〈境界空間II〉を超えて拡大していった。

次節では、評定所が「江戸城」の〈境界空間〉に置かれていた意味、そして、これらの政治空間のなかで「公儀」の業務が遂行されていったことを述べていく。

## 第三節　城と都市のなかの評定所

本節では、評定所を城と都市空間のなかの存在としてとらえ直していく。

## 1　城内・評定所・宅

まず評定所における裁判が、「江戸城」の〈中核空間〉内の城内と、〈境界空間〉の評定所・宅（老中や奉行の役宅）の連携のもとで遂行されたことを押さえておこう。大名が幕府役職（老中や寺社奉行）に任じられると、自分の家来に、藩務に加えその役職遂行を支えるスタッフを兼務させ、政権の役職者として責務を果たした。大名の居住屋敷（宅）が、各役所とともに、政権のなかで独自の機能を担った[65]。

第三章で詳しく述べるように、一九世紀には、評定所一座で扱う裁判は、一件ごとにそれぞれ主管奉行（掛奉行あるいは初判奉行と呼ばれた）が決められ、訴訟受付や、評定所での評議のための書類整備や取り調べ、裁許書類などの作成などはそれぞれの奉行宅で行うようになっていた。一方で、評定所一座として裁判についての老中への伺いを行った。そして裁許は、評定所において申し渡された[66]。このようなありかたは、次に述べるような経緯を経て固まっていった。

### (1)　審議の過程――一七世紀半ばの例

一七世紀半ばに評定所で裁かれた、伊予・土佐国境（宇和島藩と土佐藩の領境でもあった）を争った「沖の島公事」（評定所への係属は明暦二年（一六五六）―万治二年（一六五九））では、城内・評定所・宅において審議や取り調べが行われた。①城内では、老中酒井忠清が議論を主導し、他の老中や三奉行・大目付・側衆が出席した。忠清は、老中のなかでも評定所に出座せず、「評定所法式」を発令するという立場にあった。②評定所での公事を主導したのは松平信綱を「大将」とする三人の老中と、寺社方「頭領」の井上正利であった。③そして、主管奉行井上宅でも取り調べがなされた。信綱が、正利は自分の宿（宅）で恣《ほしいまま》に公事を承っていると批判している[67]ように、この段階では、この三つの局が必ずしも整合的には機能していなかった。高木昭作が注目した大名側による裏面の政治工作（本書序章第二節）は、このような状況でとくに有効であった。

しかし、前述したように、寛文八年（一六六八）指令により、老中は評定所には陪席のみとなった[68]。また、享保五年（一七二〇）一一月二二日には、評定所裁判については、要所要所での「一座の吟味」が求められ、奉行の「内証吟味」は禁じられた[69]。城内や宅と連携しつつも、自律した会議体としての評定所のありかたを模索する動きがあったといえよう。

⑵　裁許裏書絵図の作成過程――一八世紀後半の例

次にみるように、一八世紀後半の判決書類の作成においては、城内・評定所・宅の三局の間で精緻な連携がみられる。裁許にあたって、裁許裏書絵図を裁く側が新調する場合[70]、裁判過程での審議と同様、老中以下諸役職・評定所・主管奉行が緊密に連携をとって行われた。図3は、天明二年（一七八二）に寺社奉行主管で評定所判決が出された郡境公事の例である[71]。代官あるいは代官手代が紛争地に派遣されて現地見分を行って裁許案を報告したのち、評定所で評議し裁許内容を決定し老中に伺い、裏書案・絵図案を作成し老中の許可をとったうえで、裏書清書、絵図に裁許線を書き入れ、奉行押印、裁許月書き入れと進んで裁許裏書絵図が完成し、裁許申し渡しを行い、老中への裁許終了届けとなる。

すなわち、①書類作成実務の中核は、主管奉行の宅であり、②城内において、奉行押印・裁許月の記入という書類認証行為が行われ、③評定所において裁許申し渡しを行うという体系が作られていた。なお、奉行押印は、天明三年（一八七三）三月城内柳の間から評定所に変更され[72]、判決書類作成のうえでも評定所の位置がより定まったと言える。

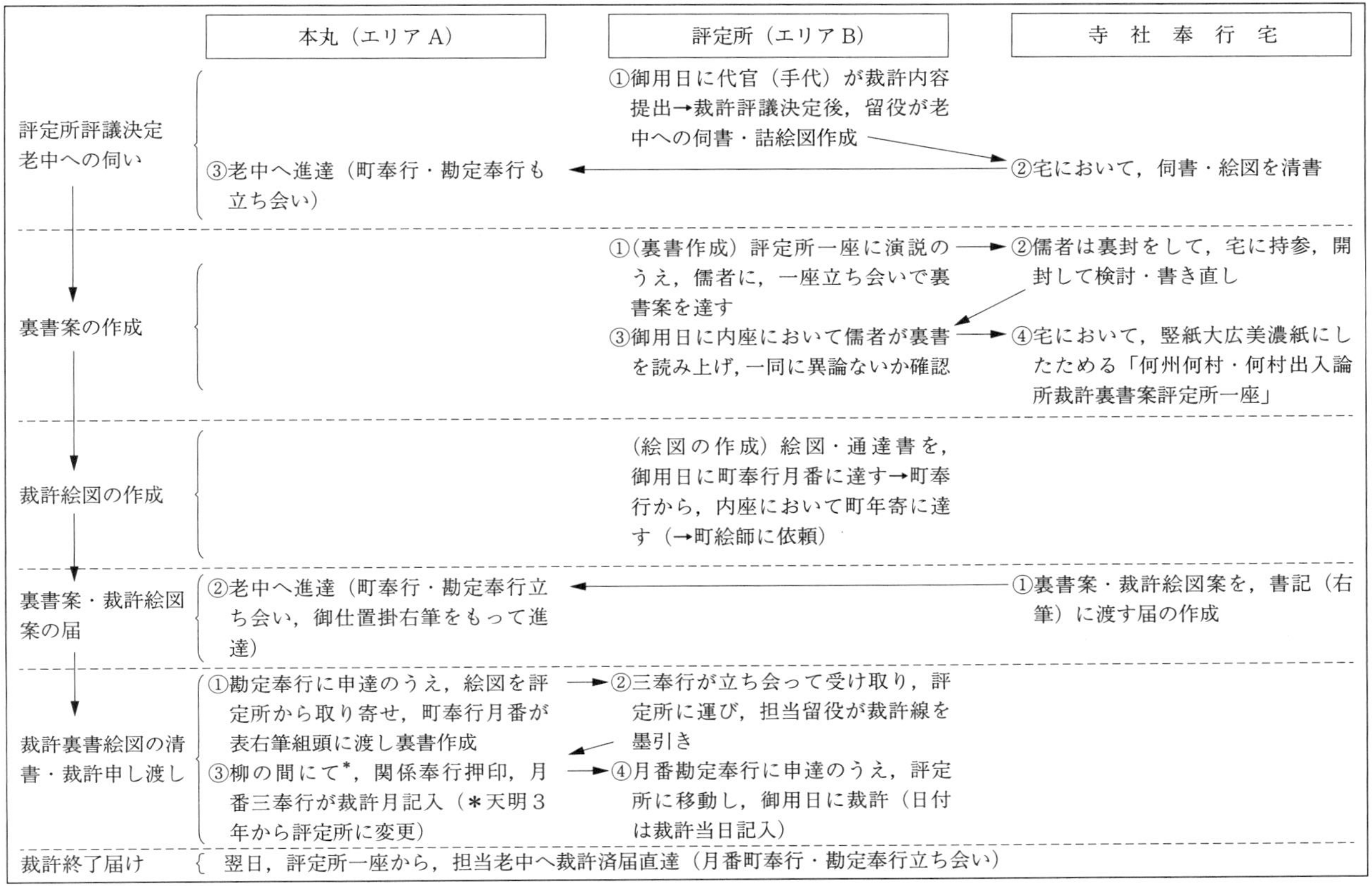


**図3**　裁許裏書絵図の作成における本丸・評定所・寺社奉行宅の連携

### 2　「天下の公儀」にとっての〈境界空間〉の意味と機能

寛永一二年（一六三五）、評定所が、都市と城が重なり合い、諸身分が往来できる〈境界空間Ⅰ〉に置かれるようになったことは、同所が、さまざまな地域における諸身分が自力では解決できない紛争を裁くという、「天下の公儀」としての重要な機能をもったことと無関係ではありえない。同じく町方の訴訟を扱った町奉行所も、寛永八年（一六三一）、呉服橋門内・常盤橋門内に役所が設置され（それまでは、各屋敷が役宅として機能）、このあとは、常盤橋門内、呉服橋門内、八重洲河岸、鍛冶橋門内、数寄屋橋門内というずれもEエリア内に置かれた⑺³。町奉行所も、評定所同様、〈境界空間Ⅰ〉に存在してこそ意味をもっていた。

従来の研究史ではほとんど論究されたことはなかったが、評定所は、業務執行のうえから、公事宿はもちろん、都市と極めて密着した存在であった。評定所式日（この期間に、前述の目安箱が評定所門前に置かれた）と、町奉行所での聴訟開始日は、町年寄に通達され市中に触れられた⑺⁴。町年寄は、町奉行所のみならず評定所においても勤務していた⑺⁵。後述するように、裁許書類のなかでも最も重視された裁許裏書絵図が新調される場合、絵図仕立ては町年寄を通じて発注された。江戸市中の絵師が裁判関係の絵図作成を請け負う料金相場も成立していた。町奉行所のみならず、評定所の業務は都市を前提にしていたのだ。

評定所に出訴する百姓たちは、評定所に出廷することを「公儀に出る」と呼んだが、評定所に出訴するとは、こうした、将軍や大名が集う宮廷社会、政権内の諸職、江戸市民の眼にその紛争がさらされることをも意味していた。第一章第二節で述べたように、本書においては、近世において複数支配に跨る論所は百姓が訴訟権をもつ出入筋裁判で争われたことを大名の代理戦争とみる高木昭作の見解は、事柄の一面にのみ注目した見解に過ぎないと考えている。幕府評定所への出訴とは、一領主の法廷を超えた、宮廷社会と都市社会の交差する政治空間のなかに、紛争のステージを押し上げる意味をもっていた⑺⁶。

「江戸城」の〈境界空間〉には、紛争を取り扱う多様な諸役所・役宅が存在していた。まず、評定所・町奉行所[77]以外にも、寺社奉行役宅、公事方勘定奉行役宅、勝手方勘定奉行役宅など、白洲[78]をもった役所が置かれていた。次に、町年寄は、町奉行の下で民事紛争に相当する出入や支配層に対する願に対しての調停や吟味を行っていた[79]。そして、老中等[80]は、登城前に役宅で万石以上・以下などに対する「対客」を行った[81]。〈中核空間〉が権力編成のうえで大きな意味をもっていたとすれば、〈境界空間〉は城と都市が重なり合う空間として、「公儀」の社会的機能を実現するための諸機関を擁していた。この〈中核空間〉と〈境界空間〉とが有機的に組み合わされて幕府の空間的基盤を形作っていた。そして「江戸城」を凌駕して広がった市街地の外縁部分には、ダニエル・ボツマンが描写した「公儀」の公開処刑場が置かれていた（本書第一章第一節）。

### 3　「江戸城」の崩壊と評定所

しかし、図2に示した「江戸城」の構造は、幕末期、崩れていく。天保以降、〈中核空間〉の中心部「城内」は度々火事に見舞われた。安政六年（一八五九）一〇月一七日、大老井伊直弼がいわゆる安政の大獄を断行していた時期に、中ノ口から出火し将軍家茂在城中の本丸が全焼し、家茂は吹上退避後西丸に移った。本丸が焼失するということは、将軍の居所のみならず、儀礼・役所中枢・諸家等への指令の場が失われたことを意味しており、政権の大きな危機を意味していた。この事態に、改元も行われた。

直弼のブレーンともいえる長野義言は、次に掲げるように、翌一八日、京都における直弼の政治上の提携者である関白九条尚忠の配下島田龍章に状況を報知する書状を草している[82]。その草稿には、長野がこの緊急事態をどのように九条側に伝えるか腐心した跡が如実に残されている。長野は、将軍家茂の無事を述べたあと、「直弼がすぐに登城し諸方に指揮し家茂が退避した西丸大手の警固を命じ井伊家門内も警護厳重にしたので、たとえ千万の凶徒がおしよせようとも気遣いは不要」と一旦は書きながら、「たとひ千万之凶徒押寄」の部分を削除し「仮令如何様之事出来候共」というあいまいな表現に変えている。また、「実にこのたびの炎上は古来その例もなく」と書いたうえでその個所を抹消している。長野は、本丸全焼を未曽有の危機ととらえ、「千万之凶徒押寄」というイメージを伴って将軍家や井伊家ひいては直弼と組んだ関白の政治的軍事的危機と直結させるというすさまじいまでの危機感を思わず表白しながらも、草稿段階でその記述を消し去った。さらに、本丸炎上を、犯罪・穢病・禍をともに祓う大祓(83)になぞらえて「今後の繁栄の基源」と書き換え、政権への打撃を最小限なものとして演出した文章を、京都の政治上の提携者に伝えたのである。

「(端裏ウハ書、本文同筆)
十月十八日
嶋田行下書
」

寒冷之節
両御所様(九条尚忠、関白・同道孝、権中納言)益御機嫌能御奉職之条、恐悦至極奉存候、貴館御揃弥御安泰御勤務之条奉賀候、然者昨十七日《申刻出火》
御本丸不残炎上、尤申刻御台所より出火ニ而子刻鎮火、扨《焼失仕、絶言語、恐入奉存候、尤ニ相成、誠ニ日和宜風も無之天気ニ付、他へハ類焼ハ無之候、》
公方様(徳川家茂、第十四代将軍)一旦吹上へ(江戸城内郭西側ノ庭園)御立退、同夜西丸へ御移りニ相成先《候、尤》以日之中之出火《炎上ニ付》
御道具類《大切之》ハ大抵取出し、御奥向女中向も銘々所持之品ハ大方持出し候趣、
右之次第ニ付男女共怪我一人も無之、先々恐悦《此中ニ而之》安堵之御事ニ御座候、寔昨夜之混雑無申計、
主家も直ニ御
登城相成、先
大樹公之御立退場へ《より》諸役方へ指揮被致、当《御》方御供方ハ不残御召連ニ而平日とハ三《人数》増倍《陪〔ママ〕》も有之処、先《御》例之通格合ヲ

以一人も消防之方へハ御指加へ無之、人数不残　西丸大手之固メ被仰付候故、《其段御役方へ御達し》右ニ順し、諸役方之内《中》始メ十万ニ暮し候者も、《ニも、第一》夫々取締方被仰付、《出、又》当方《屋敷》ニ而も御門内之固《警》厳重ニ而有之、右之様子ニ候ハゝ、たとひ《仮令》千万之凶徒押《如何様　事出来候共》寄、少しも気遣ひ有之間敷と、其中ニ而も御威勢難有存候事ニ御座候、実ニ此度之炎上ハ、古来其例も無之程、抑此炎上、昨年之此頃ニ而候ハゝ、天下之大変御同前、如何相成候事哉、其義も申出候事ニ御座候、昨日者殊ニ風もなく《きニ》候処、火之手之廻り速《甚》ニ而、其中ニ而大切之御道具類其外共奉仕之男女自分〳〵之《所帯ハ》持具大抵持出し、一人も怪我無之、実ニ不思議之御事ニ御座候、《依之》倩気運を考候へハ、近年天下之大厄難将軍家ニおいても一《一》家之大事此時ニ迫り候位之処、殿下ハ可奉申上迄《候》も無之、貴君も格別之御働《精》忠彼是《御同前ニ》初而寝食ヲも安し《治平之地ニ居し》候折柄、《ニ付》右様迄之大厄難ハ《一旦遁レ候共、》何国ニ歟染々其気《何国ニ歟》ハ残り可申と、大平ニ付而も心ニ懸り、《是大祓ノ詞ニも災ヲも罪ノ条ニ入て年々払被祓退候例ヲ以ヲ思ひ、善人といへとも厄難ハ格別ニ候へハ、》かの大祓之例ニ准し、御祈禱ニ而も申上《御願》度所存之処、不能其義候へ共、併右様之次第も有之候ハゝ、《此度之》炎上計相成候事ニ候ハゝ、寔以難有、天下之幸福ハ則大祓ニ而、此後之御栄之基原ニも候歟ニ存候《と奉存候》へハ事ニ御座候、何分大混雑中、委敷ハ後便可申上、先ハ不取敢為御知迄、早々如此ニ御座候、

以上、

京都においては、飛脚所からの注進で本丸焼失の情報を聞いた九条尚忠は「絶言語」驚愕し、実否の確認を配下の島田龍章に命じていた。島田は、一一月五日付長野宛書状でも、本丸炎上後静穏が保たれているのか重ねて問い合わせている。島田によれば、当時京都では諸説が飛び交いそのうち三―四割は悪説という状況だった(84)。一〇月二八日には、通常時であれば定まった職務内容を持たないはずの大老を、将軍直命で本丸「御普請御用向重立取扱」に任じる

という異例の再建態勢が敷かれた。直弼は、旧慣に拘泥せず粉骨砕身するように、再建に不祥事が発生するようなことがあっては諸侯・町家に対し「失徳」となっては一大事であるとの趣旨の自筆達書を本丸普請掛に下した。[85] しかし、その大老自身が、本丸再建の着工をみることなく、翌万延元年（一八六〇）三月三日、西丸目前の外桜田門外（Fエリア）で水戸藩出身者らにより暗殺されたのである。

そして、本丸焼失という状況は〈中核空間〉の空間コントロールの危機でもあった。再建のみならず、その前提として焼銅・鉄・金銀回収などを含む焼け跡片付け[86]のために、多数の職人・商人たちをはじめとする多様な人間がこの空間に滲入してくることを意味していた。一一月には、普請御用任命（一二月七日任命）のために、勘定方やそのなかでの監査役（仮役・小役）、材木石奉行、作事方奉行、現場を監督する作事下奉行の手代などに至るまで、また職人の中心となる大工頭や、その下で図面用材吟味や諸職棟梁を差配する披官、披官配下の現場差配・書類作成に当たる定普請同心、大棟梁・大工棟梁、木挽以下を差配する大鋸棟梁、大鋸棟梁諸色請負人、塗師方、人足方などに至るまで、ひとりひとりについての人物考課調査が徒目付・小人目付から提出されている。大老文書を引き継いだ彦根藩井伊家文書に残ったものだけでも一〇冊に及ぶ詳細な探索である。[87]

文久三年（一八六三）六月三日、一四代将軍家茂の上京中に今度は西丸が炎上した。すでに文久二年閏八月に参勤交代制緩和がなされ在府大名が減少していたため、幕臣による定火消や大名の軍役としての方角火消と所々火消は廃止されており、大名による近所火消（主に大名屋敷回り）、町火消による消防のみとなっていた。[88] 門番も重要門以外は幕府陸軍が担うようになっていた。文久三年三月にはイギリス艦隊の示威行動に対して江戸近国に知行をもつ旗本の土着が奨励された。将軍留守中は、詰衆は登城せず、坂下門・馬場先門・竹橋門・半蔵門・矢来門は昼夜締め切り、田安門・清水門は田安・清水の用事の者だけ通行可とされるなど、〈中核空間〉及び〈境界空間〉のうちCDエリアの一部城門が閉ざされ、在府大名は老中役宅に月に数度伺うという変則的な扱いがなされていた。[89] 幕末期における老中役宅の機能は今後検討する必要があろう。

家茂帰還後の一一月一五日には、今度は、本丸表・二丸が火事で焼失した。〈中核空間〉の主な御殿が全て炎上するという異常な事態が現出していた。家茂・和宮（正室親子《ちかこ》）・天璋院（一三代将軍正室敬子《すみこ》）・本寿院（一二代将軍側室・一三代将軍生母美津）はそれぞれ吹上の各茶屋などに退避した。その後、家茂・和宮は、清水邸へ、二六日には田安邸へと移った[90]。家茂は、実は、田安邸から第二次上洛の途に着き（文久三年一二月二七日）、田安仮御殿に「還御」したのである（元治元年（一八六四）五月）。そしてその後本丸は再建されることはなく、かつての本丸の機能は、元治元年七月朔日新造された西丸仮御殿が果たすことになった。なお、二丸も慶応元年（一八六五）新造されたが同三年には再び焼失している。求心構造の中心部を失った「江戸城」はかつての構造を失った。

この元治元年ごろ、次に述べるように、将軍家と役所が密着した城のありかたを問い直す重大な論争が起こっていた可能性がある。本章第二節にも引用した瀧村鶴雄の『職務餘話　外篇』「政府の組織」の項には次のような記事が収載されている。

西丸御普請前の事なるへし、度々の炎上に付ては、御殿とは将軍家の御住居のみとし、政府諸局ハ別の所に建つべしといふ論起したる人あり、然るに神祖以来不易の法制を変し将軍家と政府と分離を唱ふるが如きは不忠の至りなりと反対する人もありて、旧貫〔慣〕に仍られたりと、其頃承る所なり、

聊も、王政の昔は支那と同しく分担大臣にて八省各壱人の卿なるか、武家の世となりて重臣連署の制出来、是を踏襲して、御当家に於ても連署政治なり、老中の本名を加判の列といひ古くハ奉書連判といひしも此故なり、而して御国政と御家政と全く差別無かりしなり、

然るに、外国交際はしまり、段々西洋の事情もわかり、殊に仏蘭西行使レオン・ロセスの忠告もあり、追々老中連判の制を廃し、分担内閣を造らんとするに至り、まづ老中の担任を内国・外国・会計・海軍・陸軍などわかつ

事に成り、既に外国公使と往復の書翰ニ連署を止め、外国事務総裁の老中一名となしたるが、其組織未た全からさるに、政権御奉還となりたり、今の内閣は之を全に成就したり、（後略）

この西丸普請とは、瀧村の経歴からいって元治元年の西丸仮御殿再建時のものである可能性が高い。瀧村の回顧によると、「城内」の主な御殿が焼失するという異常事態にあって、「将軍家」と「政府」を分離すべしとの、従来の本丸や西丸のありかたを根本的に変革する意見が出され、これに対して「神祖以来の不易の法制」を変更するのは不忠との反論が出されたとの情報が少なくとも政権内に流布していた。瀧村は、右に続けて、重臣が分担を分かたず連署する体制を中国型の国家とは異なる武家政権の特質とみて、「御家政」と「御国政」が分離されていない政体とみている。また、西洋諸国との交際が開始され、Léon Roches（一八〇九―一九〇一）の忠告もあって分担内閣をめざし、まず老中を分野別の総裁に分けたが、半途のまま政権を奉還することになり、明治政府によって成就されたと捉えている。「奥」の領域を、対面や執務を行う「表」より上位の、別の曲輪（詰丸）に置く例は、秀吉が築いた豊臣期大坂城にもみられ、信長の安土城の三丸も同様の性格を持っていた可能性が指摘されている。慶長期江戸城にも詰丸的空間があったとの指摘がある。しかし、この時期の「城内」中枢改変案は、それとは質の異なる、近代的な政体のありかたの模索と連動していた可能性がある。幕末の政治史と、政治上も物理的にも将軍の権力基盤であった「江戸城」との関係については、今後深められるべき課題といえよう。

評定所は、一七世紀以降、〈中核空間〉の城内からは独立した建物・空間となったが、ついに〈境界空間1〉から外に置かれることはなかった。将軍やその政治空間から完全に自立した裁判所となることはなかったのである。たとえば、将軍が祖先の参詣のため「江戸城」を離れるとき（日光社参）、評定所での「吟味物」は停止されることがあった。

また、評定所は、純粋の裁判所として進化していくことはなかった。本書第三章では、天保改革や海防掛常置化の動向に密着した業務に忙殺される評定所留役たちの姿を明らかにしていくが、とくに、従来の外交・政治体制の問い直しの契機となった米国東インド艦隊司令長官兼遣日特使ペリーの来航（嘉永六年（一八五三年））以降、評定所は、徳川政権の諮問機関としての性格を強め、元治元年（一八六四）以降は従来老中や諸役人の宅に提出されていた各種建白書の受理・審議機関としての性格を強めていく(95)。

そして、この評定所に、慶応四年（一八六八）正月、鳥羽伏見の戦いに敗退し「還御」した徳川慶喜の下、二院制議会の下院である公議所が置かれることとなる（本書第七章）。

（1）『御触書寛保集成』（岩波書店、一九三四年）、御条目之部一五。
（2）以上、藤井讓治『江戸幕府老中制形成過程の研究』（校倉書房、一九九〇年）、二二〇―二二五頁。
（3）服藤弘司『幕末御触書集成』解題」（石井良助・服藤弘司編『幕末御触書集成　別巻　解題』岩波書店、一九九七年）、一八八頁。服藤は老中職務定則が定着するのは、家綱の時期だと想定している（一九二頁）。
（4）三宅正浩「江戸幕府の政治構造」（『岩波講座日本歴史11　近世2』二〇一四年）、一四頁。
（5）服藤弘司『幕末御触書集成』解題」（石井良助・服藤弘司編『幕末御触書集成　別巻　解題』岩波書店、一九九七年）、一九四頁。
（6）服藤弘司『幕末御触書集成』解題」（石井良助・服藤弘司編『幕末御触書集成　別巻　解題』岩波書店、一九九七年）、一二七―一二八頁。
（7）『憲教類典』（『内閣文庫所蔵史籍叢刊』四〇巻、汲古書院、一九八四年）、四一八―四二二頁。
（8）深井雅海『江戸城――本丸御殿と幕府政治』（中公新書、二〇〇八年）、九〇―九五頁。
（9）吉田伸之も、外郭内を「広い意味での「江戸城」とみることができる」としており、高井蘭山「江戸大絵図」によりその全体像を概括している（吉田伸之『シリーズ日本近世史④　都市　江戸に生きる』岩波新書、二〇一五年、四三頁）。蘭山（高井伴寛）については、広範な出版読者を対象とした「師」の登場と位置づける、鈴木俊幸『江戸の読書熱』（平凡社、二〇〇七年、一九八―二一〇頁）参照のこと。なお、外郭線のうち、「囲繞性」「都市囲壁」「内部空間の突出性」「防御性」

「遮蔽性」「隔絶性」を備えたものを惣構ととらえるべきという見解も存在する（佐々木健策「小田原北条氏の「惣構」を考える」諏訪間順編『戦国最大の城郭　小田原城』小田原城天守閣、二〇一二年、六七頁）。

(10) 本図は、正井泰夫の江戸復元図（同『江戸・東京の地図と景観』古今書院、二〇〇〇年）、江戸遺跡研究会編『図説　江戸考古学研究事典』（柏書房、二〇〇一年）、松尾美恵子「江戸城門の内と外」（『東京都江戸東京博物館研究報告』一二号、二〇〇六年）、針谷武志「軍都としての江戸とその終焉――参勤交代制と江戸勤番」（『関東近世史研究』四二号、一九九八年）、平井聖監修、伊東龍一『城郭・侍屋敷古図集成　江戸城Ⅰ』・波多野純『城郭・侍屋敷古図集成　江戸城Ⅱ』（至文堂、一九九二・一九九六年）、霞会館資料展示委員会編『鹿鳴館秘蔵写真帖』（平凡社、一九九七年）の研究成果を参照して作図した。

(11) 岩淵令治「江戸城警衛と都市」（『日本史研究』五八三号、二〇一一年）。

(12) 近松真知子「開国以後における幕府職制の研究」（児玉幸多先生古稀記念会編『幕府制度史の研究』吉川弘文館、一九八三年）、三三二頁、保谷徹「開国と幕末の幕政改革」（『岩波講座日本歴史14　近世5』岩波書店、二〇一五年）。

(13) 東京大学史料編纂所維新史料綱要データベース、石井良助・服藤弘司編『幕末御触書集成　第三巻』（岩波書店、一九九三年）、二二五二。

(14) 石井良助・服藤弘司編『幕末御触書集成　第三巻』（岩波書店、一九九三年）、二三〇三―二三〇七。

(15) 吉田伸之『シリーズ日本近世史④　都市　江戸に生きる』（岩波新書、二〇一五年）、二四―三九頁。

(16) 吉田伸之『シリーズ日本近世史④　都市　江戸に生きる』（岩波新書、二〇一五年）、三頁。

(17) 吉田伸之「都市と農村、社会と権力」（溝口雄三他編『アジアから考える1　交錯するアジア』東京大学出版会、一九九三年、のち吉田『巨大城下町江戸の分節構造』山川出版社、二〇〇〇年、三六六頁、三七六―三八二頁）。

(18) この理解は、吉田伸之自身によりまとめられている（吉田伸之「問題提起」都市史研究会編『年報都市史研究12　伝統都市の分節構造』山川出版社、二〇〇四年、二―三頁）。

(19) 吉田伸之「城下町の構造と展開」（佐藤信・吉田伸之編『新体系日本史6　都市社会史』山川出版社、二〇〇一年、のち「城下町の類型と構造」として吉田伸之『伝統都市・江戸』東京大学出版会、二〇一二年、六五―六六頁に収録）。

(20) 田中淡「中国の門」（『日本大百科全書』小学館、一九九三年）。

(21) 少なくとも家光政権期、幕府にとって重要な儀礼日には、大手門は大名ではなく幕府番方が門番を務めた（松尾美恵子

「家光政権期江戸城と江戸の防衛」『東京大学史料編纂所研究紀要』二二号、二〇一二年、二四五頁）。また、藩邸の例だが、たとえば尾張徳川家「奥向御深井御下屋敷共、諸御門口々壁書別紙幷高札留　御小納戸頭取　文化八未年四月改正、文政七申年五月補訂」（徳川林政史研究所・尾一—一五〇）には、邸内の各門に掲げられた出入・警備原則の掛板の文面と、その門から内に入ることのできる役職者名が書かれた張紙の文面が詳細に記録されている。

(22)　後藤宏樹「江戸の上下水と堀——江戸城外郭を中心に」（江戸遺跡研究会編『江戸の上水道と下水道』吉川弘文館、二〇一一年）。

(23)　橋口定志「境堀」（江戸遺跡研究会編『図説　江戸考古学研究事典』柏書房、二〇〇一年）、一二四頁。

(24)　岩淵令治「江戸城警衛と都市」（『日本史研究』五八三号、二〇一一年、九三頁）。

(25)　渡辺和敏『近世交通制度の研究』（吉川弘文館、一九九一年）など。

(26)　深井雅海「江戸城という政治空間——日常的な政治空間と本丸御殿」（科学研究費補助金基盤（A）『地図史料学の構築』の新展開」（代表杉本史子）主催「シンポジウム歴史のなかの地図Ⅳ　政治と文化」二〇〇九年七月一八日、於東京大学山上会館）。

(27)　鈴木亘「近世初期の幕府関係居城における小広間（白書院）と黒書院の住宅様式」（『建築史学』五八号、二〇一二年、二—三〇頁）は、白書院と呼ばれるようになったのは寛永九年ごろからであり近世初期には小広間と呼ばれていたこと、大広間・小広間は主殿と同様式の殿舎であったこと、これに対して黒書院は中世の書院に起源をもつこと、また小広間が白書院と呼ばれるようになったのは、建築様式からではなく公式の接客空間という機能からであることを指摘している。

(28)　西和夫『江戸建築と本途帳』（鹿島研究所出版会、一九七四年）、一三六頁。

(29)　白書院や御座の間も規模は小さいが続の間という同様の性格をもっていた（西和夫『江戸建築と本途帳』（鹿島研究所出版会、一九七四年）、一四〇—一四一頁）。

(30)　深井雅海「将軍権威と殿中儀礼」（『風俗史学』三五号、二〇〇七年）、一一頁。

(31)　以上、深井雅海『江戸城——本丸御殿と幕府政治』（中公新書、二〇〇八年）、六四・八六頁。

(32)　瀧村鶴雄『職務餘話　外篇』（個人蔵、徳川宗家文書第三部二一七）。以下瀧村の記述については、いずれもこの史料からの引用である。なお、同史料の記事には「明治四十四年四月しるす」という記述があることからこの時期前後に執筆されたものと思われる。

(33) 瀧村小太郎「続徳川実紀校閲記」(『新訂増補　国史大系　第五二巻　続徳川実紀　第五篇』吉川弘文館、一九九九年)。
(34) 一々詳述する余裕はないが、『続徳川実紀』および本書第七章に引用した同時代諸史料、および幕末の「江戸城」罹災に関する瀧村の諸記述と『幕臣大沢貞次郎諸留　御本丸二丸炎上跡片付御用留　四　文久三年』(東京大学史料編纂所・維新史料引継本　Ⅰほ328A—4)との相互検討から、幕府中枢部で文書作成を担っていた経験を持つ瀧村の叙述の正確性を裏付けることができる。
(35) ただし、例外的に刀番が玄関式台まで上がることのできる大名もいた。徳川一門や加賀前田家や鳥取池田家などである。またいわゆる御三家は大広間溜《たまり》まで刀を持ち出すことが許されていた(深井雅海『江戸城——本丸御殿と幕府政治』中公新書、二〇〇八年、一三頁)。
(36) この部分の解釈については、松尾美恵子氏からご教示をいただいた。
(37) 岩淵令治「境界としての江戸城大手三門——門番の職務と実態」(『東京大学史料編纂所研究紀要』二二号、二〇一二年)、二五一頁。ただし、実際には、大手三門内への侵入者が問題となっていた(岩淵令治「江戸城警衛と都市」『日本史研究』五八三号、二〇一一年、八八頁)。
(38) 渋谷葉子「北の丸の居住者」(竹内誠・深井雅海・松尾美恵子編『徳川「大奥」事典』東京堂出版、二〇一五年、二八—三二頁。
(39) 千田嘉博『織豊系城郭の形成』(東京大学出版会、二〇〇〇年)、一六六—一六九頁。
(40) 深井雅海『江戸城——本丸御殿と幕府政治』(中公新書、二〇〇八年)、一二—一三頁。
(41) 以上、岩淵令治「境界としての江戸城大手三門——門番の職務と実態」(『東京大学史料編纂所研究紀要』二二号、二〇一二年)、二五三頁。
(42) 大野瑞男編『江戸幕府財政史料集成』上巻(吉川弘文館、二〇〇八年)、五頁。
(43) 代官手代は多くは百姓出身であり、家でなく個人として代官が採用する非幕臣身分の者である(戸森麻衣子「幕府代官手代の職分の継承と職務情報蓄積」『論集きんせい』三五号、二〇一三年、一頁)。
(44) 天明五年九月「下御勘定所掛々にて取扱候事」(大蔵省編纂『日本財政経済史料　巻四』財政経済学会、一九二二年)、一〇八—一三五頁。
(45) 松尾美恵子「天文台が描かれた『江戸城吹上御庭図』」(『日本歴史』七九三号、二〇一四年、八五—九五頁)。

(46) 波多野純「ネットワークとしての江戸の上水――玉川上水以前を考える」(江戸遺跡研究会編『江戸の上水道と下水道』吉川弘文館、二〇一一年)、一六九頁。
(47) 千川上水の給水範囲は神田上水給水範囲以東の大名・旗本屋敷や社寺・町屋といわれている(坂詰智美『江戸城下町における「水」支配』専修大学出版局、一九九九年)。
(48) 以上、松尾美恵子「吹上御庭」(竹内誠・深井雅海・松尾美恵子編『徳川「大奥」事典』東京堂出版、二〇一五年)、三八―四〇頁。なお、浜御殿について「御庭自体が日本国土の縮図」であり、〝公儀の庭〟であるとみる見解がある(工藤航平「公儀の庭・浜御殿の変遷と意義」『東京都公文書館調査研究年報』三号、二〇一七年、二一―二二頁)。
(49) 松尾美恵子「島津重豪の吹上御庭拝見」(『学ぶよろこび　東京雑学大学二十周年記念誌』二〇一五年)、八二―八四頁。
(50) 東京大学史料編纂所編『大日本維新史料　類纂之部　井伊家史料　二十八』(東京大学出版会、二〇一四年)、二三〇頁。
(51) 『御触書寛保集成』(岩波書店、一九三四年)、八三九。
(52) 岩本馨『江戸の政権交代と武家屋敷』(吉川弘文館、二〇一二年)、三七頁。
(53) 舟橋明宏「脇坂家の江戸屋敷とその変遷について」(『龍野藩江戸屋敷の生活』龍野市歴史文化資料館、一九九八年、九一―九二頁)。本図録については、渋谷葉子氏からご教示を得た。
(54) 東京都教育庁『江戸復原図』(東京都教育庁、一九八九年)。また、一九世紀の武家地については、高井蘭山図・岡田屋刊行の「江戸大絵図」を素材にした、吉田伸之の要を得た概説がある(吉田伸之『都市　江戸に生きる』(岩波新書、二〇一五年)、四四―四五頁)。
(55) 『角川日本地名大辞典13　東京都』(一九八八年)、鈴木理生『江戸の都市計画』(三省堂、一九八八年)、同『幻の江戸百年』(ちくまライブラリー、一九九一年)、渡辺英夫「近世江戸川の水運」(『江戸川の社会史』松戸市立博物館、二〇〇五年)。
(56) 注(9)吉田伸之『都市　江戸に生きる』(岩波新書、二〇一五年)、二〇五―二一七頁。また髙橋元貴「江戸市中における堀川の空間動態とその存続」(『都市史研究』四、二〇一七年、一―二四頁)は、堀川の水系構造と類型を明らかにしている。
(57) 以上の城門警備については、岩淵令治「江戸城警衛と都市」(『日本史研究』五八三号、二〇一一年、二四九―二六六頁)、針谷武志「軍都としての江戸とその終焉――参勤交代と江戸勤番」(『関東近世史研究』四二号、一九九八年)。

(58) 久留島浩「牧士」(久留島浩編『シリーズ近世の身分的周縁5　支配をささえる人々』吉川弘文館、二〇〇〇年)。
(59) 吉原健一郎『江戸の町役人』(吉川弘文館、二〇〇七年)、一三六―一三八頁。
(60) 岩淵令治「江戸城登城風景をめぐる二つの表象――名所絵と〈歴史画〉のあいだ」(近藤和彦・伊藤毅編『別冊　都市史研究　江戸とロンドン』山川出版社、二〇〇七年)、一六七頁。
(61) 幕府の目安箱は、「江戸城」内の評定所門前の他、佐渡奉行所・美濃代官所・京都町奉行所前・大坂町奉行所前・長崎奉行所前・駿府町奉行所・松前奉行所に設置された(大平祐一『目安箱の研究』創文社、二〇〇三年、一二―二五頁)。
(62) 『新編　千代田区史　通史編』(東京都千代田区、一九九八年)、四〇三頁。
(63) 岩淵令治「境界としての江戸城大手三門――門番の職務と実態」(『東京大学史料編纂所研究紀要』一二号、二〇〇二年)。
(64) 千田嘉博『織豊系城郭の形成』(東京大学出版会、二〇〇〇年)、一一四―一七五頁。千田の分析は、主要曲輪と、主要曲輪の攻撃性・防御性を確保するために置かれた副次的な曲輪の関係に及んでおり、曲輪間の階層構造を明快に描き出している。同「「江戸始図」の意味と価値」(千田嘉博・森岡知範『江戸始図でわかった「江戸城」の真実』宝島社新書、二〇一七年)では、さらに、「江戸始図」(松江歴史館蔵)が、慶長期江戸城の天守を未曽有の規模を持つ連立式天守として描き、本丸南側の五連続外枡形虎口・北側の三連の丸馬出しを明確に描いていることに注目している。慶長期の江戸城については、この千田の理解の適否を含め今後あらたな展開をみせる可能性がある。なお、千田の議論を含む「織豊系城郭」概念の研究史上の意味と課題については、城郭談話会『織豊系城郭とは何か　その成果と課題』(サンライズ出版、二〇一七年)がまとめている。
(65) 大友一雄も、老中の機能を検討するうえで、殿中と藩邸(役宅)との有機的関連について留意する必要性を指摘している。老中宅での、大名・旗本からの伺・願・届や、京都・大坂・長崎・駿府などからの連絡窓口、対客以外に、無宿などに対する仕置については役宅で受理し一定の処理の上奥右筆に渡すという文書の流れが存在したことも指摘している(同「幕府老中文書群に関する基礎的研究――松代藩公用方役人と文書システム」国文学研究資料館編『近世大名のアーカイブズ資源研究――松代藩・真田家をめぐって』思文閣出版、二〇一六年、二二六・二三九・二四五頁)。
(66) 中田薫「徳川時代の民事裁判実録続編」(『法制史論集』第三巻、岩波書店、一九四三年)。
(67) 杉本史子『領域支配の展開と近世』(山川出版社、一九九九年)、九〇頁。
(68) 平松義郎『近世刑事訴訟法の研究』(創文社、一九六〇年)、四一八頁。

(69)『憲教類典』(『内閣文庫所蔵史籍叢刊』四〇巻、汲古書院、一九八四年)、四六二頁。
(70)本書第三章第二節2、杉本史子他『絵図学入門』(東京大学出版会、二〇一一年)、六六―七一頁参照。
(71)「作州入田村と三海田村地所出入」(『従事調書』首都大学東京蔵水野家文書)。
(72)『幕末御仕置例書』九五(東京大学史料編纂所蔵。第三章注(28)参照)。
(73)波多野純『城郭・侍屋敷古図集成　江戸城Ⅱ』(至文堂、一九九六年)。
(74)『江戸町触集成』(塙書房、二〇〇一年他)では、宝永二年正月一九日、寛保元年三月一三日、延享五年三月一〇日、宝暦一一年八月一一日、安永八年四月一七日、天明六年閏一〇月九日、慶応二年三月朔日・一〇月一九日に確認できる。また、嘉永六年九月二九日付けで評定所式日開始についての町触が出されている(石井良助・服藤弘司編『幕末御触書集成　第五巻』岩波書店、一九九四年、四九八七)。
(75)『憲教類典』(『内閣文庫所蔵史籍叢刊』四〇巻、汲古書院、一九八四年)四七四頁収録の享保六年の記事の、評定所に詰める「諸役人末々之者」のなかに、「町大年寄」が記されている。石井良助はこれを町年寄と解釈している(同『近世民事訴訟法史』創文社、一九八四年、二三三頁)。また、町年寄の一代帯刀が、評定所および町奉行所に出向くときに認められていた(安政元年一二月、『江戸町触集成　第一六巻』塙書房、二〇〇一年、一五六二七)。さらに、吉原健一郎「町年寄」(『江戸学事典』弘文堂、一九八四年)、一七〇頁。
(76)本章注(93)に言及した、神聖ローマ帝国における不上訴特権の問題を参照のこと。
(77)『原胤昭旧蔵資料調査報告書(1)』千代田区教育委員会、二〇〇八年、二七三・二七五頁)所収、天保一二年北町奉行所絵図、天保一三年南町奉行所絵図。
(78)平松義郎『近世刑事訴訟法の研究』(創文社、一九六〇年)、七三五・八九一頁。
(79)吉原健一郎『江戸の町役人』(吉川弘文館、二〇〇七年)、六二・六三頁、坂本忠久『近世都市社会の「訴訟」と行政』(創文社、二〇〇七年)、一七八頁。
(80)老中は、通説では、寛文八年(一六六八)以降は事実審裁判官たることをやめたと理解されている(平松義郎『近世刑事訴訟法の研究』創文社、一九六〇年、四一八頁)。ただ、元町奉行所与力佐久間長敬がまとめた『徳川政刑史料　徳川将軍御直裁判実記』(南北出版協会、一八九三年)では、「幕時治罪法詳説」の一つとして「閣老裁判」を置き、宅において自ら諸侯の訴訟を検断したと記述されている(三頁)。老中職務定則の規定に拠った記述に過ぎないのか、実際に老中役宅において裁断と呼ぶにふさわしい行為が行われていたのかについては、老中対客の問題も含め後考を俟ちたい。なお、佐久間の原稿類は同人弟にあたる原胤昭旧蔵史料に存在する（加藤貴「原胤昭旧蔵資料について」『原胤昭旧蔵資料調査報告書（1）』千代田区教育委員会、二〇〇八年、七頁）。荒木裕行は、天保期に家中騒動において老中へ訴えた事例を紹介し、これまで越後騒動以降家中騒動を幕府に出訴することはなくなったとされてきたが、実際には近世後期においても幕府の家中騒動への介入は多数存在したとの見通しを示している（同『近世中後期の藩と幕府』東京大学出版会、二〇一七年、二〇三―二一七頁）。

(81)　土屋千浩「江戸幕府老中の対客について」（『皇学館史学』一九号、二〇〇四年）。また本章注(80)参照。

(82)　東京大学史料編纂所編『大日本維新史料　類纂之部　井伊家史料　二十二』（東京大学出版会、二〇〇一年）所収、一九号（安政六年十月十八日　彦根藩士長野義言書状（案）　九条家家士島田龍章宛）。

(83)　長野は、島田の他、京都所司代酒井忠義の家臣で、長野と連絡を取り合っていた三浦吉信にも、同趣旨の書状を送付していた。（日本史籍協會編輯『三浦吉信所蔵文書』、一九一七年、一三三六頁）。長野は『古学問答録』で大祓に言及している（三ツ松誠氏のご教示による）。

(84)　東京大学史料編纂所編『大日本維新史料　類纂之部　井伊家史料　二十二』（東京大学出版会、二〇〇三年）所収、三五号。

(85)　以上、東京大学史料編纂所編『大日本維新史料　類纂之部　井伊家史料　二十二』（東京大学出版会、二〇〇一年）所収、四〇号。

(86)　『御本丸炎上之跡片付御用留』（目付駒井朝温・同松平正之、安政六年一〇月―万延元年一二月、東京大学史料編纂所蔵、維新史料引継本―Iほ―四四九）。

(87)　以上、東京大学史料編纂所編『大日本維新史料　類纂之部　井伊家史料　二十二』（東京大学出版会、二〇〇一年）所収、六一、六二号、『同二十三』（二〇〇三年）所収、八四―九一号。

(88)　岩淵令治「江戸消防体制の構造」（『関東近世史研究』五八号、二〇〇五年）、二二頁。

(89)　『新編　千代田区史　通史編』（一九九八年）、針谷武志執筆八章二節。

(90)　「府城沿革　五」（『旧幕府』四八号、一九〇一年）、八七―八八頁。

(91)　本書第七章第三節「老中総裁制」参照のこと。

(92) 以上、千田嘉博『織豊系城郭の形成』(東京大学出版会、二〇〇〇年)、一五八頁、同『信長の城』(岩波新書、二〇一三年)。

(93) 状況の異なる地域間での軽々な比較は慎むべきだろうが、江戸幕府評定所は、①皇帝から分離されさまざまな都市に置かれ、政治から分離した純粋の裁判所として裁判官の独立性を保つという発想を持った神聖ローマ帝国の最高裁判所である帝国最高法院と、②皇帝に随行し、法的解決と政治的解決が不可分に結びついていた、神聖ローマ帝国のもうひとつの最高裁判所である帝国宮内法院との、中間に位置する性格を持つととらえることが可能かも知れない。そのほか、これらの帝国最高裁判所と領邦君主・臣民との関係――帝国最高法院が領邦君主など帝国直属者に対するあらゆる訴訟を管轄したこと、領邦君主は、帝国最高法院による司法監視を受け、自らの臣民によって同院に訴えられる可能性があったこと、また自分の臣民が領邦での最終審判決に対して帝国裁判所に上訴することを認めない「不上訴特権」を拡張しようとする動きがあったことなど――についての数々の成果は、日本近世における幕府評定所の特質を問い直す視点となりうる(以上神聖ローマ帝国については、ペータ・エストマン、田口正樹訳「ドイツ国民の神聖ローマ帝国における裁判制度について――管轄と訴訟原則」および同著者、同訳者「ドイツ国民の神聖ローマ帝国の二つの最高裁判所(一四九五年から一八〇六年)――歴史・研究・展望」(いずれも『北大法学論集』第六四巻第四号、二〇一三年))。なお、ヨーロッパ近世史研究会第一九回例会(二〇一三年三月一〇日、京都大学)において、エストマン氏および主催者・参加者の皆さんから貴重なご教示をいただいた。

(94) 安永五年三月評議(注(72)『幕末御仕置例書』一七)。

(95) 服藤弘司『幕末御触書集成』解題」(石井良助・服藤弘司編『幕末御触書集成　別巻　解題』岩波書店、一九九七年)八七―八八頁。

# 第三章　「公儀」の裁きとは何か

## はじめに

裁判における決定をどういうかたちで表明するのかという点には、裁く側と裁かれる側の関係、裁判という行為と社会の関係が端的に表れる。本章では、この点に注目して、享保期から幕末期までの「公儀」の裁きの特質を検討していく(1)。

江戸幕府評定所における判決手順の理解については、従来の近世裁判研究のうえで、長く、混乱がみられた。次の(1)―(3)の見解が相互に整理されることなく混在してきたのである。

(1)　近世後期における出入筋裁判は、一般的には、①訴訟方（原告）からの訴状（目安）の提起、それに対しての奉行所の承認(2)（目安裏書）、相手方（被告）からの返答書の提出、②奉行所に訴訟方・相手方が出廷しての取調、③裁判調書「口書」の作成、④評定所における奉行による裁許申し渡し、訴訟方・相手方から奉行所に対しての裁許請証文の提出、⑤判決後の手続きとしての裏判消し（訴状と返答書を継ぎ合わせて、奉行所で目安裏書を抹消してもらい、奉行所に納める）、という手順をとると考えられてきた。

(2)　一方、右の④では、請証文の他に、地境論の場合は裁許裏書絵図が用いられ、また、書下《かきくだ》し、上証文《あげしょうもん》、取替証文なども用いられることがあったとの指摘がなされてきた。しかし、また一方で、請証文・上証文・取替証文は同じものだとする理解が、法制史の通史などで繰り返し記述されてきた。[3]

(3)

これに対して、杉本史子「裁許と近世国家――口頭・文字・絵図」[4]（以下「前稿」と記述する）において、江戸幕府評定所・出入筋裁判の記録『裁許留』を分析対象として取り上げ[5]、その現存記事のうちの、論所裁判（水争い・土地争い・境界争いについての裁判）について、裁許のありかたを検討した。『裁許留』は裁判の手続き経過の説明とその過程で使用された各種書類が収録されており、この分析に好適な史料といえる。前稿では、裁許裏書絵図の特質・作成のされ方を明らかにすると共に、通説とは異なり、上証文・取替証文・請証文はそれぞれ別種の文書様式であることを明らかにした。また、個々の裁許をどの方式で行い、どの裁許書類を使用するかについては時期的に変化がみられることを指摘した。しかし、そこで明らかにした成果は、その後の法制史通史の記述に反映されることなく[6]、現在まで前稿以前の段階の混乱した見解が記述されている。このような研究状況は、自治体史などの史料集の訴訟関係文書についての不正確な文書名称付与にもつながっている。

本章では、論所裁判に限定して分析した前稿に対し、『裁許留』の論所以外の全ての記事に対して分析を行った。前稿との違いについて一々言及することは論述が複雑になりすぎるため避け、前稿の成果を踏まえまた新たな見解を織り込んで全面的に改訂するかたちをとった。現段階での見解は本章で記述されている。入り組んだ分析を理解しやすくするために、あらかじめ、本章において明らかにした事実の根幹部分を次の①②で提示したうえで、分析を展開する。

①　三つの裁許方式と使用書類

幕府評定所における出入筋裁判の裁許方式は大きく三つに分類できる。

ひとつめは、裁許の口頭申し渡しの後、評定所発給の下達形式の裁許状を訴訟方・相手方に各一通渡し、また評定所でも一通保管する方式である。これを本章では、A下達書方式と呼ぶ。

ふたつめは、裁許口頭申し渡しのあと、裁かれる側から裁く側に裁許を受諾する証文（裁許証文）[7]を提出するものである。本章ではB受諾書方式と呼ぶ。この方式は、後述するように、さらにふたつの方式に分かれる。B1永続的裁きに使われる方式と、B2当座の裁きに用いられていた方式である。『裁許留』にはB1は「証文をもって裁許する」（傍線杉本）と記述され、B2は単に「証文を申し付ける」と区別して記述された。

みっつめは、裁許口頭申し渡しで判決の表明が完結し、書面は使用しない方式である。C書類なし方式と呼ぶ。

これらの、三つの裁許方式は、享保期には次の表1に示した各種の裁許書類が使用された。

**表1　享保期の裁許方式と裁許書類**

| 裁許方式 | | 裁許書類 |
|---|---|---|
| A 下達書方式 | | 裁許裏書絵図 |
| | | 書下し |
| B 受諾書方式 | B1 受諾書裁許方式 | 上証文・証文 |
| | | 取替証文 |
| | B2 受諾書申付方式 | 請証文 |
| | | 証文名称なし |
| C 書類なし方式 | | なし※ |

＊支配階級に対しては「申渡之覚」「申渡」などの書面が作成されることがあった.

## ② 裁許方式・書類の使い分けと時期的展開

裁許方式使い分けの基軸は、評定所が最も確定力を付与すべきと位置づけた裁判には、A下達書方式による裁許を用いるというものだった。そのなかでも最高峰に位置づけられたのは、裁許裏書絵図だった。このA方式の対極に位置づけられたのは、C口頭申し渡しのみの方式であった。そして、A・C方式の中間に位置したのが、B受諾書方式であり、この方式は、時期によってその運用を大きく変化させていた。当初永続的効果のある裁きに使われていたB1方式は基本的には廃止され、本来当座の裁きに用いられていたB2方式の請証文が、本来ならば、A方式やB1方式で裁くべきケースにも用いられるようになっていく。この変化の意味は、以下行論のなかで探っていきたい。

本章では、以下の手順で検討を行っていきたい。第一節で、まず、分析対象とする『裁許留』とは何かを改めて検討する。従来の見解とは異なり、『裁許留』の作成は、評定所内で完結するのではなく、主管奉行側の作成資料に基づき評定所において編成されたという見解を提出する。ここでは、評定所業務の中核を担いながらも従来十分に解明されてこなかった評定所留役の実像も明らかにする。第二節・第三節では、各裁許方式について、裁許状・裁許証文原本と、『裁許留』記事の特質を明らかにしていく。第四節で、一旦『裁許留』からみた裁許方式・裁許書類の時期的展開について整理したうえで、第五節において、近世の出入筋裁判のなかでもとくに重視された論所裁判について、各裁許方式がどのように使い分けられていたか、その意味を探る。そして「おわりに」において、比較史的視野も入れ、近世幕府評定所裁判の特質と、残された課題について述べていく。

## 第一節　『裁許留』再考

『裁許留』とは、徳川幕府評定所が作成した出入筋裁判の記録である。第二節・第三節で具体的に説明するように、裁判過程についてのまとめと、裁許に至る過程で使用された書類との両方が記録されており、裁判過程とともにどのような書類が使用されたかを知ることができる。

『裁許留』は、前稿にも言及したように、明治期には、元禄一五年（一七〇二）―慶応三年（一八六七）分が断続的に四一五冊伝存していた。しかし、大正一二年（一九二三）の関東大震災で被災し、原本は失われてしまった。現在、その内容が判明するのは、(ア)京都大学法学部図書室に残された模写本で、享保五―一五年（一七二〇―三〇）分、(イ)東京大学法制史資料室に残された書写本[8]で天明元―二年（一七八一―八二）分、および、(ウ)寛政八から慶応元年（一七九六―一八六五）分のうち『徳川禁令考　後集』に収録されたもののみである。[9]『裁許留』の分析は、この極めて厳しい状況から出発せざるをえない。本章では、現存する裁許書類原本や、他の評定所実務記録、著述をあわせ検討することによって、この状況の克服を図っていきたい。

『裁許留』について、これまでの研究史では、次のような見解が出されてきた。（1）判決日付順に記録され、事項別・奉行別・当事者別といった編成はなされておらず、同じ評定所一座の吟味筋判例集である『御仕置例類集』と比較すると「整理・編集の技術は格段に劣っていた」。（2）一年あるいは数年分を一冊としたこと、（3）各記事には、奉行間の相談書なども収載されていることが指摘されてきた[10]。しかし、これらの理解は、『裁許留』記事のみからの見解に過ぎない。『裁許留』の性格を知るためには、『裁許留』記事を検討するとともに、同時代史料を参照して分析する必要がある。本節では、この観点から分析を行い、前述したように、『裁許留』は、最初から評定所側が作成したものではなく、主管奉行側から提供された資料に基づき評定所側が編成したものであり、下帳から完成帳（清帳）まで何段階かの行程を経ていることを明らかにする。以下述べていくように、前述（1）—（3）の見解はこれらをふまえて修正される必要がある。

なお、公事の記録の作成は、遅くとも、評定所が伝奏屋敷に固定された寛永一二年（一六三五）以降命じられていた。同年、三代将軍家光は老中（年寄）に集中した権能を分解し、幕務の分掌を定めた。一方で、新任の年寄に評定所会議を主宰させることにした[11]。同年一二月二日、年寄酒井忠勝・土井利勝から達せられた「定[12]」（第二章第一節で説明したように本書では「評定所法式」と呼ぶ）では、公事裁許のあと関係役人（「其筋之役人」）が「公事の留書」を作成すること、また、新参の年寄である松平信綱・阿部忠秋・堀田正盛は、その日の公事の留書を（担当役人に）写させるべきことが定められていた。寛文四年（一六六四）正月一二日老中酒井忠清による「覚[13]」では、公事終了後、関係役人は公事の留書を作成すること、出座の老中はその日の留を（担当役人に）写させるべきこと等が定められた。老中が評定所に出座するのは式日のみとなった後の、天和元年（一六八一）正月一六日、正徳二年（一七一二）六月、寛保元年（一七四一）八月、宝暦元年（一七五一）一一月、天明七年（一七八七）一二月の評定所法式では、「一公事裁許以後、其筋之役人、裁断之始末可被致留書事」すなわち、公事裁許後、関係役人が「裁断の始末」を留書に致すべしという規定となった。

## 1　主管奉行の役割

まず、評定公事における主管奉行の役割を、寺社奉行を例として押さえておこう。ここでいう主管奉行とは、出訴の受理を認める目安裏判の筆頭に判を据え（初判）、審議の主担当となって裁判を進める奉行を指す。

寺社奉行は複数人が任じられ交代で月番を分担したが、月番になると前月の寺社奉行から御用箱・朱印箱などの業務文書が回されてきた[14]。大名が寺社奉行に任じられると、先役から必要書類を受け継ぐとともに、現役寺社奉行の世話役から新任研修ともいうべき指南を受けた[15]。また、自分の宅（多くは上屋敷[16]）に、評席・内座などの会議室や裁くための白洲など必要施設を設置し、自分の家中を寺社奉行の業務を支える寺社役・大検校・小検校・物書などに任じた。彼らは、先任寺社奉行の内寄合などを見学し必要な技術を習得した。日ごろは藩務を行っている大名家臣が、幕府役人を支える業務にも従事することになるため、寺社奉行の職務を遂行するために大名側はしばしば経験者の導入や幕府役職者の助力を求めた。享保一〇年（一七二五）一〇月、大名側が寺社奉行の業務を遂行するために新たに寺社役人を召し抱えることは無用、幕府勘定吟味役を宅に招いて調べものをさせることは禁止された。宝暦九年（一七五九）二月、「吟味仕方」改革の一環として[17]、寺社奉行宅に、「評定所江差出候公事訴訟吟味」のため評定所留役が派遣されることになった[18]。さらに、天明八年（一七八八）には、評定所留役四人が勘定奉行支配のまま寺社奉行手附に任じられた。寛政三年（一七九一）には、勘定組頭格評定所留役羽田藤右衛門以下四名が、勘定奉行支配から離れ、寺社奉行支配の留役に任じられた。彼らの席順は、評定所留役組頭と同留役との間とされた。寛政八年には寺社奉行支配留役は、「寺社奉行吟味物調役」と改称された[19]（後掲表3）。

実際の裁判における主管奉行の役割は、中田薫が紹介した「新市出入」[20]によると次のようなものだった。この出入は、上田藩領の上田町が松代藩領の鼠宿および新地村を相手に訴えた。裁判は、文化七年（一八一〇）正月寺社奉行月番の松平乗寛役所に訴状を提出することで開始された。訴訟側は松平乗寛宅で目安初判をうけ、三奉行全員の裏判を得て、相手方に裏書を送達した。初度対決は評定所において行われ、松平乗寛が双方の申し立てを聞くなどした。その後五度にわたって松平乗寛宅にて寺社奉行吟味物調役吉田源二郎による糺を受けたのち、宅で口書に押印し、松平乗寛から口書に相違ない旨確認を受けた。翌年四月一一日評定所式日に評定所に出頭し、三奉行・目付列座、評定所留役羽田藤右衛門も同席し、松平乗寛から口頭の決定申し渡しがなされた。そのあと訴訟方・返答方は、吉田から裁許請証文を読み聞かせられ、押印した。

## 2　主管奉行側による裁判書類の作成と評定所への送付

このように、裁判の過程では、主管奉行宅で実質審議が行われていた。本項では、それだけでなく、裁許書類や関係書類の多くが、主管奉行側によって作成され評定所にも送付されていたこと、さらに、従来の研究史のなかでは評定所内で作成されたと考えられていた『裁許留』自体が主管奉行側から提供される資料を評定所で編成して作成されていたことを明らかにする。

これらのことは、実は、従来の法制史研究において評定所における『裁許留』の仕立て方についての記述として紹介されていた『当用便覧』（国立公文書館、一八一一―〇一六四）所収「評定所裁許留仕立形大概」をとらえ直すことで明らかにすることができる。そのためにはまず、『当用便覧』自体の性格を押さえておく必要がある。『当用便覧』は、収録されている書類の年代・奉行名などから、脇坂安董《やすただ》（竜野藩主）の一回めの寺社奉行在任中（寛政三―文化一〇年、一七九一―一八一三年）の事例を中心に、他の寺社奉行や安董二回めの寺社奉行（文政一二―天保七年、一八二九―三六年）就任前後の情報を補充したものを、脇坂安宅（弘化二―嘉永四年、一八四五―五一年寺社奉行）から安宅の寺社奉行株を引き継いだ安藤信睦（岩城藩主、嘉永四―安政五年（一八五一―五八年）寺社奉行）が入手し、さらに岩城家中が写したものや岩城家中が編纂したものを中核としていると判断できる。

このなかに収録された「評定所裁許留仕立形大概」も、表題から連想されるような、評定所内部での『裁許留』作成マニュアルではなく、次に示すように、寺社奉行側が、『裁許留』作成のために、自身の関わった評定公事について、その関係史料をどのようなかたちで評定所側に提出するかということを記述した記事だと解釈すべきである。各書類に使用する紙の種類や仕様まで具体的に記載されており、作成すべき書類の内容のみならず、紙の種類や仕様といった物質的側面まで判明する。

ここでは、「評定所裁許留仕立形大概」に収録された、寛政六年（一七九四）九月の評定公事の事例を取り上げ、どのような資料がどのような体裁・内容で、寺社奉行側から評定所側や関係領主側に送付されたのかを確認する（本章末尾史料1。以下引用史料の文字訂正部分については、元の字を［　］で示す。ただし単なる書き損じの訂正と思われるものは注記しなかった。訴訟方名・相手方名などに付記された、朱書きの丸印や傍線については記載を省いた。また、（　）で誤字・脱字について注記した）。

この事例では、寺社奉行が主管奉行となり、代官手代による現地調査（地改）を行ったうえで老中に吟味伺いを出し、老中安藤信成の指示により、請証文で決着が付けられた。史料1冒頭には、老中に伺いのうえ申渡裁許を行ったことが記され、「帳外」（本来の差日から延期となり、他の御用日に出された公事は「帳外」と呼ばれた）、「申渡」については、すでに前の項目に記述してあることが注記されている。

記事本体はa―cの三つの部分に分かれる。a部分はどのような請証文を作成したかの記事である。本紙は西之内紙を継いで一紙ものの体裁で作成された。写は小美濃紙による横帳として作成された。請証文は、冒頭に「差上申一札之事」との事書を持ち、訴訟方・相手方から「御評定所」にあて、裁許申渡と、過料銭を代官役所に納めることを受諾している。bは、主管奉行から評定所へ送付した書類の一覧である。老中への「吟味伺書」、「請証文写」、「評定所留」、代官あて「過料銭達書」が渡されていることがわかる。その体裁は、小美濃紙で作成された「吟味伺書」一冊、同じく「請証文写」一冊、同じく「評定所留」一冊、半紙で作成された「過料銭達書」一冊であった。cは「評定所留」の書き方である。この記事内容から、ここで主管奉行側が「評定所留」と呼んでいるものは、裁判経過説明をまとめたもので、公事銘、訴訟方・相手方の支配関係・住所・名称、裁判経過、地改担当者名が記されていたことがわかる。この「評定所留」にまとめられた記事は、第二節・第三節で示すように、『裁許留』に、裁判関係書類の写とともに収録された（引用史料中には［裁判経過説明］と付記した）。［裁判経過説明］の記述は、裁判の過程を主管奉行・評定所側がどのように把握しているかについての重要な情報を私たちに伝えてくれるものであり、本章における裁許方式の分類はこの記述に拠っている。

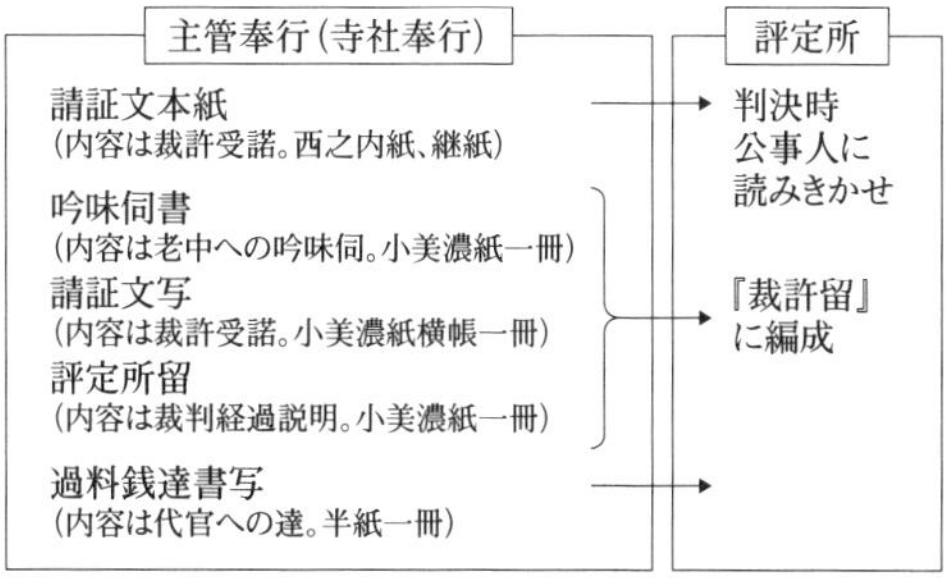


図1　評定公事の主管奉行から評定所への書類送付（寛政6年，老中へ伺のうえ，申渡裁許）

　以上の記述を、後述する第二節・第三節での検討をあらかじめふまえたかたちでまとめると、図1のようになる。『裁許留』は、主管奉行側が作成して評定所に渡した書類のうちから、「吟味伺書」「請証文写」「評定所留」に基づいて、評定所側で編成したものであった。当然、奉行側にも、担当分の裁判記録が残されていたはずである。享保期以降の貴重な評定所民事判例集として大平祐一が取り上げた『評定所式日・立合公事訴訟裁許留』（享保三―八年、一七一八―二三年）は、寺社奉行を務めた牧野英成の家中が保管していた英成主管担当分を収録したものであり、その一例である可能性がある。[21] なお、請証文は、評定所において寺社奉行吟味物調役等が公事人に読み聞かせた（本節1）が、その本紙が、評定所側で保管されたのかそれとも主管奉行側に保管されたのかという点については、今後の課題である。

### 3　評定所における『裁許留』の編成

主管奉行から送付された書類から留役がどのように留を編成したのかについては、現時点では不明点が多く断片的な傍証にとどまらざるを得ないが、三つの点を指摘しておこう。

まず、評定所での留作成の参考となるものとして、評定所留役供給母体ともいえる勘定所における留作成の様子をうかがうことのできる記事の内容を紹介しておこう。勘定奉行『内寄合留帳』の編成をめぐっての留役・書物方・留掛留役の仕事手順を物語るものである。この記事は、享和元年（一八〇一）、留編成の厳密化をはかるため手順が取り決められ、留役組頭羽田藤右衛門から奉行衆へも上申したうえ留役中に伝えられた内容である㉒。

「各奉行限りの吟味物」（「御手限吟味もの各々様御奉り候分」）や「落着一件袋」が奉行宅から回されてきたら、（留役から）伺書・証文・落着御届など「定例留帳」に入れるべき品々を、分類担当の書物方（「御見分ケ書物方衆」）へ渡して留作成のことを相談すべきである。右が作成されたころを見計らって催促して受取り、銘々の座で念入りに読み合わせ、一件袋と留書をひとまとめにし、留掛の同役のうちに渡すべし。もっとも書き損じや落字なども帳消しにはせず、朱で書き入れるべきである。右の読み合わせを新人任せにすることは無用と考える（「右読合之儀、昨今之御方江御頼等、先ツ者御無用と存候」）。以後は、正月内寄合初めのとき、奉行衆へご覧にいれる「留帳」には、前年の分の収載残りがないようにしたい。よくよく話し合い律儀の取り計らいとされたい。ただし、読み合わせが終了したあと、「奉帳」（各留役が担当内容を記録した帳の意味か）と突き合わせ、帳面に綴じ込むまでの手続主法を、留帳掛の方々と相談し決定した趣は、兼ねて演説した通りである。

これによれば、奉行宅から送られてきた手限吟味物や落着一件袋のうち「定例留書」に収録すべき書類は、書物方に渡され留書が作成されたことがわかる。そして一件袋と留書を読み合わせ点検をしたあと、留掛留役に渡された。このように、勘定奉行のみの『内寄合留帳』も、『裁許留』と同様、担当奉行からの書類を、留役が差配して諸役と協力して編成し作成したのである。

次に、評定所における留役による留の編成についての小早川欣吾による史料紹介を批判的に再検討する。小早川は、「徳川法律雑記」[23]の記事を次の通り引用している。「一都而、当日之留を、裁許之留を奉行順ニ致し、済口之留を同様ニ致し、熟談・破談之留、是又奉行順ニいたし、初公事銘書奉行順ニ認、其次ニ訴訟之留を奉行順ニいたし、表紙を附、仮認いたし、留入袋江入置」（傍線は杉本による）。この文面は、傍線部の記述により全体の文意が不明瞭となっている。そのため、小早川の解釈は「（評定所に三奉行出座の場合――杉本補足）裁許留、済口留、熟談破談留を奉行順に記載して一定順序に従って留入と称する袋に保存し置く」（傍点類は省略）と、後半部分に言及しないあいまいな内容にとどまっている。

小早川の引用史料よりも正確な写であると思われるのは、『古事類苑』収録「評定所留役勘定勤方」記事である（史料2。一八条め傍線部が「徳川法律雑記」記事傍線部とは異なる。なお、『古事類苑』には中略されている部分（「（古事類苑による中略）」と記載した）が多いため、便宜上、小早川による「徳川法律雑記」からの引用が存在する部分を「　」を付して補充しできる限り全体を復元した。史料全体について、適宜杉本が読点を付し、返り点は省略した）。史料2の記事は年月日を欠くが、式日・立合の定例日から、宝暦元年（一七五一）[24]以降で、かつ、「一寺社奉行衆・町奉行衆江罷越、吹聴申候事」と記述されていることから、留役が基本的に勘定奉行支配であった時期すなわち寛政三年（一七九一）より前の時期の可能性が高いと考えられる。以上の検討内容と史料2四条以下の内容をまとめたものが、表2である。後掲史料3―1・2の内容を念頭に置くと、おおむね、定式業務の内、月番留役の評定所式日・立合にかかわる業務についての具

**表2**　評定所留役の役割

| 分類 | 業務内容 |
|---|---|
| 留役の式日・立合時の役割 | 式日・立合を，寺社奉行・町奉行にも連絡<br>式日・立合のとき，「済口の留」作成（金公事の時の分担人数）<br>評席には，3-4人ずつ交代で詰める<br>銘々の奉行手限の落着ものは「留」を銘々の奉行で作成 |
| 月番留役の役割Ⅰ（前月末・月初めの作業） | 前月晦日：「星順承帳」などを受け取る<br>当月朔日：前月の留を読む（ただし11月からは，式日・立合ごとに，即日読む）<br>当月朔日：留役の諸種の扶持の手形を集め，留役組頭の押切印をとる<br>「月番書」を作成し，同役に配る<br>一ケ月の式日・立合の留役の当番割を作成 |
| 月番留役の役割Ⅱ（御用日の準備と当日の作業） | 三奉行から御用日の「帳外」の銘書が渡されるので，5枚ずつ書写<br>三奉行出座のための「訴訟公事帳」（上提分・控え）が町奉行月番から渡されるので，町与力詰所で，公事人たちを召喚し，間違いがないか確認し，「訴訟公事帳」を町奉行に返却する<br>三奉行出座のとき，「帳外」は，壇紙の半切を裁ちあわせて，銘書を書き，月番勘定奉行に提出する<br>三奉行出座が済んだあと，公事吟味物の再席がある場合もある<br>熟談ものがあるときは，「配り」と称して，留を月番が作成<br>全て当日の留を重ねる順序は，「裁許留」「済口の留」「熟談・破談の留」をそれぞれ奉行順にする．そして「初公事銘書」と「訴訟の留」をそれぞれ奉行順にしたものに表紙をつけ仮綴じした帳にする．これらを「留入袋」に入れておく |
| 月番の役割Ⅲ（その他） | 「焼捨封物」は寺社奉行から目付に渡し焼き捨てる．ただし，老中附札をつけて下付されたものは，（町奉行所か）腰掛で町同心が訴訟人の名前を呼び，出頭していれば呼び入れ，月番奉行・目付が立合い，焼き捨てを申し渡し，訴訟人から承諾の請証文をとる<br>諸書付，御用日の延期や時刻変更，奉行・組頭の役替などを廻状で知らせる<br>「御殿日記」は毎日点検し，吟味願・差図振りの取り計らいや，下達物・評議物は，それぞれの銘書をつけだす．また，（老中から下問された）吟味伺書や進達・下知書お渡しについては，裁許ものには承附をし，評議分は先の懸奉行衆（か）へ老中から仰せ渡しの分は下札にして，「奉帳」には朱を入れる．<br>代官伺が済み，口書等の書付があり，袋にいれたものは，袋の銘を抹消してから，御附札・御下知書・奥書の上呈月日をそれぞれ書き付け，「承帳」の銘も消し，調方へ送付する予定を，改方に知らせる<br>諸触出しを行う<br>年中の筆の渡し方<br>忌・病気の届 |

体的内容を説明したものであることがわかる。

問題となる一八条目の「裁許留」に関わる部分は、「全て当日の留を重ねる順序は、「裁許留」「済口の留」「熟談・破談の留」をそれぞれ奉行順にする。そして「初公事銘書」と「訴訟の留」をそれぞれ奉行順にしたものに表紙をつけ仮綴じした帳にする。これらを「留入袋」に入れておく」と解釈しなおすことが可能である。現在残されている『裁許留』記事は年月日順編成である。ここでは一応、留入袋に奉行順に入れた仮綴じ冊子はあくまで一時的な整理のためであり、そのあとで保存用に年月日順の冊子にしたと解釈しておく。袋入りが一時的な保管用の形態であることは、本節3に紹介した勘定奉行所の例や、表2「月番の役割Ⅲ」の代官伺についても一旦袋に仮収納したものを調方に回す例があり、当時の書類の扱い方として一般的なものであったと考えられる。今後の検討が俟たれている㉕。

三点目として、本章第五節6・史料10でも明らかなように、少なくとも寛政九年（一七九七）以降は、最終段階の「清帳」は、相談書などを省いた精選された内容となった㉖。『徳川禁令考』に収録された寛政―慶応期の『裁許留』の記事には「相談書」も収録されており、「清帳」ではなく、その前の段階の帳であった可能性がある。

以上の検討結果から、『裁許留』の作成については、現段階では一応以下のように考えられる。まず、主管奉行側が評定所に関係書類写と経過説明を記した記録を送付した（これに基づき、留役差配の下、裁許留に収録すべき第一次の留書原稿がまず作成された可能性が高い）。裁許留の作成は、元帳から何段階かを経て、内容を精選した清帳を完成した。

## 4　評定所留役の実像

ここで、評定所留役の業務について、新知見も交え押さえておこう。留役については、従来から、奉行の下にあって実質的な裁判官的職務を担い、かつ老中諮問機関としての評定所の答申内容の作成を行っていたと、その役務の重要性が指摘されてきた㉗。ここで紹介する『従天保十四年二月　評定所留役其外書上留、但相談書等併記㉘』に掲載された、天保一四年（一八四三）二月・弘化四年（一八四七）六月の勘定奉行の褒章願写の文面（史料3―1・2　なお引用史料はやや長文なため、［　］を付して内容要約を加筆した）には、留役組頭以下の来歴や、安永―文政四・五年（一七七二―一八二二）と比較した上申当時の勤務状況までまとめられており、評定所留役像を明確化する史料といえる。

『評定所留役其外書上留』は、竪半帳で、天保一四年（一八四三）二月晦日から嘉永六年（一八五三）四月までの、主に評定所の人事に関わる書類の写が収録されている。表紙に「組頭」と記されており、同時期評定所留役組頭を務めていた松井助左衛門がまとめた、あるいはまとめさせたものだと考えられる。留役組頭は留役などの統括・人事に携わっており、各書類写には、朱書きで、老中への上申経緯や老中判断の結果、また補足説明が注記されている。本史料は、現場責任者による同時代史料として貴重なものと言える。

天保一四年・弘化四年、留役業務は著しく繁忙化していた（この繁忙化は、前掲史料2の記述との比較のうえでも、首肯できる）。このため、勘定奉行から老中へ出された褒章願が、史料3―1・2である。天保一四年の褒章願は聞き届けられたが、弘化四年のそれは却下されている。前者は天保改革期の、後者は弘化二年（一八四五）海防掛が常置化した後の状況を示す。これらの史料は、評定所留役が、幕政改革や海防掛常置化の動きと直結した職務を担っていたことを具体的に示している。海防掛については、老中・若年寄・勘定奉行・勘定吟味役・大小目付、および事務作業を担った徒目付・小人目付・海防掛勘定組頭らが担ったことが近年明らかにされつつあるが[29]、本史料は、さらにその下で留役組頭や特定の留役四名が継続的にその下調業務に従事していた実態を物語っている。従来、幕政史研究においては、江戸城本丸で政策立案にかかわった書記官としての奥右筆の職務の重要性が指摘されてきたが[30]、「城内」に比べ格段に諸家・諸階層との交流の容易な江戸城の〈境界空間〉に置かれていた評定所において、留役組頭・留役が、幕政に密着した先例調査、「御政事第一」と位置づけられた公事裁許[31]や、その上に立った諸家との公式・非公式の応答など、重要な機能を果たしていたことが、この史料から判明する。

史料3―1の提出時期は、天保一二年五月から始まる天保改革においてまず内政面の対策が打ち出され、天保一四年六月以降対外的危機への対応策が採られる前だといえる。[32]［1・2・3の留役・留役助・留役組頭来歴］の記述では、支配勘定の内から任じられた留役という職務が次第に役職として位置づけられ、扶持も増やされていく様子が記述されている。文化三年（一八〇六）関東郡代廃止に伴い一一名の陣容となっていた。従来郡代が担当していた公事・訴訟を公事方勘定奉行が行うことになったための措置であった。[33]また留役助は、寛延四年（一七五一）当時は臨時措置として置かれたが、宝暦三年（一七五三）からはほぼ常置となったことが窺われる。宝暦八年（一七五八）留役組頭が新規に一人任命された。

以上の内容を、石井良助が紹介した史料内容とあわせてまとめると表3のようになる。勘定所組織のなかから生まれた留役の一部が、一八世紀末には、寺社奉行支配（本節1）・町奉行支配の役職に位置づけられる体制となり、三奉行連携の体制が模索されていった。勘定所は、寺社奉行からの希望により、臨時の留役助を寺社奉行に派遣することも行っていた。また留役以下を統括する留役組頭もひとり（ふたり体制の時期もある）置かれるようになった。留役組頭は、留役以下を統括し諸家に対する窓口をも務めていたが、一八世紀末には将軍から直接任命される布衣役も出てきて、その地位を上昇させていった。

［4・5・6］には、留役が広範な業務に関わっていたことや天保改革期の繁忙化について具体的に述べられている。その大要は以下の通りである。①まず、定式の勤務について、安永―文政四・五年と比較して、天保一三年当時の繁忙化が述べられる。前者の時期に比較すると、評定公事・内寄合公事がそれぞれ、三〇〇―四〇〇件から五〇〇件余りへ、評議物・代官伺三〇―四〇口余り道中方諸願吟味物五〇―六〇口程度から、あわせて二二〇―二三〇口を超えるようになった。そのほかに、留役限りで指図をするものも夥しく、勝手方吟味物なども以前とは比べようもないほど増えている。諸所からの問い合わせへの回答・指図、日々提出される訴状への目安糺、道中方の吟味物や宿の

**表3**　評定所留役・留役助・留役組頭年表

| 年 | 留役 | 留役助 | 留役組頭（石井 1984） |
|---|---|---|---|
| 貞享 2（1685） | 支配勘定の内から 8 人留役に | | |
| 宝永 2（1705） | 留役御目見えに | | |
| 享保 16（1731） | 役扶持 5 人扶持から 10 人扶持へ | | |
| 元文 3（1738） | 20 人扶持へ | | |
| 寛延 4（1751） | | 留役 2 人を佐渡に派遣したあとに 2 人任用（留役帰任までの臨時任用） | |
| 宝暦 3（1753） | | 新規 4 人任用，役金 15 両 | |
| 宝暦 8（1758） | 新規 2 人 | 1 人増加（総人数 5 人），10 人扶持 | 新規 1 人任用（佐久間忠兵衛，足高 350 俵） |
| 宝暦 9（1759） | 「吟味仕方」改革，寺社奉行宅へ 1 人ずつ派遣（評定所へ差し出す公事吟味の時）（石井 1984）．留役 10 人 | 留役助 5 人 | 留役組頭 1 人 |
| 安永 6（1777） | | | 留役組頭江坂孫三郎を公事方吟味役（足高・役料は勘定吟味役並の通り）に任じ，評定所組頭兼帯とする |
| 安永 9（1780） | | | 成瀬彦太郎を留役組頭に命じる（江坂もこれまで通り） |
| 天明 8（1788） | 留役 4 人が寺社奉行手附に任じられる（勘定奉行支配のまま）（石井 1984） | | |
| 寛政 3（1791） | 留役 4 人が寺社奉行支配留役に任じられる（勘定奉行支配離れる）（石井 1984） | | |
| 寛政 6（1794） | | | 留役組頭甲斐庄武助を布衣に任じ，式日・立合には内座で料理を下付 |
| 寛政 8（1796） | 3 月 17 日，評定所留役筋 1 人・支配勘定 1 人・御徒目付 2 人を町奉行支配留役に任じる．4 月 29 日，寺社奉行支配留役を同吟味物調役，町奉行支配留役を同吟味物調役と改称する（石井 1984） | | |
| 文化 3（1806） | 本役 11 人に（郡代附より編入） | | |

注）　史料 3-1 及び石井良助『近世民事訴訟法史』（創文社，1984 年，246-258 頁）より作成．

助郷の休役や免除についての調査など定式の勤務が集中する状況である。②そのうえに、臨時の業務（評定所一座懸五手掛吟味物、御仕置例類集・御触書・裁許絵図などの取調）を兼ねている。③そのため、平生は、評定所式日は暁七時、立合や内寄合の日も未明から出勤し頻々と早出勤し、日々勘定奉行役宅で夜分迄も吟味物の取調べをし、帰宅後も毎夜深更迄調べものをし、さらに昼夜の区別もなくひたすら業務をこなす状況である。④留役業務は、広範にわたり激増しているばかりでなく、次のように、高い責務が要求されるものであり、検討すべき先例も膨大となり、業務が過酷化していた。吟味物・調物は他の御用筋とは異なり諸向の亀鑑であり、御仕置筋とはまったく人命にもかかわることを取り調べているのであって、実に容易ならざる勤務なので、古今の先例も篤と記述するくらいでなくてはならない。そのなかで一カ年の留帳は以前の三倍増しにもなっている。検討内容も、評議を経て上申した書付をふまえて命じられたり、または評定所一座で評議のうえ定めた法則や、伺のうえ御仕置咎付した先例も著しく増えており、ことに細密の取調の時節（天保改革を指すか）故、旧例の検索も以前と異なり悉く手数がかかり、種々熟考して取り調べている。家事万事を顧みず昼夜ご奉公一途に砕心しているため、容易の人物では務まらず、発病者・死亡者も間々発生している。

さらに［8］では、当時、留役一一人のうち、馬喰町御貸付勤務一人が「退切」でメンバーから外れたほか、五街道御取締御用で二人、「江州湖水縁騒動」吟味御用で二人が遠国に派遣されていたことを述べている。「江州湖水縁騒動」とは天保一三年（一八四二）一〇月に、幕府の湖水縁・川筋などの開発可能地見分に反対して起こされた近江国甲賀・野洲・栗田郡の三百余の村々の大一揆を指すと思われる。幕府勘定所は、天保二年から開始された天保国高調査で全国の開発可能地を書き上げさせていたが、天保飢饉（天保四―七年）直後の天保改革を主導した水野忠邦が命じたこの近江国見分に派遣されたのは、国高調査に従事していた勘定所御勘定市野茂三郎らであった。この大一揆により、幕府の増徴政策は、幕府領改革へと展開していくこととなる。[34]史料3―1が提出された天保一四年二月当時は、一揆の首謀者は大津代官所で取り調べを受けていた。また古役の者が転役となり、新役が担当する「奉物」（担当者が奉じるかたちで行う、目安紀帳の作成などを指すか）もそのたびごとに割り替えとなる状況である。臨時御用（裁許書・御仕置例類集の作成）を兼務し、また関東在々取締改革・教諭筋の取調べもあり、これまでに稀なほど業務が輻輳し実に御用過多の年柄であることを訴えている。天保一二年の改革開始後、風俗矯正に関する法令が矢継ぎ早に関東取締出役を通じて在方の宿村に出されており、天保一三年四月には改革の集大成ともいうべき在方取締令が出されていた(35)。

また留役組頭は、[7]に述べられているように留役の仕事取調内容を熟覧して意見を談判し、留役勤務を統括し指図を行い、諸家からの問い合わせに対する挨拶などを担当し、留役・改方・書物方・書役などの多数の勤務ぶりや人事を取り扱っていた。

史料3―2の弘化四年（一八四七）の願書には、弘化三年の業務状況について、業務繁忙化以外に、評議物取り計らい方についての指令を守って精勤していること、論所検地・見分吟味（美濃国横越村外壱ケ村論所検地ならびに甲州平野村外六ケ村論所見分吟味御用）、「百姓共騒立吟味御用」（肥後国天草郡村々騒立候もの共吟味御用(36)）のための遠国御用が挙げられている（[11]）。特徴的なのは、前述したように、弘化元年以来の異国船・海防に関わる業務が留役にかかってきていることが述べられていることである。同年の長崎奉行からのオランダ国王からの開国を勧告するための使節来航の取り計らい方についての伺に対する下問、浦賀・琉球の異国船来航の取り計らい方・海岸防御等についての老中書取や、浦賀奉行や浦賀・長崎に警備令を命じられた諸家からの伺書についての下問など、対外関係の下問が続発していた。この状況に対応するため、これらの下調を担当する留役が任命されていた。彼らは、勘定奉行役宅において連夜暁まで勤務することもたびたびという有様であった。また、緊急の対応が必要なので、下問の本紙を回覧していては間に合わず、彼らが評定所においてそれぞれ書写し評定所一座や西丸留守居海防掛の筒井政憲にその夜の内に回していた。

### 5　現存『裁許留』摸写本の内容と体裁

明治期まで伝存していた『裁許留』の体裁は、前述した、京都大学法学部図書室に残された模写本からうかがうことができる。模写本は、ボール紙製の外表紙・外裏表紙が付けられているが、本文部分は和紙に筆書きで書写され竪帳に仕立てられている。

元来の表紙を摸写したと思われる現在の内表紙は、次のような記載である。

「　享保五子年ヨリ
　裁　許　留
　　同十四年迄　」

本文は、一行一〇―一一字、半丁七行ほどの大字で書かれ、一件ごとに改丁されている。現在の模写本がどの程度原本に忠実に書写されたかは不明だが、大字で記され、一件ごとに改丁という書式・書誌のありかたは、原本を反映している可能性が高いと思われる。(37)

現存『裁許留』の内容は、第二節・第三節で紹介するように、原則的に次の四つの部分から構成されている。①担当奉行名、②裁許書類の写、③裁判過程で作成された諸書類（裁判過程での老中への伺いや評定所内部での奉行間の相談書、また裁許のための諸書類など）の内容の写、④裁判の経過を説明した文章である。②―④は、いずれも主管奉行から評定所側に送付された書類に基づいたものだと考えられる。④について、小早川欣吾『増補　近世民事訴訟制度の研究』（名著普及会、一九八八年）四七五頁では、評定所による取替証文の奥書と理解している。しかし、本章の検討から、この部分は主管奉行側が作成し評定所に送付した「評定所留」に基づいた裁判経過についての記述と理解できる。

以上の『裁許留』の検討をふまえ、次節以下では、各裁許書類と、それらについての『裁許留』の記載の特質を探っていこう。

## 第二節　下達書方式

下達書方式に裁許書類として使用されたのは、裁許裏書絵図・書下しである。この方式では、基本的に、訴訟方・相手方からの裁許に対する受諾の証文は提出されなかったと考えられる㊳。まずその実例を示そう。

### 1　下達書の実例

写真1・2は、宝暦八年（一七五八）に出された裁許裏書絵図の実例である。一七七センチメートル×二一五センチメートルという、一辺の長さがヒトの身長を超えるほどの大型の絵図であるが、一辺最大三〇〇センチメートルに及ぶこともあった当時の判決絵図としては、それほど大きなものとは言えない。この事例では、児島湾への新田開発権をめぐって、同湾が備前国に属するのか、備中国に属するのかが問題になった。絵図面（写真1）では、備前国陸地部分は黄色、備中国陸地は桃色で色分けされている。児島湾は、干潟は灰色に、船が航行可能な水深の深い澪部分は青色に塗られ、どの部分が干拓に適した干潟かがわかりやすく図示されている。判決では、児島湾は備前国であり、備中国の陸地海岸線が両国の境界であると判断した。絵図面の海岸線には裁許で決定された境界線（黒線）が引かれ、その線のうえに老中以下担当奉行が押印している。

絵図裏には、判決文（裁許裏書、写真2）が記されている。冒頭二行は、判決書のタイトル（事書《ことがき》）である。タイトルには、「備中国都宇郡箕島村・早島村・妹尾村と、備前国児島郡天城・粒江（中略）小串右弐拾弐ケ村、干潟国境論裁許之事」と、訴訟方（備中側三カ村）・相手方（備前側二二カ村）の住所・名前と、裁判分類名（当時は「公事銘」と呼んだ。この場合は「干潟国境論」という公事銘となっている）が含まれている。本文には、(1)訴訟方・相手方の各主張、(2)現地に検査官を派遣したときの取り調べ内容、(3)判決内容が記され、判決の年月日が記されている。そして、幕府役人（老中五人・寺社奉行四人・町奉行二人・勘定奉行四人）が、発給者として押印している。この絵図を下付されたはずの訴訟方・相手方の名前は、宛名としては記されず、事書と本文で言及されるのみである。以上のように、①裁許内容のみならず裁判経過についても記述し、②訴訟方の主張のみならず相手方の主張をも記述するという、前近代の

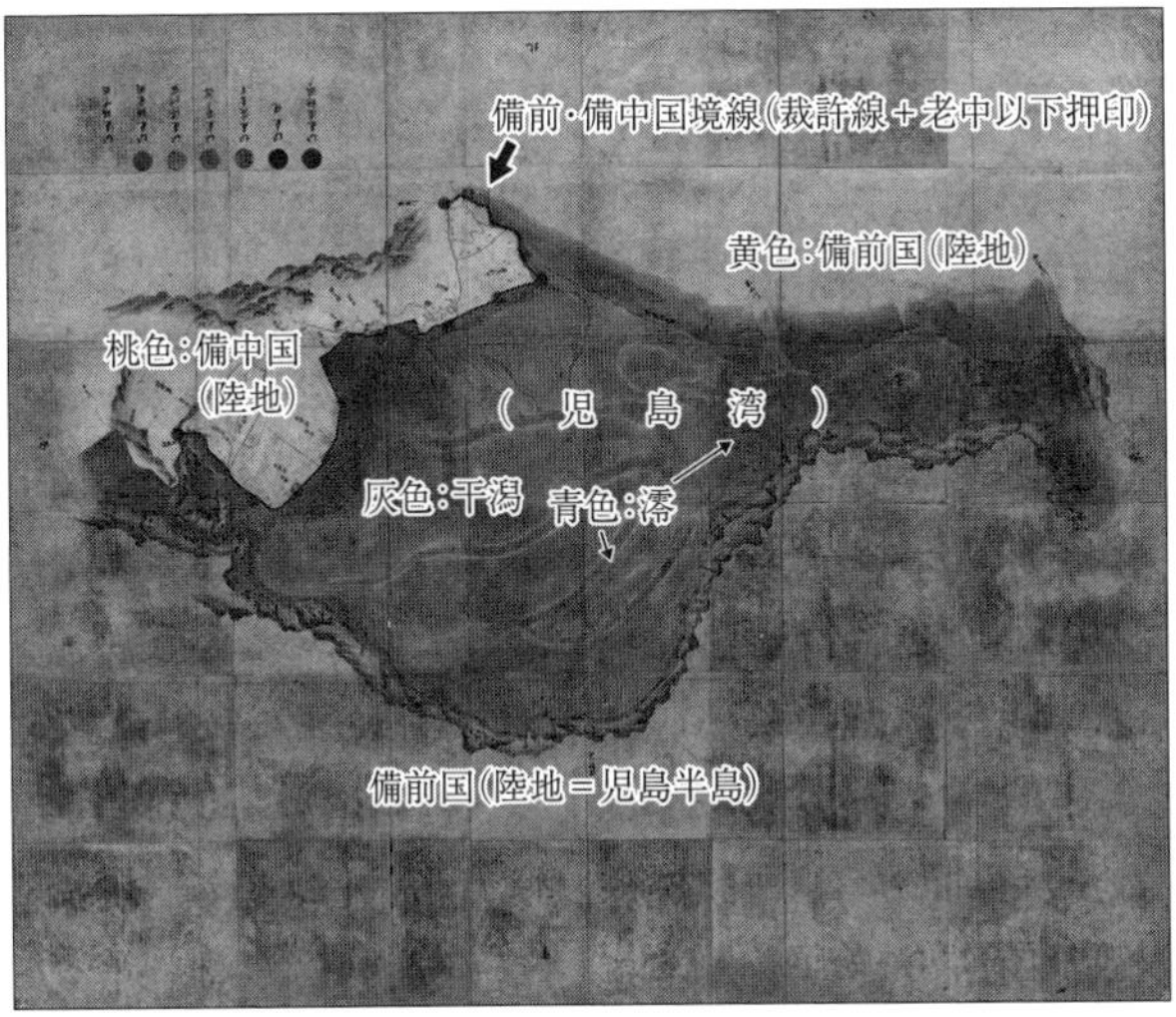


**写真1** 備前備中国境裁許絵図（絵図面）

注） 岡山市教育委員会提供

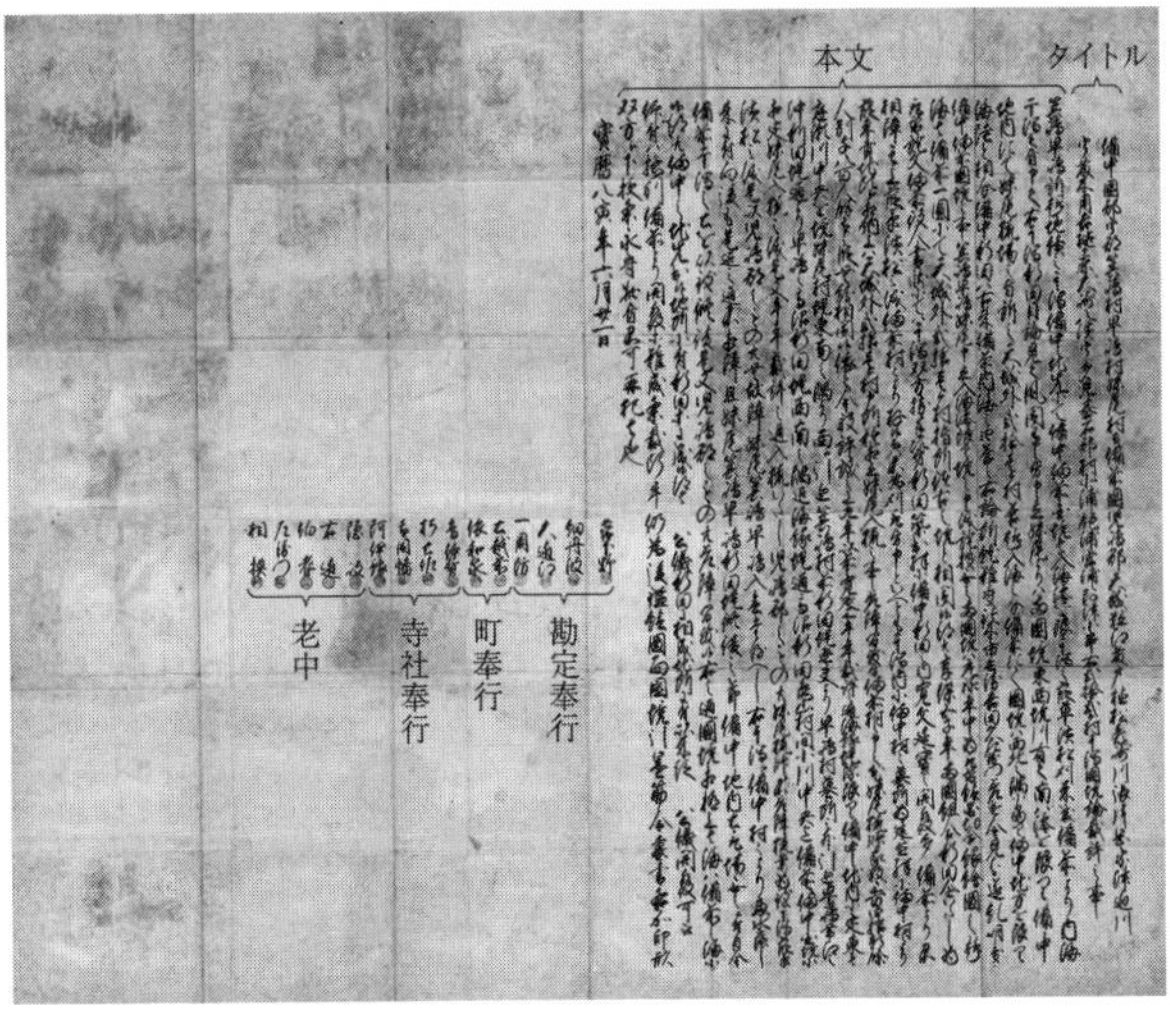


**写真2** 備前備中国境裁許絵図（裏書）に解説加筆

注） 岡山市教育委員会提供
本文には，1 訴訟方・相手方の各主張，2 現地に検査官を派遣した時の取り調べ内容，3 判決内容，が記述されている．

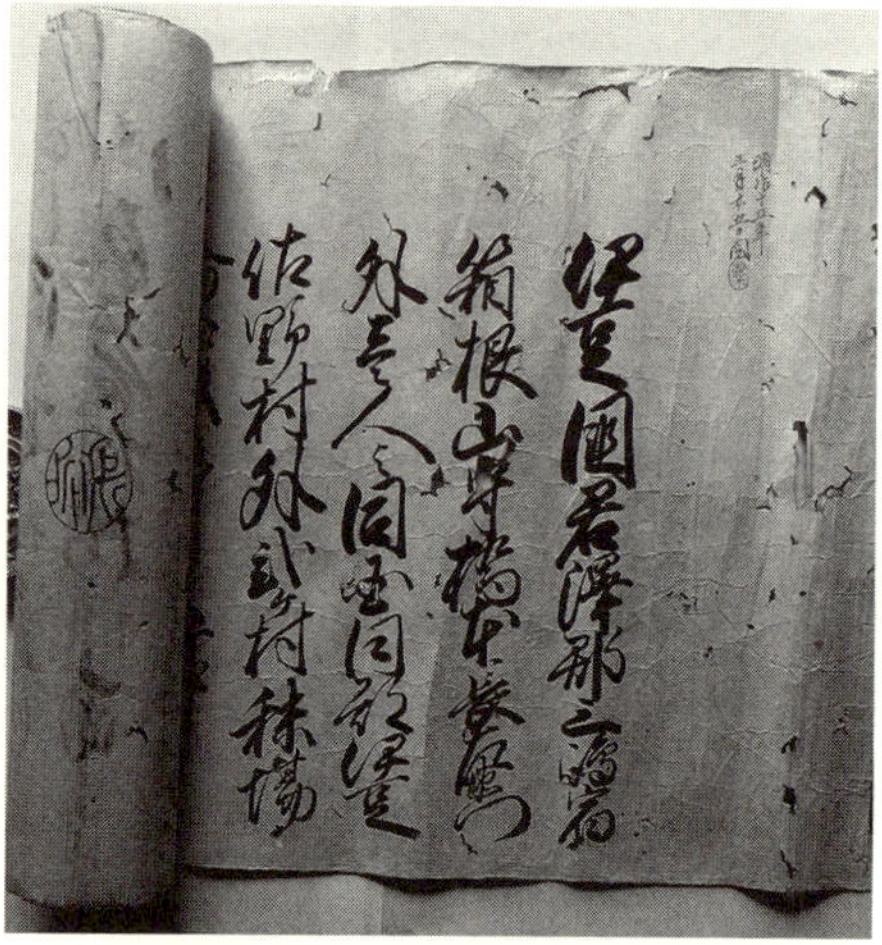

**写真3**　書下し（冒頭部分と紙継目印）

注）寛政元年4月4日　伊豆国君沢郡三嶋宿橋本長左衛門外壱人と同郡伊豆佐野村外弐ケ村秣場論裁許．三島市勝俣誠氏蔵．

判決表明のなかでは整備された内容を、裁許裏書が持っていたことは注目して良いだろう。裁許裏書絵図本紙は、訴訟方・相手方に各一枚下付され、評定所にも一枚保管された。

「書下し」については、写真３・４が、その原本の例である。三奉行が連署・押印している。また、年号の上には、押し切割印の印影がある（写真４）。後述する上証文と同じように、評定所分・訴訟方分・相手方分を重ねて押印したと思われる。印影上部に折り目跡があることから、押印の際には、二紙に部分的に折り目をつけたうえ、三枚重ねて押印したものと考えられる。紙継目印（写真３）・年号割印（写真４）・文中訂正印は同じ印文で大小の印が使用されている。これらは、奉行の印とは異なる。冒頭の事書、本文に記述される内容は、おおむね裁許裏書と共通する。ただ書止文言には次に記すように若干の差異があった。

裁許絵図裏書・書下し[39]は、以下述べるように、古文書学上「下知状」と呼ばれる中世文書の形式を部分的に踏襲していた。鎌倉幕府の下知状の主な用途は「諸種の特権免許状、一般に周知させる制札、禁制、訴訟の判決」であり、「幕府政務上の裁決文書であって永続的効力の期待されるもの」に用いられたとされている[40]。(ア)江戸幕府評定所絵図裏書・(イ)書下しと、(ウ)鎌倉幕府下知状との共通点は、冒頭に紛争内容を要約した事書をもち担当奉行が連署すること、訴訟方・相手方の名は事書と本文中に含まれ[41]独立した宛名としては書かれないことである。評定所とは異なり、寺社領民のみならず寺社の訴訟をも扱う寺社奉行所では、宛名を独立したかたちで記した書下しが裁許に使用されており[42]、独立した宛名を欠くのは、受信者に対する発給者の尊大さの表現だと考えられる。

一方、書止文言は、(ア)(イ)(ウ)三者で異なる。鎌倉幕府下知状は、「依鎌倉殿仰、下知如件」と、鎌倉将軍の命令により下知することを明記していた[43]。しかし、江戸幕府評定所裁許裏書では、将軍の命については明示されず、会議体による決定であることを示す文言――すなわち「衆議」のうえ決定したことが記された[44]。書下しにおいても、「評議」の結果であることが記され、「仍為後證各加印判、双方江書下授置之条、永不可遺失者也」と、後證のため担当奉行が印判を加えた書下しを下付するので永く遺失しないようにと記される。この会議体明示は、第二章第三節1で述べたように、評定所一座が、城内各役や、宅における各役人とは区別された会議体とされたことと無関係ではないだろう。

裁許絵図裏書・書下しの文体については、本章第五節4に述べるように、史料9「地改役心得書」に、奉行所から申し渡す文意なので、「候」を文末に使用せずと説明されている。『裁許留』記事についてこの点を検討してみよう。

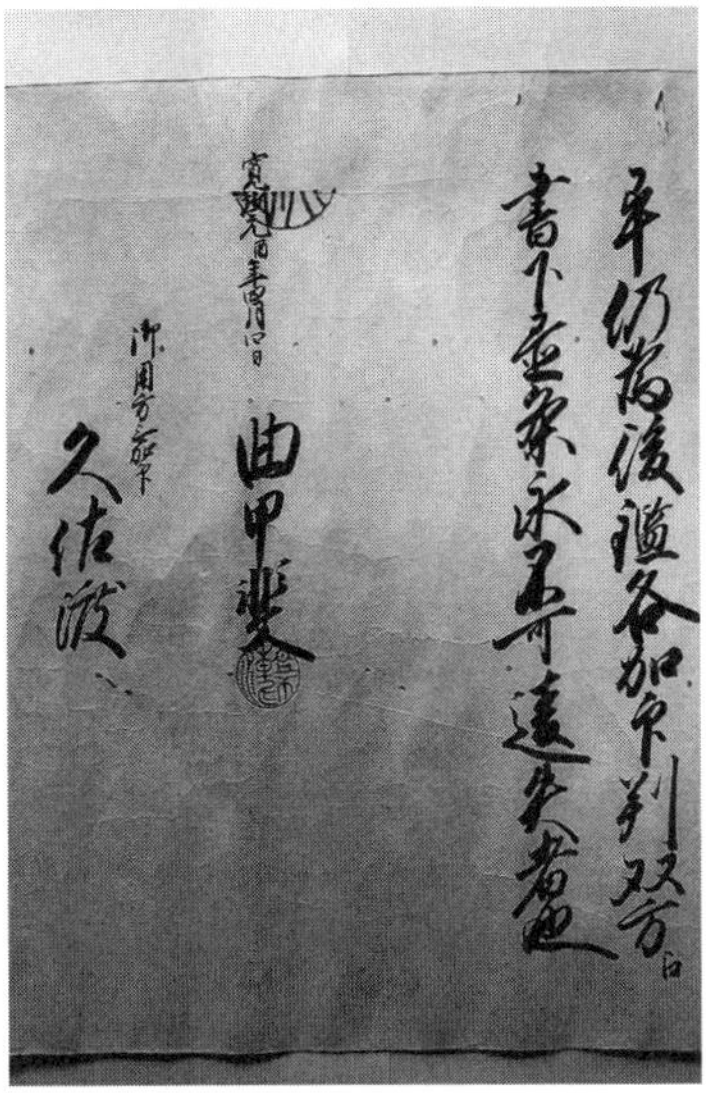

**写真4**　書下し（書止と年月日割印）

注）寛政元年4月4日　伊豆国君沢郡三嶋宿橋本長左衛門外壱人と同郡伊豆佐野村外弐ケ村秣場論裁許．三島市勝俣誠氏蔵．

享保期の裁許裏書・書下しは、候を使用している。しかし、天明期・寛政―慶応期『裁許留』に収録された裁許裏書は、いずれも候を使用していない。また、前掲寛政元年（一七八九）の書下し原本の例（写真3・4）でも、候は使用されていない。一八世紀後半―一九世紀ごろを中心に、裁許裏書・書下しの文章には候を使用しない、尊大な文体を用いるという規範が存在していたと考えられる。

表4　千葉市域の裁許裏書絵図と〈絵図〉の伝存状況

| 年代 | | 「裁許裏書絵図」点数 | 〈絵図〉全点数（年代の判明するもの） |
|---|---|---|---|
| 1 | 1661- | 3 | 12 |
| 2 | 1671- | 4 | 13 |
| 3 | 1681- | 2 | 3 |
| 4 | 1691- | 2 | 3 |
| 5 | 1701- | 3 | 4 |
| 6 | 1711- | 1 | 1 |
| 7 | 1721- | | 3 |
| 8 | 1731- | 1 | 2 |
| 9 | 1741- | | 1 |
| 10 | 1751- | | 17 |
| 11 | 1761- | | |
| 12 | 1771- | 2 | 5 |
| 13 | 1781- | | 4 |
| 14 | 1791- | | 4 |
| 15 | 1801- | | 2 |
| 16 | 1811- | | 1 |
| 17 | 1821- | | 4 |
| 18 | 1831- | | 11 |
| 19 | 1841- | | 11 |
| 20 | 1851- | | 4 |
| 21 | 1861- | | 22 |

注）年代は基本的に10年毎（例 1661-＝1661-1670を意味する）．ただし，1861の欄は，1871まで含ませた．

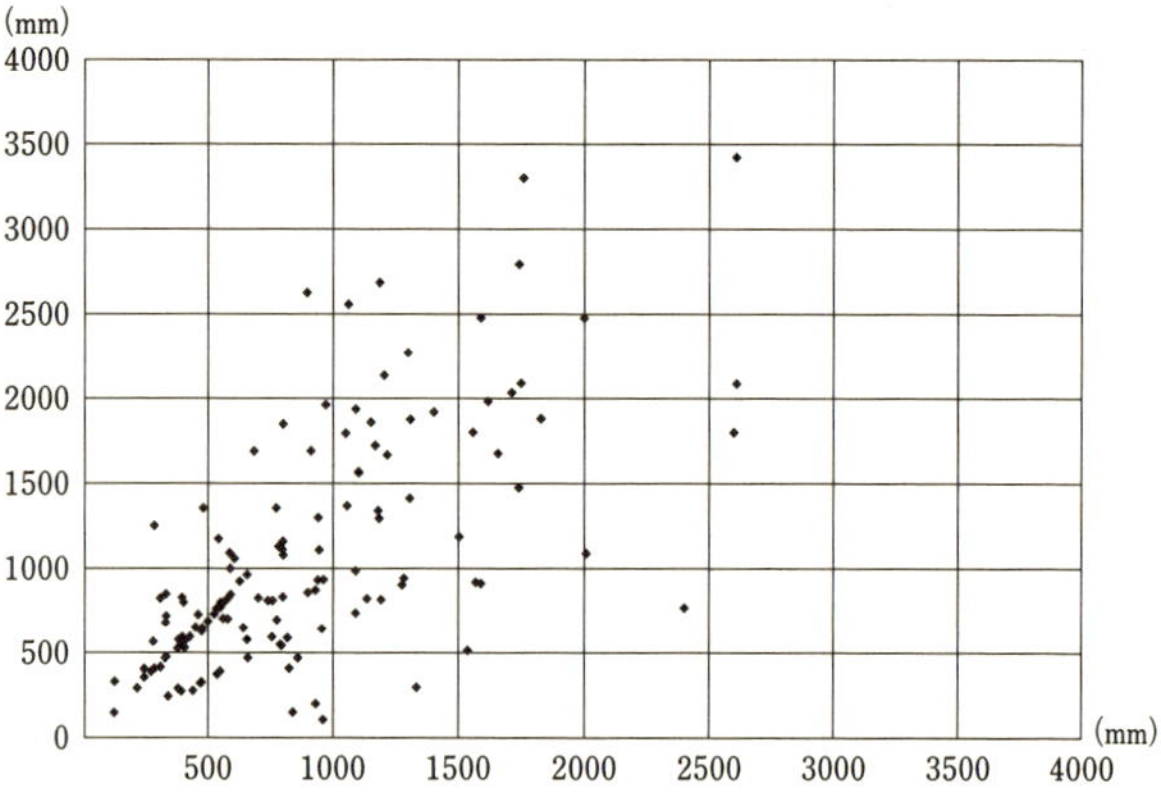

図2　千葉市域の〈絵図〉のサイズ分布

## 2　裁許裏書絵図の作成・伝来数・大きさ

以上から明らかなように、裁許裏書絵図とは、絵図と裁許裏書が合体した複合文書であった。裁許裏書絵図の内容分析にはこの複雑な性格をふまえる必要がある。裁許に用いられる絵図は、（一）公事人（訴訟方・相手方）側が作成・提出した立会絵図やその写などに[45]、裁く側で裏書を付加する場合と、（二）裁許にあたって幕府側が絵図を新調する場合とがあった[46]。（一）の場合、裏書と絵図面の内容とが厳密には合致しない場合もあった[47]。立会絵図へ奉行が

**表5** 千葉市域の裁許裏書絵図一覧

| No. | 表題 | 年月日 |
|---|---|---|
| 1 | （大木戸村と越智村野論裁許裏書絵図） | 1666年（寛文6）10月14日 |
| 2 | （生実村曽我野村用水論裁許裏書絵図　本紙） | 1667年（寛文7）12月22日 |
| 3 | （矢指渡村池田村南玉村と大椎村かわら坂野論裁許裏書絵図） | 1676年（延宝4）3月6日 |
| 4 | （川崎溜池之廻新田開発論につき裁許裏書絵図） | 1677年（延宝5）9月12日 |
| 5 | （仁戸名小花論村野論裁許裏書絵図） | 1682年（天和2）4月6日 |
| 6 | （平十文字内向野論裁許裏書絵図） | 1691年（元禄4）11月14日 |
| 7 | 上総国長柄郡吉井村と同国山辺郡平沢村追訴神房村小食土村小山村桂村野論之事 | 1701年（元禄14）3月6日 |
| 8 | 上総国市原郡古市場村と下総国千葉郡椎名村南生実村水論之事 | 1702年（元禄15）3月14日 |
| 9 | 上総国山辺大椎村と市原郡板倉村田畑山論裁許条々 | 1715年（正徳5）3月4日 |
| 10 | 上総国山辺郡越智村同国市原郡瀬又村と下総国千葉郡野田村秣場国境裁許之事 | 1774年（安永3）8月25日 |
| 11 | （中峠野分地絵図面） | 1868年（慶応4）4月 |

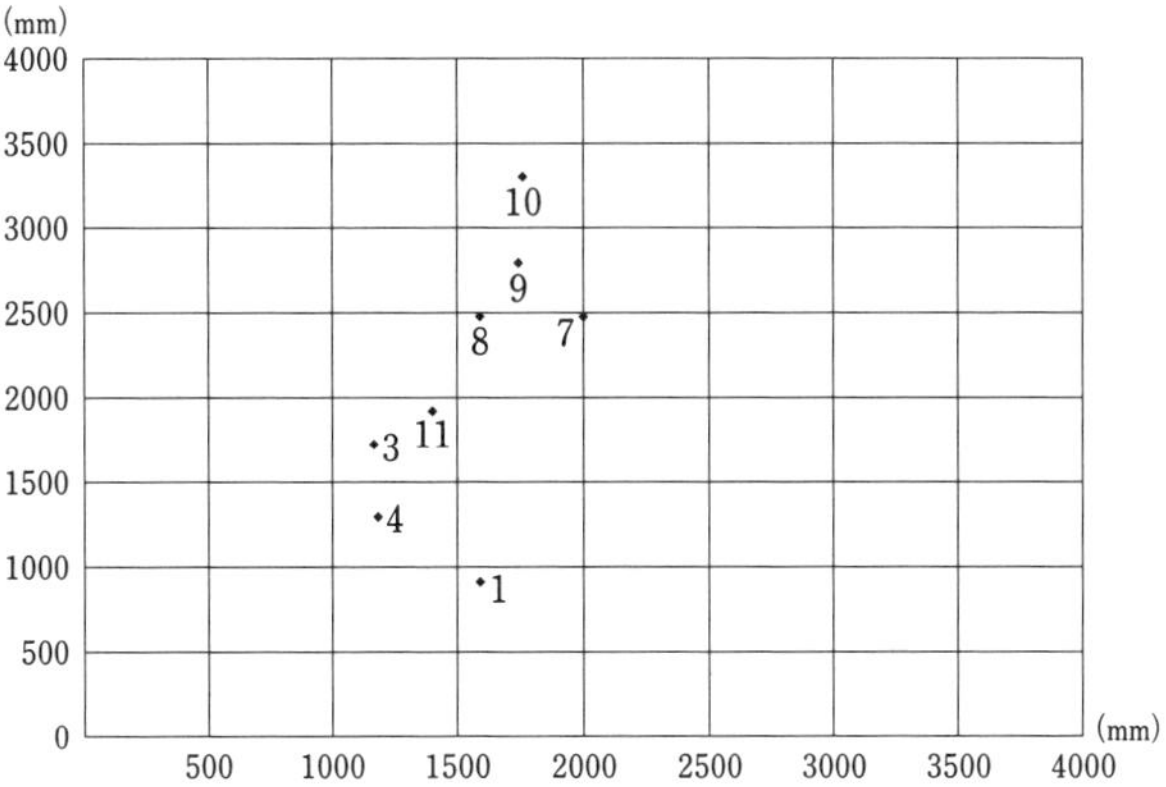


**図3** 千葉市域の裁許裏書絵図のサイズ分布

裏書することは、当事者同士の合意に基づく裁許という意味をもっている例もあったと思われる[48]。（二）については、一八世紀後半以降の例でみると、町奉行が町年寄に指示を与え、町年寄が、絵図仕立てを（江戸市中のおそらく馬喰町などの町絵師に）発注することが行われていた[49]（第二章第三節参照）。この場合、現地を知悉していない江戸の絵師によって絵図が描かれたのである。

表4は、千葉市史編纂委員会『絵にみる図でよむ千葉市図誌　上下巻』（一九九三年）[50]に収録された、千葉市域に残る諸絵図・地図のうち、一六世紀から一九世紀半ばまでに作成された手書図（以下〈絵図〉と表記する）一七六点のなかから、幕府による裁許裏書絵図作成の年代（本紙・写の元の図）と伝存状況を示したものである。また、図2は全〈絵図〉のサイズを表した

もの、図3は、裁許裏書絵図（本紙）のサイズを示したものである。表5は、裁許裏書絵図一覧である。図3に付した番号は、表5左欄の通番であり、数字が大きくなるほど、時代が新しいことを示している。図2・3からは、裁許裏書絵図本紙は一辺一メートルを越え、〈絵図〉全体のなかで、サイズの大きさを特質としていること、しかも、時代が新しくなるにつれて大型化していること[51]を窺うことができる。

一方、表4からは、千葉市域現存図では、幕府裁許裏書絵図は一八世紀はじめの一〇年代まではコンスタントにみられながら、そのあとほとんどみられなくなると言える。この千葉市域における伝存数変化の特質は、明治九年当時現存していた江戸幕府の裁許裏書絵図の目録から、伝存図が、寛永一〇年（一六三三）を上限とすること、一七世紀後半（寛文延宝期から元禄期にかけて）伝来数が集中する――特に元禄国絵図作成事業時に国郡境論が集中する――が、一七二〇年代以降激減し、一九世紀にはわずかな事例となることなどを指摘した、山本英二の研究成果[52]と、その減少の仕方においてほぼ軌を一にしている。

このように、裁許裏書絵図は、次第に大型化し村方に残る絵図のなかでも最大級の大きさをもつようになりながら、一八世紀はじめよりあとは伝存数を減少させるのである。

### 3　『裁許留』記事

裁許裏書絵図についての『裁許留』の記載例を、評定所下達方式の文書様式・文体が整備された一八世紀末（寛政期）について、みてみよう（史料4）。以下『裁許留』記事については、内容を理解しやすくするため、引用史料中に、内容別にアルファベットを付し、内容説明を【　】で示す。

史料4では、冒頭に日時・主管奉行官途名が記され、a絵図裏書文面写、b裁判経過を説明した記述、c刑事罰（近世の出入筋裁判においては、しばしば、訴え内容とは別に、裁く側が訴訟方・相手方に処罰を科した。以下本章ではこれを「刑事罰」と呼ぶ）を受諾する証文写が収録されている。a絵図裏書文面写には、印影は写されておらず、「印」という表記も欠いている。bの記事は、第一節で述べた主管奉行が作成した「評定所留」に基づいた、［裁判経過説明］である。ここでは、現地に代官を派遣して吟味・伺いのうえ老中の指図により「絵図裏書をもって裁許」したという裁判経過が記され、次に、公事人に科せられた刑事罰の内容と公事人の支配者への周知、裁判終了手続き（目安・返答書を継ぎ合わせ、裏判消しを行う）が記述されている。cは、刑事罰に対して、訴訟方・相手方が受諾する旨を表明した請証文の写である。請証文は、裁許受諾のための裁許証文として使用されただけではなく、それ以外の個々の指示に対する受諾にも使用されたのである。

## 第三節　受諾書方式

### 1　ふたつの方式——受諾書裁許方式と受諾書申付方式

本節では、『裁許留』の記述分析から、受諾書方式はさらにふたつの方式に区別されていたことを指摘する。『裁許留』の［裁判経過説明］において「証文をもって裁許」「証文申付」と区別されて記述されていることに従い、このふたつの方式を、「受諾書裁許方式」と「受諾書申付方式」と呼ぶ。

この受諾書方式は、使用される書類の種類や運用のありかたが時期によって大きく変化していた。天明元—二年（一七八一—八二）には、裁判過程・裁許方式・裁許書類の対応関係が、享保五—一四年（一七二〇—二九）に比べ整備されている。そのため、本節では、まず、整備されたこの時期について、「受諾書裁許方式」と「受諾書申付方式」についいて検討し、両方式がどのような発想によって使い分けられたのかを検討する。そのうえで、第四節・第五節で、各時期の変遷とその意味について検討する。

（中略）

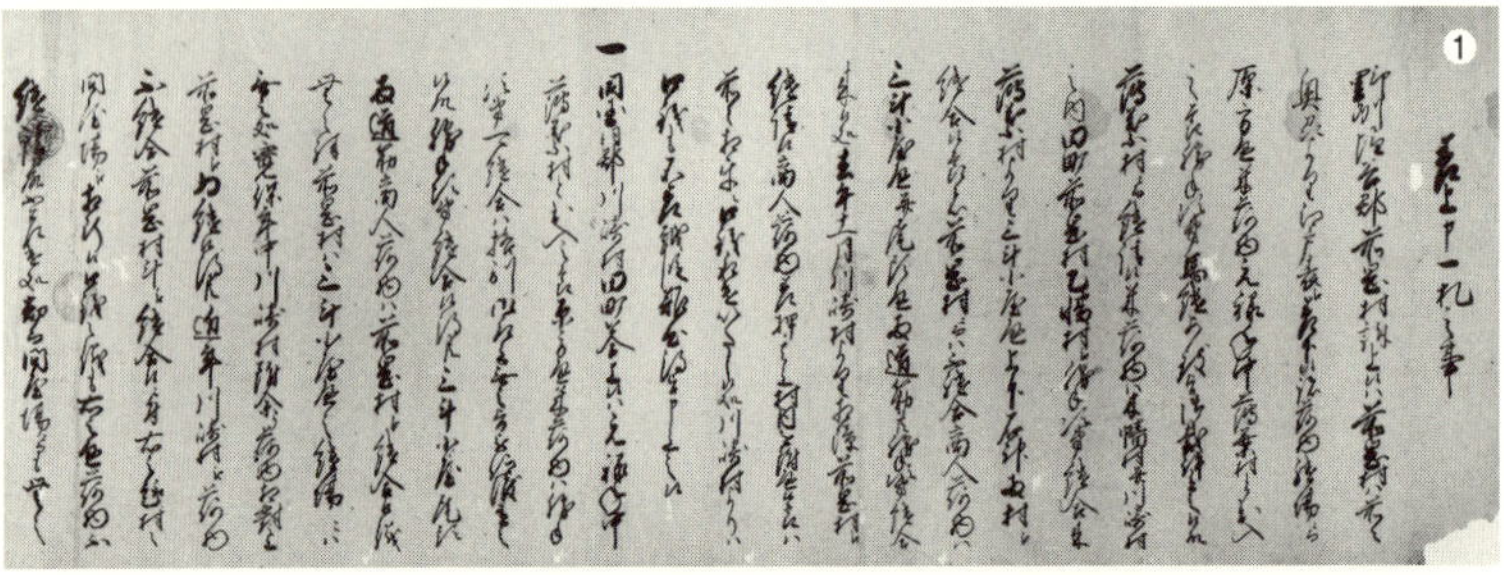

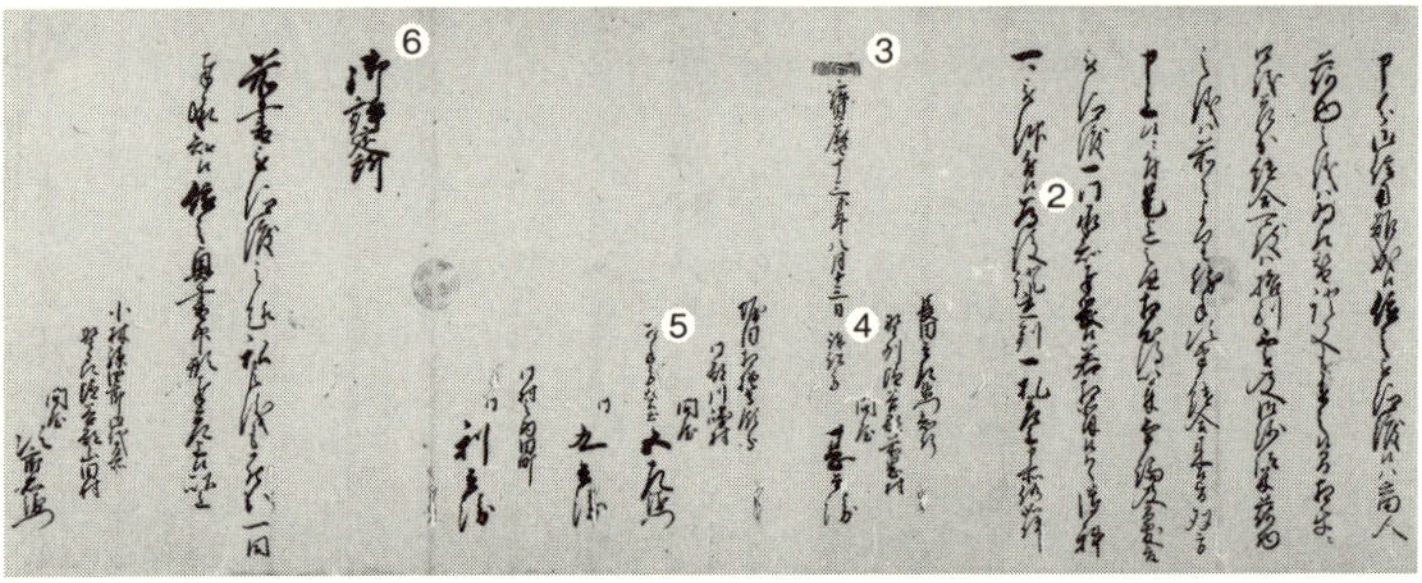

（後略）

**写真5**　上証文の実例

注）東京大学法学部研究室図書館蔵．

## 2　受諾書裁許方式——上証文の特質

### (1)　上《あげ》証文の実例

受諾書裁許方式の代表的な裁許書類は上証文である。まず、上証文原本の実例を画像で示そう。写真5は、荷継争論をめぐる訴訟方野州塩谷郡前岡村・相手方同郡川崎村田町が、宝暦一三年（一七六三）、評定所に提出した上証文である。[53] 三一×二六一センチメートルの堂々とした大きさをもっている。差出は写真5④訴訟方・同⑤相手方、宛名は同⑥「御評定所」である。同①冒頭に、「差上申一札之事」という事書を持ち、同②書止め文言は「為後証連判一札差出申所、仍如件」である。

この画像では差出名の下に押印されていないが、これは本文書が写であることを意味しない。本文書は、年月日のうえに押し切り割印（写真5③・写真6）があり、裏の紙継ぎ目にも同じ印が押されており、訂正小印が押印されている。第五節4で言及する史料9「地改役心得書」に、「評定所江取置分ハ、

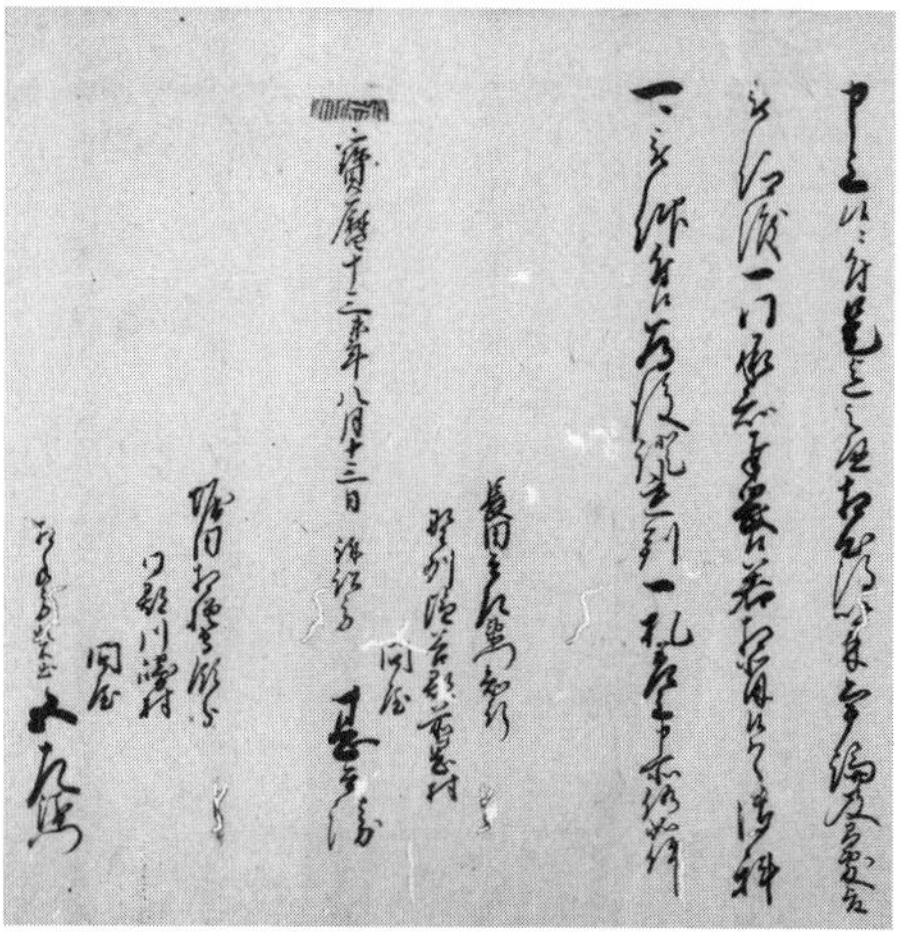

写真6　押し切り割印部分の拡大

上証文の裏継目印

一件之者連印取之」と、連印を評定所保管分に限定した書き方となっていることからも、上記三通のうち、公事人が連印したのは評定所保管分のみであり、公事人保管分には差し出しの連印はなされなかったと考えられる。証文の筆跡が署名も含めて一筆であることは、田畑売渡証文についても指摘されているが[54]、写真からもわかるように、この「上証文」も、冒頭の事書から署名・宛名まで全て同一人の筆であり、本文から署名に至るまで、幕府側で記されたと考えられる。

(2)　『裁許留』記事

上証文の『裁許留』への記載例は、史料5の通りである。この事例では、冒頭に主管奉行の官途名と、「越後国十川村・同国岩澤村」という訴訟方・相手方の名、「秣場出入」という公事銘が記述された後、a［上証文写］、b［裁判経過説明］に加え、c刑事罰・d検地についての岩澤村役人の受諾書（請証文）写を収録している。

a［上証文写］文面では、訴訟方・相手方の主張を記述した後、立会絵図を以て吟味したが地所について決定できなかったので現地に地改の代官手代が派遣されたとし、その地改の検討の様子を詳しく述べている。そして決定内容について記述し、「以後、双方が和融し再論に及ぶべきではない」という奉行による再論禁止の仰渡を一同が逐一承知したこと、もし違犯したならば「御科」に仰せ付けられるべきであることを記し、後証のため、「連判一札」を提出すること件のごとしと結んでいる。

bの［裁判経過説明］は、前述したように、主管奉行側がまとめた記事（前述「評定所留」）に基づく記述である。ここでは、地改吟味のあと、「証文をもって裁許」したことが述べられている。また訴訟方・相手方に科した刑事罰について記述し、「別紙証文を申しつけた」ことを記している。そして、このことは、訴訟方・相手方の領主家来にも申し聞かせたこと、裁許終了後、目安・返答書を継ぎ合わせ、裏判消しを行ったことを述べる。この箇所の最後には、地改に派遣した代官手代の名前が記される。cは、この刑事罰についての請証文の写である。刑事罰を受諾する旨を記し、訴訟方・相手方から「御評定所」に提出した。また、dは、裁許とは別に、検地を行うことについて、岩澤村役人から「御評定所」宛に提出した受諾の請証文の写である。

上証文を用いた受諾書裁許方式では［裁判経過説明］bに「証文をもって裁許」したと明記されており（受諾書裁許方式）、次に示す「証文を申しつけた」と記述される裁許方式（受諾書申付方式）とは、明確に区別されていた。

天明期に、このような「受諾書裁許方式」が用いられたのは、『裁許留』によると、地所出入・社地出入・松木伐採出入・秣場出入・入会山出入・漁場出入・山境出入であり、土地境界論・入会権などを争うものであった。

### 3　受諾書申付方式――請証文の特質

受諾書申付方式で用いられた代表的裁許書類は請証文である。後述するように、請証文は、下達書（裁許裏書絵図・書下し）や上証文とは異なり、本紙は、公事人側には渡されなかった。そのため、証文本紙はほとんど残されていないと考えられる。そのためここでは請証文本紙原本の事例を示す用意がない。ここでは『裁許留』の記事のなかから、請証文の内容等を検討し、あわせて『裁許留』の「評定所留」ではこの方式がどのように説明されているかをみていこう（史料6）。

『裁許留』記載の特質としては、請証文裁許方式は、他の裁許方式とは記載順序が異なることをまず押さえておかなくてはならない。請証文裁許方式では、冒頭にb［裁判経過説明］が書かれ、a［請証文写］はそのあとに収録されるという、他の裁許方式とは逆の記載順がとられた。

記事後半に収録された［請証文写］aは、「差上申一札之事」という事書をもつことは上証文と共通するが、本文記述は大きく異なっている。まず「私共出入」という書き出しで始まる。次に証文本文の経過記述はごく簡単で刑罰の内容と裁許内容のみが具体的に記述され、裁許裏書絵図・書下し・上証文のような、訴訟方・相手方の主張は記述されていない。一方冒頭の［裁判経過説明］bでは、このような請証文の簡略な内容を補うため、裁許内容・刑事罰はもちろん、訴訟方の主張と裁判経過説明が記述されている。裁許申渡の後の受諾行為については、「証文申付」と記述される。

天明期、請証文で裁許が出されたのは、仕来破出入（二件）、理不尽出入（離縁問題など）、立木伐採出入、社木出入、質地の儀につき出入（幕府側は質地とは認められないと判断）、借地不返出入・女不返出入、荷物送出入、旦家出入、疵付出入、勘定出入、店賃出入、年貢不納出入、人殺出入であった。

### 4　裁許に対する受諾とはなにか

#### (1)　上証文と請証文の使い分け

ここで改めて上証文と請証文について、天明期を中心にその特徴を整理しておこう。両者とも冒頭の「差上申一札之事」という事書は共通しているため、これまでの通説では両者は同一のものとして理解されてきたが、ここで、両者はそれぞれ固有の証文形式であることを明らかにする。

まず、内容上の相違として、上証文の場合、訴訟方・相手方の主張、裁判での検討経過、決定内容が記されるのに対し、請証文では、訴訟方・相手方の主張は書かれず、極く簡単な経過説明のあと決定内容のみが書かれている。

次に、本紙の扱いも異なっていた。上証文の場合、証文本紙が三通作成され、訴訟方・相手方・評定所がそれぞれ保管した[55]。これに対し、請証文の場合、訴訟方・相手方にも証文本紙は渡されず[56]、訴訟方・相手方・公事宿は、自力でそれを書写した[57]。村方文書に多く残されている押印のない裁許請証文は、通常はこうした書写によって作成されたものであり、控ではない。

使用される紙種も、上証文と請証文では異なっていた。上証文・証文に用いられた程村紙は、幕臣が幕府に提出する竪紙書類本紙や、代官から勘定所に提出する本紙などに用いられた紙[58]であった。請証文本紙に用いられた西之内紙とは大福帳・傘紙などに用いられた紙である。いずれも楮を原料にしているが、程村紙のほうが二倍近くの厚みがあった[59]。

証文様式からも、モノとしても、当時の人々は上証文と請証文とを別物として扱っていたのであり、両者を混同してきたこれまでの研究史（「はじめに」参照）は訂正されなければならない。

そして、上証文と請証文を分かつ最も本質的な差異は、証文の受諾文言にみることができる。上証文では、たとえば史料５ａで示したように、「及再論間敷旨被仰渡、一同逐一承知奉畏候」と再論禁止の申渡に対する受諾であることが明記された[60]。これに対し、請証文では、「…旨被仰渡之、一同承知奉畏候、若相背候ハヽ、御科可被仰付候、仍御請証文差上申所、如件」（史料６ａ）というように、申渡内容に対する一般的な受諾が誓約されたにすぎなかった。以下前者を「再論禁止」、後者を「申渡遵守」と呼ぼう。

### (2)　再論禁止とは何か

しかし、再論禁止と申渡遵守との間の、一体どこに本質的差異をみとめることができるのか。あらためて前述した「受諾書裁許方式」と「受諾書申付方式」の適用事例をふりかえってみると、「受諾書裁許方式」が適用されたのは、村の入会関係や漁場・山境出入といった長期にわたって地域の秩序を規定する継続的な取り決めが必要な事例であったのに対し、「受諾書申付方式」を適用した事件は、当座の問題解決についての判断を示すことで事足りるものであったことがわかる。また、これまでの『裁許留』記事からも明らかなように、請証文は、裁許受諾以外にも刑事罰受諾や検地実施受諾など、当座の多様な受諾行為の証文として使用されていた。

近世社会においては、裁許はそれを申し渡した奉行と結びつけてとらえられていた。たとえば、「公事方御定書上巻」第四条「正徳六申年　評定所一座可被相心得旨之儀ニ付御書付」では、裁断の遅滞などを禁じた内容を定めた後、史料7のように結んでいる[61]。まず、評定所・奉行所は、天下の理非の定まるところとし、また、世の中の人々が安堵するも迷惑するも、それは公事訴訟の裁断にかかっているとしている。注目すべきは、そのあとに、次のような記述がなされていることである。すなわち、公事人は、たとえ一旦は、多少納得しなくても、そのときの奉行の判断であるということから違反はしないかもしれない、しかし、年月を経た後に破られては、最初の裁断の時の一座のメンバーのためによくないと述べている。この文章は、裁く側が理非にかなった裁断をすることが肝要だと主張するために書かれたものであるが、そのなかにはからずも、裁許についての当時の人々の感覚をみることができる。裁許は、その時々の奉行と結びつけられて観念されていたのである。大平祐一は、享保期の出入筋裁判の評定所出訴にあたって、出訴側が「明白の御裁判」を求めて担当奉行を選ぶという「奉行選び」ともいうべき現象がみられたことを指摘し、当時の司法が「人による裁判」という性格を強く持っていた可能性を示唆している[62]。A下達書方式で用いられた裁許書類の、「評定所」としてではなく奉行の連印によって裁許を下すという形式（史料4ａ）は、このような状況を反映したものだった[63]。以上の状況は、裁許申渡を担当した奉行の交代によって、裁許の遵守が不安定になるという可能性をうかがわせる。

再論の誘発要因としては、近世における訴訟法上の証書（当時の表現では、証文・手形・証拠）重視主義も挙げなければならない。「公事方御定書　下巻」第六条二項（元文三年（一七三八）決定）[64]においては一定の条件のもとでは、幕府自身が先裁許を改変することがありうることが定められていた（史料8）。すなわち、ここでは、奉行所・諸役所ならびに私領で、裁許があって事が済んだ後、年月を経て、右の裁許の非分を申し立てて再吟味を願いでても取り上げない、しかし、訴訟方に慥《たし》かな証文等があり、相手方が証拠を持たず、先裁許を必ず過失と見ることができる場合は、伺いのうえ、詮議に取りかかるべしと規定し、裁く側自身が、一旦出した裁許について再検討することが規定されている。再吟味願いは、裁許後年月を経た後に出されることが想定されている。この状況は、史料7に通底すると考えられる。

新たな証書の提示により再論不可原則が破られ得た点については服藤弘司も注目し、このような証書の位置づけについて、次のような見解を出している[65]。元禄元年―寛保三年（一六八八―一七四三、服藤は「第三期」と呼ぶ）、証書がなければ訴権が認められないなど、幕府訴訟法上証書に強大な機能が付与された。その背景として、支配者が契約関係を賤視し原則として干渉しない態度が存在し、「一般に反封建的な債権関係については極力訴訟を制限し、たとえ、訴を受理するにしても、迅速・簡便に判決が下せるよう、慥かな証拠の存する訴のみを保護する方針を確立した」（六五九頁）。しかし、このような証書重視主義は、次のような矛盾を生んだ。真実の契約内容と合致しない契約文言を証文に書き入れる債権者や、古証文・古帳面を買い集めて奉行所に不当な請求を行う者が現れるなどの弊害が現れたのである（六七一頁）。延享元年―天保一四年（一七四四―一八四三、同じく「第四期」）、支配側は、一部の債権について証書を訴権発生の要件としない法令や、証書の記載事項についての厳格な要件を緩和する方針を打ち出さざるをえなかったのである（六七二―六七四頁）。

服藤が、訴訟法上の証書重視主義に対する第四期の緩和政策として挙げた例は、おおむね一七八〇年代以降のものであり、この時期、矛盾が無視し得ないほど高まっていたと思われる。上証文における「再論禁止」とは、このような状況のなかにありながら、たとえ奉行が交代しようとも裁許内容の遵守を継続して再び論を提起しないことを求めることを意味していたと理解できる。一方、「受諾書申付方式」の「申渡遵守」とは、当座の問題解決についての判断の受諾に過ぎなかった。

## 第四節　裁許方式・書類の時期的展開

以上、第二節・第三節では各裁許方式・裁許書類の特質を検討した。下達書方式については寛政期、受諾書方式については天明期を中心とした事例を取り上げ、請証文と上証文とは、書式のうえからみても使用される紙種からみても別個の証文様式であり、その機能も異なっていることを明らかにした。本節ではこの成果をふまえ、裁許方式の時期的展開とその意味を探りたい。ただし、内容の判明する『裁許留』は極めて限定されていることから、ここでの検討はあくまで暫定的な仮説を提出するにとどまる。今後、『裁許留』記事以外に残された事例からの検証が必要となることは言うまでもない。

表6は、『裁許留』に収載された裁許書類を整理したものである。表6のうち、「内済」「吟味下げ」については、「おわりに」で言及する。「決着不明」には、記事の一部が欠損しているものや、あるいは老中への伺など裁判過程の書類は収録されていても裁許関係書類が収録されていないものを含めた。

この表から次のことを読み取ることができる。A下達書方式では、享保・天明・寛政—慶応期、一貫して、裁許裏書絵図が用いられている。書下しについても、現存の天明期以降の『裁許留』には収載例が無いが、寛政元年（一七

**表 6　『裁許留』に記載された裁許書類**

<table>
<tr><th colspan="3" rowspan="2">決着方式</th><th rowspan="2">裁許書類</th><th colspan="3">『裁許留』収載件数</th></tr>
<tr><th>享保 5-14<br>(1720-29)</th><th>天明 1-2<br>(1781-82)</th><th>寛政 8- 慶応 1<br>(1796-1865)</th></tr>
<tr><td rowspan="8">裁許</td><td colspan="2" rowspan="2">A 下達書方式</td><td>裁許裏書<br>絵図</td><td>6</td><td>3</td><td>3</td></tr>
<tr><td>書下し</td><td>3</td><td>0</td><td>0</td></tr>
<tr><td rowspan="4">B<br>受諾書方式</td><td rowspan="2">B1<br>受諾書裁許方式</td><td>上証文・証文 ※1</td><td>18</td><td>19</td><td>0</td></tr>
<tr><td>取替証文</td><td>14</td><td>0</td><td>0</td></tr>
<tr><td rowspan="2">B2<br>受諾書申付方式</td><td>請証文</td><td>1</td><td>30（このうち「沙汰に及ばず」11）</td><td>17（このうち「沙汰に及ばず」6）</td></tr>
<tr><td>証文名称なし</td><td>5</td><td>0</td><td>0</td></tr>
<tr><td colspan="2">C 書類なし方式</td><td>なし ※2</td><td>5</td><td>0</td><td>3</td></tr>
<tr><td colspan="3">裁許方式不明（経過記述欠）</td><td>2</td><td>1（ためし）</td><td>0</td></tr>
<tr><td rowspan="3">裁許以外</td><td colspan="3">内済</td><td>0</td><td>7</td><td>3</td></tr>
<tr><td colspan="3">吟味下げ</td><td>0</td><td>0</td><td>3</td></tr>
<tr><td colspan="3">決着不明</td><td>4</td><td>7</td><td>7</td></tr>
</table>

※1　上証文・証文は天明期には同一のものをさすと考えられる（前稿注 21 参照）.
※2　支配階級に対しては「申渡之覚」「申渡」などの書面が作成されることがあった.

八九）にも原本の存在が確認でき（前掲写真3・4参照）、継続して用いられていたと考えられる。C書類なし方式（口頭の申渡方式のみの裁許）も、基本的に継続したと思われる。この方式は、具体的な判断を示さないと決定したもの（「沙汰に及ばず」など）や借金出入などに用いられ、基本的に軽い扱いであると考えられる。

　しかし、B受諾書方式は、時期によって、大きな変化が見られる。享保期には、B1「受諾書裁許方式」に属するものとして上証文・証文・取替証文、B2「受諾書申付方式」に請証文や特定の証文名称をもたない証文[66]といった多様な証文様式が存在した。しかし、時期が下るにつれ使用される証文の種類が減っていく。すなわち、次に述べるように安永二年（一七七三）以前に取替証文が廃止され、さらに、一八世紀末頃上証文が廃止された後、B方式は、ほぼB2のうちの請証文方式のみとなるのである。

　以上の流れを念頭に、各時期の特徴を洗い出しておこう。

**1　享保期の『裁許留』（一七二〇―一七二九年）**

A方式は、『裁許留』には、裁許裏書絵図・書下しが収録される。B方式には、表6にみられるように、天明期以降の『裁許留』にはみられない多様な裁許証文が使われまたその書式も必ずしも固まっていなかった。

ここで注目したいのは、各裁許方式の選択に、裁判手順との相関性をうかがうことができることである。A下達書方式においては、すべて現地に代官あるいは代官手代が派遣されている。そのうち、裁許裏書絵図に至る過程には「吟味」・代官などの現地派遣に加えて「詮議」を経ているが、書下しには、「詮議」の記載はない。B受諾書方式には、証文・取替証文・上証文・請証文・名称の記載されない証文など多様な裁許書類が記載されている。取替証文一四例中四例が「詮議」（そのうち二例は「見分」も行う）を、三例が「立合絵図」を、「吟味」に加え行っているが、証文では「詮議」がなされたものはなく、「立合絵図」一例にとどまる。

**2　取替証文の廃止（一七七三年より前）**

幕府は安永二年（一七七三）前後・天保一一年（一八四〇）前後に、全国的に、村方の所持する、評定所・奉行所による裁許の書類の写の提出（本紙添付）を命じているが、その際に裁許書類として挙げられたのは「御裁許裏書絵図・裁許書下・裁許証文」であり、この「裁許証文」は古来は「為取替証文」と認めてあると、注意を促していること[67]から、裁許証文としての取替証文が、一七七〇年代頃には用いられなくなっていたことがわかる[68]。

**3　天明期の『裁許留』（一七八一―八二年）**

天明期の『裁許留』では、裁許書類の書式および［裁判経過説明］部分の記述が整備され、裁判手順と裁許書類との対応関係が明確になる。A方式では、裁許裏書絵図についての［裁判経過説明］記述に、史料4において紹介した寛政一一年（一七九九）の事例と同様、見分を実施し、老中に吟味伺いを提出し、老中の指図をうけて裁許という手順を記述するようになり、絵図下付先（訴訟方・相手方）が明記されるようになる。一方、B受諾書方式については、第三節で紹介したように上証文（B1方式）と請証文（B2方式）に二分されるようになる。上証文の［裁判経過説明］の末尾には、地改に派遣された代官手代の名が記載されるようになる。

また、B受諾書方式のいずれにも、享保期の裁許証文では、「恐れ奉る」とのみ記されていたのと異なり、証文本文末尾に「仰せ渡し、逐一承知」など公事人側が裁許の内容を承知したことが明記され、裁きを受ける側の主体性を意識する文言となっている。その一方でA・Bいずれの裁許方式においても、［裁判経過説明］に、双方の関係領主役人（幕領が関係した場合は、代官手代）にも裁許内容を聞かせたことが記述されるようになる。

**4　寛政八年—慶応元年の『裁許留』（一七九六—一八六五年）**

寛政八年以降、地改を経た裁判決着に対し、請証文が用いられるという、天明期『裁許留』にはみられなかった状況が生まれている。

## 第五節　論所裁判と裁許書類

第四節では、どの裁許書類が使われるかについては、現地への幕府検使の派遣や幕府側の地改の実施の有無との関連がうかがわれること、しかも時期によって裁許証文の使用方法が変化していることを指摘した。この幕府検使や地改とは、出入筋裁判のなかでも幕府が最も重視した論所裁判について行われるものだった。そこで本節ではあらためて論所裁判について取り上げ、その展開過程と、前節で明らかにした裁許方式の展開をあわせ検討していくことにより、裁許方式・書類の変化のもつ意味を明らかにしていきたい。

## 1　論所裁判とは

論所とは、水論・山論・地境論・入会論などを総称する用語である。近世において、出入筋裁判は、政権にとって重要なものとそうではないものに仕分けされ、それぞれ扱い方に差が設けられた。そのなかで最も重視されたのは、論所裁判であった。このような位置を与えられた論所裁判の過程に、江戸幕府評定所の意図は最も先鋭的に現れていることが予想される。

論所裁判は一般的には、次のような手順をとった。（ア）訴訟方が奉行所に訴状を提出し、その訴えを裁判として取り上げることが承認されると、相手方から「返答書」を提出させたうえ、評定所において訴訟方・相手方が吟味を受けた。この吟味のみで解決に至る事例も存在した。（イ）吟味や、訴訟方・相手方から提出された絵図や資料では不十分な場合は、しばしば立会絵図を作成することが求められた。立会絵図とは、訴訟方・相手方が現地で立ち会って作成する絵図であり、双方の主張を整理すると共に、絵図作成過程で合意形成するねらいもあった。ただし寛政期ごろには、山論そのほか猟場または地所出入で場所が入り組んでいる場合は、あらかじめ目安糺時に、見計らいで「目安糺帳」に「立会絵図を申し付けるべきこと」と記すことがなされていた[69]。（ウ）立会絵図作成においても解決できない場合は、現地に、幕府側から検使が派遣された。検使は現地において測量や取調を行い、①訴訟方・相手方の申立を記した「口書」、②現地調査の結果を絵図にまとめた「論所見分絵図」、③「裁許裏書案」を評定所に提出した。評定所でこれらの書類と検使の報告に基づいて評議が行われ、裁許内容が決定された。

## 2　現地への検使派遣

現地に検使を派遣することは、他の裁判類型とは異なる論所裁判の特徴である。そして、この現地派遣のありかたをめぐって、幕府側ではさまざまな模索を行っていた。

近世初頭の論地検使については、塚本学の検討によれば、寛文期（一七世紀半ば）までは、近隣大名家臣や国廻役などの場合が少なくなく、続いて幕府番士主体となり、元禄期（一七世紀末—一八世紀はじめ）には、代官手代主体に移行する。(70)

代官による現地検使については、新井白石による批判がある。正徳二年（一七一二）九月五日、新井白石の建議に基づいて評定所の面々に達せられた書付では、「論地についていては、古来評定所で僉議のうえ決してきたのに、近年では、代官所に申し付けて検使に裁断させていることが原因で、然るべからざる事が生じている」と指摘している。(71) 白石は、このほかにも、評定所において「権、下に移り」留役まかせになっていることを批判して、留役罷免も行った。(72)

しかし、白石の批判にもかかわらず、寛保二年（一七四二）の公事方御定書「原テキスト」(73)では、入組みのない郡境や村境に代官が派遣されることが定められたのである。(74) しかも、現実には、塚本も指摘したように、代官はおろか、代官手代の現地派遣が行われていた。享保七年（一七二二）三月には、公事のため代官手代を派遣する場合、評定所一座から老中への伺いは不要ということが、確認された。(75) 享保一〇年一〇月、代官による「論所見分」の例では、代官手代のほか、足軽・小者・絵師・竿取が代官に随行し、筆・墨・紙・蠟燭のほか検盤・水縄・同枠・書物入箱を携行している。(76)

そして、安永七年（一七七八）には、「地改御改革」(77)が行われた。『論所地改方的例』（東京大学法学部研究室図書室蔵）、『論地取計方御定』（二冊、明治大学刑事博物館蔵）、『地改秘録』（神宮文庫蔵）などは、この時の指令内容とその後の関連資料、裁許裏書絵図・書下し・上証文の文例などを編修したものである。安永度地改改革に関する編纂物は、いくつかのバリエーションを持ちながら、各所で写され、流布したものと考えられる。

この地改改革については、現時点ではその全容を明らかにしえないが、大略次の内容が申し渡された。

① 現地での地改についての詳細な指示（分間絵図の仕立方、吟味書の書き方、幕府重職者の領分村役人を呼び出す場合、旅宿について等）[78]。

② 地改の結果を奉行所で評議する方法についての指示。安永七年一二月二一日一座評議[79]により、地改を経て裁許となる場合は、代官手代両人が評定所に罷り出、ひとりが絵図を指して地所について詳しく説明し、ひとりが「吟味書」を読み上げ、両人が退出したのち、相談を行うとされた[80]。

安永期には、代官手代のなかから地改勤め向きのため評定所への定出役が行われていた[81]。評定所には、少なくとも天明以降、地改掛留役が置かれていた。また、文政四―五年（一八二一―二二）頃には、京・大坂町奉行懸の案件の論所地改も江戸から派遣することとなった。

### 3　代官手代による地改と裁許方式

以上の流れを念頭に、もう一度、享保期と天明期の『裁許留』の記載を比較してみよう。享保期『裁許留』（一七二〇―二九年）では、代官による検使と代官手代による検使との区別には明確な線引きは認められず、書下し・裁許裏書絵図・取替証文で決着をつけた事例に派遣されている。これに対し、天明期『裁許留』（一七八一―八二年）では、代官による検使は裁許裏書絵図決着に、代官手代による検使は上証文決着（記事末尾には検使となった代官手代両名の名前を記入）に、適用されている[82]。この享保期『裁許留』と天明期『裁許留』の記載の変化は、一七世紀末にはすでに事実上行われていた代官手代による地改が、安永期の地改改革を経て[83]、特定の決着方式と結びつけられて裁判手順のうえに位置づけられ、それが、『裁許留』の記載にも反映されたものと理解できる。

代官手代は、多くは百姓や町人のなかから、勘定所の認可を得て雇用され、在勤中は、幕府の人別に入れられ、大小を帯びることを許されたとされてきた[84]。近世後期の手代はすでに数代にわたって手代を務めており、代官が手代を抱える際には町請人を立てるなどの町人の扱いに対して違和感を持つ者が存在しており、また明和期には「手代仲間」という表現がみられ、何らかの集団化を遂げていた可能性もある[85]。基本的には武士身分が支配を担った日本近世において、武士身分以外の出自を持ちながら実際の支配には不可欠な存在を層としてとらえる視角が出されているが[86]、代官手代もそうした存在であった。評定所における書類への押印・料理の差配など下級実務に関わった者がまとめたと思われる「訴所秘鑑」（宮崎蔵書、東京大学法学部研究室図書室）には、評定所の座敷内の内座もしくは評席で見分結果を直接奉行が尋ねる場合、奉行は、御家人である普請役・代官手附のみならず手代身分の者にも直接尋ねることを「手代等ニ而も御逢有之候」とわざわざ記述している。

そして、代官手代による地改の結果は、次の文化十（一八一三）酉年三月、地改手附手代連印で提出した請書に述べられているように、決着内容に決定的な影響を与えたのである。「地改被差遣、場所見分吟味之上、御裁許筋之儀見込を付申上、御評議之上、多クハ申立之次第を以御裁許ニも相成候事ニ候得共《者》、専御政事之元を仕組候儀ニ而、銘々身分ニ競候而者莫大重キ勤方ニ付、身分之慎等第一ニ可心掛者勿論之儀、地改先・役先ニおゐて、別而心得方之次第ニ寄、彼是御威光ニ拘り候筋ニも御座候間、厚心掛候様、可仕事[87]」。ここでは、地改裁許においては、地改担当者（代官手代）が現地で見込んだ内容が評定所の裁許内容とされることが多く、地改は、代官手代という身分には不相応な、「政事の元を仕組む」ともいえるほど重大な務めとなっていると指摘されている。一八世紀末には独自の裁判手順と結びつけられていた代官手代による地改は、一九世紀前半には、評定所裁判のなかでこのような重要な位置を獲得していた。

### 4　「地改役心得書」の再解釈

これまで、幕府評定所裁判に関わる史料として、『徳川禁令考』や『古事類苑』の各所に多数引用されてきたのは、「地改役心得書」（史料9）である。『徳川禁令考』後集Ⅰ、三五五頁に収録された「地改役心得書」には、「愚老、天明五巳年三月十五日、二拾二歳ニ而、評定所出役論所地改定手代ニ成、文政四巳年五月廿七日、五拾八歳ニ而支配勘定評定所留役助被仰付候」とあり、天明五年評定所出役論所地改手代（二二歳）、文政四年支配勘定評定所留役助（五八歳）という経歴をもった某が、作成に関わっていたと考えられる。[88]

「地改役心得書」は法制史研究のなかで広く知られながら、正確な解釈が行われてこなかった。実は、以下述べるように、「地改役心得書」は、本章で明らかにしてきた状況を念頭にして初めてその意味を理解することができるのである。

史料9から知られる内容は以下の通りである。

Ⅰ　地改裁許は、先年はだいたい「絵図裏書墨引裁許」あるいは「書下し」であったが、その後「上証文裁許」となった。地改定出役になったころから寛政五・六年（一七九三・九四）ころまでは、おおかた「上証文」を用いたが、根岸鎮衛が勘定奉行のときに考えがあって「請証文よみ渡し裁許」、「申渡裁許」となった。それにより、一通りの地改担当者は、「請証文」を取り、場合によっては場所杭を打つようになった。

Ⅱ　「請証文裁許」となる一件は、（奉行所評議の場で）地改担当者が、（現地の）説明を行ったうえ、「相談書」を読み上げていたが、諸書類簡略化の時期に、「相談書」の読み上げは不用との寺社方調役羽田藤右衛門の発案により評定所一座評議を経て、「相談書」読み上げは、廃止された（後述するように、寛政九年（一七九七）のことと考えられる）。

Ⅲ　「絵図裏書」「書下し」は、奉行所から申し渡す文意であるので、「候」という文字は書かず、「の」「に」の字を用いる。「上証文」は、下から請けるという意に書く。

Ⅳ　また、「上証文」については、以下のように補足説明が付されている。「上証文」は、訴訟方・相手方の申し立てを外題として端書《はしがき》にする。その内容は、「さて、吟味したところ地所のこと決しがたいので、地改として代官誰々の手代中を派遣し、再応糺明したところ」とし、訴訟方・相手方の主張内容、それぞれの証拠物等、吟味詰めを記載した後、「何々の裁許があり、再論禁止の旨を承知する」との連判一札を提出するというものである。これを上々程村紙で三通作成し、評定所保管分には双方連印し、訴訟方・相手方に渡す分は、相手方分・訴訟方分・評定所保管分と重ねて年号の上の箇所に大判印を押し切りにし、紙の継ぎ目にも大判を捺印し、抹消した文字には小丸印を押す。

Ⅴ　咎付（この場合は、紛争・訴訟に関わり、評定所が関係者に刑事罰を命じること）した者からは、別に請証文を提出させる。

Ⅵ　紛争当事者が三者・四者にわたる場合は、「上証文」をそれぞれに発給する場合もある。

Ⅶ　「上証文」が廃止になった契機は以下の通り。寛政七・八年（一七九五・九六）のころ（と思われるが）、越後国大石・金股に関わる評定公事山論があり、根岸掛で、兵右衛門・左文次が地改をして「上証文」で裁許が済んだ後、一方の領主から異議申し立て及び証拠提出があって再論となり、吟味し直しのため双方を評定所に呼び出し、一旦渡した上証文を回収し、再地改吟味のうえ、裁許が改められた。これ以後、（決着方式が）証文になった。この一件には、村明細帳を（証拠として）採用するか否かの議論があった。

右のⅢのA方式の裁許書類の文体については、本章第二節において『裁許留』の記載や現存原本と合致することをすでに指摘した。またⅣの上証文の内容説明も、『裁許留』の記載内容と一致する。Ⅳの後半で述べられている上証文に使用される紙種、押切についても、第三節に説明したように現存上証文原本の特徴と一致し、三ヵ所で本紙が保

**表7**　『裁許留』記事から見た，裁判手順と裁許書類

Aは下達書方式，B1は受諾書方式のうち「受諾書裁許方式」，B2は受諾書方式のうち「受諾書申付方式」を意味する．

数字は，件数．

| 享保5-14（1720-29） | |
|---|---|
| 裁判手順 | 裁許方式・書類 |
| 立会絵図では解決できず，見分（代官あるいは代官手代を派遣） | A（書下し3，裁許裏書絵図6）B1（取替証文2） |
| 吟味などのうえ，立会絵図 | B1（取替証文3，証文1） |
| 吟味のみで解決 | B1（取替証文4，証文5，上証文1），B2（証文を申しつけ，取上置く1） |

安永7年（1778）地改改革

安永2年（1773）以前に、取替証文停止

| 天明1-2（1781-82） | |
|---|---|
| 裁判手順 | 裁許方式・書類 |
| 郡境に関わるため，あるいは絵図面で決しがたいので，代官派遣→老中伺 | A（裁許裏書絵図3） |
| 立会絵図では決しがたいので，地改に代官手代派遣 | B1（上証文18）（このうち1件は立合絵図，さらに地改派遣のうえ，老中伺い．同じく3件は立会絵図に言及無し） |
| 裏判をもって呼出し，吟味のみで解決 | B1（上証文1），B2（請証文3）（総て「出訴の趣沙汰に及ばず」） |

寛政末年（18世紀末）頃、上証文廃止

| 寛政8-慶応1（1796-1865） | |
|---|---|
| 裁判手順 | 裁許方式・書類 |
| 村境あるいは郡境などに関わる故，代官等派遣→老中伺 | A（裁許裏書絵図3）（このうち1例は代官手代の地改では決しがたいので，寺社奉行吟味物調役・御勘定・評定所留役・支配勘定派遣） |
| 裏判で呼び出しての吟味では決しがたいので，地改に代官手代を派遣 | A（書下し）注）B2（請証文5）（内1件は「出訴の趣，沙汰に及ばず」） |

注）寛政－慶応の『裁許留』には書下しは収載されていないが，寛政元年四月四日，伊豆国君沢郡三嶋宿橋本長左衛門外壱人と同郡伊豆佐野村外弐ケ村秣場論裁許の書下し（三島市勝俣誠氏所蔵）では，代官手代派遣．

管されたという点も説得的である。このように裁許書類についての的確な記述を行っている「地改役心得書」の成立に関わった某とは、まさに、一八世紀末から一九世紀にかけて前述したような地改に関わった手代のひとりであった。Iの内容は、彼が、自分の経験をふまえ、当時代官手代層によって担われていた地改を経た決着方式を「地改裁許」ととらえ、代官手代による検使がまだ定置されていない一八世紀初頭の段階に遡って「地改裁許」に含め[89]、「地改裁許」の変遷として述べたと理解できる。

この某のいう「地改裁許」が『裁許留』の記事内容のどの部分に相当するのか、考察してみよう。表7は、享保、天明、寛政—慶応期の『裁許留』における論所裁判の手順と、裁許方式・裁

許書類との対応関係を整理したものである。たとえば享保期についてみると、左欄には、論所裁判が吟味だけで解決した場合、吟味などのうえ立会絵図の作成が訴訟方・相手方に命じられた場合、立会絵図作成では解決できず幕府から現地へ代官あるいは手代が派遣された場合の三つに区分している。表の下から上へ、より複雑な手順を配置した。右欄にはそれぞれどの裁許方式・裁許書類が用いられたかを表記した。天明期、寛政―慶応期についても、同様に、それぞれの時期の『裁許留』の論所裁判手順と裁許方式・裁許書類の対応関係を整理した。

ここから判明するのは、Ⅰで、某が「地改裁許」の方式は、「絵図裏書」裁許・「書下し」から、寛政五・六年ごろまでには「上証文」へと変わり、その後、「請証文」読み渡し裁許へ、さらに申渡裁許へと変化したと述べているのは、裁判決着全体の変化の説明ではなく、あくまで彼が「地改裁許」ととらえた部分の変化にすぎないということである。この「地改裁許」を表7にあてはめるとすれば、表中グレーの網かけで示した範囲で表現できる。

以上のように、「地改役心得書」の記述の性格を見極めたことで、『裁許留』の記載と「地改役心得書」の記述とを総合的に理解して分析することが初めて可能となった。これらの理解をもとに、表7には、これまで述べてきた、安永二年（一七七三）より前の取替証文の廃止、安永七年（一七七八）の地改改革、ならびに、寛政末年（一八世紀末）ごろの上証文廃止（「地改役心得書」でⅦに言及され、『裁許留』の記載とも一致する）を、時系列に従って配置した。すなわち、表7の横軸は左から右へ一種の年表になっている。

## 5　論所裁判における裁許方式の特質

以上の検討結果をふまえ、表7から指摘したい論所裁判における裁許方式・裁許書類の変遷は、次の四点である。

1　まず押さえておかなければならないのは、最も手軽な扱いであるC「書類なし方式」による裁許は、論所には適用事例が存在しないということである。

2　逆に、A「下達書方式」による裁許は、論所裁判のなかの特定の事例、すなわち現地になんらかの幕府検使が派遣された事例（現地に代官配下を派遣して解決した事例と、現地に代官以上の身分の者を派遣して解決した事例）にのみ、用いられたということである。

3　これに対してB受諾書方式は、裁許方式と裁判手順との間の対応関係について模索がなされ、次のように、天明期に一旦定式化された。享保期には、B1「受諾書裁許方式」に属する取替証文が、吟味のみ、立会絵図作成、現地見分のいずれにも適用されている。安永二年（一七七三）以前に取替証文が廃止され、同七年の地改改革を経た後の、天明期『裁許留』では、裁判過程と裁許方式との照応性が次のように整備された。代官手代を地改に派遣したうえで裁許に至るという裁判手順をとったケースには、B1「受諾書裁許方式」が適用されるようになる。一方、天明期、B2「受諾書申付方式」に属する請証文は、現在判明する『裁許留』記事では、評定所での吟味のみの、しかも「出訴の趣沙汰に及ばず」と判断した事例に限定されている。

4　しかし、寛政期には以上のうち2・3の原則が崩れていく。本来ならばA下達書方式あるいはB1受諾書裁許方式で決着をつけるべき事例にも、請証文（受諾書申付方式）が使われる事例がみられる。たとえば『裁許留』のなかの、寛政一一年（一七九九）三月二五日付請証文で決着した「越後国大牧村外六ケ村と同国正善村外拾六ケ村、堤上置出入」（寛政―慶応期『裁許留』一二八）は、代官手代を地改検使として派遣し、訴訟方・相手方双方の主張を退け、評定所側が定杭設置を決定し、再論不可を誓わせているもので、天明期『裁許留』の原則ならばB1で、寛政期の事例を勘案すればAあるいはB1で、決着すべき事例といえる。寛政期の請証文は、地改の内容を記述するようになり、本文が長文化する。しかし、その基本性格――すなわち、訴訟方・相手方個々の主張点は掲載しないこと、再論禁止文言を基本的には持たないこと――は継続した。

### 6　上証文廃止の意味——再論禁止の挫折

第三節4で述べたように、本来、当座の決定に対する受諾にすぎなかった請証文とは異なり、上証文は、たとえ奉行が交代したあとでも裁許決定に対して再論を提起しないことを受諾させるための裁許書類であった。しかし、上証文は、まさに再論によって挫折を余儀なくされた。史料9内容Ⅶの記述はその事情を説明したものである。裁許内容の継続的遵守・再論禁止を誓約させるためのものであった上証文は、再論要求により一旦出した裁許を覆さざるをえない状況のなかで、廃止に至ったと説明されているのである。Ⅱの記述も合わせて考えると、上証文が廃止されたのは寛政末年前後だと考えられる(90)。

史料10(91)は、寛政期、評定所が、常に再論に備えなくてはならない状況が存在していたことを物語っている。すなわち、評定所公事出入りの顚末は相談書に詳しく書かれ、請証文には、裁許の結果のみ書いてある、相談書を一件袋へ入れて評定所に納めてきたが、その相談書も見当たらないものもある、年を経て再論などが起きたとき、相談書がなく請証文だけでは不明な点も起こるので、相談書も記録し、清帳には書き入れないが、元帳にだけには書き入れるようにすること、という決定が、寛政九年（一七九七）一二月四日の評定所評議でなされたのである。

服藤弘司は金公事を中心として、訴訟権法上の厳格な証書主義の生んだ弊害とそれに対する支配者側の動きを示した（第三節3②）が、本章では、出入筋裁判のなかで幕府が最も重視した論所裁判においても、評定所は再論禁止を徹底することはできず(92)、かえって再論抑止を目的とする上証文の廃止を余儀なくされ、本来当座の決定にたいしての承諾にすぎなかった請証文の拡大使用をせざるを得なかったことを明らかにした。

さらに、寛政五年（一七九三）には、費用節減の観点から、現地に幕府検使を派遣すること自体を抑制する方針が、老中松平乗完から三奉行に示されていた(93)。現地調査の検使の派遣費用は幕府が負担するというありかたが(94)、裁判の手順そのものを制約する事態が生じていたのである。この方針は、現地検使派遣を前提としたA下達書方式による裁許の減少に拍車をかけたと思われる。これまでの研究史が注目してきた裁許裏書絵図の伝存数の減少[95]は、本章で明らかにしてきたように、裁許方式全体の模索のなかの現象のひとつであった。

## おわりに――幕府評定所における裁きの特質

### 1　裁許方式・書類の模索とその意味

本章で明らかにした事実をあらためてまとめておこう。

#### (1)　A下達書方式の特質

裁許方式使い分けの基軸は、評定所が最も確定力を付与すべきものと位置づけた裁許には、主管奉行による裁許申渡の後、さらに、裁許裏書絵図・書下しという、関係奉行が連署・押印した尊大な様式の裁許状を下達する方式（A下達書方式）を用いるというものだった。この方式に用いられる二種の裁許書類は、中世の下知状の形式を部分的に踏襲していた。この裁許方式は、江戸幕府が出入筋裁判の内最も重視した論所裁判の、そのなかでも幕府側が現地検使を派遣したものにのみに限定して使用された。幕府側の現地調査では、現地に立ち会うのは、訴訟方・相手方であり、関係領主の役人は現地調査の場からは排除される原則であった[96]。その結果に基づく裁許内容は関係領主の役人へも聞かせたが、裁許書類は評定所から訴訟方・相手方に下達された。ここでは、幕府が裁く主体として、個別領主を介さず、直に、公事人に対峙するという姿勢がみられる。この裁許方式においては裁許申渡についての公事人からの受諾書は必要としないと考えられていた。また、当時一般的な公用文に用いられていた候文を極力用いないという権力的な文体を用いる方向へと進化していった。

このA方式のなかでも最も確定力を期待されたのが、裁許裏書絵図であった。裁許裏書絵図による裁判過程は、口頭・文字・図が組み合わされて、裁く側と裁かれる側のコミュニケーションと合意が図られる過程ともとらえることができる。[97]口頭・文字・図というコミュニケーション手段・表現手段について、ここであらためてその特質をまとめておくとすれば、それぞれの特色は下記の通りである。

① 口頭　関係者がひとつの場を共有して、口頭での応答を行うことは、それぞれの時代で異なる意味を持ちながらも、一貫して人間のコミュニケーションの根幹に位置してきた。口頭によるコミュニケーションは、a下位者から上位者への申し立て、b上位者から下位者への申し渡し、c対等な者同士の応酬、d書かれた文章の読み上げなどに分けることができる。その社会の、どの場でどのような立場の者の主体的な発話が可能であったのかは、その社会の質を規定している。出入筋裁判における口頭のコミュニケーション行為は、d（訴状などの読み上げ）、a（訴訟方・相手方対決）、b（判決申渡など）であり、cは基本的には含んでいなかった。訴訟方・相手方対決も、担当役人の取り調べに対する答弁であり、その本質はaであった。ただ、裁く側と訴訟方・相手方が場を共有した口頭での応酬のなかでは、cの要素の発生を完全に阻止することは不可能であったと考えられる。[98]

② 文字　文字記述は、読む順序・読み方については、それぞれの社会的に合意されたルールがあるのが普通である。古文書学・史料学が検討してきたように、文体・文字配置・仕様などにより、発給者と受領者の間の秩序表現が可能となる。また、他の文字表現（政治秩序や主従関係を規定した文書など）との間で緊密な体系を作り上げることが可能である。

③ 図　図とは、モノや出来事を、ひとつの画面に表現する方式だということができる。発給者は、読み手の読み方を文字記述ほどには統御できない。しかし、図は、各要素の配置・連結や、面としての囲い込みや分割（領域化）等により、[99]さまざまな性質を持った複数の要素の関係を共時的に表現し理解させることが可能である。

各種裁許書類の最高峰に位置づけられた裁許裏書絵図では、口頭、文章、図による表現と、現地での測量や境界標識設置行為が組み合わされ、現地への確定力を持った裁許が企図された。近世になると村レベルでも実用的な測量技術が獲得されており[100]、測量データに基づいた絵図作製が可能となっていた。現地を測量して数理データ化したものを図面化することにより、限られた関係者の認識を超えて第三者に対し、また、当事者の世代を超えて、それを固定化する力を持つことが可能となった。立会絵図は、こうした社会の力量を前提としていた。また幕府側が検査官を派遣して作成した見分絵図では、しばしば境界標識が設置され当事者の承諾を書面化したうえで絵図が作成された。この見分絵図に基づいて作成された裁許裏書絵図には、現地での合意形成に基づいた、現実に対する強い規定力が期待されていた。村や町といった近世社会の基礎を成す地縁的共同体が、自分たちの地域空間を図化して表現する力量を獲得していたことは、裁判過程で諸種の絵図が活用されたことを考えるうえで重要である。

しかし、裁許裏書絵図は、精緻な手続きを経て作成され大型化する一方、一九世紀にはその発給は稀となる。請証文の使用拡大傾向、及び寛政五年（一七九三）の現地への幕府検使派遣抑制の方針は裁許裏書絵図による裁許限定化の方向に拍車をかけたと思われる。

(2)　C書類なし方式の特質

A方式の対極に位置したのが、C書類なし方式である。この方式は、借金出入や、具体的な判断を示さないと決定したもの（「沙汰に及ばず」など）などに用いられ、基本的に軽い扱いであると考えられる。この方式も、基本的に各時期を通じてみられたと思われる。

(3)　B受諾書方式の特質とその変化の意味

一方、出入筋裁判の大部分に対して評定所が用いたのは、奉行の申渡内容を受諾する証文を公事人から評定所に宛てて提出させるという方式（B受諾書方式による裁許）であった。B方式では、判決受諾のため公事人から評定所に宛てた各種の証文が使用された。本章ではこれらを裁許証文と総称した。裁許証文は、近世の一般的な証文、すなわち、対等な複数の主体間での受取や売買についての水平方向の証文とは異なり、裁かれる側（訴訟方・相手方）から、裁く側へと提出する垂直方向の誓約であった。[101] 大平祐一は、近世の出入筋裁判について、訴訟方・相手方の「水平の動き」が主、「垂直の動き」が従となって、「判決の実現」がめざされたという指摘をしている。[102] 裁許証文は、このような水平方向のベクトルの結果を、公事人側から裁く側への垂直方向のベクトルとして表明させたものだと言うことができる。

このB方式のなかでは、担当奉行の交代後も裁許を遵守することを誓約させる裁許方式（B1）と、当座の解決を受諾することを誓約させる裁許方式（B2）が使い分けられていた。評定所『裁許留』の「裁判経過説明」においても両者は区別されて位置づけられていた。すなわち、前者＝B1は「証文を以て裁許」と記述されたのに対し、後者＝B2については単に「証文を申し付ける」等と表現された。

従来の研究史のなかで裁許書類の代表として理解されていた請証文とは、実は、当座の確定に用いられるものだった。裁判過程内でも裁許受諾に限らない多様な受諾行為にも使われていた。第四節に述べたように、B受諾書方式の使用は、時期によって、大きく変化した。享保期には、B1「受諾書裁許方式」に属するものとして上証文・証文・取替証文、B2「受諾書申付方式」に請証文や特定の証文名称をもたない証文[103]といった多様な証文様式が存在した。しかし、時期が下るにつれ使用される証文の種類が減っていった。すなわち、安永二年（一七七三）以前に取替証文が廃止され、さらに、一八世紀末頃上証文が廃止され、B2のうちの請証文方式のみとなるのである。B1を代表していた上証文方式が廃止された背景には、一旦出された裁許に対して再論が提起されるという状況が存在した。

このような動きのなか、本来、当座の決定についての受諾に使われていた請証文が、少なくとも一八世紀末には本来ならばA下達書方式あるいは継続的効力を予定したB1「受諾書裁許方式」で決着をつけるべき事例にも適用されるようになっていく。すなわち、一八世紀末以降江戸幕府倒壊までの最後の半世紀の間、幕府評定所裁許は、主に、

表8　裁許書類の作成・保管

| 裁許書類 | 作成・保管の別 | 本丸 | 奉行宅 | 評定所 | 町年寄・江戸市中 | 原告・被告 |
|---|---|---|---|---|---|---|
| 請証文 | 作成 | | 本紙作成 | | | |
| | 保管 | | | 写保管か | | 自力で写す |
| 上証文 | 作成 | | 本紙3通作成 | | | |
| | 保管 | | | 本紙1通保管 | | 各々本紙1通保管 |
| 裁許裏書絵図 | 作成 | 裁許裏書（儒者・右筆）・絵図（江戸市中絵師）に奉行らが押印．本紙3通作成→老中の承認を得る | | | | |
| | 保管 | | | 本紙1通保管 | | 各々本紙1通保管 |
| 裁許留 | 作成 | | 下資料作成 | | | |
| | 保管 | | ※奉行手元にも担当分の『裁許留』的な記録存在か | 編成（当日袋～下帳・清帳），保管 | | |

本来は当座の決定を示すための裁許書類であった請証文（B2）によって運用されたのである。江戸幕府評定所とは、中央政権的機能をもつ幕府が個別の支配関係を超えた紛争を裁く場であった。しかし、そこで実現しえた裁許とは、以上のような限界性のなかに存在していたのである。

本章で明らかにしてきた江戸幕府評定所にみられる裁許方式の使い分けとは、「公儀」の裁判による決定というものを、複合的で複雑な権力編成と裁判権の並立のなかにいかに提示するかという問題状況への対峙のなかから生み出された。幕府は、どのような裁許内容を決定するかという点のみならず、どのような裁許方式・裁許書類を用いてその決定を示すかによって、個々の裁許行為を意味づけたのである。

## 2　残された課題

### (1)　裁きの史料学

本章で明らかにしてきた、裁許書類の作成、また『裁許留』の作成・保管分担を表8としてまとめておきたい。下達型裁許書類の典型ともいえる裁許裏書絵図の作成では、城内（本丸）—奉行宅—評定所の、そしてこれらと都市との有機的連携のもとに「公儀」の裁きが実現されていた。一方、請証文や上証文という裁きを受諾するための証文や、『裁許留』収録用の資料は、主管奉行側において作成された。請証文本紙は訴訟方・相手方には渡されず、また上証文本紙のうち評定所保管分にのみ訴訟方・相手方が連印した。これらの運用方式は、裁許証文というものが、訴訟方・相手方のためのものではなく、裁く側にとって必要な証文であったというその本質をよく表している。

大平祐一は、幕府役所に対する訴願の裁定の受諾書類にも「御請証文」と呼ばれる書類形式が存在したことを明らかにしている。大平は、「奉行所の裁定に対し請証文を提出することは、出入筋、吟味筋の手続と変わることがない」[104]としているが、証文文言は異なっていった。訴願裁定受諾の「御請証文」は「其方共儀……」という裁定文言をそのまま引用する形式をとったのに対し[105]、出入筋裁判の裁許受諾の請証文（史料6ａ）は、「私共出入……」という文言が通常であった[106]。訴願裁定受諾と裁許受諾における「請証文」という証文呼称の共通性とその証文形式の相違は、大平が押し広げた民事・刑事だけでなく役所に対する近世の訴え全般という広い視野からの検討の成果のうえにたって、改めてそのなかでの近世社会においた出入筋裁判とは何であったのかという、次の段階の検討の糸口のひとつとなりえよう。今後、裁きに関わる史料学を深めていく必要がある。

なお、いくつか残された課題を挙げておきたい。

前述したように、請証文については、証文本紙を保管したのは評定所だったのか主管奉行だったのかについては今後の課題としたい。請証文は近世の評定所裁判に多用され、その写は村方文書を中心に大量に残されている。しかし、その本紙が誰によってどのように保管・集積されたのかという点については、今後の探索に負うものだといえる。また、寛政期松平定信の下で幕府の「文書管理改革」[107]がなされたことが明らかにされているが、評定所での諸手続きも整序される動きがあり、この点をふまえての検討も今後に残された課題である。

そして、注意すべきは、『裁許留』には、裁判過程のうち、目安糺、公事人の口書作成については言及されていないことである。今後このふたつの階梯と、裁許書類使い分けとの関係が検討されなければならない。また、元禄以前の評定所記録が発掘されつつある現在[108]、本章の成果はそれらの検討結果とあわせて再検討される必要がある。さらに、大名史料・村方史料からの問い直しが必要なことは言うまでもない。

## (2)　判決の比較史、そのなかの幕府裁判

平松義郎は、近世日本の吟味筋裁判において、公権的判断への承服・遵奉を約する証として、口書や落着請証文に繰り返し押印する必要のあったことの意味を、幕府権力の脆弱性に求めた[109]。江戸幕府評定所B方式にみられるような、判決に対してある種の受諾誓約書を要請する行為について、比較史的地平において考察する必要について付言していきたい。

前近代世界においては徳川政権以外にも判決受諾誓約を認めることができる。滋賀秀三は、清代地方長官（知州知県）裁判とくに民事裁判における「裁定を受諾して再び争わない旨の一札」を、ヨーロッパとは異なる、伝統中国特有の裁判のあり方と結びつけて理解した。滋賀は、伝統中国におけるこの種の裁判では「何が法であるかを発見すること」を目的とせず、「事実として誰も争わなくなる」ことをめざしたとし、判決の確定力観念の不存在を指摘した。そのような法のあり方が、裁定受諾を必要とすると理解した[110]。本書もまた、平松や滋賀の、判決受諾の問題を裁く権力の質とむすびついた問題としてとらえる視角を継承するものである。この視角は、第一章第二節に記したような研究状況のなかでより広い視野で発展的に検討される必要があろう。

部分的に強制執行を行った徳川政権においても、裁判と裁判外の紛争解決は流動的関係にあった。表6からもうかがうことができるように、一旦裁判として取り上げられても、途中で裁判が中断されることは珍しくなかった。『裁許留』の記事からは、裁判中断は、大きく、裁く側が打ち切る場合と、裁かれる側が裁判を打ち切ることを希望し許可される場合とに、分けることができる。裁く側が打ち切る場合、天明以降は、「沙汰に及ばず」という判断を、公

事人側が請証文で受諾するという方式に統一された。「沙汰に及ばず」という判断自体は、裁く側の裁許行為に含められていた。一方、裁かれる側が打ち切る場合には、吟味下げ願いを提出する場合と、当事者の話し合いによる解決＝内済となる場合とがあった。

特に、内済の持っていた意味は大きい。裁判所に繋属する・しないにかかわらず、ともに当時「内済」と呼ばれた。裁く側は、訴訟をうけつけたあとも引き続き内済を求めるのが常であった。論所には場所熟談という階梯もとられた。それにとどまらず、判決後であっても、内済届を受理した[111]。さらに、判決後、強制執行の過程においてすら、内済が期待されていた（大坂町奉行所の事例[112]）。出入筋裁判の過程は、言葉を換えれば、内済が実現されなかった場合に、いわば最後の手段として裁許が出されたと表現することもできる[113]。

内済については、従来の研究[114]ではそれが「公儀」の裁きのシステムのなかに組み込まれたことが強調されてきた。しかし、内済をそれだけ取り出して検討するのではなく、裁き全体の動向を視野に入れてみるとき、それとは異なった理解が出てくるのではないだろうか。本章で明らかにしたように、近世幕府評定所の裁きでは、裁きに対する受諾行為を最後まで必要としており、しかも、本来当座の裁許受諾に用いられた書類形式が、本来は下達形式による裁許を用いるべき事例にまで拡大されていった。幕府が企図した形で、垂直方向の裁許の遵守を確立することはできなかった[115]。内済の問題もこの動向のなかでとらえ直される必要がある。このような裁き全体のあり方について、他地域・文化との比較の視点から、今後検討される必要がある[116]。

（1）「公儀」の裁きを分析するにあたって前提となる問題意識については、本書序章第二節1・第一章、裁きを行った評定所については、同じく第二章を参照されたい。

（2）提出された訴状に対しては、目安糺が行われ、この段階で出訴とりやめになることもあった。石井良助『続近世民事訴訟法史』（創文社、一九八五年）にはこの目安糺にかかわる石井所蔵の貴重な『御勘定所御留役訴訟裁判方』（天保—嘉永）、『福井秘書』が収録されている（三九一—四六七頁）。『御勘定所御留役訴訟裁判方』には、各出訴に対して、勘定奉行手限吟味、評定所における本公事、評定所吟味筋裁判、寺社奉行へ訴えるよう説得、天保一四年相対済令適用などの判断がなされたことが記録されている。

（3）たとえば、石井良助『近世民事訴訟法史』（創文社、一九八四年）一六二頁では「請証文のことを古くは「上ゲ証文」と呼んだようである」という誤った理解をしている。また近年の通史の叙述でも、「上げ証文」を請証文の写、「（為）取替証文」を、請証文を当事者で交換するものと解説している（浅古弘・伊藤孝夫・植田信廣・神保文夫編『日本法制史』青林書院、二〇一〇年、二四三頁）。

（4）杉本史子「裁許と近世国家——口頭・文字・絵図」（黒田日出男、メアリ・エリザベス・ベリ、杉本史子編『地図と絵図の政治文化史』東京大学出版会、二〇〇一年）。

（5）前稿は、裁判過程は、行為（文面読み上げ・訊問—回答・裁許申し渡しなど口頭による行為や双方立ち会っての絵図作成などの行為）と、諸書類（文章・絵図）が緊密に結びつけられた過程としてとらえ直すことができるという問題意識に基づいていた。

（6）前注（3）参照。

（7）「裁許証文」といういい方は、『諸出入裁許証文留』（国立公文書館一八一—七七）でも使用されている。

（8）東京大学法制史資料室蔵（その後東京大学法学部研究室図書室に移管）の副本は、「東京帝国大学法科大学」の罫紙に墨書（一部朱書）されている。罫に規定され、字配りは元来の形式をふまえていないものと思われる。朱書で、加筆・訂正・小丸印・線が記入された箇所がある。

（9）司法省秘書課「序」（司法省秘書課『司法資料別冊・第一九号　裁許留』一九四三年）、平松義郎「裁許留」解題（平松義郎編『近世法制史料集1』創文社、一九七三年）。本章では、京大模写本を同写真版から、東大写本を「裁許留集上下」（東京大学法学部法制史資料室蔵（その後東京大学法学部研究室図書室に移管）、甲2—2）、寛政以降のものを『徳川禁令考後集第一』（石井良助校訂、創文社、一九五九年）により分析する。

（10）平松義郎、前注（9）「裁許留」解題。

（11）藤井譲治『江戸幕府老中制形成過程の研究』（校倉書房、一九九〇年）、二一〇—二一五頁。

(12)『憲教類典』四（『内閣文庫所蔵史籍叢刊』第四〇巻、汲古書院、一九八四年）、四一八—四一九頁。
(13)『憲教類典』四（前掲『内閣文庫所蔵史籍叢刊』第四〇巻、汲古書院、一九八四年）、四二〇—四二一頁。
(14) 大友一雄『江戸幕府と情報管理』（臨川書店、二〇〇三年）、同「幕府役職と情報継承」（国文学研究資料館アーカイブズ研究系編『中近世アーカイブズの多国間比較』岩田書院、二〇〇九年）。
(15) 大友一雄『江戸幕府と情報管理』（臨川書店、二〇〇三年）。
(16) 小沢文子「寺社奉行考」（児玉幸多先生古稀記念会編『幕府制度史の研究』吉川弘文館、一九八三年）、七二頁。
(17)「吟味仕方」改革では、他に、同月、留役組頭一人・留役一〇人・留役助五人と定められ、評定所に奉行不在で留役のみで尋問する場合や牢屋敷で牢問訴する際は徒目付が立ち会うこと等が、三奉行に達せられている（『憲教類典』四（『内閣文庫所蔵史籍叢刊』第四〇巻、汲古書院、一九八四年）、五二八—五三〇頁）。なお、石井良助（『近世民事訴訟法史』創文社、一九八四年、二四七頁）では、『御触書宝暦集成』の記事を引用してこの留役派遣開始について指摘している。
(18) 留役については、本書本節4参照。
(19) 石井良助（『近世民事訴訟法史』創文社、一九八四年）、二四八—二五九頁。なお、弘化四年勘定奉行から老中に留役等の褒賞を願い出た史料3—2（本節4）では、「尤池野貞一郎儀ハ、当時寺社奉行支配吟味物調役助勤方江退切罷在、其余当分助三人ハいまた事馴不一騎立相勤候場合ニ物至兼候もの共ニ付、いつれも名前相除申候、以上」とあり、寺社奉行支配吟味物調役・同助在任中の人事権は、勘定奉行から外されていたと考えられる。また同史料によれば、これ以外に、寺社奉行は臨時の寺社奉行支配吟味物調役当分助などを派遣することを勘定奉行に依頼することがあった。
(20) 中田薫「徳川時代の民事裁判実録続篇」（『法制史論集　第三巻』岩波書店、一九四三年、八七九—九〇四頁）。
(21) 大平祐一『近世日本の訴訟と法』（創文社、二〇一三年）。大平自身は、牧野英成が初判奉行となった事案のみを収録した本史料について、個人別の担当事案集が評定所で作成されたのだろうかという疑問を提示している（九九頁）が、本文のように理解できる。
(22)『幕末御仕置例書』八（東京大学史料編纂所蔵）、三三二一。
(23) 同史料については、現時点では所在が確認できないため、小早川欣吾『増補　近世民事訴訟制度の研究』（名著普及会、一九八八年）、二七九頁に引かれた文面によって検討した。
(24) 平松義郎『近世刑事訴訟法の研究』（創文社、一九六〇年）、四三二頁。

(25) また、記事中「当日」を裁許申し渡しの当日と解釈すれば、裏判消しまで記述されている現存の『裁許留』記事をどう解釈すべきかについても、課題が残る。ただし、定式化していた裏判消しについてはあらかじめ記事にいれて主管奉行から評定所に送付した可能性はある。現存の『裁許留』記事に収録されている裁許裏書・書下しには奉行印の記載を欠いていることからも、実際には、裁許申し渡し日以前に主管奉行から評定所に書類を送付した可能性は残されている。

(26)『幕末御仕置例書』八（東京大学史料編纂所蔵）、二四五。

(27) 留役についての研究史と職務内容については、神保文夫「江戸の法曹・評定所留役」（『学士会会報』八四九号、二〇〇四年、六三―六八頁）。

(28) 東京大学史料編纂所蔵、維新史料引継本Ⅰほ一二二九。本史料をはじめとして、維新史料編纂会引継史料には、阪本釤之助氏寄贈の史料が散見される。阪本氏は、安政四年（一八五七）、尾張国鳴尾で出生（愛知県士族永井匡威三男）。元老院議官を勤めた阪本政均の養子となり、明治一二年（一八七九）より、内務属、滋賀県属、控訴院書記官、滋賀県書記官、奈良県参事官、岡山県書記官、貴族院書記官兼内務書記官、東京府書記官ののち、明治三五年福井県知事、四〇年鹿児島県知事、四四年名古屋市の要請により名古屋市長、貴族院議員などを歴任した。また、小野清『徳川制度史料』（六合館、一九二七年）の「序」を執筆している。

(29) 後藤敦史『開国期徳川幕府の政治と外交』（有志舎、二〇一五年）、三二―四九頁。

(30) 本書第一章・第二章参照。

(31)『幕末御仕置例書』八（東京大学史料編纂所蔵）、二六七。

(32) 坂本忠久『天保改革の法と政策』（創文社、一九九七年）、八頁。

(33) 石井良助（『近世民事訴訟法史』創文社、一九八四年、二五二―二五八頁）は、『撰述格例』を引用して、留役増員についての文化四年（一八〇七）勘定奉行評議を紹介している。

(34) 杉本史子「天保郷帳・国絵図改訂事業の基礎過程」（『領域支配の展開と近世』山川出版社、一九九九年）、二一七―二一八頁。

(35) 椿田卓士「関東取締出役太田源助の活動について」（『寒川町史研究』一〇号、一九九七年）、九九頁、同論文については、横山伊徳氏のご教示による。

(36) カッコ内の補足は、史料3―2では省略した「名前書」に記述された内容によった。

(37) 牧健二「編者解題」注3（小早川欣吾『増補　近世民事訴訟制度の研究』名著普及会、一九八八年所収）。
(38) ただ管見の限り唯一の例外として、寛延元年八月一三日付の、悪水落滞出入につき、遠江国豊田郡立野村他と同郡前野村他が評定所に宛てた「差上ケ申一札之事」で、絵図面・裏書と仰せ渡しの趣の遵守を誓っている事例がある（勝田郡豊田町赤池　大杉源一郎氏蔵、『静岡県史　資料編一一　近世三』（一九九四年）、三四五頁所収）。ここで言及されている裁許絵図裏書の原物が確認できないため、裁許裏書絵図と本裁許証文の関係は今後の課題とせざるを得ないが、裁許裏書絵図の内容をふまえ、さらに踏み込んだ内容の奉行申渡がなされたためこのような措置がとられた可能性がある。
(39) 「書下し」という呼び方は、元来、下達文書を意味し、鎌倉時代以降、差出者側の命令の下達、権利付与・認定や、その他の家務執行の機能をもった直状（真の発給者が差出人として明記される）を指した。しかし、江戸幕府評定所において絵図裏書と書下しの区別は、絵図を付随させるのか、文章表現だけなのかという点にあったと考えられる。
(40) 佐藤進一『新版　古文書学入門』（法政大学出版局、二〇〇三年）一三六―一三七頁。
(41) 鎌倉幕府下知状では下文を踏襲して、宛所を本文前に置く場合もあった（佐藤進一『新版　古文書学入門』法政大学出版局、二〇〇三年）、一三六頁。
(42) 『諸出入裁許証文留』（国立公文書館、一八一―七七）。
(43) 室町幕府の足利直義の下知状は、将軍の命を奉じるかたちではなく、直義自身が命令者として書かれている（以上、佐藤進一『新版　古文書学入門』法政大学出版局、二〇〇三年、一四七頁）。
(44) 享保期の裁許裏書には、「衆議」ではなく「詮議」「僉議」の語が使用されていた。罪人の取調にも使われる「詮議」「僉議」から、天明以降、多人数による評議という性格を明確に表す「衆議」へと使用用語が変化した。この文面は天明以降ほぼ統一される（前稿、一九二頁）。また書止文言については、前稿表1―7、二三三―二六二頁参照。
(45) 近世前期関東地方の山論・野論において、立会絵図に裏書を付与して裁許絵図とされた例や立会絵図が写され裁許裏書絵図が作成された例は、宮原一郎「近世前期の争論絵図裁許――関東地域における山論・野論を中心に」（徳川林政史研究所『研究紀要』第三七号、二〇〇三年）参照。絵図上の双方の主張するそれぞれの境界線に各百姓が押印した絵図をそのまま裁許絵図とした例もみられる。
(46) 杉本史子「権利の主張と裁定のための絵図」（杉本史子他編『絵図学入門』東京大学出版会、二〇一一年）、六六―七一頁。
(47) 宮原一郎「近世前期の争論絵図裁許――関東地域における山論・野論を中心に」（徳川林政史研究所『研究紀要』第三七

号、二〇〇三年)。

(48)　この場合、中世において訴人と論人の間で取替した和与状に、幕府奉行人が「封裏」の行為を行った(笠松宏至『法と言葉の中世史』平凡社、一九八四年、二四七―二五五頁)ことが想起される。

(49)　前稿に裁許絵図が町年寄を経由して町絵師に外注された可能性を示唆した。この点につき、吉田正志氏から、「外注はそれほど一般的だったのであろうか」という疑問が寄せられた(同・書評『法制史研究』五二号、二〇〇二年、二五〇頁)。しかし、以下記すように外注は特殊なことではなかった。「百箇条調書」に、訴答筆耕料は二朱(出入落着上品ならば二分追加)、絵図が入用の節は馬喰町絵図師に頼めば一枚二朱くらいである、ただし大小により値段は異なるとの記載がある。また、『幕末御仕置例書』七(東京大学史料編纂所蔵)に、次のふたつの記事がある。①天明元年八月一三日決定「絵図代金町奉行江相渡候節、連印之事」、②寛政三年三月四日「論所絵図仕立入用書付江添候端書之事」。①から、裁許絵図の代金を町年寄に渡すための帳面に、株を保持する奉行・月番奉行・絵図裁許を申し渡す奉行が押印することが天明元年八月一三日に決定されたこと、②から、寛政三年三月ころには、国境論所裁許の絵図面を仕立てる入用代金についての書付を、組頭押印のうえ、町年寄から御殿勘定所に提出する決まりであったことが明らかである。

(50)　千葉地域は、『旧高旧領取調帳』によれば、藩領四八パーセント、旗本知行三八パーセント、幕府領八パーセント、町奉行与力給知五パーセント、寺社領一パーセントであった。

(51)　寛永一〇年物木村小林村野論裁許裏書絵図本紙を分析した山本英二の報告によれば、同絵図の寸法は南北七九センチ・東西五八センチ、美濃紙四枚を張り合わせたという、小型のものである(山本英二「論所裁許の数量的考察――関東編」『栄町の歴史』創刊号、一九九三年)。

(52)　山本英二「論所裁許の数量的検討」(徳川林政史研究所『研究紀要』第二七号、一九九三年)。

(53)　東京大学法制史資料室蔵(その後東京大学法学部研究室図書室に移管)、標本甲、京阪文書第13輯No.21。

(54)　永尾正剛「近世田畑売渡証文の考察」(『古文書研究』一七・一八号、一九八一年)。

(55)　「地改役心得書」(史料9)。また前稿、二〇五―二〇七頁。

(56)　請証文による決着の場合でも、関係領主が幕府重役の場合、領主に、奉行所による請証文写が渡される場合があった。

(57)　たとえば、天保六年一〇月二日の伊豆国加茂郡稲取村(訴訟方)と同郡見高村(相手方)の評定所宛地所出入請証文写(静岡県賀茂郡河津町「見高・浜区有文書」、静岡県史編纂収集資料、静岡県立中央図書館歴史文化情報センター提供史料写真による）は、奥書から、橋本町四丁目の江戸宿が書写したものに、見高村が押印したものであることがわかる。

(58) 藤田覚「近世幕政文書の史料学的考察」（『古文書研究』三三号、一九九〇年、六頁）、大野瑞男「幕府勘定所勝手方記録の体系――幕府財政史料の類型論序説（その一）」（『史料館研究紀要』五号、一九七二年）。

(59) 『シーボルト和紙コレクションの紙質調査成果報告書』（文部科学省科学研究費補助金特定領域研究A　A06内外特定コレクションの総合的調査研究　研究代表者・稲葉政満、課題番号16018207）の別表1。この表は、シーボルト（Philipp Franz Balthasar von Siebold）が一八二六年の江戸参府のあと大坂で購入して『大日本諸国名産紙集』としてまとめた現物サンプル集を計測したものである。

(60) この点については、前稿では、見落としていた。同論文収載のモデル6（二六六頁）のF部分は「依之、被仰渡候ハ、……、旨被仰付、逐一承知、奉畏候」から、「依之、被仰渡候ハ、……、以来双方致和融、及再論間敷旨被仰渡、一同逐一承知奉畏候」と訂正する必要がある。

(61) 「棠蔭秘鑑　元」（石井良助編『徳川禁令考　別巻』創文社、一九六一年）、一七頁。この条文は『御触書寛保集成』「御条目之部」にも、正徳六年四月「評定所一座可被相心得候条々」として納められている（二三―二四頁）。また『憲教類典四』（前掲『内閣文庫所蔵史籍叢刊』四〇巻、四五〇頁）によれば、この条目は、享保元年（一七一六）四月八日にも出されている。ただし、『憲教類典』記事は、「最初裁断の時一座之衆中之ために不可然事に候」という記述が「可然事」と「不」を書き落とし誤記されている。

(62) 大平祐一『近世日本の訴訟と法』（創文社、二〇一三年）、一一八頁。

(63) 奉行印と役所印の使い分けについては、石井良助『近世民事訴訟法史』（創文社、一九八四年）、五三頁。

(64) 「棠蔭秘鑑　亨」（石井良助編『徳川禁令考　別巻』（創文社、一九六一年）、六〇頁。『憲教類典』には収録がない。

(65) 服藤弘司『刑事法と民事法』（創文社、一九八三年）、五九二―六九七頁。なお服藤は「再訴（再吟味）」と呼んでいる。

(66) 享保期、請証文は一例（出作地年貢出入）に過ぎず、他の五例は固有の証文名をもたない。裁判経過説明の記述では、「証文を申しつけ取り上げ置く」と説明される事例のほか、「連判証文を申しつけ、問屋共に持たせ置く」（氷川大明神修理料出入）というように、証文を評定所で保管しない事例もみられる。この、裁許証文を評定所に納めさせない方式は、享保期以外の『裁許留』では見出すことができない。適用事例は、出作地年貢出入、堤橋堀崩出入、氷川大明神修理料出入、紫金錠薬研出入、婿養子出入、甥引取出入である。

(67)　荒井顕道編、滝川政次郎校訂『牧民金鑑　下巻』（誠文堂新光社、一九三五年）。石井良助・服藤弘司編『幕末御触書集成第五巻』（岩波書店、一九九四年）、四九四五。

(68)　内済のための取替証文や、当事者同士の取替証文（『静岡県史　資料編一二　近世四』（一九九五年）、一〇五頁所収「為取替証文之事」など）はこののちも幕領などで使用されている。

(69)　「訴状糺心得之事」（『目安糺書留』東京大学史料編纂所維新史料引継本　Ⅰほ―一二二三）。この記事には年月を欠くが、この条は甲斐庄武助の提案にかかる。甲斐庄は寛政六年（一七九四）布衣に任じられている（表3）。

(70)　塚本学「諸国山川掟について」（『信州大学人文科学論集』一三号、一九七八年）。塚本論文は、主に「徳川実紀」の記事によりながら、一七世紀半ばころまでの事例として以下のものを挙げている。

〇寛永一五年八月一一日　「関東山野論所を巡察」（検使は、三奉行・目付）
〇正保二年二月二三日　関東「山川点検」（検使は、大目付宮城和甫・関東郡代・目付・勘定）
〇慶安四年七月一九日　綱重・綱吉に給する新領点検のため山野裁許（勘定頭が認証して裁許）
〇寛文五年七月一八日　「信州山境巡察」（検使は、小十人番士）

これらの事例のうち、寛永一五年は、同年五月に「日本国中之惣絵図」のために諸国に絵図作成が命じられており、この関東山野論所巡察と関連する可能性がある。また、正保元年一二月にも、諸国に国絵図作成が命じられており、主管は大目付宮城であったことから、正保二年の「山川点検」は、国絵図作成の一環であった可能性が高い。

(71)　『憲教類典』四（『内閣文庫所蔵史籍叢刊』第四〇巻、汲古書院、一九八四年）、四四三―四四七頁。

(72)　宮崎道生『定本折たく柴の記釈義』（至文堂、一九六四年）。

(73)　藪利和「「公事方御定書下巻」の原テキストについて」（大竹秀男・服藤弘司編『幕藩国家の法と支配』有斐閣、一九八四年）。藪は、この寛保二年の「原テキスト」について、御定書形成過程の一草稿にすぎず、法典・法規集としては適用されることはなく直ちに大改定されたとする平松義郎の説を批判し、寛保二年直後から、機能していたと理解している。

(74)　このとき、①立合絵図と国絵図が大概相違無い場合は検使派遣不用とし、みだりに検使を派遣すべきではないとする一方、②検使を派遣しなければ判断のつかない場合は、国境・郡境には御番衆と代官を派遣する（ただし入組みのない郡境は近辺の代官に見分させる）とされた。寛政二年上野・武蔵州国境論に、検使として大番大久保忠寅・代官野田元清が派遣された際の「論所見分吟味ニ付、取計伺」では、「上州徳川郷正田隼人正ゟ武州中瀬村江掛候地所出入、国境江拘り候出入ニ付、見分吟味可仕旨、被仰渡」と記されており、国境にかかわる出入なので、大久保らに見分吟味が命ぜられたことがわかる（『地改秘録』神宮文庫、七門―六一九）。村境については代官を派遣とし、③論所見分の際作成する「伺書・絵図」に記載する内容についても具体的に指示している。

(75)『憲教類典』四（『内閣文庫所蔵史籍叢刊』第四〇巻』汲古書院、一九八四年、四七八―四七九頁）。

(76) 大蔵省編纂『日本財政経済史料五　財政之部三』（財政経済学会、一九二二年）、八七五―八七八頁、引書「泉氏襍剳」「御勘定諸令達書」。

(77)『地改秘録』（神宮文庫、七門―六一九）。安永四年（一七七五）閏一二月に、信州長瀬村と同国飯沼村の争論の地改において、地改役が目分量で絵図面を仕立て、これに抗議した飯沼村総代が入牢に処せられるという事件が発覚し、地改役の代官倉田伊右衛門手代鎮目和助・代官前沢藤重朗手代馬場半次が事実を述べなかったことに対し、処分が行われている（荒井顕道編、滝川政次郎校訂『牧民金鑑　上巻』誠文堂新光社、一九三五年）。安永度地改改革は、このような状況に対して行われた可能性がある。

(78) 論所に着いた際には、「馳走ケ間敷儀」をしない等の趣旨の請証文を、論所を引き払う際には、「吟味をうけ、非分の御取計と思われることはなかった」等の趣旨の請証文を、それぞれ公事人から徴収することも規定している。

(79) 評議日付は「幕末御仕置例書」七―六〇（東京大学史料編纂所蔵）による。

(80)「評定所覚書　十五検地」（『当用便覧』一一。『当用便覧』については、本章第一節2参照）。

(81)『地改秘録』（神宮文庫、七門―六一九）。

(82) 一例のみ（前稿表6の97）、普請役と代官手代派遣。

(83) 宝暦三年（一七五三）の三河国八幡社領と岡崎領の野地論の事例では、絵図裁許か上証文裁許かは、いまだ流動的である（『百箇条調書　第三巻』新生社、一九六六年、一一二七）。

(84) 小川銀次郎編輯『旧事諮問録』第五篇（旧事諮問会、一八九二年）。

(85) 戸森麻衣子「近世後期の幕領代官所役人――その「集団」形成をめぐって」（『史学雑誌』一一〇―三、二〇〇一年）、一〇一・一〇七頁。

(86) 朝尾直弘「十八世紀の社会変動と身分的中間層」（辻達也編『日本の近世10』中央公論社、一九九三年）、また久留島浩「支配をささえる人々――支配する側とされる側とをつなぐ者たち」をはじめとする『シリーズ近世の身分的周縁5』（吉川弘文館、二〇〇〇年）に収録された諸論考など。
(87)『地改秘録』（神宮文庫、七門―六一九）。
(88) この某のように、地改出役から評定所留役へと昇進する例のあることは、『県令集覧』『会計便覧』でも確認することができる。
(89) 前稿表3の115に収録された天明二年三月二二日の評定所一座の吟味伺（前注(9)『司法資料　別冊第一九号　裁許留』三七二―三七五頁）には、「右出入（中略）双方評定所え呼出、立会絵図面を以吟味仕候処、地所之儀難決、為地改、平岡彦平衛・辻六郎左衛門両人之手代差遣候処、村境ニ拘リ候ニ付、伺之上、御代官風祭甚三郎、支配所検見序、見分吟味為仕候」とあるように、この時期の「裁許留」では、「地改」と「見分吟味」が、明確に区別され使用される例がある。一方、享保期『裁許留』では向寄代官手代が派遣されるものも「見分」と表現しており、この場合の「見分」は、天明期の「地改」に共通する要素をもっていたと考えることができる。
(90) 寛政九年（一七九七）六月二一日、評定所一座評議のうえ決定した内容に、地改派遣後の評定所公事の評議の際「上証文裁許」「申渡裁許」共、相談書を読むに及ばずとあり（『幕末御仕置例書』七、二三四、東京大学史料編纂所蔵）、少なくとも、寛政九年段階では、上証文裁許は想定されていた。
(91)『幕末御仕置例書』八、二四五、東京大学史料編纂所蔵。
(92) この点は、次の史料（『評定所覚書　上』神宮文庫、七門―七七九）からもうかがうことができる。享保九年（一七二四）正月一四日老中松平乗邑から三奉行にあてて、奉行所や地頭で前々裁許が済んだことについて再吟味の願い出があっても容易には取り上げないこと、十に七分以上之理分が無ければ取り上げないと心得ること等の指示が出されたことに対して、三分の理をもつ側が納得せず出入も止まず、重ねて強訴に及ぶこともあるのではないかとの伺いがだされた。結局同年五月一九日、評所一座は、「畢竟再吟味を願う者に十に七分の理がなく、且又、訴状では判断できず論所見分を派遣すべきかと思われる類は、取り上げないと心得る」という指示への承諾書を出している。前述「公事方御定書　下巻」第六条二項（元文三年（一七三八）決定）に結実する過程で、とくに論所を念頭において再吟味願いへの対応が評議されていた。
(93)『幕末御仕置例書』一三、六九、東京大学史料編纂所蔵。
(94) 訴訟方・相手方の負担は、江戸への出訴のための旅費・滞在費や宿の費用、また検使派遣に際しては検使の現地食費や人足・絵師の費用のみであった（大蔵省編纂『日本財政経済史料　巻八』（財政経済学会、一九二三年）、六五〇頁）。また、公事人は、幕府評定所に裁判手数料を支払うことはなかった（小早川欣吾『増補　近世民事訴訟制度の研究』名著普及会、一九八八年）。

(95) 山本英二「幕藩制後期論所裁許と政治主義」（徳川林政史研究所『研究紀要』二八、一九九四年）。

(96) 『地改秘録』（神宮文庫、七門―六一九）。

(97) 前稿、一八七頁。

(98) 裁判における口頭による対審は、開かれた場で双方の対話がなされることにより、相対的には対話者間の対等な関係を促進するという面を持つ（高橋良彰「取引社会と紛争解決」水林彪他編『体系日本史2　法社会史』山川出版社、二〇〇一年、五一〇頁）。

(99) 出原栄一・吉田武夫・渥美浩章『図の体系――図的思考とその表現』（日科技連出版社、一九八六年）。

(100) 鳴海邦匡『近世日本の地図と測量――村と「廻り検地」』（九州大学出版会、二〇〇七年）。

(101) 大きくは、黒須智之「「申」型裁許状の再検討」（『日本歴史』八〇二号、二〇一五年）の指摘も視野に入れて検討が望まれる。

(102) 大平祐一「判決がでたあと――江戸時代の「訴訟社会」像」（夫馬進編『中国訴訟社会史の研究』京都大学学術出版会、二〇一一年。のち、大平祐一『近世日本の訴訟と法』（創文社、二〇一三年）二四六―二六五頁。

(103) 前注(66)参照。

(104) 大平祐一『近世日本の訴訟と法』（創文社、二〇一三年）、四四三頁。

(105) 大平祐一『近世日本の訴訟と法』（創文社、二〇一三年）、四三六―四三七頁。

(106) 吟味筋裁判の落着請証文も、「私儀……」という一人称で書かれている（平松義郎『近世刑事訴訟法の研究』創文社、一九六〇年、八九八頁）。

(107) 高橋実「幕藩制文書管理史研究と本書の概要」（国文学研究資料館編『幕藩政アーカイブズの総合的研究』思文閣出版、二〇一五年、八―一一頁）。

(108) 大平祐一『近世日本の訴訟と法』（創文社、二〇一三年）、九六頁。

(109) 平松義郎『近世刑事訴訟法の研究』（創文社、一九六〇年）、一〇七九頁。同書によれば、吟味筋裁判においては、死刑・遠島については将軍裁決が必要とされ（五二一・五二二頁、典拠「旧事諮問録」）、落着請証文をとらなかった（八九六頁、典拠「諸家極秘心得」旧内閣文庫）とされている。もしこの見解が基本的に近世の原則といえるならば、幕府は、出入筋・吟味筋とも、確定力を予定した判決には請証文を不要とする原則をもっていたといえよう。ただし、近年小倉宗は、宝暦四―明和七年（一七五四―七〇）ごろの大坂町奉行、大坂城代の心得として、死刑についても一〇人までは江戸に伺う必要はなく大坂城代手限りとするものがあった（小倉宗『江戸幕府上方支配機構の研究』塙書房　二〇一一年、九六頁）ことを指摘している。平松の指摘が近世を通じてのものなのか、今後一度検討の必要がある。

(110)　滋賀秀三『清代中国の法と裁判』（創文社、一九八四年）、一四五―二六二頁、滋賀秀三『続・清代中国の法と裁判』（創文社、二〇〇九年）、一六―一九頁。皇帝自身においても判決の羈束力の観念がなかった（前掲・滋賀秀三『清代中国の法と裁判』、二三二頁）。寺田浩明は、滋賀説を批判的に継承し、ルールではなく、「天下の公論」（天下の誰もがそれを是とする一つの答え）を求めるありかたを帝制中国の裁判の特質としてとらえ、「公論型の法」と呼んでいる（同『中国法制史』東京大学出版会、二〇一八年、一九九・二〇六―二一八頁）。なお、大清帝国は、以下の①～③からなる。①中国本土（科挙官僚が派遣されて統治。明とほぼ同様の地方官制）、②藩部（内外モンゴル・新疆・青海・チベット。理藩院が管轄する一方、モンゴル王侯・トルコ系有力者・ダライラマが現地支配者として存続）、③特別行政区（清朝発祥の東北地域。奉天には首都北京の中央官制に準ずる官制が敷かれた。三将軍が統治した）（岸本美緒『中国社会の歴史的展開』放送大学振興会、二〇〇七年、一一二頁）。律の適用は①③で、理藩院管轄下（②）については蒙古例によって処断することと定められていた（谷井陽子氏のご教示による）。滋賀・寺田の理解は、おおむね①の、しかも漢人間の事象に限定されたものである。

(111)　たとえば、借金の分割弁済の判決を申し渡した後でも、内済の届けが出されている（金田平一郎「徳川時代に於ける訴訟上の和解（一）」『史苑』一―二、啓明社発行、一九二八年）。

(112)　大平祐一「判決がでたあと――江戸時代の「訴訟社会」像」（夫馬進編『中国訴訟社会史の研究』京都大学学術出版会、二〇一一年）のち、大平祐一『近世日本の訴訟と法』（創文社、二〇一三年）、二五三頁。

(113)　大平祐一『近世日本の訴訟と法』（創文社、二〇一三年）、一九五―一九六頁。

(114)　内済の研究史については、大平祐一『近世日本の訴訟と法』（創文社、二〇一三）第二編第三章参照。

(115)　江戸幕府の「公事方御定書」には、清の法には無い（前注(110)滋賀秀三『清代中国の法と裁判』、二五四頁）、裁許を請けない者あるいは裁許を内証にて破った者に対しては「中追放」という規定があった。しかし、この規定は、たとえば重追放を命じられた者が裁許破りをした場合、それより軽い中追放に処せられるのかという問題が発生しうるなど、実際の運用には矛盾をはらんでいた。

(116) 神聖ローマ帝国の最高裁判所においても、敗訴した側が、判決に随う旨の書面を提出することはあったが、それは、私的な書面として位置づけられていた（ミュンスター大学教授ペータ・エストマン氏のご教示による）。なお、ヨーロッパ近世史研究会第一九回例会におけるペータ・エストマン氏の報告「ドイツ国民の神聖ローマ帝国の二つの最高裁判所（一四九五年から一八〇六年）――歴史・研究・展望」（二〇一三年三月一〇日、京都大学）において、エストマン氏および主催者・参加者の皆さんから貴重なご教示をいただいた。

（付記）本章作成にあたって、法制史学会、ヨーロッパ近世史研究会、人間文化研究機構連携研究「人間文化資源の総合的研究」研究班「九―一九世紀文書資料の多元的複眼的比較研究」、基盤研究（S）「ユーラシアの近代と新しい世界史叙述」（羽田正代表）、名古屋大学近世史研究会の皆さんから貴重なご意見をいただいた。また、静岡県立中央図書館歴史文化情報センター、勝俣誠氏より史料閲覧のご高配をいただいた。なお、本章は、前掲「ユーラシアの近代と新しい世界史叙述」の成果の一部である。

## 第三章史料　※傍線は杉本による

### 史料1　『当用便覧』（国立公文書館、一八一―一六四）

四　評定所裁許留仕立形大概

一　窺之上申渡裁許

　　帳外

　申渡書　　前ニ記、

a
請証文　　本紙西之内継紙
　　　　　写小美濃横帳一冊

　差上申一札之事

私共出入御吟味之処、（中略）被　仰渡候、

右被仰渡之趣、一同承知奉畏候、且過料銭之義者、三日之内大貫次[治]右衛門様御役所江可相納旨、是亦被仰渡、奉畏候、若違背候ハヽ、重科可被仰付候、仍御請証文差上申候、如件、

寛政六寅年九月

酒井隠岐守
　知行
柳生主膳正
豆州田方郡浮橋村
名代[惣]
名主
訴訟方
伊左衛門
組頭
由右衛門
江川太郎左衛門御代官所
大久保加賀守領分

同郡多田村
　惣代　名主　忠蔵
相手方　組頭　善右衛門
（以下二ケ村省略）

御評定所

（中略　代官への過料銭納入を知らせる書類送付、幕府重役を務める領主方へ決定を知らせる書類送付について記す）

b
一　右ニ付、評定所江左之通、
　吟味伺書　一冊　小美濃
　請証文写　一冊　同
　評定所留　一冊　同
　過料銭達書　一冊　半紙

c
評定所留認振、左之通、

一　淡路守掛（脇坂安董、寺社奉行）
　秣場出入

酒井隠岐守
柳生主膳正　知行
豆州田方郡
訴訟方　浮橋村
江川太郎左衛門御代官所
大久保加賀守領分

同　郡
多田村
相手方
外二ケ村

右出入裏判を以呼出、地改・吟味伺之上、安藤対馬守（信成、老中）依御差図、分間はノ印五十番杭ゟ（中略）境ニ極、東南之方者浮橋村持山、西北之方者御多田村持山ニ而、原木・長崎両村入会と定、山田池水者是迄〔「通」脱カ〕之訴訟方用水ニ可引取旨、裁許之、相手方村々之者共義（中略）不埒ニ付、村過料銭十貫文申付預ケ置、斧・鉈等ハ訴訟方ニ可相返旨申渡、証文取之、江川太郎左衛門手代誰、大久保加賀守家来誰、三宅源左衛門家来誰、高田又十郎家来誰、能勢大学家来誰、久野金之丞家来誰江も令聞之、目安・返答書継合、裏判消遣、

地改　山田茂左衛門手代
　　　市川丈助
　　　浅岡彦四郎手代
　　　夏目大八

**史料2　「徳川法律雑記」、『古事類苑』（官位部、洋装版第三巻、六一八―六二〇頁）**

式日・立合・内寄合刻限之事

一　式日毎月　二日　十一日　廿一日
　奉行衆卯刻揃ニ付、六ツ時評定所江出候事、

一　立合毎月　四日　十三日　廿五日
　奉行衆五ツ半時揃ニ付、五時評定所江出候事、

一　内寄合毎月　六日　十八日　二七日
　奉行衆四時揃故、五ツ半時、御月番宅江出候事、

（古事類苑による中略。以下、式日・立合時の留役の勤務内容についての記述）

一　寺社奉行衆・町奉行衆江罷越、吹聴申候事、

一　式日・立合、其節済口之留を認候事、

一　金公事、四日・廿一日は三人、其外ハ弐人宛ニ而、古格見合認候事、
一　代ル々々評席出、相詰候、三四人ヅヽ、
一　銘々奉行之落着ものは留を銘々認候、尤月番之手伝いたし候を専要ニいたし候古格之事、

月番之心得
一　月番前月晦日ニ、星順承り帳、其外引渡もの受取、
一　朔日、前月之留を読候事、
　　但、十一月ゟ式日・立合毎、即日読之事、
一　同日、同役御役扶持、御用扶持、御定扶持之手形取集、組頭押切を取、
一　月番書認、同役江配候事、
一　壱ケ月式日・立合、銘々請持之当番割いたし、認置候事、
一　三奉行衆ゟ、御用日帳外之銘書被遣候間、五枚ヅヽ認、
一　御出座ニ付、訴訟公事之帳上り幷御扣とも町奉行月番ゟ被相渡候間、町与力詰所江参り申談じ、公事人共呼出、銘書江領主・地頭、国郡村幷名前、公事之趣意、伺・出入ニ候哉、突合候而、町奉行江返上、
「一　御出座之節、帳外者、壇紙・半切裁合セ、銘書認、月番御勘定奉行江上ル、上り・御控共（小早川による中略）」
「一　御出座相済候而、公事吟味もの再席有之儀も候間、其心得ニ而候事、」
「一　熟談もの有之節者、配りと唱、留を認候者、月番ニ而いたし候、」
一　都而、当日之留を重ね候ニ、裁許之留を奉行順ニ致し、済口之留を同様ニいたし、熟談・破談之留是又奉行順ニいたし、初公事銘書奉行順ニいたし、其次江訴訟之留書を奉行順ニいたし、表紙を附、仮とぢいたし、留入袋江入置、（古事類苑による中略）
一　焼捨封物は、寺社奉行ゟ御目付江渡、焼捨、御附札ニ而下り候訴状は、腰掛ニ而、町同心、訴訟人之名前を呼、罷在候得ば呼入、月番三奉行衆・御目付立合、焼捨申渡、請証文取之（古事類苑による中略）
一　諸御書付、御用日之延刻限遅速、奉行衆・組頭衆御役替等之儀、廻状遣ス、都而其外仕儀随取計、
一　御殿日記之日々相改、御吟味願・御差図振取計、都而下り物・評議物、夫々銘書附出、且吟味伺書、進達・御下知書御渡、

裁許ものハ承附いたし、評議いたし候分ハ、其通先之懸り奉行□（ママ）方へ被仰渡候段、沈（ママ）ミの下ケものに而、奉帳江朱を入申候、

（古事類苑による中略）

一　御代官伺相済、口書其外書付有之、袋ニ入有之分ハ、袋之銘を消、御附札何月幾日上ル、其外御下知書、何月幾日上ル、奥書何月幾日上ルと、夫々ニ書付、承帳之銘も消し、調方江遣し候積、改方江達ス（古事類苑による中略）、

一　諸触出し、月番ゟ出し候、

一　年中筆墨渡し方、

一　忌届、病気等断、当日断、

右之通ニ候得共、内訳品々ニ而、右体大通り如此、

**史料3―1　『評定所留役其外書上留』（東京大学史料編纂所、Ⅰほ一一二二九）**

「（朱書）卯（天保一四年）　三月廿三日
越前守殿御直、（水野忠邦、老中）　能登守（跡部良弼、勘定奉行）
播磨守（戸川安清、同右）　立合上ル」

評定所留役組頭幷留役共褒美之儀申上候書付

御勘定奉行
井上備前守（秀栄）

【1留役来歴】評定所留役組頭幷留役共之儀、留役者、貞享二丑年支配勘定之内ゟ八人被　仰付、宝永二酉年　御目見被　仰付、其節向後留役被　仰付候者、別段御勘定不被　仰付留役被　仰付候旨、御書付を以被　仰渡、享保十六亥年迄者、御役扶持五人扶持被下候処、同年ゟ相増、拾人扶持宛被下候旨被　仰渡、猶又元文三午年ゟ弐拾人扶持ニ被成下、其後宝暦八寅年新規弐人相増、文化三寅年郡代附ゟ過人被　仰付、其以来本役都合拾壱人ニ相成、【2留役助来歴】留役助之儀者、寛延四未年本役両人佐州江為御用被遣候跡江助両人被　仰付、御役扶持被下候処、右本役両人佐州より帰府後相止、其後宝暦三酉年新規四人留役助被　仰付、御役金拾五両も被下、同八寅年壱人相増、都合五人ニ相成、以後御扶持方拾人扶持とも被下候旨被　仰渡、【3留役組頭来歴】留役組頭之儀も、同年新規壱人被　仰付、いつれも引続跡役被　仰付、連綿相勤罷在候儀ニ御座候、【4留役勤務実態】然ル処、右留役組頭幷留役共勤方、前々之様子幷当時之姿をも得と見聞之上、勘弁仕候処、都而評定所手限公事・吟味ものハ勿論、評定所一座江御下被成候評議物、幷御代官御預所諸伺・下知、諸家仕置当、或者取計

振向・挨拶・御差図振等取調候儀ニ有之、尤往古之儀者、留帳も焼失いたし難相知候得共、【5安永―文政状況】安永度之頃ゟ文政四五年迄者、公事吟味もの数、凡壱ケ年、評定公事三四百口余、内寄合ものも同様位、其外評議もの三四十口程、御代官伺ものも至而数少く、道中方諸願吟味物とも凡五六十口位之儀ニ有之候処、追々相増、【6天保一四年当時の状況】当時ハ凡壱ケ年評定公事幷内寄合物とも五百口余、御評議もの其外道中もの百口余ニ及ひ、御代官伺之上下知いたし候もの百弐三十口、其餘手限ニ而差図いたし候品も夥敷、其外御勝手方吟味もの等、以前と者莫大之相違ニ而、前書諸向問合挨拶或者御差図振等、口々多端之調物数多有之、殊ニ古役之留役共者、日々訴出候目安糺方為致、道中方吟味もの幷宿助郷休役免除願等之取調、又者近年打続大赦被　仰出候ニ付、三奉行を始、遠国奉行其外諸向ゟ進達いたし候御赦伺評議取調等も相兼、定式品々数口之御用向差湊候上、臨時之儀ニ者候得共、評定所一座懸・五手掛等吟味もの又者御仕置例類集、御触書、裁許絵図取調等も不絶有之、其時々掛申渡定式御用兼為相勤候儀ニ而、平生式日者暁七時、立合・内寄合等も未明より出勤、繁々早出いたし、日々私共宅江も罷出夜分迄も吟味もの取調、帰宅之上者毎夜深更迄調物仕、更ニ年中昼夜之差別も無之只管打懸居候儀ニ而、吟味物調物之儀物外御用筋とは訳違諸向之亀鑑、御仕置筋之儀者既ニ人命ニも拘り候儀を為取調候事故、実々不容易勤向ニ付古今之先例等をも得と記位不致候而者難相成候処、前書申上候通、累年都而之口数も相殖、近年者壱ケ年分之留帳、以前之三増倍ニも相成、追々評議之上、申上御書付を以被　仰渡、又者評定所一座評議之上相定候法則、幷伺之上御仕置御咎申付候先例も夥敷相殖、殊細密之取調〔仰カ〕引渡候御時節ニ御座候間、逸々右旧例探索等も以前と違悉手数相懸り、種々了簡取調候儀ニ付、銘々家事等之儀者差構候儀も難相成、万事打捨昼夜御奉公一図ニ心を砕罷在候間、容易之人物ニ而者勤遂不申、半途ニ而種々之病気等相発生涯多病ニ相成甚敷者一命を果候ものも間々有之候程之勤向ニ而、（中略）【7留役組頭勤務実態】且組頭之儀者、右留役共勤向取調物等逸々熟覧之上、存寄悉懸談判、留役惣体之勤向之括りを司り、其上御差図振、諸家問合挨拶向等引受取調、留役始、改方・書物方・書役等多人数之勤方者勿論、身分進退向をも取扱候故、殊更不一方格別骨折候儀ニ有之（中略）【8留役の遠国・臨時御用】一躰留役定人数拾壱人之内、馬喰町御貸附壱人定式退切幷五街道御取締御用両人、江州湖水縁騒動吟味御用両人、遠国差出被　仰付、古役之もの追々転役等ニ而、俄ニ新役多奉物も、其度々割替手戻ニ相成候処、前書之通、裁許書幷御仕置例類集取調等臨時御用も相兼、又者関東筋在々取締方改革幷教諭筋取調等も有之、右躰一時ニ差湊候儀ハ稀之儀ニ而、実々御用多未曽有之年柄ニ有之候処、留役助・同当分助之もの共一同格別出精相勤候故、却而平年ヨリ済方捗取候儀ニ而、組頭之義も右躰新役多等ニ而万端手込壱人ニ而者手餘候処、是又出精骨折相勤候（中略）依之、留役組頭幷留役共、平日勤方之次第をも入御聴、別紙去寅年々公事吟味済方訳書相添、此段偏奉願候、

「（朱書）本文御褒美之儀（中略）偏奉願上候儀ニ御座候、」

以上、
卯二月

跡部能登守
梶野土佐守（良材、勘定奉行）
戸川播磨守
岡本近江守（成、勘定奉行）
井上備前守

（下札・「寅年公事吟味物方訳書」省略）

**史料3―2『評定所留役其外書上留』**（東京大学史料編纂所、Ⅰほ一一二―二九）

「（朱書）未（弘化四）六（アキママ）月　日
伊勢守（阿部正弘、天保一四年閏九月より老中）殿江
同七月廿二日
御同人御直御書取御添、承附候様、河内守（松平近直、勘定奉行海防掛）江御渡、
同月廿三日
御同人江［アキママ］を以大和守（牧野成綱、勘定奉行）承附、いたし返上、」
評定所留役組頭幷留役共、御褒美之儀申上候書付
書面之趣者、難被及御沙汰旨、被仰渡、奉承知候、
未七月廿二日　　御勘定奉行

【9安永―文政状況】評定所留役組頭幷留役共勤方之儀、往古之儀ハ留帳焼失いたし、難相分候得共、安永度之頃ゟ文政四五年迄之公事吟味物幷評定所一座江御下ケ相成候評議物、其外御代官御預所諸伺、下知、諸家仕置当、或ハ取計振問合挨拶・御差図振等、口々物数ニ見合候而ハ、いつれも当時格別相増、其余御勝手方幷道中方吟味物等も以前ゟハ莫大之相違ニ有之、然ル処、【10弘化三年状況】此程入御聴置　候通、去午（弘化三年、一八四六）壱ケ年幷当未正月ゟ此節迄定式公事吟味物其外評議物等済方取調候処、別紙之通、口々済方も相捗候儀ニ而、尤評議物取調方之儀ニ付而者、去夏中ゟ度々御沙汰之趣厚相守一同無油断出精仕候故之儀ニ者候得共、一躰近年論所検地又者見分吟味、其外百姓

共騒立候一件吟味御用ニ付、留役所共之内年々遠国御用とも被仰付、既去午年之儀も、別紙名前書ニ申上候通、豊田栄次郎・小俣稲太郎者在出御用之方江退切、池野貞一郎者寺社方調役助被【11弘化元年以来の異国船・海防対応】　仰付、人少之処、右躰公事吟味物等済方相捗取候儀、実以昼夜之無差別、一同出精仕候段、相違も無之、且又去ル辰年(弘化元年)長崎奉行相伺候阿蘭陀国王之使節船渡来之節、取計方之儀評定所一座幷大目付・御目付等江評議ニ御下ケ被成候、以来引続浦賀表(弘化二年、一八四五年米捕鯨船漂流民を護送し浦賀来航)又ハ琉球国江渡来(弘化元年三月十一日仏船琉球へ来航)いたし候異国船取計方或ハ海岸防禦之儀ニ付御書取之趣、浦賀奉行其外同所幷長崎表御備向被　仰付置候諸家心得方等相伺候書面追々評議ニ御下ケ被成候処、右者平常取扱候評議物とハ訳違ひ、不容易御用柄ニ而殊ニ御下ケ之書面も数多之儀ニ付、下調申付候留役共、其時々掛り相替り候而ハ御用弁不宜候間、留役組頭松井助左衛門幷留役共之内大森善次郎・増田作右衛門・木村敬蔵・山下敬次郎江別段取扱申渡、尤右評議物之儀其度々御急之御沙汰も有之候付而者、右名前之もの共之内、助左衛門・善次郎・作右衛門ハ土佐守(石河政平、天保一四年閏九月二十日から勘定奉行、当時海防掛)公事方掛之節ヨリ、敬蔵〔「二」脱カ〕・敬次郎ハ佐渡守(久須美祐明、弘化元年一〇月二四日より勘定奉行)・大和守(牧野成綱、弘化二年三月二十日より勘定奉行)当御役被　仰付候以来、助左衛門外弐人、一同引続御役宅江罷出、昼夜取調物為致候儀ハ勿論、右御役宅おいて連夜暁迄も打掛候儀等も度々之儀ニ而、且右躰御差急之品ニ付、其度々之御下ケ書類之儀も本紙相廻し候様ニ而者、是又御用弁ニ拘り候間、評定所ニ而夫々写取、一座幷海防掛筒井(政憲)紀伊守江其夜之内相廻し、悉く手数相掛候儀之処、いつれも格別骨折相勤候儀ニ而、右躰臨時御用多之折柄、定式評議物之儀者、近年見合も無之程之捗取方ニ而、一同格別出精仕候段者相違無御座、一体留役共之儀ハ、去ル卯年(天保一四年、一八四三)中越前守殿御勤中、先役共ゟ入御聴置候通之次第ニ而、当時之勤方等及見聞候、私共場合ニ而者、年々拝領物之儀をも奉願度候処、右者御時節柄新規之儀ニ而容易申上兼候得共、右躰公事吟味物等一際済方も捗取、殊前書海防御備向評議物等御下ケ相成候儀ハ稀之儀ニ而、励之ためニも御座候間、一同出精之規模相立候様、組頭幷留役助以上之もの共江、相応之御褒美被下置候様仕度、依之別紙名前書幷評議其外公事吟味物等済方訳書相添、此段奉願候、

(朱書)「一去ル卯年当時新役之もの多く其上御改革ニ付、(中略)御褒美被下置候様、仕度奉願候、」

以上、

未六月

印　石河土佐守（政平、勘定奉行海防掛）

印　松平河内守（近直、同上）

印　久須美佐渡守（祐明、勘定奉行）

印　牧野大和守（成綱、同上）

（以下、「名前書」「評議并公事吟味物済方訳書」省略）

**史料4　裁許裏書絵図による決着の記事（寛政『裁許留』一三〇）**

寛政十一未年十月二日落着

下野守掛（菅沼定喜、勘定奉行）

a

【絵図裏書写】美作国西々郡下原村薪森原村と同国同郡宗枝真壁吉原古川村地所出入裁許之事

【訴訟方主張】下原村薪森原村訴趣、先年（中略）難心得旨申之、【相手方主張】宗枝・真壁・吉原・古川村答趣、古川敷（中略）無相違旨申之、

【代官見分―検討内容】右出入村境ニ拘間、御代官野村九郎被差遣、遂糺明処、（中略）相手方申分も難立、因茲、【決定内容】今般衆議の上、定る趣者、（中略）申付る条裁断畢、仍為後鑑絵図面墨筋を引、令裏書、各加判、双方江下授間、永不可遺失者也、

寛政十一年十月二日

御用方無加印 松　石見（松平貴強、勘定奉行）

菅　下野（菅沼定喜、同右）

御用方無加印 石　左近（石川忠房、同右）

同 中　飛騨（中川忠英、同右）

柳　主膳（柳生久通、同右）

根　肥前（根岸鎮衛、町奉行）

小　土佐（小田切直年、同右）

植　駿河（植村家長、寺社奉行）

脇　淡路（脇坂安董、同右）

松　周防（松平康定、同右）

土　大炊（土井利和、同右）

b

【裁判経過説明】右出入、村境ニ付、為検使御代官野村権九郎被差遣、吟味・伺之上、太田備中守（資愛、老中）殿依御指図、絵図裏書を以裁許之、
【刑事罰】且下原村之もの共儀、吟味中不得心之儀を内済相願、又者差越御箱訴いたし候段、不埒之至り、（中略）総百姓共者叱り置、
証文申付、【関係支配者へも周知】早川八郎左衛門手代齋藤弥左衛門、松平仙千代家来河内志津馬江も令聞之、【裁判終了手続き】目安・返答書継合、裏判消ニ遣、
絵図左之もの共江下置、

早川八郎左衛門
御代官所
作州西々條郡下原村
訴訟方　年寄　久右衛門
百姓　甚兵衛
（薪森村役人名を省略）

松平仙千代領分
宗枝村
相手方　組頭　瀬助
（真壁村・吉原村・古川村役人名を省略）

c

【刑事罰受諾の請証文】
差上申一札之事

下原村外壱个村より宗枝村外三个村江懸り候地所出入、再応御吟味之上、今般絵図御裏書を以御裁許有之、私共不埒之始末ハ、左之通被仰渡候、

一　下原村之もの共儀、（中略）

一　右之外、先達而（中略）

右被仰渡趣、一同承知奉畏候、若相背候ハヽ、重科可被仰付候、且過料銭者、三日之内大貫次右衛門様江可相納旨被仰渡、是又承知奉畏候、仍御請証文差上申処、如件、

早川八郎左衛門
御代官所

寛政十一未年十月二日

作州西々條郡下原村
庄屋平内代兼
年寄　久右衛門
訴訟方
小前総代
百姓　甚兵衛
（薪森村役人名を省略）
松平仙千代領分
宗枝村
組頭　瀬助
相手方
（真壁村・吉原村・古川村役人名を省略）

御評定所

**史料5　上証文による決着の記事（天明『裁許留』六五）**

（朱書）「元備後守懸」（太田資愛、天明元年閏五月一一日まで寺社奉行）
（朱書）「当時」備中守懸（阿部正倫、寺社奉行）
越後国十川村と同国岩澤村、秣場出入

a

【上証文写】差上申一札之事
【訴訟方主張】越後国岩船郡十川村訴上候は、（中略）申上之候、
【相手方主張】一　同国同郡岩澤村答上候は、（中略）申上之候、
右出入、立会絵図を以御吟味之処、地所之義（儀）難御決、【地改派遣―検討内容】為地改、御代官平岡彦兵衛様・風祭甚三郎様両御手代中被差遣、被遂御糺明候処、【訴訟方主張】榊原式部太（朱書）「輔」史様御領分之節、（中略）十川村地内ニ候旨、訴訟方申上、【相手方主張】相手方ニ而は、（中略）同村地内之旨申

争ひ候得共、【訴訟方・相手方主張採用せず】無証據《拠》之儀は双方申分難御取用、（中略）【決定内容・再論禁止】依之、被仰渡候は、論所廻り御分間三番杭より西之方拾八番杭江見通し地境に極、南は十川村進退、北は岩沢村ニ而進退いたし、以来双方致和融、及再論間敷旨被仰渡、一同逐一承知奉畏候、若相背候は御科可被仰付、仍為後證、連判一札差上申処、如件、

天明元丑年七月廿一日

内藤徳丸領分
越後国岩船郡十川村
訴訟方　組頭　佐吉
百姓代　五郎右衛門

上杉弾正大弼御預所
同国同郡岩沢村
相手方　庄屋　勘十郎
百姓代　長三郎

御評定所

b

【裁判経過説明】右出入、地改吟味之上、証文を以裁許之、且、【刑事罰】訴訟方之もの共儀（中略）急度叱り之上取上《ル》候鞍ニ口・鎌壱挺ハ相手方へ為相返、相手方之もの共義も、（中略）叱り置、別紙証文申付、【関係支配者に周知】上杉弾正大弼御預所役人増岡清左衛門、内藤徳丸家来岡菅助江も令聞之、【裁判終了手続き】目安・返答書継合、裏判消ニ遣、

平岡彦兵衛手代
松岡佐惣次

地改
風祭甚三郎手代
百々彦一（「百々」は朱書）

c

【刑事罰請証文】
差上申一札之事

私共出入、地改御吟味之上、御裁許被仰渡、不埒之段左之通被仰渡候、
一　訴訟方之もの共義《儀》（中略）被仰渡候、
一　相手方之もの共義《儀》（中略）御叱り被置候、
右被仰渡之趣、一同承知、奉畏候、若相背候ハヽ、重科可被仰付候、仍御請証文差上申処、如件、

天明元年丑年七月廿一日

内藤徳丸領分
越後国岩船郡
十川村
名主次郎助代兼
組頭　佐吉
訴訟方
百姓代　五郎右衛門

上杉弾正大弼御預所
同国同郡
岩澤（ママ）村
名主〔「相手方」脱カ〕　勘十郎
百姓代　長三郎

御評定所

d

【検地についての請証文】
差上申一札之事

十川村より相懸候秣場出入別紙証文を以御裁許被仰渡、当村地内切開候旨申立候場所は、御検地為御用御越被成候、御役人様之御吟味請可申旨被仰渡、奉畏候、若相背候ハヽ、御科可被仰付候、仍御請証文差上申処、如件、

上杉弾正大弼御預所
同国同郡

天明元年丑年七月廿一日

岩澤村
名主
勘十郎
百姓代
長三郎

御評定所

## 史料6　請証文による決着の記事（天明『裁許留』五九）

b

【裁判経過説明】
伊予守懸（桑原成貞、勘定奉行）
常州大来柄村新之丞、相手同国境村市郎左衛門外弐人、立木伐採出入

【訴訟方主張】宮村孫左衛門御代官所常州河田郡大来柄村新之丞訴候者、所持之字地蔵前屋敷畑幷墓所之立木を、難波田権三郎知行同郡境村市郎左衛門外弐人伐採旨申出ニ付、【検討経過】裏判を以呼出、遂吟味処（中略）【決定内容】代銭損出（ママ）之上伐採候立木ハ新之丞え為相渡、右弐ケ処之地面ハ新之丞進退いたし、以来相手方ニて差障間敷旨申渡、証文申付、【関係支配者に周知】宮村孫左衛門手代寺門多四郎、難波田権三郎家来阿久津幸右衛門江も令聞、【裁判終了手続き】目安・返答書継合、裏判消ニ遣ス、

a

【請証文写】
差上申一札之事

私共出入、被遂御吟味候処、【証拠なし―不採用】無証拠申争ハ難成御取用、【検討経過】大来柄村内字地蔵前屋敷畑之立木を満光院先住広智より、相手方買受候段ハ、満光院無住之内預り罷在妙智院申口致符号、当住妙貫幷村役人共御糺之上、（中略）【決定内容】代銭損失被仰付候間、伐採立木ハ、新之丞江相渡、右弐ケ処之地面ハ新之丞進退いたし、以来相手方之ものとも差障間敷旨被仰渡、一同承知奉畏候、若相背候ハゝ、御科可被仰付候、仍御請証文差上申所、如件、

天明元丑年六月四日

宮村孫左衛門御代官所
常州河田郡大来柄村
百姓
訴訟方
新之亟（ママ）

難波田権三郎知行
同郡境村
百姓
市郎左衛門代兼
同人伜
市之亟（ママ）
市之丞伜
作兵衛
（「相手方」脱カ）
御吟味ニ付罷出候
右大来柄村
名主
新兵衛
右境村
名主
八郎左衛門
御評定所

**史料7　「棠蔭秘鑑　元」（石井良助編『徳川禁令考別巻』創文社、一九八四年）**

（前略）

右条々、評定所・奉行所之事ハ、天下の理非の相定候所にて、其上又世の人々安堵し候も迷惑し候も、公事訴訟の裁断に相掛候、たとひ一旦ハ、其時之奉行の沙汰ニ候故、理を以て非とせられ、非を以て理とせられ候とも、違背には及ハす候といへとも、年月を経候後に至て其事破れ候而ハ、最初裁断之時一座之衆中之ために不可然事に候、すへて此等之道理は不及申候得共、御仕置のため大切之御事に候を以て相違し候間、能々可被存其旨候、以上

四月

**史料8　「棠蔭秘鑑　享」（前掲、石井良助編、一九八四年）**

元文三年極

一　於奉行所・諸役所幷私領、前々裁許有之而事済候儀を、経年月、右裁許非分之由申立、再吟味願出候共、取上申間敷候、然共、訴訟方慥成證文等有之、相手方ニハ證拠無之、先裁許必定過失と相見候ハヽ、窺之上詮議取懸り可申事、

### 史料9　「地改役心得書」（『徳川禁令考』後集　第Ⅰ、三六七—三六八頁）

絵図引方幷裁許裏書之事

（中略）

一　地改裁許之儀、先年者、大体絵図裏書墨引裁許、又ハ書下し等ニ候処、其後上証文裁許と相成、地改定出役ニ成候頃より寛政五六年之頃迄（一七九三—九四年）は、大方上証文を用、其後根岸肥前守（鎮衛）御勘定奉行之砌（天明七年—寛政十年、一七八七—九八）、存付ニ而、請証文よみ渡し裁許と申ニ成、猶又申渡裁許ニ成、夫より一通り之地改之もの者、請証文取之、品ニ寄、場所杭打遣候様成、尤請証文裁許ニ相成候一件者、地改之もの、講釈相済候上、相談書読之候処、諸調物簡易ニ可致事ニ相成候砌、寺社方調役羽田藤右衛門存付を以、講釈ニ而相分候上ハ、相談書読ニ不及積、一座評議之上相止、

上証文ハ、端書ニ訴答之申立を外題ニ顕し、扨吟味之処地所之儀就難御決、為地改、誰々様之御手代中被差遣、再応被遂御糺明候処、訴訟方ニ而ハ何々と申、相手方ニ而者何々と申趣、夫々証拠物等を認、夫より吟味詰を記候上、何々之裁許有之、再論及間敷旨承知之趣、連判一札差出と申儀、上上程村紙ニ三通認、評定所江取置候分江ハ、一件之もの共連印取之、訴答江渡し候分ハ、年号之上之処ニ而、右評定所江取置候分江、訴訟方を上、相手方を下ニいたし、大判三切押切ニいたし、継手江も大判を押、削字江者小丸印を押相渡ス、絡附候得者、別受証文取之、三方渡、四方渡り抔申、口々江渡候分も有之候事、

一　上証文、止ニ成候元ハ、寛政七八年之頃と覚、越後国大石金股と申、評定公事山論有之、根岸掛リニ而、兵右衛門・左文次地改之上、上証文を以裁判相済候後、一方之領主より彼是申立幷証拠物見出し候由ニ而、再論ニ成、吟味仕直しニ付、双方評定所江呼出し、一旦相渡置候上証文取上、再地改吟味之上、裁許改り候砌より、証文ニ相成候、此件村明細帳用不用等之論有之候、

右絵図裏書幷書下しハ、奉行所より申渡候趣之文意故、候と申文字不認、てにをハも其意にて、の之字の外不認候様いたし、にも、に之字也、上証文ハ、下より請いたし候意ニ取調候事、（後略）

史料10　『幕末御仕置例書』八、二四五（東京大学史料編纂所、Ｉほ一二二五）

都而評定公事相談書、以来留帳之末江可認入事、但、清帳江者可除之事

都而評定所公事出入之始末御相談書ニ委敷有之、請証文江者御裁許之取計相認、御相談書一件袋江入、評定所江納置候仕来ニ有之候得共、右御相談書不相見分も有之、年を経再論等出来候節、御相談書無之、請証文計ニ而者、難相分儀も出来可致間、御相談書も留いたし、清帳ニ者不相認、元帳江計り認入置候様取計候事、

右、寛政九巳年十二月四日評議極ル、

# 第二部　政治空間化する太平洋と「日本」

## ——地球的世界のなかの表現と公開

# 第四章　異国異域情報と日常世界
## ——近世的公開メディア

### 第一節　近世的公開メディア——身体表現と草双紙的世界

近世とは、唄や演劇という身体による表現と新しい文化である商業出版とが結びついて情報世界をかたちづくり、列島的規模で人々に影響を与えた時代であった。この表現行為は、「外」についての情報やイメージを、日常世界に運び込み創り出すメディアとして、近世社会のなかで大きな力をもっていた。本章は、従来、芸能史や出版史のなかで個々バラバラに検討されてきたこの領域に、「近世的公開メディア」という総称でまとまりを与え、それが担った情報世界を描き出すことを目的としている。

後述するように、近世社会においては、近代的意味での「公開」という発想は存在しなかった。そのような理解のうえで、本章において、不特定多数の享受者を想定した表現—享受行為に、あえて「近世的公開」という呼び方を与える意味は何か。その問いに対する答えは、以下の行論で明らかにしていきたい。またそのなかで、近年の情報史研究(1)の豊かな成果をふまえながらも、そこでのキータームとされてきた「ネットワーク」という見方では補足しきれない情報の流れを浮き彫りにすることを企図している。

## 1　近世的公開メディアへの招待

近世的公開メディアについて、まず、三つの事例を紹介することから始めよう。

### ①　読売で広まった「八百屋お七」の物語

天和三年（一六八三）放火事件を起こし処刑された「八百屋お七」。その情報が、日本列島上を燎原の火のように拡がっていくさまを、日野龍夫は、『天和笑委集《てんなしょういしゅう》』の記述を借りて鮮やかに示してみせた。(2)

江戸中貴賤を問わずここかしこに寄り集まり、顔に憂いを浮かべ声を落として、成し遂げられた物語をとどめ、昼夜これればかり取り沙汰した。数え歌に作ってこれを歌い、あるいは道行《みちゆき》・いろは唄・地獄讃談《さんだん》・浄瑠璃・説教として節をあらため江戸中くまなく売り歩き、のちには東海道中五十三次、特に京都洛中洛外、大坂の町々、奈良・堺・伏見・淀、紀州和歌山、すべて五畿内五か国、西は四国・肥後・島津（鹿児島）、あるいは長崎、島原、そのほか北国、東は奥州五十四郡・蝦夷・松前・外の浜に至るまで、日本六十余州残るところなく売り歩く。そのため、遠い国里までも、知らない人はいなかった。(3)

右は『天和笑委集』の現代語訳（要旨）であるが、ここでは、事件の顚末は、旋律を持つ唄や語りをともなった売り歩きによって、日本全国に広まっていったと記述されている。読売《よみうり》と呼ばれる、演唱をともなった物売りが情報の伝播に大きな役割を果たしたことがここに示唆されている。

この翌年（貞享元年（一六八四））、幕府は、町中で、思慮のない小歌・はやり事・当座の新奇な事を出版することを禁じた。(4)しかし、読売という形態は、この後明治時代後半期まで存続する。

### ②　密貿易と謀反――歌舞伎「三千世界商往来《さんぜんせかいやりくりおうらい》」

一八世紀、上方では、歌舞伎作者並木正三《しょうざ》（享保一五年（一七三〇）―安永二年（一七七三））は、「日本」と異域・異国をめぐる史実に取材した多くの演目を作り上げ世に送り出していた（図1）。そのひとつ、「三千世界商往来」は、享

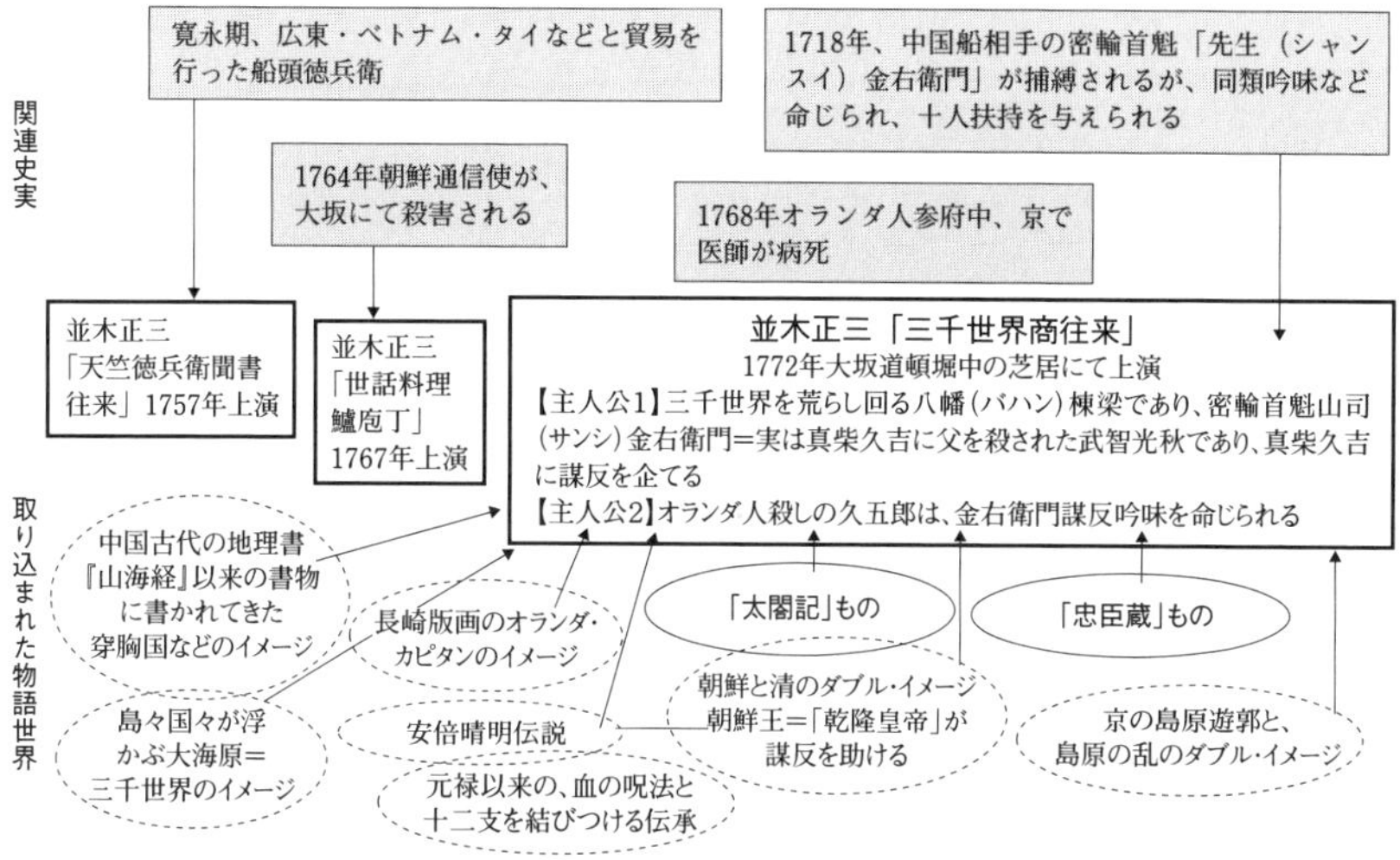


図1　並木正三「三千世界商往来」の物語世界と史実

保三年（一七一八）捕縛された密貿易の首領金右衛門をモデルとしていた。長門国（山口県西部）出身の金右衛門は、室鳩巣《むろきゆうそう》「兼《けん》山《ざん》秘《ひ》策《さく》」によれば、「先生《シャンスイ》（福州発音で首魁のこと）金右衛門」と呼ばれ、唐音で話し、唐服を着、唐人・日本人を集め海上を自由に乗り回していた。漢詩を作る知識人でもあった。[5]「三千世界商往来」では、三千世界を荒らし回る密貿易の首領金右衛門が、実は自分は真柴久吉（羽柴秀吉）に父武智光秀（明智光秀）を殺された武智光秀だと知り、久吉の首をとることを誓う。この金右衛門に、「朝鮮国の主＝乾隆皇帝」の亡霊が三年間有効の蛮国の術を授ける。しかし天文博士安倍清澄（安倍晴明）らは、血の呪術により三年を一時に縮め、金右衛門の企てを阻止する。

図1に示したように、歌舞伎「三千世界商往来」は、実際の事件に取材しながら、多くの既存の物語やイメージを重層的に取り込んで作り上げられている。まず「太閤記もの」と呼ばれる羽柴秀吉にまつわる物語、「忠臣蔵もの」と呼ばれる赤穂事件の世界を前提としていた。また上演時発売された絵尽（上演パンフレット）に描かれた場面は長崎版画のオランダ人イメージと類似のものである。そこに描かれた、貴人に従者が傘を差し掛けるというポーズは、鎌倉時代の絵巻以来、身分の高い人を描く作法であっ

た。舞台のうえには、重層する物語世界が作り出された。まず、現実には存在しない架空の人々、たとえば中国古代地理書『山海経《せんがいきょう》』以来多くの書物に書かれてきた「穿胸国」などが、観客の前に生身の姿で登場したはずである。そして、中世以来説教節・仮名草紙などで親しまれてきた安倍晴明が、近世に流行した血の呪法を使い、さらに、「乾隆皇帝」が金右衛門に授けた「蛮国の術」を封じてみせた。

八幡《ばはん》の棟梁金右衛門が暴れ回る「三千世界」は、海禁体制下の近世日本と通商関係を維持した新教国オランダが貿易を行う世界として描かれると同時に、大海原に島々が浮かぶイメージで表現され、おそらく、中世の御伽草子などで親しまれた貴人の島々遍歴―「島渡り」「島巡り」をふまえていた（江戸東京博物館所蔵「新版嶋回大双六」などにも、共通のイメージがみられる）。舞台のうえには、肥前（長崎丸山遊郭と京都島原遊郭を重ね合わせる）―備前国浜辺―小豆島―摂州〔実際は播磨か〕舞子が浜という西日本の各地が登場する。金右衛門が真柴久吉を倒すために、「異国の島々国々」を味方とし、手下の「黒ん坊」を「堺の浦」に派遣して異国の兵船を一時に駆け上らせ都を攻め取るとしようとしたとき、この「日本」に、前述の「三千世界」が乱入する。

「三千世界商往来」にみられる、秀吉・秀次や「日本の武士」に対する痛烈な皮肉や、「日本」と「唐」の差異化と自己投影の共存・捻れについて、ここに詳述する紙幅はないが、事実と物語・イメージをない交ぜにして描かれた世界には、作り物であるがゆえに、当時の人々の日常的な社会感覚や世界観が投影されていたと考えられる。歌舞伎は、生身の人間や、舞台という立体的空間、音声・音楽をともなって繰り広げられる総合表現であり、それだけに、享受者に他の媒体以上に鮮烈な印象を与えたと考えられる。

また、物語全体とは別に、劇中に、大経師暦売り・三島暦売り・伊勢暦売りが喧嘩する場面が挿入される[6]が、これは、三年を一時に縮める「蛮国の術」につなげて、貞享改暦以降の暦使用の混乱や三暦の頒布紛争を、ヒトの身体を使った演劇として（ここでは、いささか特殊な用法だが、世相や政治・経済の動きを人間として表現するという意味で「擬人化」

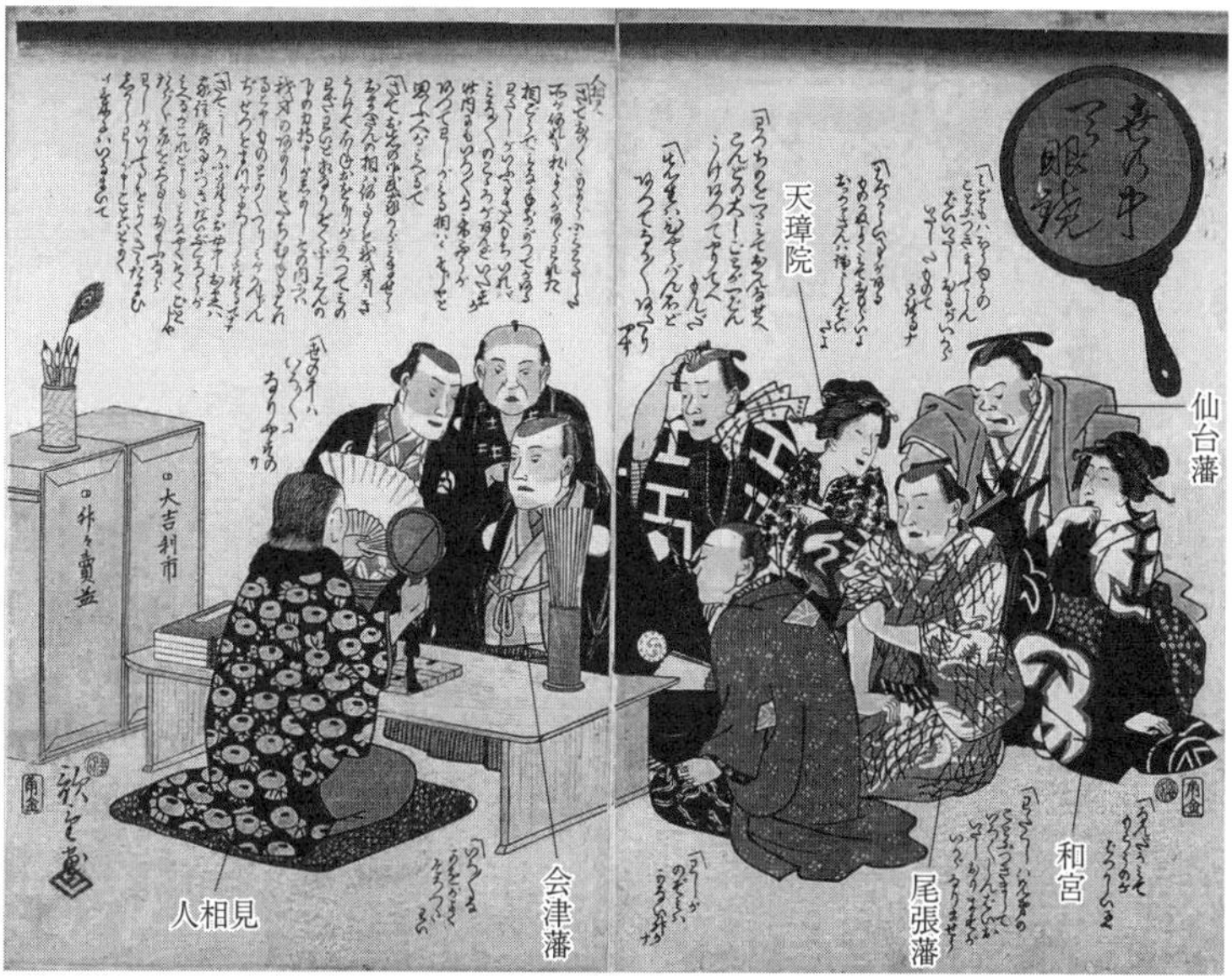


**図2**　世の中天眼鏡（維新前後風刺画）

注）歌川広重3世画，1868年4月検印，角本屋金次郎刊，東京大学史料編纂所蔵．
この人相見と客たちの場面は，実は，江戸開城後，会津藩を中心に東北諸藩が結束し始めた状況への仙台藩と尾張藩の不安や，徳川旧将軍家の行く末を案じる天璋院・和宮を客として描き，前者には慎重を，後者には朝廷の決定に従えという人相見＝天皇の様子を表現している（人物比定と解釈は，奈倉哲三『絵解き　幕府風刺画と天皇』柏書房，2007年，74-77頁による）．

と呼ぼう）表現したものと思われる。このような、劇中に挿入された寸劇による世相表現は、従来どの研究分野からも注目されてこなかったが、次の③で述べる、天保以降の錦絵にみられる時事表現と通底する性格を持っていたといえる。

そして、以上のような劇場幕内の世界は、幕外の書写物や刊行物に支えられていたのだ。歌舞伎台本（台帳）は、幕内で使われたばかりではなく、しばしば、貸本屋用に写本や出版物が作られた。上演の宣伝には、手書きあるいは出版されたパンフレット類（番付、絵尽など）が作成された。そして、役者に対する評論である役者評判記や役者絵が陸続と出版され、絵草紙屋の店頭につりさげられたのだ[7]。

### ③　時事表現としてのパノラマ的広域鳥瞰錦絵

天保・弘化期（一九世紀前半）、色刷り木版

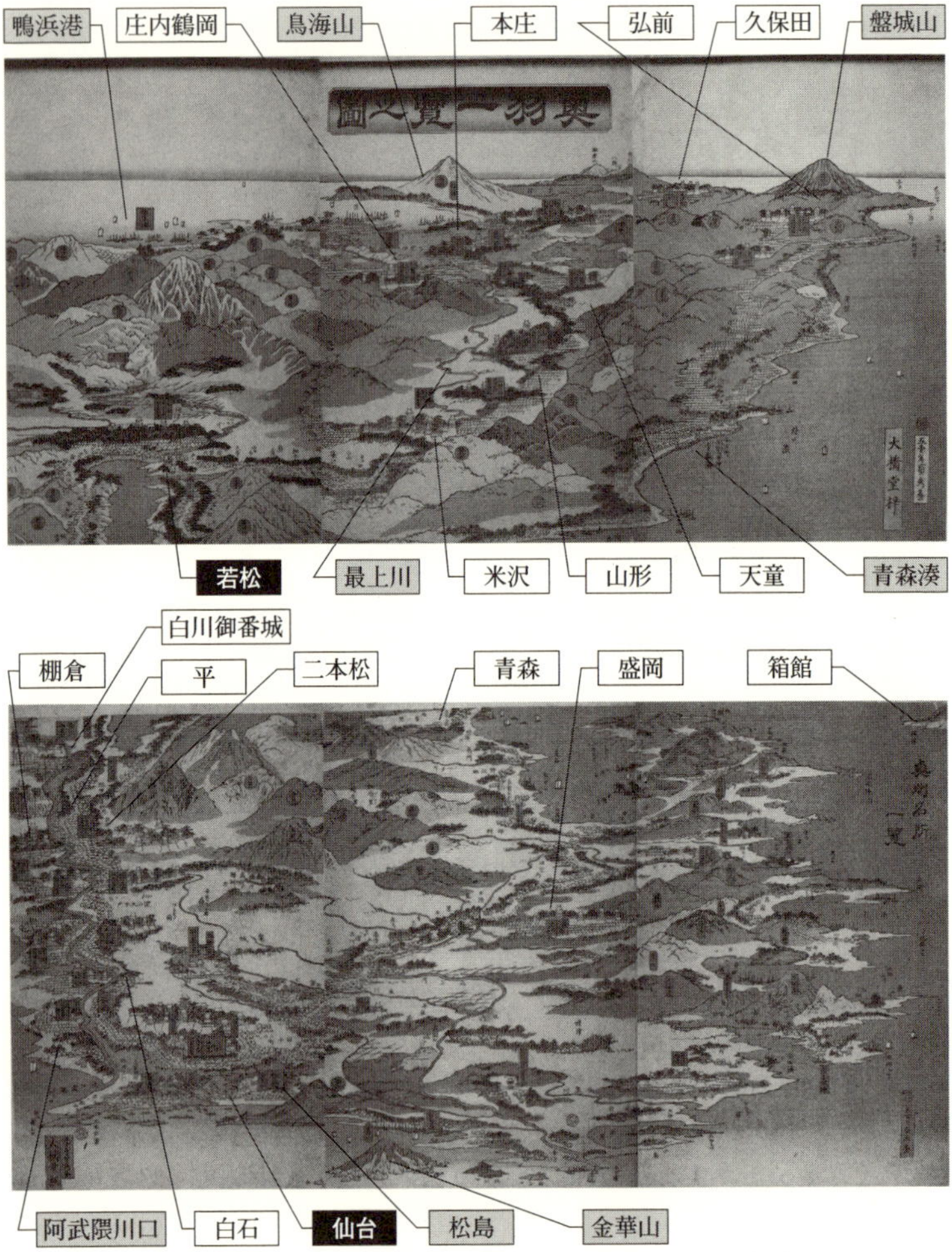


図 3 『奥羽一覧之図』（上）と『奥州名所一覧』（下）

注）五雲亭貞秀画，明治元年 7 月検印，大橋堂刊．東京大学史料編纂所蔵．

この広域鳥瞰図のなかに，当時の人々は，戊辰戦争の最中のこの時期の奥羽情勢を読み解いた．この時期の主役会津藩（図中では「若松」と表記．『奥州一覧之図』）・仙台藩（『奥州名所一覧』）がそれぞれ左手手前に大きく描かれ，方位・距離は著しくデフォルメされている．

画＝錦絵は、大量生産と早摺り・早売りを実現していた。天保以降、政治家の動きや「政事」を「擬人化」し、あたかも舞台の劇を見るように特定の場面を創り出し、読者／観者に時事を可視化してみせる一群の錦絵が姿を現す（図2）。それればかりではなく、五雲亭貞秀《ごうんていさだひで》に代表される浮世絵師たちは、もうひとつの時事表現を創り出した。広域をパノラマ的に俯瞰する鳥瞰図（図3）という形式によって（ここでは「空間化」と呼ぶ）、外国や国内の危機に対峙する将軍やその軍団の行為などの時事を視覚化してみせた。読者／観者は、これらの時事表現――「擬人化」による時事表現と「空間化」による時事表現――を、しばしば音声をともない複数の主体が場を共有する「絵解き」⑧と呼ばれる行為のなかで、判じ物として、創造的に読み解いていった⑨。

以上の①―③三つの事例にみてきた、唄や演劇、読売や絵草紙屋から売り出される草双紙や錦絵は、相互に緊密に結びついていた。たとえば、歌舞伎は、しばしば寺社の開帳とタイアップして興行された。安政二年（一八五五）浅草寺開帳では伝説上の異国人物の活き人形が見せ物として出され（斎藤月岑《げっしん》『武江年表《ぶこうねんぴょう》』）、それがまた錦絵として発売された⑩。

行商や絵草紙屋が扱う出版物、いわゆる草双紙《くさぞうし》は、権威ある書物を扱う物の本屋の商品とは異なり、祝祭性（正月の縁起物、芝居や祭りの番付、など）・消耗品・速報性・広告といった特徴を持っていた。その周囲に、ほぼ生産・流通・享受の層を同じくする、錦絵などの一枚絵や読売が存在していた。流行り歌の小冊子、芝居・祭り・見せ物の番付、行列付け、いわゆる瓦版などが、唄や語りとともに売り歩かれた。その流通には摺工・彫工などの小回りのきく機構も荷担するという、混沌とした世界がそこに存在していた⑪。

## 2　個別史から近世史へ――「近世的公開メディア」という視点

近年の都市史・身分論の検討の進展は、都市という存在を領主権力と町人ばかりでなく寺社や日用層《ひよう》まで組み込んだものととらえ、また、土地を媒介とした幕藩的領有・支配の問題ばかりでなく、用具・動産所有や労働力所有、非幕藩制的全国的身分体系の問題までも視野に入れ、近世社会全体を見通すかたちで進展している。[12] 歌舞伎や寄席の問題を、芸能史という枠や個々の地域史研究の枠を越え、[13] 近世社会研究全体と関わる深さと広がりから議論することが可能な段階となっている。一方、出版史・書物史の領域も、メディア論の広がりとも関わって、[14] 近世史研究のなかに豊かな成果を生み出しつつある。吉田伸之が、歌舞伎を「支配階級までまきこんで人々の消費への欲望を喚起するという、文化へゲモニーの源泉」[15]と位置づけたように、歌舞伎の享受者は、長屋に暮らす民衆だけではなく、支配階級をも巻き込んでいた。歌舞伎や浮世絵を民衆文化とのみとらえることは必ずしも正鵠を射ているとはいえない。むしろ、歌舞伎の真骨頂は、諸身分の集う場において、共時的・集団でそれを消費するという、紙に書かれたテクストとは異なる享受のありかたにあったといってもよいだろう。

歌舞伎や絵草紙・錦絵は、たとえば、支配階級の武家の儀礼のなかに取り込まれた能のように、また、たとえば、江戸城表御殿の障壁を飾った狩野派の絵画のように、近世社会のなかで権力の荘厳を支える装置として位置づけられたり、あるいは官制の価値によってオーソライズされた世界に組み込まれたものではなかった。能は武家の式学として位置づけられ伝統芸能として位置づけられるなかで、中世から近世へと移り変わっていくその当時の服装を基本的にそのうちに凍結し、現実の服装の移り変わりからは遊離していった。[16] 能の描く世界は、基本的に中世的世界にとどまっていた。これに対して歌舞伎は、「三千世界商往来」にみられるように、同時代の世界情報を貪欲に取り入れていった。また、ルネサンスの透視図法（線遠近法）を中国経由で取り入れ建物描写のみならず日本やユーラシア大陸までに及ぶ広域の空間描写を試みたのは、当時支配者の居城を飾っていた漢画ではなく、蕎麦一杯の値段で買えると言われた商業的色刷り木版画、すなわち錦絵であった。

こんにちのわたしたちから見ると意外なことだが、近世の多くの人々にとっては、これらの表現文化は、日常の

「外」からの情報をもたらし、「外」の世界のイメージを形づくる強力なメディアであった。冒頭で紹介した『天和笑委集』は、やや誇張しながら、そのような時代を描き出してみせたのである。これらのメディアを、本章では、「近世的公開メディア」と総称する。成瀬治は、「市民的公共性」の概念を検討するにあたって、「官」の「公」とは区別されたパブリックという語に注目した[17]が、「近世的公開メディア」とは、「官」ではない領域に開かれていたのである。

## 第二節　近世的公開メディアの特質

近世的公開メディアについては、それが、表現することそれ自体に意味を置いたものであったことを、まず、押さえておかなければならない。何らかの支配―被支配の必要から、あるいは共同組織の必要から成される行為――歴史主体のこのような行為こそが戦後歴史学の主要な検討対象であった――が何かを記録したり伝えたりするという目的の道具としての表現であったのとは異なり、表現を創造する側も、それを享受する側も、表現そのものに、喜びや愉しみを含む価値を見出していたのである。

次に、すでに述べてきたように、近世的公開メディアは、特定の場を共有する人間同士の関係性に基づく身体的パフォーマンスと、限られた人間関係と場を超えて不特定多数に働きかける出版というメディアが結びつくという、これ以前にはなかったありかたをもっていた。歌舞伎においては、台帳は、通常複数の作者の合作により作られた。作者たちは、元来は、連れだって諸所を逍遥しながら、（おそらく街々の実際や流行の様子に触発され）どのような趣向にするのか練り上げていったとされる[18]。そして、諸身分が集う場を共有し、役者と観客が交感しながら演じられた。錦絵や絵草紙も、複数の読者／観者が場を共有し、音声をともなって消費するという、「絵解き」と呼ばれる行為とともにあった。そして、読売が、唄う・演じるという身体的パフォーマンスによって買い手をひきつけたことは、その情報の本質と深くつながっていた。売り歩かれる瓦版は独立した表現というよりは、むしろ、売り手のパフォーマンスに従属しその行為を採録するという性格を帯びていたのだ[19]。瓦版において地震や火事といった悲惨な事態が、しばしば諧謔やユーモアとともに表現される点は、この側面を抜きにしては理解できないだろう。

三点目に、近世的公開メディアに属する諸メディアは、享受の場を共有したばかりでなく、表現内容のうえでも分かちがたく融合していたことを挙げなければならない。たとえば、曲亭馬琴の次のような浮世絵批判が、浮世絵師五雲亭貞秀によって伝えられている。

　近頃の浮世画で名ある人の描いたものをみるのに、合戦のありさまや、男子女子の風俗など、劇場のさまでないものは稀である。……目の向かい方、手を動かすかたち、皆劇場の身振りを写すのみで、尋常の人物のなすべき形容にあらざるもの多し。衣服はその裁縫も日常のものと同じではない。あるいは頭髪の結い方もかつらを模し、この時の風とはたいへん異なっている。されば、近時の浮世画は、劇場をそのままに写すものにして、真の浮世のさまを写すにはあらず[20]。

古典や宗教の画題から離れ、現実の浮世を描いたとされる浮世絵であるが、しかし、その「写実性」とは、一面では、舞台の上の世界を紙の上に現出させたものだったのだ。

これと関わって、日野が、歌舞伎や人形浄瑠璃が「異事奇聞として享受される限り、それはより真実らしい情報を求める人の心のなかで解体し、実説（傍点日野）と称する数多くの異伝の発生にかえって拍車をかけるわけであった」と指摘し、「とらえたと思えば逃げだし、永遠に完結しないもう一つの世界[21]」とこれらの表現をとらえたことを四点目として挙げなければならない。この日野の指摘は、事実の忠実な記録というよりは、二枚の鏡に挟まれた鏡像のように、表現世界のなかで増幅し続けるという、この表現文化の一面を突いている。近世的世界が崩壊したあと、近代的歴史学をうちたてようとした歴史家久米邦武が立ち向かったのも、こうした寄席や歌舞伎による表現世界を介して世界を見ようとする人々であった[22]。

しかし、このような近世的公開メディアの特質を、近代的な情報観から裁断し、単に不正確な未熟なものととらえることはできない。久米自身が、明治維新を、「君子小人の階級制」を基盤とする「道徳政治」から「利益競争の社会」へと見ていた[23]ように、近世から近代への移行は単なる政権交代ではなく社会の深部からの転換であった。近代社会とは異なる近世社会のありかたが、彼我の情報の質的差異と深く結びついていた。次節では、この点について述べていきたい。

## 第三節　近世社会と近世的公開メディア

### 1　官製の情報ルートと非公式の書写世界

近世的公開メディアをとりまく状況をみていこう。日本列島の中世では、同時代の宋以降の中国や高麗以降の朝鮮にみられるような官による大規模な出版の世界は展開しないまま、近世を迎え、一気に商業出版の世界に突入した。日本において官板は一六世紀になってやっと姿を現す。そしてその書目は圧倒的に漢籍であった[24]。江戸幕府や藩校による出版も、「民間出版の海のなかの点にすぎない」という状況であった[25]。そして、この商業出版は、幕府により「時の雑説」に関わる出版を禁じられていた。近世において、支配者から流される情報は、幕藩領主間編成・支配組織に沿って統制された人的ルートに従って口頭と手書きの書写によって流された。このルートによって流されたのは、主に禁止事項や指令・遵守すべき指針であり、そこに階層を超えた情報共有という発想は存在しなかった。たとえば、宝暦一四年（一七六四）朝鮮通信使中官崔天宗が大坂で殺害された事件に関しても、幕府から各大名に殺害事件発生が伝えられた以外に、社会に対して広報されることはなかった[26]。このような幕府による情報編成を、岩田みゆきは、

「情報の権力的集中」として的確にまとめている㉗。

このような時事情報の共有という発想を欠いた社会は、しかし一方では、非公式の豊かな手書き世界を擁していたことが近年次々と明らかにされている㉘。近世の政治社会㉙（狭義）とは異なるレベルでの、社会や政治についての情報交換の手書きネットワークによって得られた情報を何代にもわたって記録し続ける人々が存在していた。たとえば、明治国家の修史事業に多用された『聞集録』は、川越藩の下級役人高岡家が太政官に献納したものであった。川越藩士としては下級にすぎなかった高岡家は、実はその嫡流が近江国豪農として在地に根をはり、水口藩や青蓮院坊官と緊密な血縁関係を形成していた。このネットワークを生かし、老中・京都所司代・武家伝奏といった公武の要諦に関わる文書や、外交上の応接筆記の草稿さえも、大量に『聞集録』に書き留めていったのである㉚。このような状況のなか、幕末には、藩よりも民間商用ルートによる情報が優越する事例も報告されている。たとえば、八戸の木綿商大塚屋が、京から臨時の「態飛脚」により、元治元年（一八六四）禁門の変の情報を盛岡商人から得たのは、藩の情報掌握よりも一四日も先行していた㉛。

また、「実在の事件・人物を、ほぼ実名で、事実を伝えることを標榜しつつ、小説に綴った㉜」一大伏流水が存在していた。このジャンルは「実録」と呼ばれる。実録も講釈師によって語られるというパフォーマンスによって成り立ち、書写本で流通したと考えられる㉝。実は、冒頭に引用した『天和笑委集』自体が、書写本でのみ伝わり、天和期の火災にまつわる情報を実在の人名で記述した、このような手書き世界に属する存在であった。その江戸火災の記述には、同時代（天和三年（一六八三）正月刊行）の出版地図『増補江戸大絵図』（御絵図所林吉永）が参照された火災記事は高い信憑性を保持していること、そして当時の人々はそこに政治批判の視点を読み取っていた可能性があることが指摘されている㉞。

政治権力が政事や時事について世間に広報するという発想は、近世的政治秩序が揺らぎ、諸勢力がヘゲモニーや正当性を競う幕末になって、初めて出現する。奈倉哲三は、従来支配のための禁止令であった江戸庶民向けの町触が、幕末に大きく変質することを的確に指摘している。対外関係、天皇・朝廷関係、内乱的抗争関係について、幕府から情勢説明がなされるようになるのである。[35] そして、政治情報と出版の新たな関係を示す例として、慶応二年（一八六六）幕命により長州を討つため広島に着陣した諸藩に対し、「長防臣民合議書」を公称三六万部印刷し、「長防臣民」の名で自己の冤罪等を訴えた長州藩の行為を挙げることができる。旧体制を倒壊させた戊辰戦争（慶応四年（一八六八）—明治二年（一八六九））は、新政府側と旧幕臣側・江戸市民の出版物を駆使した情報戦でもあったのだ。[36]

## 2　近世的表現主体と身分制

近世的公開メディアの担い手は、1項で述べたように、特定の身分集団や職分に固定したものではなかった。浮世絵の絵師にも、旗本・御家人層や藩士層が含まれていた。[37] 担い手・享受者は、支配身分から、近世的な政治社会からは疎外されている存在に至るまで、遍在していた。

近世とは、宗教や伝統・慣習、血縁・地縁的結合により人間の存在が国家や社会によって先験的に価値づけられていた、そのような社会からひとりの個人が解き放たれる（そのひとつの現れとしての地域の変質については、杉本史子『領域支配の展開と近世』山川出版社、一九九九年、第九章参照）段階、言い換えれば、自らの存在証明を自分で作り上げていかなければならない段階への過渡期でもあった。一己の人格のなかに、国家・社会によってオーソライズされた価値観と、このような近世的表現メディアに携わることにより開かれた価値観が、併存し、しばしばせめぎ合った。

近世中後期、旗本家臣・御家人層は安定した層ではもはやなく、周辺上層農民・大名家臣の子弟などとの間に事実上一種の循環構造を形成していた。[38] このような状況のなかで旗本家臣の家に生まれた滝沢興邦《おきくに》は、父の死後武士としての滝沢家が途絶していくなかで元飯田町家主伊勢屋に入夫しながらも、御家人株を買い取り武士としての滝沢家の再興に腐心する。高田衛は、このような興邦が、一方で、読本作者「曲亭馬琴」として、『石言遺言』に異色の跋文を掲げたことに注目している。戯名を用い実名や実職を秘匿する戯作の世界にあって、興邦は、この跋文によって、滝沢という自らの本姓を明らかにし、武士社会のなかで物故した二人の兄にも言及し、読本戯作に生きようとしている自らの旗幟を鮮明にした[39]。

本書第六章で述べるように、洋学者として名高い田原藩重役渡辺崋山は、一方では、生活のために灯籠画や春画まで描くという町絵師的な存在であった。そのようななかで崋山は、画事を政治に生かそうとするとともに、「世事」と「好事」の葛藤のなかで「天下画の真面目」を見据えようとした。崋山は、「私の体は、ひうち箱石ほどの（藩の）家老であり、十分事を成し遂げたとしても味噌用人に毛が生えたほどの掌ほどの片田舎なり」と小藩の家老（年寄役）である身を卑下し、一方で「私の手は、天下百世の公手であり、唐・天竺迄も筆一本あれば公行でき申す」と、画工としての自分の手によって唐・天竺（江戸時代の表現では、外国を意味する）までも公行できるとした。藩家老としての自分より、画工としての自分の手を広い世界への可能性を持つものとして価値づけた。崋山自身はこれをまとまった思想として結実させることはできず、生活のための売画に対する幕府の譴責が主君に及ぶことを恐れ、「不忠不孝渡邊登」と絵絹に大書し自刃する。

しかし、ここには、かつて塚田孝が「近世の百姓は、百姓としてのみ社会全体に対して有意味なのであり、生物としては人間であっても社会的にはあくまで百姓なのであって、人間そのものとしては意味をもちえない[40]」と表現した近世的身分秩序を、その価値において逆転させる可能性が胚胎していた[41]。

## 3　近世的公開メディアと近代的ニュース

本章で近世的公開メディアと呼んだ領野では、情報は、意味づけられたものとして、人々に届けられた。パロディや「物づくし」「評判記」「番付」などの形式、歌舞伎における「太平記」や「曾我物語」という、先行する物語「世界」の借用といった、既知の文学的形式を借りたり、慣れ親しんだ世界にとってわかりやすい情動的意味づけが、人々に日常世界と異世界との橋渡しをしたのである。(42)「驚くべき出来事」に対し、「その社会が納得できる物語」として落ち着きどころを探り、「物語として位置づけることを通して、現実世界を理解可能な物として可視化する」(43)という情報理解の方法をそこに認めることができる。

一方、近代的ニュースは、言葉が単に情報を伝える手段にすぎず、透明さ、簡潔さ、感情を排除した「ありのままの事実」の装いをとる。(44)理念としての西欧型近代国家を、中性国家——丸山眞男の表現を借りるならば、「真理とか道徳とかの内容的価値に関して中立的立場をとり、そうした価値の選択と判断はもっぱら他の社会的集団(例えば教会)乃至は個人の良心に委ね、国家主権の基礎をば、かかる内容的価値から捨象された純粋に形式的な法機構の上に置いている」(45)——ととらえるならば、無色透明な装いをもつニュースとは、このような国家にこそふさわしい。

近世日本の国家は、前代には強大な力を持っていた寺社勢力を寺社奉行の下に編成し、天皇を身分を超越した存在から引きずり下ろして近世的身分のひとつとして位置づけ、(46)自らの政権の創業者を神として祀るという、このような国家とは異なる型に属する国家であった。そして、この国家の支配層は、出版というテクノロジーとそれを流通させる力量をもった社会のなかに在りながら、恒常的時事情報公開のメディアとして、これを使うことを選択しなかった。

近世的公開メディアとは、このような近世日本にあって、「日本」の外の世界を日常世界のなかに注ぎこむ目に見えない水路であり、同時に、現実社会を相対化する多様なイメージを生む水源であった。この領野が近世社会のなかでもっていた意味について、支配層による情報統制という側面にも注意を払いつつ、歴史学としてより深く分析する方法論が議論されるべきであろう。一九世紀以降の錦絵が「神功皇后三韓征伐」や豊臣秀吉の朝鮮侵攻を繰り返し表現し、(47)明治三〇年代豊臣秀吉の「偉業」を称えるプロジェクトに歌舞伎役者が深く関わったことも、そのなかで論じられるべきであろう。

(1) 保谷徹編『幕末維新論集一〇　幕末維新と情報』（吉川弘文館、二〇〇一年）ほか。

(2) 日野龍夫『江戸人とユートピア』（岩波書店、二〇〇四年）、二一一頁。

(3) 『天和笑委集』巻一三（『新燕石十種　第五巻』中央公論社、一九八一年、一三八頁収録）。現代語訳は杉本。以下同じ。

(4) 『徳川禁令考　前集　第五』（創文社、一九五九年）二九三八。

(5) 荒野泰典「小左衛門と金右衛門——地域と海禁をめぐる断章」（『海と列島文化10　海から見た日本文化』小学館、一九九二年）、四三六—四三八頁。

(6) 渡邊敏夫『日本の暦』（雄山閣、一九七六年）、一七九—一八五・二三三—二三九頁。

(7) 以上、杉本史子「十八世紀、秀吉への謀反を演じるということ——並木正三「三千世界商往来」と近世社会」（藤田達生編『近世成立期の大規模戦争　戦場論　下』岩田書院、二〇〇六年）。

(8) 鈴木俊幸「草双紙論」（『中央大学文学部紀要』一五七、一九九五年）、三九—四六頁。

(9) 杉本史子「時事と鳥瞰図——幕末、新たな空間の誕生と五雲亭貞秀」（『千葉県史研究』一六、二〇〇八年）、四五—六七頁。

(10) 木下直之『美術という見世物』（筑摩書房、一九九九年）、五四—五八頁。

(11) 鈴木俊幸注(8)「草双紙論」。

(12) 吉田伸之「城下町の構造と展開」（『新体系日本史6　都市社会史』山川出版社、二〇〇一年。のち「城下町の類型と構造」と改題し、同『伝統都市・江戸』（東京大学出版会、二〇一二年）に収録（三七—七〇頁））、および本書序章参照のこと。

(13) 神田由築『近世の芸能興行と地域社会』（東京大学出版会、一九九九年）。

(14) 岡崎敦「いまなぜメディア研究か——問題関心の背景と研究の展望」（『歴史学研究』八二〇号、二〇〇六年）、一六七—一六九頁。

(15) 吉田伸之「「江戸」の普及」（『日本史研究』四〇四号、一九九六年）、のち同『身分的周縁と社会＝文化構造』（部落問題研究所、二〇〇三年）、一一八頁。
(16) 森理恵「舞台――芸能者のための舞台」（中村興二・岸文和編『日本美術を学ぶ人のために』世界思想社、二〇〇一年）、二六三頁。
(17) 成瀬治「「市民的公共性」の理念」（『シリーズ世界史への問い四　社会的結合』岩波書店、一九八九年）、二八四頁。
(18) 三升屋二三治「作者年中行事」（芸能史研究会編『日本庶民文化史料集成　第六巻　歌舞伎』三一書房、一九七三年）、六八六頁。
(19) ジェラルド・グローマー『幕末のはやり唄――口説節と都々逸節の新研究』（名著出版、一九九五年）、八五―八六頁。
(20) 依田百川「画師歌川貞秀か話」（『風俗画報』二号、東陽堂、一八八九年）、一八頁。現代語訳は杉本。
(21) 日野龍夫『江戸人とユートピア』（岩波書店、二〇〇四年）、一六頁。
(22) 杉本史子「史料学の試み――「モノとしての史料」を問い直す」（齋藤晃編『テクストと人文学』人文書院、二〇〇九年）、五八頁。
(23) 久米邦武「史学の独立」（『久米邦武歴史著作集　第三巻　史学・史学方法論』吉川弘文館、一九九〇年）、一九頁。
(24) 福井保『江戸幕府刊行物』（雄松堂出版、一九八五年）、六―八頁、阿部隆一「五山版から江戸の版本へ」（『ビブリア』七九、一九八二年）、二二七頁。
(25) 横田冬彦「芸能・文化と〈身分的周縁〉」（久留島浩・高埜利彦・塚田孝・横田冬彦・吉田伸之編『シリーズ　近世の身分的周縁6　身分を問い直す』吉川弘文館、二〇〇〇年）。
(26) 池内敏『「唐人殺し」の世界――近世民衆の朝鮮認識』（臨川書店、一九九九年）、七七頁。
(27) 岩田みゆき『幕末の情報と社会変革』（吉川弘文館、二〇〇一年）、五頁。
(28) 宮地正人『幕末維新期の文化と情報』（名著刊行会、一九九四年）、同『幕末維新期の社会的政治史研究』（岩波書店、一九九九年）など。
(29) 塚田孝「身分制の構造」（『岩波講座日本通史12　近世2』一九九四年）、のち、同『近世身分制と周縁社会』東京大学出版会、一九九七年、三―六頁）。また本書序章注（4）参照。
(30) 田中正弘「『聞集録』の編者と幕末の情報網」（『東京大学史料編纂所研究紀要』一〇、二〇〇〇年）、五九―八六頁。
(31) 三浦忠司「北奥における商人の情報活動」（保谷徹編『幕末維新論集一〇　幕末維新と情報』吉川弘文館、二〇〇一年）。

(32) 小二田誠二「実録体小説」(『時代別日本文学史事典　近世編』東京堂出版、一九九七年)、一六〇頁。
(33) 小二田誠二「ニュース言語の江戸・明治」(『文学』四巻一号、二〇〇三年)、七二頁。
(34) 丹羽みさと「『天和笑委集』の特徴――「八百屋お七」を中心に」(『立教大学日本文学』八九、二〇〇二年)、九〇―一〇一頁。
(35) 奈倉哲三編著『絵解き　幕末諷刺画と天皇』(柏書房、二〇〇七年)、一七―二二頁。
(36) 奈倉哲三注(35)『絵解き　幕末諷刺画と天皇』、一四―二六頁。杉本史子注(9)「時事と鳥瞰図」五七頁。
(37) 大久保純一「浮世絵を描く武士たち」(『歴博』一一〇、二〇〇二年)、一六―一九頁。
(38) 松本良太「藩邸社会と都市下層社会――労働力供給の問題を中心に」(『人民の歴史学』一二二、一九九四年。のち同『武家奉公人と都市社会』校倉書房、二〇一七年、第二章)。
(39) 高田衛『滝沢馬琴』(ミネルヴァ書房、二〇〇六年)、一五八―一六二頁。
(40) 塚田孝『近世日本身分制の研究』(兵庫部落問題研究所、一九八七年)、九頁。
(41) 以上、杉本史子「絵師――渡辺崋山、「画工」と「武士」のあいだ」(横田冬彦編『シリーズ　近世の身分的周縁2　芸能・文化の世界』吉川弘文館、二〇〇〇年)、本書第六章。
(42) ジェラルド・グローマー『幕末のはやり唄――口説節と都々逸節の新研究』(名著出版、一九九五年)、八八―九二頁。
(43) 小二田誠二注(33)「ニュース言語の江戸・明治」、七七頁。
(44) ジェラルド・グローマー注(42)『幕末のはやり唄――口説節と都々逸節の新研究』、八八―九二頁。
(45) 丸山眞男『増補版　現代政治の思想と行動』(未来社、一九六四年)。
(46) 高木昭作『将軍権力と天皇』(青木書店、二〇〇三年)。
(47) 姜徳相編著『錦絵の中の朝鮮と中国』(岩波書店、二〇〇七年)。
(補注1) 松崎仁「『三千世界商往来《やりくりおうらい》』と先生《シャンスイ》金右衛門」(梅光学院大学『日本文学研究』二八、一九九二年、九一頁)では、「三千世界商往来」のうち福建を舞台とした第三幕は上演されなかった可能性を指摘している。この指摘が正しいとすると、舞台では上演されなかった場面が、貸本用台帳では流布していたことになり、本書序章で触れた、社会情報が表現メディアによって異なる流通・受容をされていた好個の事例となる。他日の課題としたい。

(補注2) 本文に言及した享保三年(一七一八)打ち払いについての実証研究として、山本英貴の分析がある。幕府は、享保三年目付を「九州漂泊の唐船打ち払い」指揮者として長崎に派遣し、小倉藩主世子と協議させ、小倉・萩・福岡藩を指揮させた。享保五年小倉藩は長崎奉行・大坂町奉行と協議のうえ、萩・福岡藩を指揮して、「シャンシイ金右衛門」らと擬装取引を行わせ打ち払いを実行するよう命じられる。しかし、小倉藩と萩藩は、長崎奉行の指示には従わないことを内約していた（山本英貴「享保期における抜荷取締対策の展開――「唐船打払」目付渡辺外記永倫を中心に」（『外政史研究』第三号、二〇〇四年、二九―四七頁）、同「唐船打ち払い体制の成立と展開」（森安彦編『地域社会の展開と幕藩制支配』名著出版、二〇〇五年、四六一―四八五頁）。この金右衛門の情報は、正徳・享保年間（一七一一―一七三六）、江戸の武家と思われる某によって書き留められている（「枯木集」『内閣文庫所蔵史籍叢刊』八一巻、汲古書院、一九八八年）。

（補注3）　本章末尾で言及した、近世―近代文化と秀吉の対外戦争については、井上泰至・金時徳『秀吉の対外戦争　変容する語りとイメージ』（笠間書院、二〇一一年）などの成果が蓄積されつつある。

# 第五章　公開される「日本」
## ――新しい海洋の登場と出版文化の変容

### 第一節　近世社会と地図・絵図出版――本章のねらいと構成

出版されたものの意味を問うためには、何が出版されなかったのかを語る必要がある。特に、口頭と手書きによるコミュニケーションに高い価値が置かれていた歴史段階にあっては。その意味を探り出すため、出版図の背後に存在した手書き図という大きな領野を意識しつつ、手書き図と出版図が、それぞれの独自の性格と機能をもっていたことに注目していく。出版図は手書き図の単なる複製ではなかった。各集団に情報が分有され社会全体での情報共有の発想を欠いていた近世日本（一六世紀末―一九世紀前半）のなかで、地図・絵図が出版されることはどのような政治性をもっていたのか。近世―幕末の支配層や知識人達が、出版されたものの意味と機能を発見し、模索していく過程を明らかにする。

#### 1　地球的世界の形成、「地図化された社会」、新しい海洋の登場

具体的な議論に入る前に、本章に関わる、この時代の世界史的意味について、概述しておこう。一六世紀以降、地球の広い範囲が経済圏として互いに結びつき、「地球的世界」が形成された[1]。狭い共同体を超えた交流の間に生きる

ということの状況は、人々に、異なる事象や社会の動きを、一枚の図のうえで共時的に理解する必要性を自覚させた。それまで、口頭や文字で表現されていた分野が、図として表現されるようになった。この時期、世界のなかでいくつかの社会が、さまざまなレベルで多様な地図を使用する「地図化された社会《マップド・ソサエティ》」に突入した。日本列島もそのひとつであった。世界観を表現する世界図、日本図、支配のための地方図（国絵図）・領地図・村絵図、都市管理の図、治水の図、移動するための街道図・河川図・航路図、建築のための図面、土地や水についての権利を第三者に主張するための図、境界の裁定を周知させるための図、災害や戦乱など出来事を知らせるための図、学者達が歴史地理研究の成果を表した図、楽しむための観光図など、さまざまな場面で地図が活用される時代が出現したのである。②

一方で近世の後半は、こんにちの多くの社会ではごくあたりまえの、経度・緯度の交点で地球上の全ての地点を表示するという発想が実効性をもったものとして世界全体を覆い尽くしていく道程のなかにあった。経度・緯度のアイデアは古代から存在したが、経度の計測は長い間世界の海洋航海の課題だった。後述する、近世日本でベストセラーとなった長久保赤水による出版日本図も、緯線は引かれていたが経度を記述することはできなかった。そのなかで、イギリスは、一七六〇年代に、クロノメータ（精巧なゼンマイ時計）と月距法（月と太陽や恒星との角距離に注目する経度計算法）を使った経度測定法を確立する。従来「未踏の空間」であった海洋が、この技術と知識を共有した西欧列強にとっての「既知の場所」として外部から把握されることになった。③ 地球の三分の一を占める広大な太平洋を、経緯度データとそれに基づく海の地図（海図）によって表示することが可能となった。国境さえも、従来の地形・ランドマークに加え、経緯度を基準に決めることが可能になった。そして、蒸気船の登場が、海洋支配のうえで決定的な意味をもった。蒸気船は、帆船とは異なり、向かい風や凪といった風の状態や潮流に左右されることなく目的地に到達できる。ハリスが言うように、スチーム（蒸気）の利用によって「世界の情勢が一変」し、遠方に懸け隔たった国々も「ごく手近のよう」になったのである。④ 第四節で言及するように、この動きは、鯨や毛皮への希求に裏打ちされた欧米諸国による巨大な潮流となり、やがて太平洋の北辺に位置する日本近海へと及んでくることになる。

## 2　出版図の時代、新たな日本図の登場

第二節では、出版図が広い層の人々の世界の見方を変えていったことを、主に日本図について、手書き図と比較しながら述べていきたい。近世の手書き図の多くは支配層が特定の目的のために村などに作らせ提出させたものであり、限られた人間関係のなかで作成され、限られた状況のなかで使用された。権利の主張や裁定のための地図・絵図も、基本的には出版されることはなく、特定の集団や個人の手元に置かれ、大切に保管された。これに対し、出版図は、基本的には、本屋で売るために作られ、不特定多数の人がそれを使うことが想定されていた。出版図は手書き図に比べ開かれた情報媒体であり、それ自体が自律した情報単位として機能する必要があった。手書き図は固有の図名を持たないことも多かったが、出版図の多くは商品名としてのタイトルが付けられていた⑤。また、凡例などその図についての説明的機能をもつ記述が意識的に付加される場合が多かった。京都大学地理学教室による『地図出版の四百年――京都・日本・世界』は、豊富な図版とこれまでにない充実した解説を備えた、このような出版図についての優れた概説書である⑥。

第三節では、このような民間主体の出版図に対して、幕府がどのように検閲を行っていったかを述べる。幕府の出版統制は、基本的には各地の町政に属する事項としてとらえられており、その地の町奉行の権限において行われていた⑦。本章での記述は、江戸における出版検閲にほぼ限定される。幕府は一八世紀、検閲を同業者団体に任せていたが、一九世紀になると支配組織による検閲へと本格的に踏み出した。特に検閲のうえで大きな役割を果たしたのは、林家―学問所、天文方、蕃書調所（のち洋書調所・開成所と名称を変えていった。序章で述べたように、本書では総称としては開成所を用いる）、医学館、西洋医学所といった、幕府の専門機関であった。

一九世紀以降、これらの幕府専門機関は本格的に自ら出版物を刊行していくようになる。[8] それは、従来の、口頭と手書きによる禁令と民間情報の制限という発想から、官制出版事業へという、政治のありかたの大きな転換を意味していた。これらの専門機関は、本来的には、幕政を支えるシンクタンクであり幕臣の教育機関であったが、とくに安政期（一八五四—五九）までの開成所に見られるように、実際には、諸藩の藩士や民間知識人に依拠していた。[9] そこに集まった身分を超えた知と技術を共通項とする専門家集団は、軍事組織を基礎とし主従制と武士のイエにより構成された「幕藩体制」と呼ばれる支配体制とは異質な発想をも獲得していく。彼らは、知の集積と分配、社会への公開をめぐって独自な動きを見せ始める。第四節では、幕末における官版（以下当時の用語に従い、「官板」と記す）日本図の出版の過程が、実は、その当時の激動の政治・外交情勢やこのような知をめぐるせめぎ合いと不可分のかたちで展開した、政治文化の変容を物語るものであったことを描き出す。この過程のなかで、「日本」を代表する権力が対外的に領土を表明するという、それまでなかったタイプの日本図が出現した。これにともない、国内の民間出版日本図に対しても、それまでとは全く異なった検閲が行われるようになる。この重大な転換は、幕閣のなかからではなく、開成所の技術者・知識人によって提起されていったのである。

## 第二節　手書き図と出版文化

### 1　地図と絵図

本章全体にかかわる論点として確認しておかなければならないことがある。それは、地図と絵図という言葉である。地図史のなかでは、「絵図」という用語は、「地図」とは異なり、「一定の時代性を有し、それにともなう各種の限定性を有するかたちで成立・使用された」ものであり、近代以前の地図類を包括的に表現するにはふさわしくないととらえる見解がある。[10] しかし、時代性と限界を背負ったのは、「絵図」だけではない。「地図」もまた同様である。動態的な歴史のなかで、言葉に込められた意味も変化していく。「地図」だけが時代の制約を超越して空間表現を表す正式の用語として使われ続けてきたのではない。

「地図」は八世紀から、「絵図」は一〇世紀から、日本での用例が確認されている。中世から近世にかけて空間の図的表現について最も一般的に使われたのは「絵図」という言葉であった。たとえば、江戸幕府の「老中職務定則」(寛永一一年(一六三四))中に老中の職務のひとつとして「諸国絵図《しよこくえず》の事《こと》」が挙げられている(従来の地図史では、「もろもろの国絵図のこと」と誤読されてきた)。一七世紀の日本の為政者達に、「絵図」という言葉が劣った図表現を意味するという意識は存在してはいなかった。

実は、空間の図的表現についての最も一般的な用語として「地図」を使うという、こんにちにつながる状況は、一八世紀の洋学摂取の動向のなかで、オランダで発達した図表現、すなわち当時の日本列島の人々にとっては新奇な図的表現を表すために、「地図」という言葉に新しい意味を込めたことに始まる。おそらく、「絵図」に比べれば一般的ではなかった「地図」という言葉が、新しい意味を付与するのに好都合であったと思われる。そして、近代の学校教育での「地図」が採用されたことにより、こんにちの用法が一般化した。[11]

## 2　国絵図と日本図——手書き図と出版図

近世の出版文化のなかでは、日本列島に住む人々が自分たちの属する空間について描いた多様な図像が流通していた。まず、古代—中世以来の流れを引く日本図(たとえば、後出図1)が出版物として流布するようになった。これらは、中世日本でよく描かれた、シンプルな、ウロコスタイルとも呼びたくなるような描写スタイルをもった日本図に由来していた。ウロコのひとつひとつが国を表していた。このスタイルをもった日本図は行基が作ったという伝承に

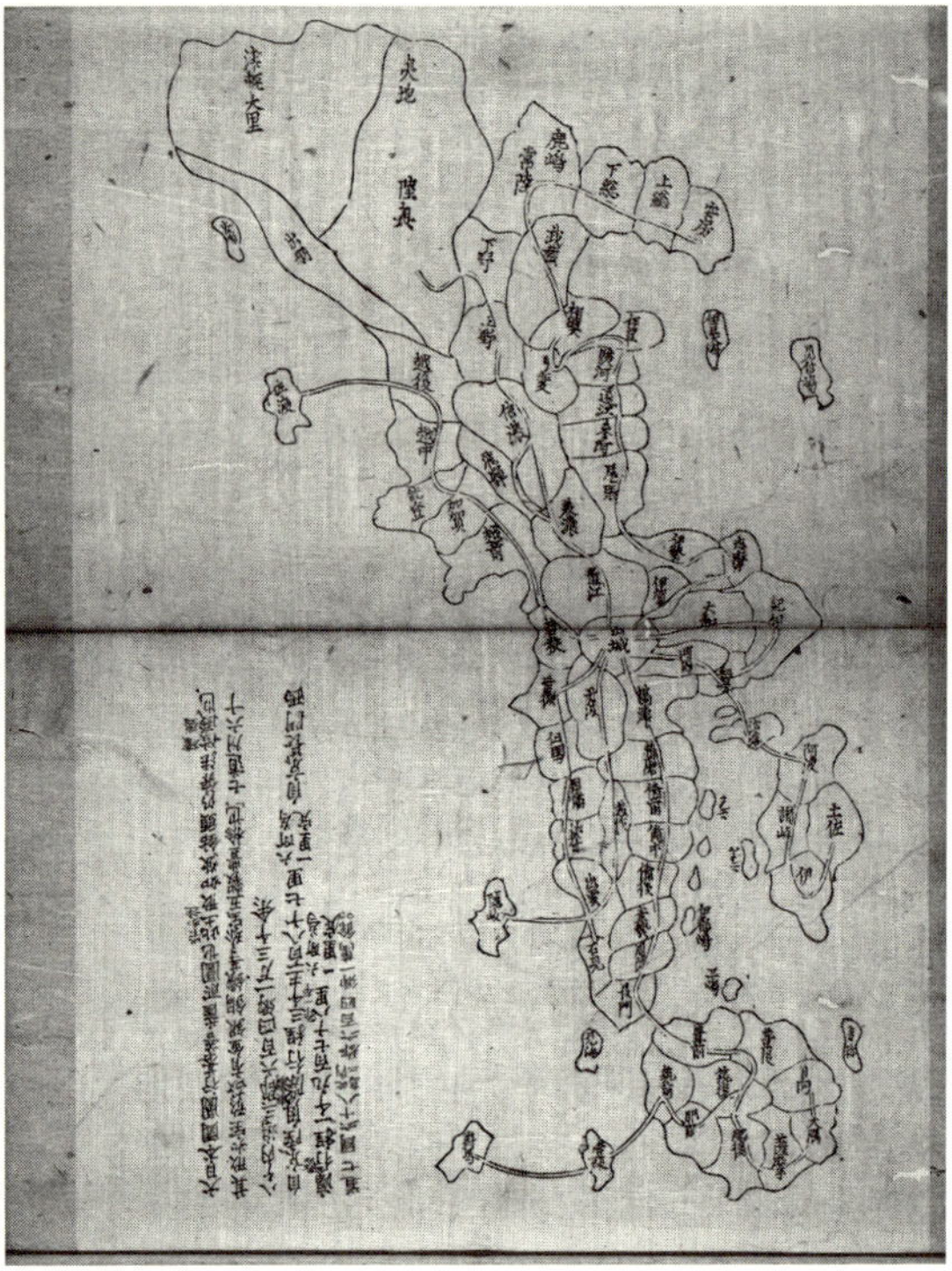

**図1**　慶長12年（1607）版『拾芥抄』に収録された「大日本国図」

注）国立歴史民俗博物館蔵（秋岡武次郎古地図コレクション H-110-5-15）.

より「行基図」と総称されている。行基図の基本は、山城国を取り巻く求心的なウロコの集合体であり、全体としての「日本」の境界線をしめすという発想は希薄である。各ウロコから中心地山城国へと租税を運ぶための道が描き込まれているものもあり、元々は古代国家の官用図に由来するものであったと考えられる。これに旅程や和歌の歌枕を記入したものや、また、ウロコの集合体を龍が取り巻いているものもある（図2）。密教系の、仏具のかたちを模して「日本」を表すものもあった[12]（図3）。これらは、中世においては、主に京都の貴族や寺社の知識人の間で知られていた。

近世にはより具体的な輪郭をもった日本図も作成されるようになる。この種の日本図は、近世初期のポルトラノ海図の情報や、幕府が作った日本図の情報を取り入れたと考えられている。徳川幕府は、支配下の空間や社会を表す国《くに》別の地方図（国絵図）や日本図を作成した。国《くに》とは、古代国家の行政区画にその淵源をもち、山の尾根や海といった自然地形を境界にしていた。古代国家が実質的に崩壊したのちも、ひとつの国を治めることが伝統的な権威に連なる日本の正式の支配者の一員となるという観念が生き続けていた。武家による権力は、国に代わる統一的な中央—地方システムを作り出すことはなかった。徳川幕府は、全国の大名等に命じてこの国毎の巨大な手書きの地図を作成させ提出させた。国絵図は、それを命じる将軍と、それを提出する大名の、権威と権力の象徴であった。徳川綱吉治世下には、全国の国絵図を集成して元禄日本図が作られた。また徳川吉宗は、この元禄日本図を修正させて享保日本図を作らせた[13]。これらの国絵図や日本図は手書きであり、将軍が見たり、幕府内で使用するための物であった。社会に対して、幕府が国土の基本図を提示するという発想は存在していなかった。

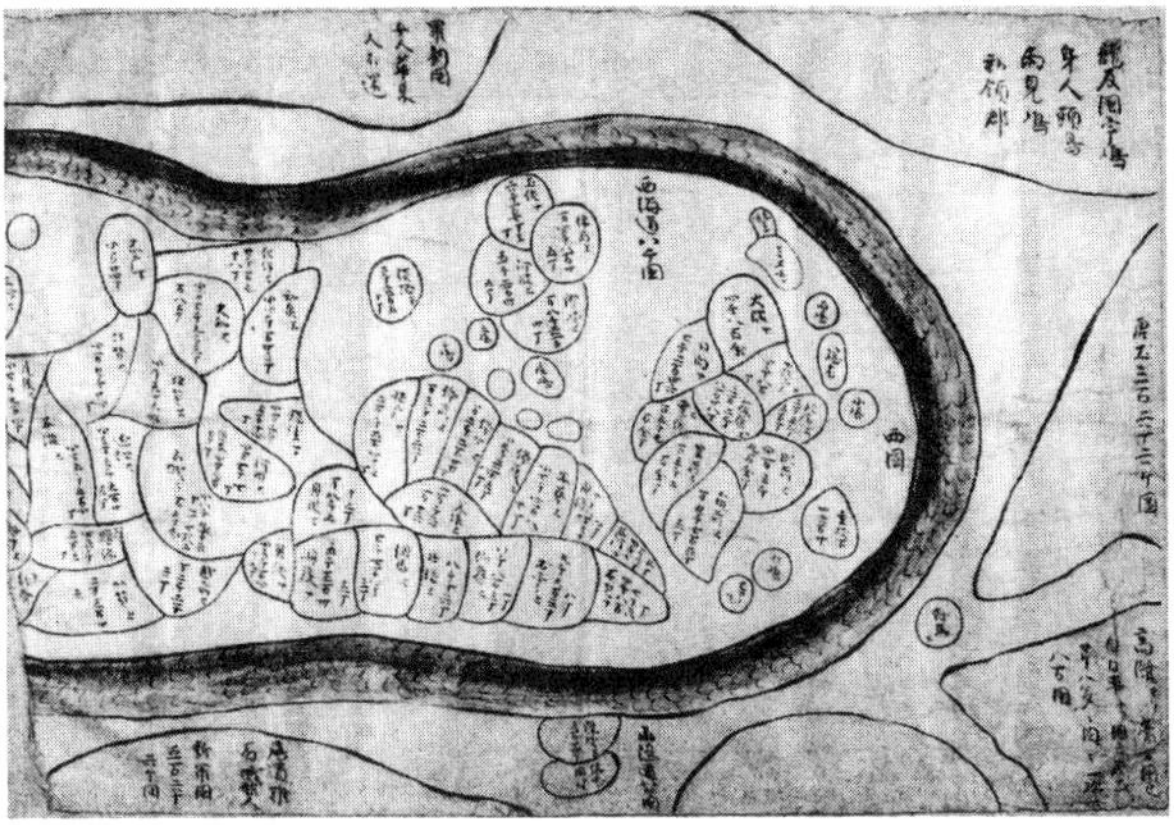

図 2　『蛇躰囲繞日本図』

注）神奈川県立金沢文庫保管，称名寺蔵.

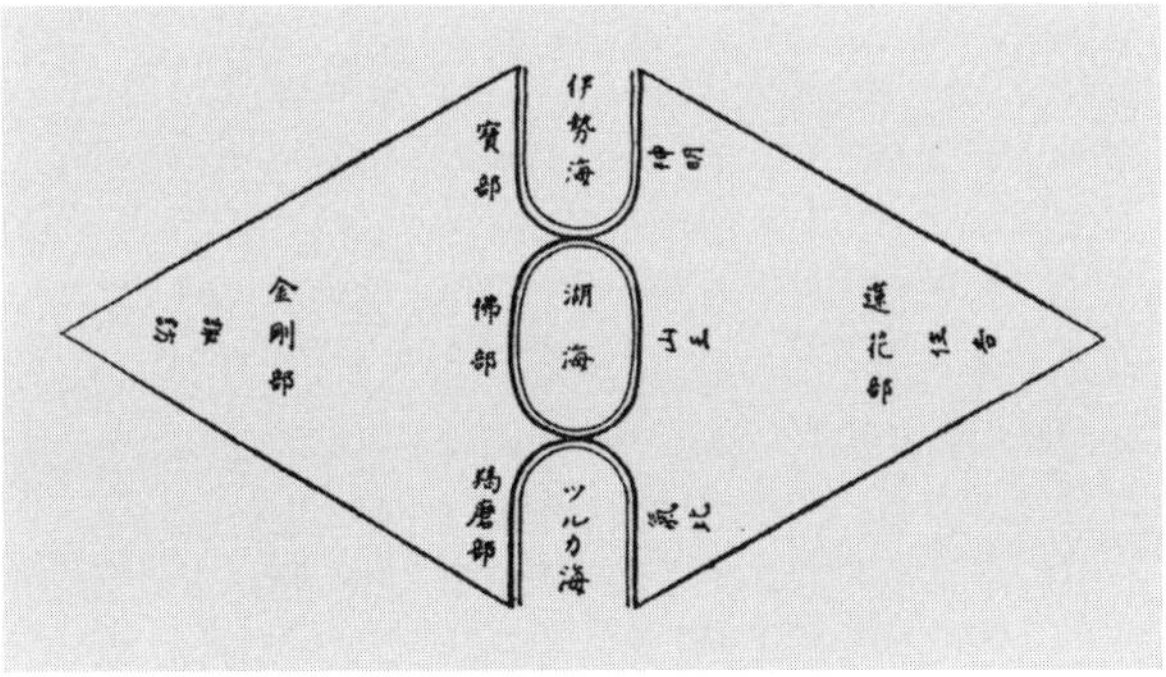


図 3　『渓嵐拾葉集』所引「行基菩薩記」

注）『大正新修大蔵経』第七六巻，大蔵出版，1924-34 年所収.

一方、前述したように、特に近世後期、「地図」という言葉が、日本列島外からの文化に対する開かれた感性のなかで使われていた。近世の民間知識人森幸安（一七〇一—没年不明。京都の香具《こうぐ》商の家に生まれる）が、従来の地図を「絵図」に過ぎないと批判し、「地の理」を全うした「地図」を作るべきだと主張したことは、こうした一八世紀

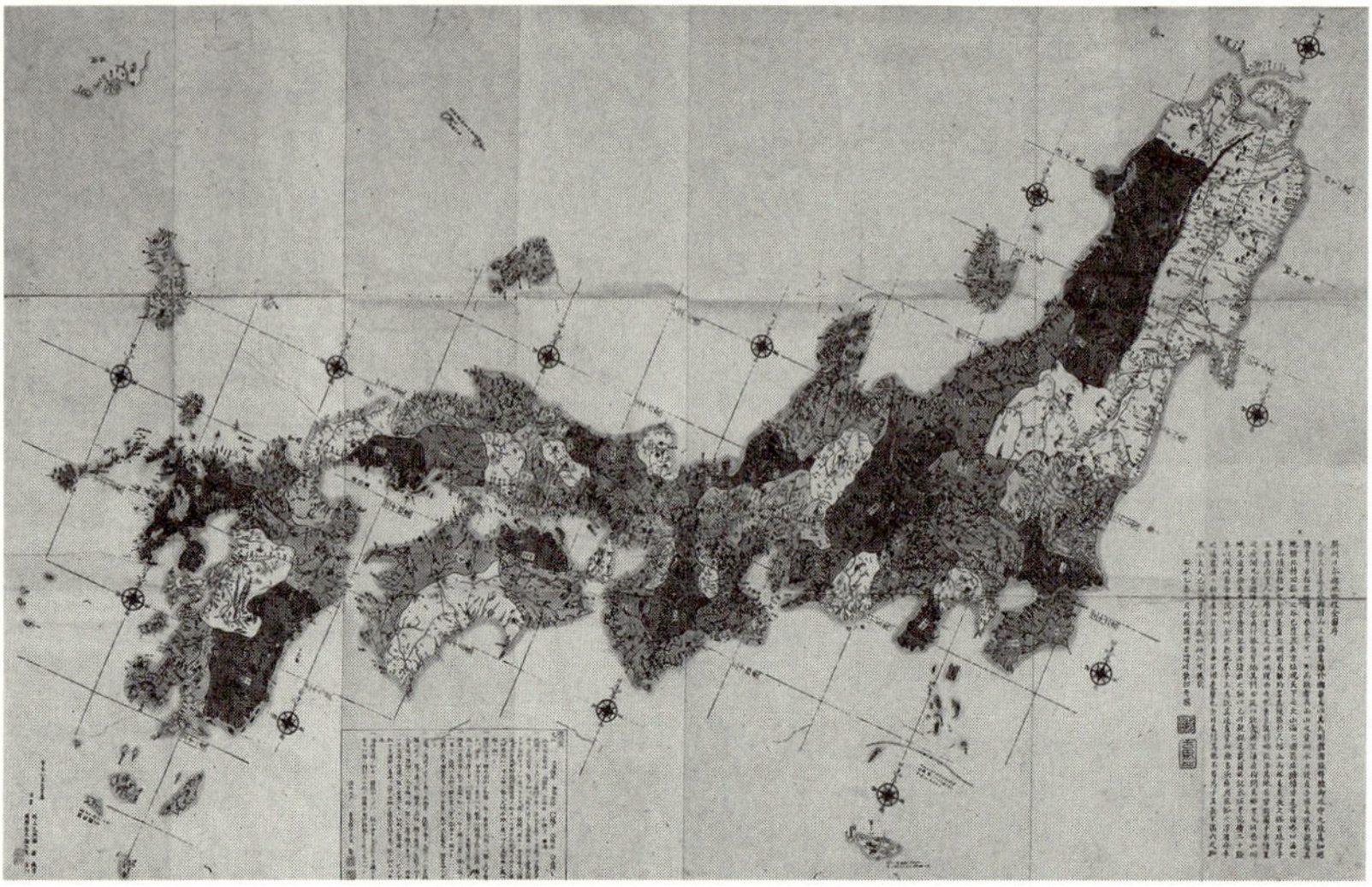

**図4**　長久保赤水『改正日本輿地路程全図』（赤水図）初版

注）神戸市立博物館蔵（秋岡竹次郎コレクション），木版・手彩，83.2×134.3 cm. Photo: Kobe City Museum/DNPartcom

の一断面を示している。ここで幸安が「地図」と言っているのは、三角測量を使って空間を数理的に把握表現した近代的地図では、もちろん、ない。幸安は、まず現地を自分で巡視し、第二に、先行する「歴史書・説話・公家の日記・物語・地誌・法律書など」を引用し、第三に現地の人々からの「聞問」を行った。そして、彼は、その地点の地球上における位置（緯度）を意識していた[14]。

森幸安のもっていた視点、すなわち「日本」を、それを超える世界のなかに置いてとらえる見方を広く人々に知らしめたのは、民間出版図のひとつ、水戸の富農出身の地理学者長久保赤水が作成し刊行した『改正日本輿地路程全図』（図4初版、安永八年（一七七九）刊。以下赤水図と略称する）であった。赤水図は、不正確ながら、緯線とそれに直行する線（前述したように経度は記載されていない）のマトリックスのなかに置いて「日本」を描いていた。

## 第三節　出版検閲の展開

### 1　同業者団体による検閲から支配組織による検閲へ

前述したように、幕府は当初、出版検閲を基本的には民間の同業者団体に委ねていた。享保七年（一七二二）一一月、次の内容を、仲間で吟味し違犯がないようにするようにという江戸町触が出された。その内容とは、①今後の新版書物について猥《みだ》りなる儀・異説を入れることの禁止、②今までありきたりの出版物のうちの好色本類は絶板にすること、③人の家筋・先祖のこと等相違のことを新作の書物に書き世上に流布させることの停止、④新板の物には作者・板元の実名を奥書させること、⑤徳川家康（「権現様」）のことはもちろん徳川家（「御当家」）のことは、板行・書本とも今後無用のこと、であった。同令は翌年大坂・京都にも触れられた。これに基づき書物問屋仲間が検閲を行うことになった。さらに、寛政二年（一七九〇）には地本問屋仲間による検閲が開始された。

天保以前も町政機構が新規出版を検査する動きや、天文方や学問所に諮問することは部分的にはみられたが、天保一二年（一八四一）同業組合・仲間解散の措置がとられたことから、町奉行所は支配組織による検閲の体制を本格化させた。出版申請された新刊本は、基本的に昌平坂学問所により出版の可否が検討された[15]。しかし、この学問所に集中した検閲体制の結果、「遊戯の品・卑劣の物」に至るまで学問所の「御免」あるいは「官許」と表題に冠して売買する事態が生じ、その見直しが図られることとなる[16]。天保一三年七月には、医書を蔵板にしたい場合は、医学館へ草稿を提出するように老中水野忠邦から大目付・目付に達せられた[17]。

天保一四年（一八四三）一〇月五日町年寄館市右衛門は、次のように、「書物」と「草書本類」の区別について答申した[18]（絵図類には、杉本が傍線を引いた）。

「書物」に含まれるもの

暦書・天文書、阿蘭陀書籍翻訳物、国書・歌書類、神仏医書、和漢儒書、算法地方の書、易書、古人伝記類、国郡絵図の類、公用に拘わる書、

「草書本類」に含まれるもの、

和漢絵本・軍書の類、戯作物、絵入狂歌類、すべて手本・往来物等の類、絵本・名所の類、一枚摺絵図の類、絵草紙の類、一枚絵

天保一四年一〇月一三日、書物の内、狂歌・発句・怪談・遊話類、香・茶・挿花・碁・将棋・包丁料理等の書冊は、本屋から草稿を館に提出し書物掛名主が下改を行ったうえ、学問所の判断によらず町奉行所承認印を草稿に押すことにする旨が、若年寄指示により町年寄から書物掛名主に達せられた⑲。また、同一三日草書本類のうち、和漢絵本軍書類の全くの草双紙、ありきたりの手本・往来物の類、絵本・名所類、絵草紙・一枚絵、一枚摺絵図類のうち一通りの道中記や江戸絵図の類は、絵草紙掛名主限り検閲を行うことを、南町奉行の指図により絵草紙掛名主に言い渡した。ただし、一枚摺絵図であっても、国図や格別細密なものは、掛名主から伺いを出すこととされた⑳。また学問所改分も、「官許」「御免」を称することは禁じられた㉑。その後、検閲に関わる専門機関の担当はなんどか組み替えられた。弘化二年（一八四五）七月、新板書物につき、去る天保一三年（六月）に触れた内、天文暦算・蘭書翻訳・世界絵図・蘭方医書類を蔵板にしたい輩は、天文暦算・世界絵図は天文方に、蘭書翻訳・蘭方医書は天文方山路弥左衛門へ草稿を提出するようにとの指示が出された㉒。そして、検閲体制のなかに蕃書調所が登場し徐々にその担当範囲を拡大させていくことになる。安政三年（一八五六）六月、新たに開板しようとする蕃書・翻訳書類は、総て蕃書調所の検閲を受けさせることになった㉓。また、万延元年（一八六〇）閏三月には、天文暦算等出版については、天文暦等は天文方へ草稿差出、世界絵図・蘭書翻訳・蘭方医書等は蕃書調所へ草稿差出と指示された㉔。

こうして出版図は、世界絵図は天文方（万延元年以降は蕃書調所担当）、国図は学問所に、ありきたりの江戸図などは絵草紙掛名主手限《てぎり》の検閲にというように、検閲分掌システムに組み込まれていった。

こうした体制で行われた検閲は、しかし、依然として、出版図の内容まで踏み込んで統一した規格を定めるものではなかった。前述したように、民間出版物のなかでは、何世紀も伝えられてきた様々な図像に由来する日本図が流布

していた。嘉永二年（一八四九）弓頭戸田忠偲家来鈴木彦四郎増訂・書物問屋仮組平野屋平助出願の『大日本国輿地路程全図』の検討のなかで、南町奉行自身は次のような意見を表明していた。「これまで日本の地図印行不許可はなかった。すでに一枚摺の品やそのほか雑書の類にも掲載されており、異同はあるが、世上で売買され新規の義ではない」「これまで彫刻を許可した地図と同様の品を今般に限り不許可とすれば、偏頗の取り計らいに（世上が）疑惑いたし、奉行所の体裁にも拘わる」。

これに対して、幕府天文方は、次のように、嘉永二年八月、赤水図（図4）のような日本図、すなわち天度の縦系・横系（「天度の経緯」）を地上の度（「地度」）として表示しそのなかに国郡を書き入れた図こそが正式の出版日本図であるという見解を披瀝している。

元来輿地図を仕立てるには、正式・略式などの定格がある。たとえば、安永・弘化度「新刻日本輿地路程全図」などのように、精粗は差し置き、天度の経緯を地度に写し、そのうちに国郡の形態を書き載せたものを、まずは正式と致し、そのほかありきたりの地図類は、皆略式である。

同月、町奉行は、町年寄から出願人に「東西経度・南北緯度の両線を削除して彫刻するよう」下達させた[25]。町奉行は、経緯度のなかに正確に位置づけられた日本を求めるのではなく、逆に、経緯度を削除してありきたりの略式日本図にすることで出版を許可したのである。

### 2　日本図・翻刻世界図検閲の転換

しかし、元治元年（一八六四）三月、日本図についての検閲上、従来の方針を大きく転換させる提案が、開成所から出された。開成所頭取と同御用掛林家等は、同年三月付けで、次のような上申書を提出し、日本図については既刊分も含め再検閲したいという意思を伝えた[26]。

日本図（「日本輿地図類」）の出版については、年来天文方にて検閲（「見改」）を行ってきたが、嘉永二年中の指令もあり、開成所で検閲するようになった。しかるところ、当節においては外国御交際は以前とも変化し、宇内・万国にも影響するようになったので（「宇内・万国にも差し響き候儀につき」）、御国に轄《(所)》の分は辺海島岐《(ママ)》寸尺の地に至るまで縮張位置等巨細に取調べ置かないでは、後来御国体に罹《かか》りとなる儀がないともいえず、深く心配しているので、何卒検閲済で上梓になっている分をもなおまた再検閲するようにしたいと存じたてまつる。右しかるべきならばその筋に早速仰せ渡しくださるべきである。よってこの段上申する。以上

子三月

林大学頭（昇、御儒者、開成所御用掛）
林式部少輔（晃、西丸留守居）
開成所頭取（井上弥三郎・花井弥之助・井上義章）

これをうけて、三月二一日には、老中井上正直・板倉勝静より町奉行に対し、「日本輿地図類」を再検閲するので、検閲が済んで開板されている分等も、開成所に提出して検閲をうけるように、市中本屋に触れるようにとの指令が出された。また、大目付・目付を通して幕臣・大名領にも同趣旨の触が出された。

同五月には、開成所はさらに、次のように検閲方法についての伺いを出し、翌年三月「伺い通り」という幕府回答を取り付けた。

一「日本全図」と唱えている絵図類は、樺太島・小笠原島そのほか、御国附属の島々は残らず書き入れなくては、開板差し止めは勿論だが、略図・切絵図などの類は、紙の狭小に付き、小笠原島または蝦夷地を一円書き入れていなくても、そのわけ書を掲出していれば、開板を許可して良いか。

一御国地ならびに島々共、経緯度のことは、以後開板を伺うとき訂正し、誤謬などは訂正させるようにすべきと考えられる。

一琉球国のことは、先頃大久保忠寛（文久元年（一八六一）八月蕃書調所頭取再任、文久三年六月外国奉行に転役）が伺った通り、治界に朱線を以て両属の符号を入れるようにすべきか。

一「地球全図」など、漢土・西洋のりっぱな地図（「厚図」）のまま翻刻したものも、樺太島・小笠原島等、御国附属の符号・着色など書き入れがないか、そのほか不都合の事がみられれば、開板は停止すべき。もっとも品によって、その時に伺うようにすべきと考える。

一このたび地図類はいずれも再検閲（「再改」）になるので、これまで検閲済の證として調印してきたが右は證にはならず且つ混乱が生じるので、この度の地図改めの證印を別にあつらえたいと考える。

これにより、日本全図、翻訳世界図とも、これまでになかった検閲方針が決められた。すなわち、①日本に所属する範囲が適切に表示されているか（カラフト・小笠原など日本（「御国地」）付属の島々を残らず記入しているか）、②日本と島々の位置が正しく経緯度のなかに位置づけられているか、③琉球国に治界線・日中両属符号が入っているか、④中国製・西洋製図の翻刻図もカラフト・小笠原島などに所属符号・着色に不都合があれば出版停止を検討すること。そして新刊分だけでなく、既刊分をもその検閲対象とすることとなった。

このような大転換はなぜ起こったのか。大きな影響を与えたと考えられるのが、次節で取り扱う官板図の刊行であった。

## 第四節　官板日本図の刊行

### 1　文久元年伊能忠敬実測図の官板彫刻を命ず

文久元年（一八六一）八月、老中安藤信行の書取《かきとり》により、「伊能勘解由（忠敬）が著述した実測地図」の官板彫刻が命じられた。命じられたのは、当時、世界地図や蘭書の翻訳を行い、出版検閲にも関わっていた蕃書調所であった[27]。

この官板図は最終的には『官板実測日本地図』として出版された。同図は、その存在については以前から地図史研究のなかで知られていた。しかし、その言及のポイントは、徳川幕府下で伊能忠敬の測量の成果が活用された数少ない例であるという点にあり、『官板実測日本地図』全体や、その刊行背景についてはほとんど注目されてこなかった。その原因について、同図について最も詳細な検討を行った高木崇世芝は、近代地図作成に影響を与えた形跡がないこと、「現存数が多く、ごくありふれた図と見做されている」ことを挙げている[28]。しかし、地図を社会や政治から切り離し科学的発達史の文脈のみで評価する、このような従来の研究視角は再考される必要がある。中央政府がその支配領域の地図を出版するという行為は、国土地理院から地形図などが刊行・公開されている現代日本では違和感なくとらえられるであろう。しかし、これまで述べてきたように、近世の政治文化のなかではこの発想は異質なものだった。なぜ、幕府は、自ら日本図の刊行を決定したのか。『官板実測日本地図』は、以下述べるように、近世から近代へと政治文化が変化するなかでこそ生まれた出版図であった。最終的には『官板実測日本地図』として出版されたが、その過程では、どのような内容として出版すべきかをめぐって厳しい議論と検討が重ねられた。以下本章では、検討過程も含めて記述するときには、『実測図』という仮称を使用することにしたい。

### 2　海岸線測量としてスタートした伊能忠敬の全国測量

ここで、この時官板彫刻を命じられた「伊能勘解由（忠敬）が著述した実測地図」についてもう少し説明を加えておく必要があるだろう。下総国佐原村の名主伊能忠敬が、隠居した後、幕府の許可を得て一七年の歳月をかけて自ら測量隊を率いて日本全国を測量して歩いたこと、その成果は、彼の死後手書きの最終版『大日本沿海輿地全図』（図5）および『輿地実測録』としてまとめられ文政四年（一八二一）幕府に提出されたことは、こんにちの日本ではよく知られている（以下、幕府への上呈図を総称して「伊能図」と表記する）。

伊能図は、一般には、初めての本格的実測日本図として理解されることが多い。しかし、同図の骨格は、海岸線と主要街道についての記述・描写であり、「日本図」という言い方が、「日本」の領域を面としてとらえることを意味しているならば、その意味では伊能図は「日本図」ではなかった。寛政一二年（一八〇〇）忠敬に測量を許可した当時の幕閣は、当初は、忠敬に蝦夷地に派遣する船舶に乗り込ませて方位測量をさせることを企図していた。これに対し、忠敬の師である幕府天文方の高橋至時は、忠敬が海上測量はできないことを述べたため、海上測量は天文方堀田仁助（すでに一七九九年、宮古湾から厚岸沖を測量）に任せ、忠敬には陸上からの海岸測量を許可したのである。横山伊徳はこのような経過をふまえて「海岸線測量図としての伊能図」と表現している。この幕府の海岸測量は、英・露による日本海岸測量への対抗措置であった[29]。

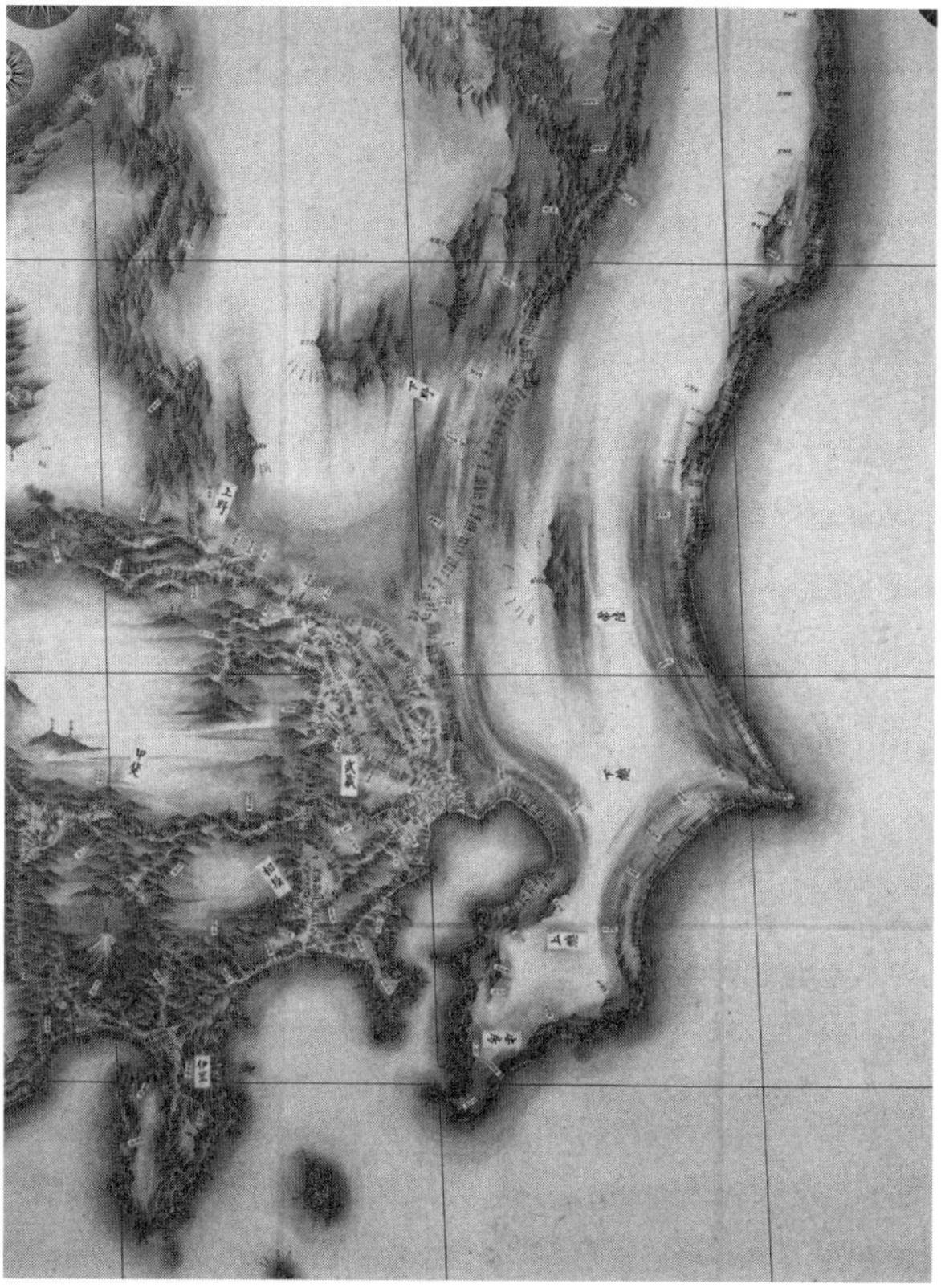

**図5**　『大日本沿海輿地全図』（中図・関東部分）

注）伊能忠敬．東京国立博物館蔵．Image: TNM Image Archives

国内的にも、日本沿岸に大型船舶・軍艦が行き交うための政治的条件が整っていた。すでに、嘉永六年（一八五三）幕府は大名の大船建造を許可、文久元年（一八六一）六月には、百姓・町人の大船製造と外国船購入を許可していた。さらに、この翌文久二年七月には、大名の軍艦での参勤・帰国が許可され、条約締結国への艦船注文方法も通達される。[30]大型船舶・軍艦が座礁することなく沿岸を安全に航行するには、水深や海底・潮の状況を記した海図が不可欠であった。このような状況のなか、伊能図は海図あるいはその作成のための資料として使用された。嘉永二年（一八四九）、幕府は、海岸に領地のある諸藩に、一村ごとに海岸の距離・水深などを記した絵図の提出を命じたが、萩藩は伊能図の写図を参照した。[31]万延元年（一八六〇）一二月二六日、外国掛目付は、「御国周海警衛」「水陸遠近里程等取調」のため、「御国測量図」（伊能図）を写し取り手元に置きたいと上申し、文久元年（一八六一）二月、再度、上記目的のため、軍艦奉行同様、蕃書調所出役絵図引きに書写させたいと上申している。[32]また、文久三年（一八六三）に行われた約二〇〇年ぶりの将軍家茂の上洛は、当初海路軍艦を使用することが計画されていた。同正月、大番頭内田正徳・軍艦奉行木村喜毅は、上洛が済むまで伊能図の貸与を願い出ている。[33]このほか、伊能大図の海岸線に砲台・陣屋・水深を記入した、江戸湾海防図の存在も指摘されている。[34]

実は、幕府が伊能図の刊行に踏み切ったのも、英・蘭から、伊能図を海図の作成のための資料として使用することを打診されたことを契機としていた。文久元年七月一九日、英国特派全権公使オールコックは、「日本海岸の図三枚」の写を入手したいと幕府に要請した。これは、日本近海の本格的測量を命じられていた測量船アクテオン号の艦長ウオードの希望によるものだった。幕府は、沿岸調査と海岸上陸を含むこの調査航海を、日本側役人の同乗と日本の旗の掲揚を条件として許可した。幕府は、英船による測量について諸外国にも通達し英国以外の測量を抑制する意向をもっていた。[35]ウオードは、アクテオン号に同乗してきた外国奉行支配荒木済三郎、軍艦教授方福岡金吾・塚原銀八郎らの幕府役人が持参していた地図が、航海情報は含まないが非常に正確なものであり、それを使用すれば海岸線地図作成の時間を節約できると判断したのだ。当時、英国の七つの海への制海権確立に伴い、出版海図の世界的規模での作成・頒布体制が模索されていた[36]。一八二三年以降英国海図は全世界の商船に販売され、英国水路部は一貫して海事国間での海図情報共有化を提唱してきた[37]。ウオードは、伊能大図・中図のうち一部を借り受けて測量した水深や暗礁を書き入れたいと希望していた。しかし、幕府は、大・中図は江戸城炎上（安政六年（一八五九）本丸炎上）の際に焼失したとして、老中安藤信行指示により、同七月二二日教授方・目付方が立ち会い、小図をウオードに貸し渡した。ウオードは、自分たちが上陸して測量ができなかった瀬戸内海などについて、伊能図の経度測定の誤差をクロノメータによる測量により修正し、測深データを付加した小縮尺の海図を作成した。その測量成果は、英国海軍本部海図二八七五号「瀬戸内」（一八六二年）、海図二三四七号「日本及び朝鮮の一部」（一八六三年）として刊行された[38]。また、同文久元年八月一一日、蘭国総領事デ・ウィットは、日本近海航行のために「日本国の諸嶼・諸岬の位置を正しく測定した図面」が必要だとして、英国海軍と同様、オランダ海軍のためにも印刷した図（刻図）を贈ってほしいと要請した。当時の慣行に従いデ・ウィットは、印刷された沿海測量図を贈呈してほしいと要請したのだ。これに対しては、八月一七日、老中久世広周・同安藤信行名で、「我国沿海測量図は英国に貸したため、余図がない。航海便利のため、彫刻するよう関係筋に命じたので、できあがり次第贈呈する」と回答した。

文久元年八月、外国立会役々、外国奉行は、伊能図は精細緻密なため今後英・蘭のみならず外国から追々渡し方を依頼されるであろうこと、国内においても軍艦操練所はもちろん、諸国商船など近海渡航の者まで進路の遠近や暗礁の有無が精しくわかれば「艱険覆没」の憂いもなく運行・輸送が可能となる、早々開版となるようにしたいと答申していた[39]。伊能図の刊行はこうした状況のなかで決断された。

### 3　「日本」の空間はどこまでか

しかし、伊能図を官による出版物として刊行することは、刊行図が別の文脈からの視線にさらされるようになることをも意味していた。

蕃書調所の絵図書写担当者は、版木を作るために伊能図を写している過程でこの図の大きな問題点に気付いた（以下この一件については、『続通信全覧』類輯之部　文書門、地図、日本実測地図増補一件、外務省外交史料館所蔵による。従来の研究では、東京大学史料編纂所所蔵『旧記雑』が使用されてきたが、『続通信全覧』の記事の方が良質の書写と判断した）。次に示すのは、文久元年（一八六一）九月、蕃書調所頭取と外国掛目付が幕府に宛てて出した伺書の内容である。

実測図官板被　仰付、板下絵図追々写方仕罷在候処、右絵図面に者、蝦夷北地之分四十六度を限り、東南之方者クナシリ島迄にて、其余無之、殊に口蝦夷之方海岸而已地名有之、内地山野之名者一切不相見、且又琉球島・無人島等も無之、右者此度彫刻出来之上者、夷人江も御渡可相成哉之趣、左候得者、向来若御不都合之儀も出来仕間敷哉之旨、絵図写し之者共申聞候、尤之次第にも被存候間、右之分世上有触れ候絵図夫々取集補入為仕可申哉否、早々御下知有之候処仕度〔ママ、様カ〕、右御聞済相成候はヽ、蝦夷地名見合にも仕度候間、前田健助差上候地図御下ケ相成候様仕度奉存候、右之趣浅野一学へも申談、此段奉伺候、以上、

酉
九月

大久保伊勢守（忠寛、蕃書調所頭取）
古賀謹一郎（増、蕃書調所頭取）
妻木田宮（頼矩、外国掛目付）

この伺書の内容は次の通りであった。「蕃書調所の絵図写担当者から以下のような疑問が出されている。伊能図がカバーしているのは、「蝦夷北地」（カラフト）は四六度まで、千島列島はクナシリ島まで、琉球も、無人島（小笠原諸島）も、描かれていない（後掲図6①）。また、口蝦夷地について地名が書き入れられているのは海岸部のみであり、内陸の山野の名は記入がない。（木版）彫刻ができたならば（印刷した地図を）「夷人」にも渡すはずなので、今後不都合を生じないか。このような絵図書写担当者の指摘はもっともと思われるので、伊能図に、世上にありふれた絵図を

取り集めて補足すべきかどうか、早急に下知いただきたい。また右ご了承いただけるならば、蝦夷地名の資料としたいので、前田健助（夏蔭）提出の地図を下付いただきたい。右の趣旨は浅野一学（氏祐、外国掛目付）にも相談し、お伺い申し上げる」。前田健助は幕府から命じられ『蝦夷志料』編纂に当たっていた。蕃書調所の伺は、官板図は「日本」のあるべき領域を表現する図として刊行されるべきであり、蝦夷地内部も空白ではなく地名で充塡されているべきであるという発想に基づいていた。

　蕃書調所からの伺に対し、出版内容についての幕府諸役の見解は割れた。勘定所からは「世上にありふれた図面で補ったのでは、もし実測と違っていては、伊能図を出版する意味がない。実測していないところを除くのは、西洋では普通なので、属島などを書き入れなくても不都合とは言えない」という見解が出された。一方、外国掛大目付・目付よりは「世上に旧来伝播している地図は実測とは言い難いので、近来外国人が持ってきた地図の内から精しいものを選び、地名などは、箱館奉行所の地図と前田健助の調査を見合わせ、外国人が名づけた地名などは一切用いないという方針で、補足すべきだ」との答申が出された。このように、勘定所の見解は、実測図としての価値を重視したものだった。これに対して、外国掛大目付・目付答申は、基本的には蕃書調所の発想に沿い、しかし、領域補足は国際的に通用する地図で行う一方、外国人命名の地名は用いずという見解を提出したのだ。

　これをうけた文久元年一〇月付けの外国奉行評議は、この当時日本（「御国」）に附属している領域についての理解を示し、勘定奉行評議に異議を唱えるものだった。

　外国奉行評議

書面並〔幷〕勘定奉行・同吟味役評議之趣共、一覧勘弁仕候処、（中略）素よりクナシリ・エトロフ共全島、北蝦夷地も五十度迄者、当今も全く御付属に御座候、無人島之儀者、古来より御付属之趣に申伝へ、此程水野筑後守（忠徳、外国奉行、小笠原島開拓御用）御用被仰付、取調罷在候、竹嶋之儀も同様御付属と申伝候処、元録〔禄〕年間朝鮮国江御付与相成候由に有之、琉球国之儀者、御国幷清国江服従仕候段、外国人も粗弁へ居候趣も相聞候に付、全く御省に相成候而、後来御不都合之儀難計に付、猶勘弁仕候処、右琉球国・竹嶋幷蝦夷地エトロフ島以来〔東カ〕之島々、同北地五十度以北ハ、絵図着色仕置候ハヽ、御辞柄も相立可申、且測量行届不申候島島迄、補入致候而者、実測原図まで不信用に可相成との儀、無謂儀に者無御座候得共、勘解由撰図迚も必相違無之と者難計、各国図とも最前者概略に而、近年精密に至り候儀に付、悉く不信用之儀も有之間敷、右島々当今御省キニ相成候へ者、後年外国より恣に開拓致候節、御辞柄相立兼、蚕食之辞柄に屈し候よりも補入いたし、御開拓御盛業相成候方可然奉存候間、前文島々補入いたし、都而伺之通り被仰渡可然奉存候、越中守（大久保忠寛、文久元年十月外国奉行に転任）相除、私共評議仕、此段申上候、

酉十月

水野筑後守（忠徳、外国奉行）
松平石見守（康直、外国奉行）
鳥居越前守（忠善、外国奉行）
津田近江守（正路、外国奉行）
竹本隼人正（正明、外国奉行）
一色山城守（直温、外国奉行）

右によれば、この当時、外国奉行の理解する日本付属地の範囲は次の通りであった。クナシリ・エトロフ共全島、北蝦夷地（カラフト）五〇度迄、無人島（小笠原諸島）は古来付属地と伝承しており、このほど水野忠徳に開拓御用が命じられた。竹島は古来付属地であったが元禄年間朝鮮に御付与になった。琉球国は日本と清国に服従していることは外国人も粗々わきまえている。なお、ここでいう竹島とは、こんにち帰属が問題となっている竹島とは別の島で、現在は鬱陵島と呼ばれている。現在の竹島は、日本からみると鬱陵島に航行する途中の小島であり、当時は鬱陵島に比べ産物の乏しい利用価値の少ない島と考えられていた[40]。

そして、琉球国、竹島、「蝦夷地エトロフ島以来〔東カ〕の島々」、カラフト五〇度以北は、絵図面に着色したならば、御口

実（「御辞柄」）も立つはずだとの意見を出した。勘定奉行の意見については、以下の通り批判した。測量不行き届きの島々まで補い入れては実測原図まで不信用になるとの意見は理由のないことではないが、伊能撰の図も必ず間違いがないとは言えないだろう。各国の図も近年になって精密となったのであるから、皆不信用にもならないであろう。右島々を今省いては、後来、外国から恣に開拓する時、御口実が立ちかねて蚕食の口実に屈するよりも、補い入れ、開拓の御盛業となるようにすべきである。

結局、文久元年（一八六一）一一月に示された幕府指示は、次の通りであった。

書面伺之通相心得、尤琉球・小笠原島幷蝦夷地エトロフより東之島々且同所北地五十度より北之方者、絵図面着色いたし、近来外国人持渡之内精詳之図相撰、地名者箱館奉行取調候絵図幷前田健助取調候品見合、外国人より名付之地名等者一切不相用方と取極、補入候様可致、

①蕃書調所の伺の通り心得ること、②もっとも、琉球、小笠原島、エトロフより東の島々、カラフト五〇度より北については絵図に着色せよ。③外国人から渡された図のうちの精細図を撰び、地名は、箱館奉行所の絵図、前田健助の調査を参考にし、外国人命名の地名は一切使用せず、伊能図に補足するように。この幕府決定は、次の三点を明確化したものだった。すなわち、第一に、伊能図そのままではなく、日本に属する範囲を表現するよう描写範囲を補充すべきこと、第二に、特定の領域について着色すること、第三に、外国人から渡された精細図を参照するが、地名は外国人命名の地名を使用しないこと。

第二点の着色指示については、現代の私たちには矛盾した内容のようにみえる。なぜならば、この文久元年一一月時期の千島・カラフト・小笠原・琉球の状況は以下の通りだったからである。①千島列島については、安政元年（一八五四）の日露和親条約で、エトロフは日本領、ウルップ以北はロシア領と合意されていたが、②カラフトについては日本の北緯五〇度分界案が容れられず、日露人雑居状態となっていた。③小笠原諸島は、捕鯨や太平洋交易のため

**表1　文久元年（1861）の問題点**

| | 伊能図の範囲と不備 | 外国奉行の日本付属領域理解 | 国際情勢 | 幕府指示 |
|---|---|---|---|---|
| 千島列島 | クナシリ島まで | クナシリ島・エトロフ島 | 1855年日露和親条約でエトロフは日本領，ウルップ以北はロシア領 | エトロフより東は着色 |
| カラフト | 46度まで | 50度まで | 日露雑居（50度分界容れられず） | 50度より北は着色 |
| 琉球諸島 | 記載なし | 日・中に両属 | 日・中に両属，1850年代に米・蘭・仏と独自条約（ただし，蘭・仏本国は批准しなかったと考えられる） | 着色 |
| 小笠原諸島 | 記載なし | 古来付属地 | 小笠原御用掛の派遣検討中 | 着色 |
| 地名 | 地名は沿岸部のみ，内陸山野名の記載なし | | | 外国人命名の地名は，用いず |

の英米船の寄港地となっていた。文政一〇年（一八二七）の英国領宣言、嘉永六年（一八五三）米国使節ペリーによる敷地購入などの動きがあった。文久元年三月の外国掛大目付・目付評議書では、前年出版された英国製地図に小笠原が英国所領の色分けに組み入れられており、「一日も御安心あい成り難し」と指摘していた㊶。文久元年九月一九日には、外国奉行水野忠徳を小笠原島開拓御用掛に任じ、同一二月一九日、水野以下一〇〇名を超える一団が派遣される。この時、外国人島民から服従の誓書を提出させ、さらに、翌年八丈島の島民を移住させた。しかし、文久三年（一八六三）五月、日本の移民は中止されることになる㊷。④琉球については、安政元年（一八五四）四月、老中阿部正弘宛、林大学頭昇・西丸留守居海防掛筒井政憲連名上申書では、琉球国について表立ってはどこの属国というべきかとの諮問に対し、「唐国」は父の如く、日本は母の如き意味なので、押立申す時は、「唐土の属国」と申すべきと思われると述べていた㊸。この時期、幕府首脳部は、薩摩藩の意見を受け入れ、琉球王国をいわゆる「鎖国」制から切り離し、仏英との修好・貿易を黙認する方針をとっていた㊹。琉球国は、安政元年にはペリーと修好条約を、安政二年（一八五五）には仏艦隊司令官ゲランと和親条約を、安政六年（一八五九）にはオランダのドンケル・クルチウスと和親条約を調印するなど、各現地責任者と独自に条約を締結した。しかし、文久二年（一八

六二）閏八月には老中は、英国代理公使ニールに、琉球国は「我国の所属」であると同時に、「唐土へも通信」してきたと伝えた。[45]オランダ・フランスは条約の批准を見送った。[46]前述したように（第三節　出版検閲の展開）、元治元年（一八六四）、老中は、刊行日本図に掲載する琉球国には両属の符号を入れるという開成所の見解を承認する。

以上述べた当時の状況と、外国奉行の理解、伊能図の描く範囲、着色等についての幕府指示をまとめると表1のようになる。この表から明らかなように、幕府は、千島列島とカラフトについては「日本」外の地域へ着色を命じる一方、日・中両属の琉球、「古来日本付属地」と理解する小笠原諸島にも着色を命じているのである。これを矛盾と感じるのは、国土を表す地図へ着色する意味を、まず国土全体を一色で塗ることで単一の政権のもとにあることを表示することにあるとみる、現代の発想に起因する。しかし幕府の指示はこれとは異なる発想に立っていると考えざるをえない。この着色指示は、この文久元年一一月という時期、国際的には日本の周縁が確定してはいなかったことに対する幕府の苦肉の策だった。国際的には「日本」領として認知されていない領域については、『実測図』には掲載するが、着色を施して他の日本の領域とは異なることを示すよう、指示したのである。すなわち、幕府は、「日本」内とは国際的には合意されていない領域を画面中に描き込むことについて、他者に対する予防線として、着色を指示したのである。

### 4　地図の色分けは国境の証拠たりうるか

その一方、日露の国境談判では、地図の色分けが国境の証拠たりうるかという点についての論争が展開した。文久二年（一八六二）八月二日、ペテルスブルクの予備宮殿において行われた、仏蘭西英吉利其外外国御用正使竹内保徳（勘定奉行・外国奉行兼帯）・同副使松平康直（神奈川奉行・外国奉行兼帯）・同前京極朗（目付）等と、ロシア外務省アジア局長ニコライ・イグナチエフとの交渉を記した対話書によって、その様子をみてみよう（以下本項の記述・史料引用は『続通信全覧』類輯之部、警衛門、辺疆分界　樺太分界幷警衛一件、外務省外交史料館所蔵による）。この境界談判では、カラフト上の北緯五〇度を主張する日本側は、一八五四年プチャーチンが下田に難破したとき所持していた絵図面では、カラフトに「我国」の色分けがなされていたこと、ペテルスブルクの草木園にある「地球の図面」にもカラフトが色分けされている例を挙げ、島上境界の論拠として主張した。これに対して、ロシア側は次のように反論した。

① ロンドンなどで刊行している絵図面には、満州を自国の領地として色分けしているものもある。これをもってシナに絵図の談判をするならば、シナはさだめし驚くであろう。絵図の色分けは、証拠として当てにはならない（龍動抔ニ而刊行いたし候絵図面ニ者、満州之地を以自国之領分ニ色分相成以自国之領分ニ色分相成候品も有之候間、右絵図を以て支那江致談判候ハヽ、同国おゐて者定而驚き候儀ニ可有之候間、右絵図面色分之儀者、決而当てにハ不相成候）。

② 絵図面は、刊行主体の存意によっていかようにも色分けが可能である。決して当てにはならない。もしこれをしっかりとした口実となるとして、私から刊行者に頼んで江戸の半分をロシアの色分けにしたならば、カラフトくらいの得失では済まなくなる（右絵図面之儀者、刊行いたし候もの之存意次第、如何様ニも色分致出来候儀ニ付、決而当てに者相成不申、若右者聢と之辞柄ニも相成候儀ニ而、私ゟ刊行いたし候もの江相頼、江戸半分魯西亜之色分にいたし候ハヽ半島位之得失ニ者無之候）。

③ 航海など絵図面として要用の要素は、地形などの研究であり、もとより色分けには無関係である（航海其外絵図面要用之儀ハ地形など研究いたし候訳ニ而、素ゟ色分ニ拘り候儀ニ者無之）。

④ 絵図面の色分けは、航海者がその島を訪れたときに、そこにいる人民に「どこの（国に属する）人か」と尋ねたところ、「日本から来た者で日本人だ」と答えたので、（その情報に基づき地図作成者が）その地も日本地として色分けしたのであろう。つまるところ、人と土地の区別を行っていない故だ（絵図面色分之儀者、全く航海いたし候もの彼島江罷越候節、其人民江いつれ之人ニ候哉と相尋候処、御国ゟ罷越居候ものにて日本人と相答候ニ付、其地も矢張日本地

と相心得色分ケいたし候儀ニ可有之候間、右者畢竟、人と土地と之差別無之故ニ有之候）。

このように、ロシア側は、地図の色分けについては各出版者の恣意によって左右され、また地図作成が往々にして航海者からの伝聞情報に頼っているという問題があること、すなわち、地図色分けについての国際的に承認されたルールは存在せず、境界判断の材料とはならないという主張を行ったのである。日本側はこれらの諸点を論破できなかった。この談判によっても境界画定は合意されず、現地での談判に持ち越された。

## 5　カラフト問題と分界非表示の決定

『実測図』は、文久元年（一八六一）の幕府指示に基づき、「高名の諸図」ならびにオランダ・イギリス・ドイツ出版の地図を参照しながら補足作業が行われた。文久三年（一八六三）正月に、外国奉行が入手した「魯西亜献貢の絵図類」を、洋書調所（蕃書調所が改名）が参照したところ、経線とカラフト五〇度の地形が相違していることが判明した。このため、文久三年一〇月付で、開成所（洋書調所が改名）頭取と文久二年に洋書調所御用掛に任じられていた御儒者林昇らの連名で、着色については国境にもかかわるので、篤と取り調べたうえで決定すべきではないか等の伺書が提出されている。同月付外国奉行回答では、カラフトについては、即今北緯五〇度を限って着色彫刻してしまうのは避け、軍艦を派遣しての測量のうえで精測の図にする、カラフト・蝦夷図の刊行は見合わせ、箱館奉行と前田健助が打ち合わせ校合の上あらためて伺うようにとの指示が出された(47)。さらに文久三年一二月、元治元年（一八六四）正月、同メンバーから「カラフトについての下知が間に合わないならば、カラフト地図は除き、内地全図ならびに琉球・小笠原島・蝦夷地図などを、届け出た者に渡し、代料を納めさせるようしたい」との伺書が提出されたが、幕府の判断は示されなかった。

元治元年九月には、次掲史料傍線部のように、同メンバーから「元来地図の儀は、実地緊要の品柄にて、もとより精細が明らかになくてはならないところ、これまで世間にありふれたものは疎漏多く信用できない、のみならず僅かな差が千里の謬となるのは言うまでもなく、品により「不容易・不都合」も発生するので、畢竟この訳をもって先般実測地図を官板に命じられたのであろう。なにとぞすみやかに世上一般の実用になるようにしたい」「最前伺った通り、カラフト地図は除き、その余の図面は当御場所において摺りたてさせ、届け出た者に渡し、寛く世上の用になるようにしたい」との伺書が出された。この開成所の、『実測図』の迅速な刊行・一般頒布を求める動きに対して、幕府は、ようやく、「カラフト島より（地図に）加えて、分界領分などは摺りたてない。売り渡し方は、書肆に渡すのは見合わせ、開成所に願い出た者に御払い下げになるように取りはからう」ようにとの判断を示した。このように、『実測図』出版については、何度も開成所側から伺いが出され、幕府に対応を迫っていくという過程を辿ったのである。

（前略）

元来地図之儀者、実地緊要之品柄にて、素より精詳明了に無之候て者、難相成儀之処、是迄世間有触レ之疎漏多く、信用相成兼候のみならす毫厘之差千里之謬と相成候者申迄も無之、品に寄不容易不都合も出来候儀に付、畢竟右等之訳を以、先般実測地図、官板被仰付候儀にも可有之、何卒速に世上一般之実用に相成候様仕度、尤去亥年十月中補入カラフト島経界之儀に付、相伺置候次第も有之候得共、右者即今御治定之御手続にも難相成御儀も可有之哉、左候迚右御治定相成候迄、売弘メ等之儀見合居候て者、際限も無之、折角官板被　仰出候御趣意も相渉り兼、方今急務之品を其儘打捨置候姿に相当り、いかにも残念之至奉存候間、度々申上候者恐入候得共、最前相伺通り、カラフト地図者除き、其余之図面者、当御場所於而為摺立、届之者江相渡、広く世上之用に相成候様仕度奉存候、依之実測地図切絵図三枚相添、此段奉伺候、以上

子九月
林大学頭（昇、御儒者、開成所御用掛）
林式部少輔
開成所頭取（西尾錦之助・木村喜毅）

（以上の経過は、『続通信全覧』類輯之部　文書門　地図　日本実測地図増補一件　外務省外交史料館所蔵　および　東京大学史料編纂所において公開中の「維新史料綱要」データベース所引史料による。引用史料の傍線は杉本による。）

以上から明らかなように、『実測図』刊行のための開成所・幕府の検討は、単なる伊能図刊行計画ではなかった。この過程で、箱館奉行に蓄積された諸地図の見直しも企図された。文久元年一〇月、箱館奉行に蓄積されてきた箱館・蝦夷地の地図類を、蕃書調所頭取古賀増・同大久保忠寛に渡し、同所において校合させたいという願いが、箱館奉行兼外国奉行津田正路・箱館奉行糟屋義明から提出されている[48]。

## 6　『官板実測日本地図』

『官板実測日本地図』の刊行開始時期については、これまでのところ明確には特定しえていない。文久二年（一八六二）八月にフランス公使に一部贈呈された「日本地図半成の分」とは、半分完成した『実測図』であった可能性が高い。元治元年（一八六四）の時点で、陸軍所・軍艦操練所・目付方などには、数十枚印刷して渡されていた[49]。

現存する『官板実測日本地図』には刊記は印刷されていないため、刊行時期の手がかりとなるのは、主に刊行印である。現存する図のなかには、慶応元年（一八六五）まで開成所で使用されていた刊行印（「開成所刊行」小型朱印[50]）が確認できるものが存在する。そのひとつ東京大学大学院理学系研究科地球惑星科学専攻蔵『官板実測日本地図』は、次の四枚（図6①）からなる。表紙に貼られた題箋には次のようなタイトルが摺られている。

（1）「畿内　東海　東山　北陸」（図6①のC図　図6⑥　外郭寸法二二二三×一五一〇ミリメートル）

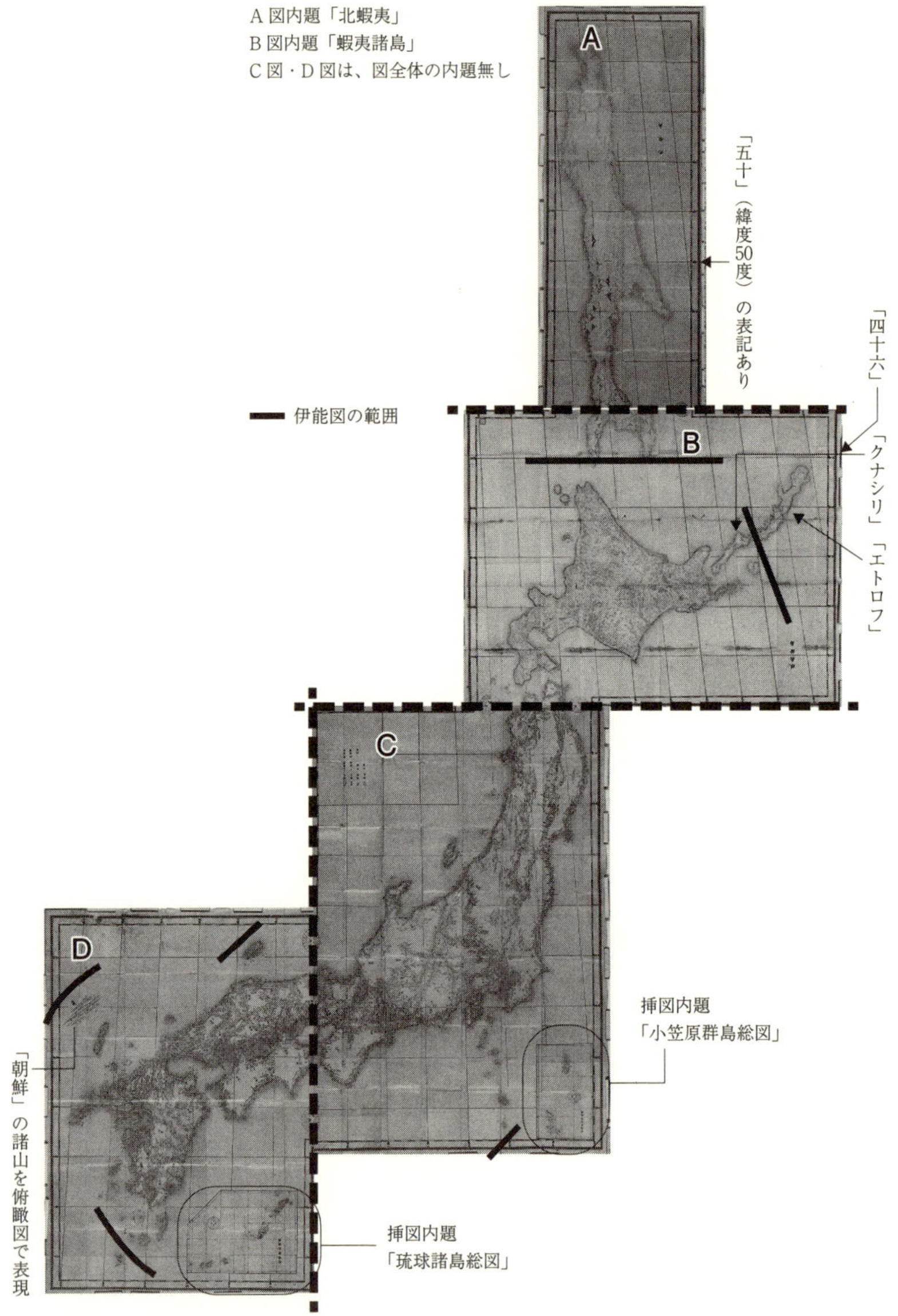


**図 6 ①　『官板実測日本地図』4 枚を合体させた画像**

注）　慶応元年以前刊行，東京大学大学院理学系研究科地球惑星科学専攻蔵（山崎文庫 BIII27d）．

本図は 4 枚を 1 セットとしている．本画像は，4 枚を合体させ（点線で各紙を表示した），A–D を加筆した．伊能図の範囲は，本章引用文久元年外国掛目付・蕃書調所頭取伺書，及び星埜由尚他『伊能図大全』（河出書房新社，2013 年）の「伊能図索引図」（34 頁）に拠り，図示された島を示した．

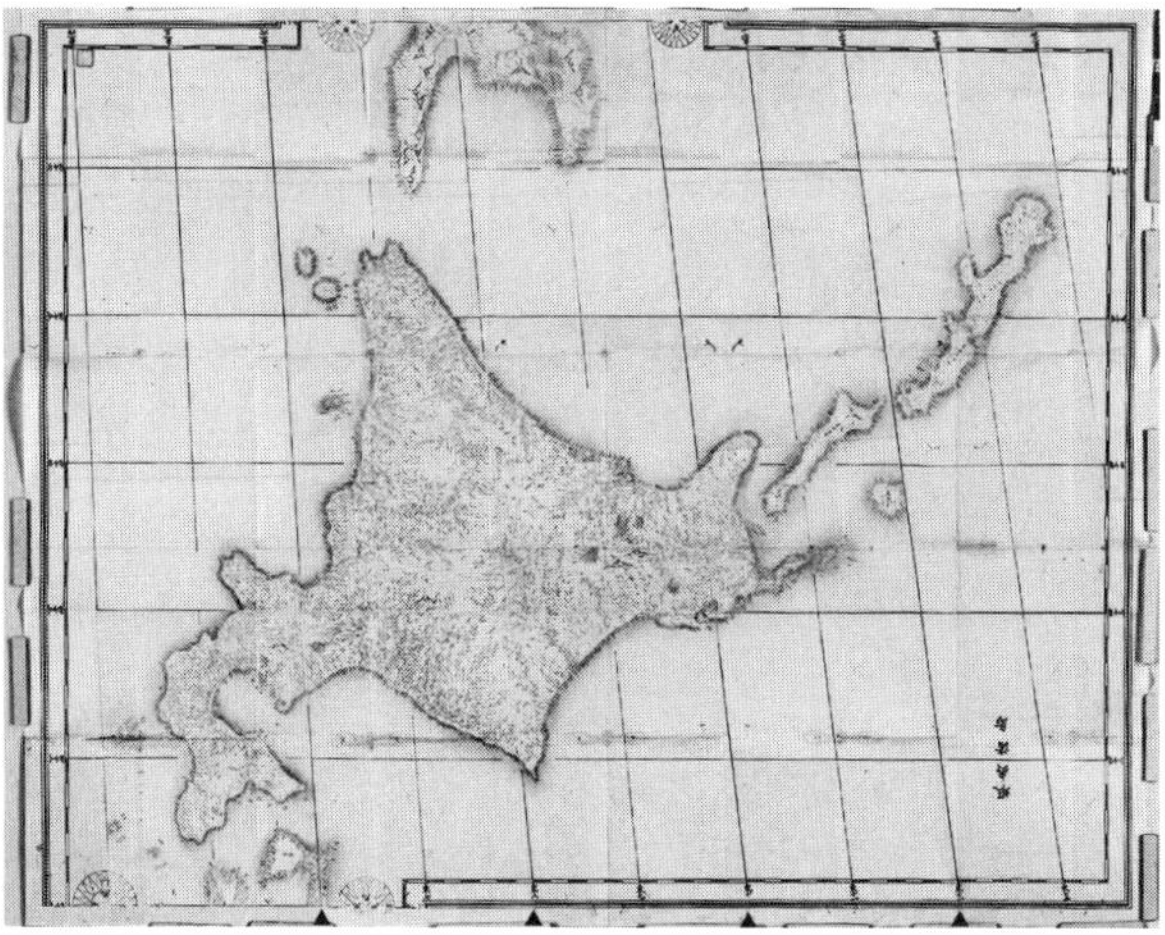

図 6 ②　「蝦夷諸島」

注）B 図「蝦夷諸島」の料紙は，経度 2 度毎に斜めに摺られた経線に沿って斜めに切られた紙を貼り継ぐという，手が込んだ作りとなっている（▲を付した部分が紙継ぎ）.

図 6 ③　A 図「北蝦夷」表紙

北緯50度

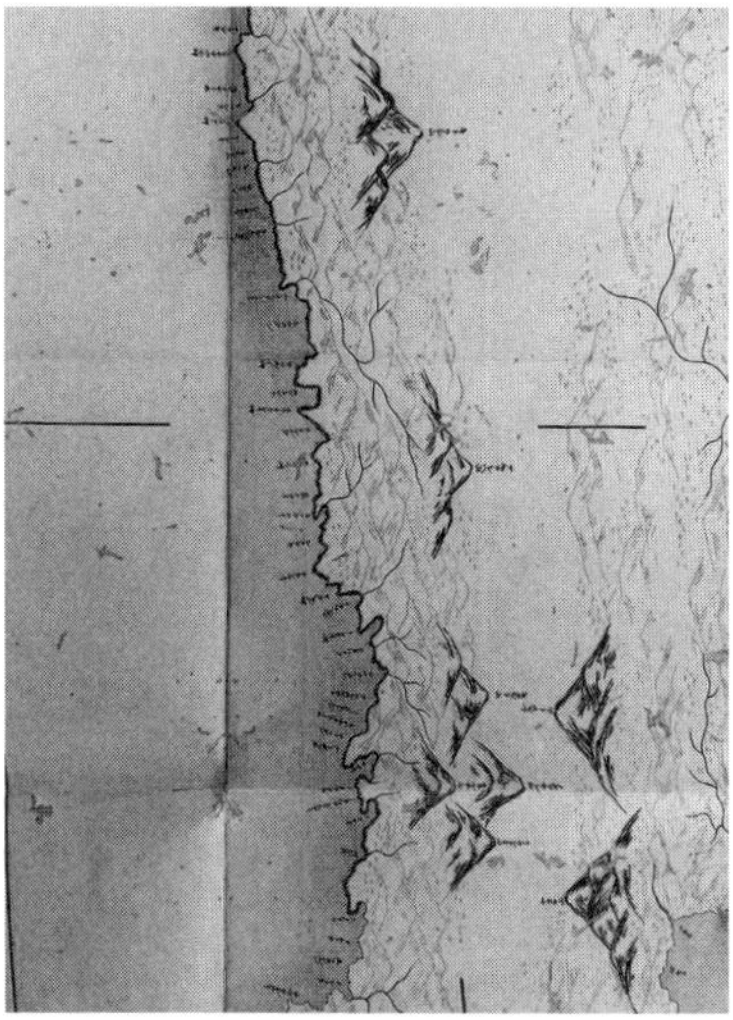

図 6 ④　A 図「北蝦夷」北緯 50 度付近

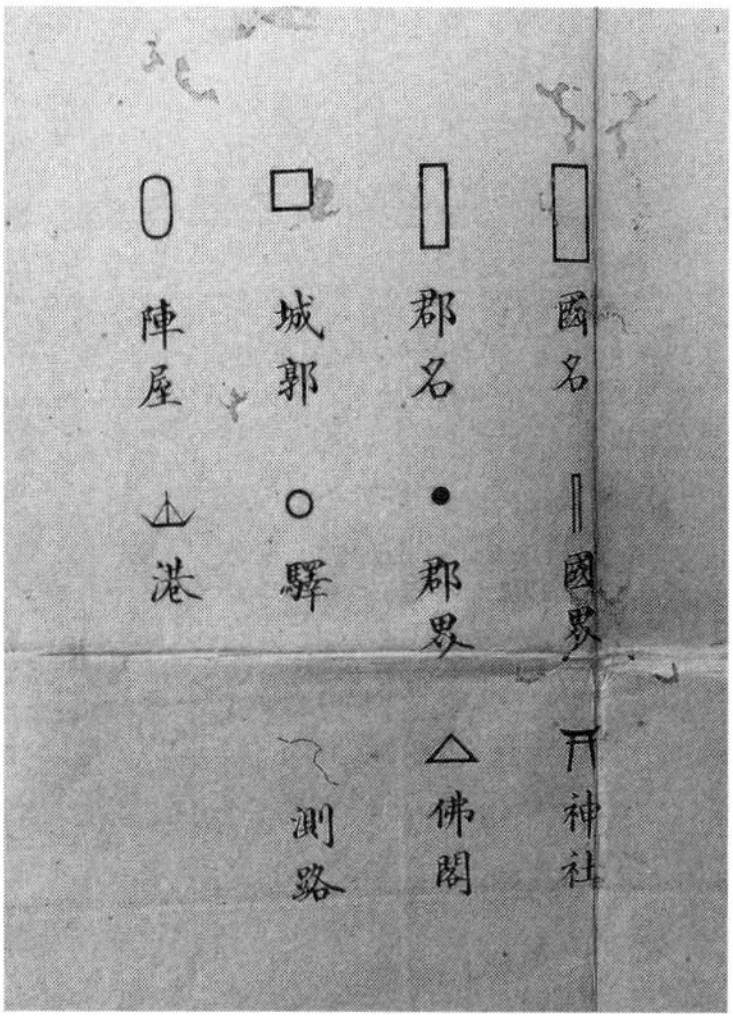


図 6 ⑤　凡例（C 図）

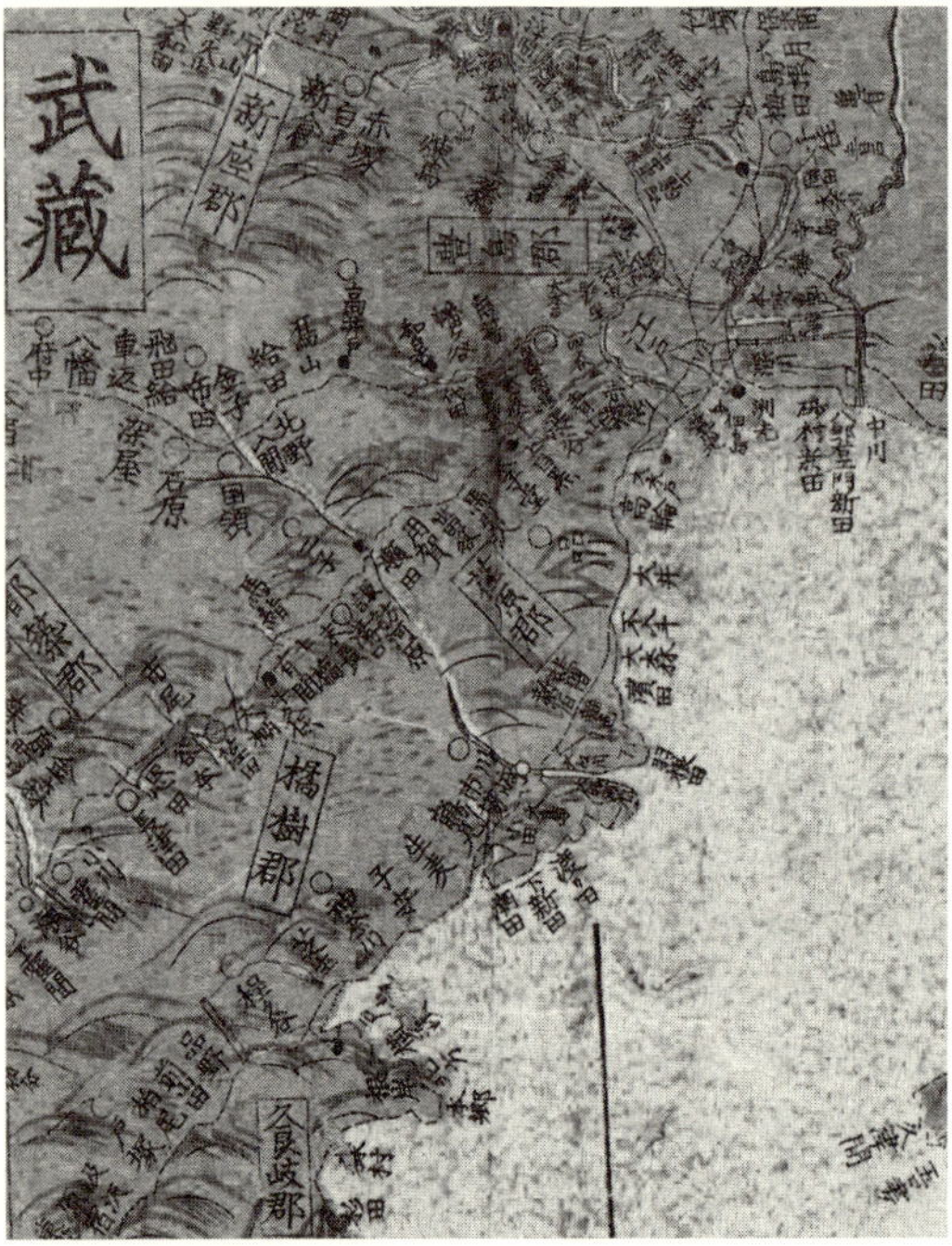


**図6⑥**　C図　外題「畿内　東海　東山　北陸」の江戸—神奈川部分

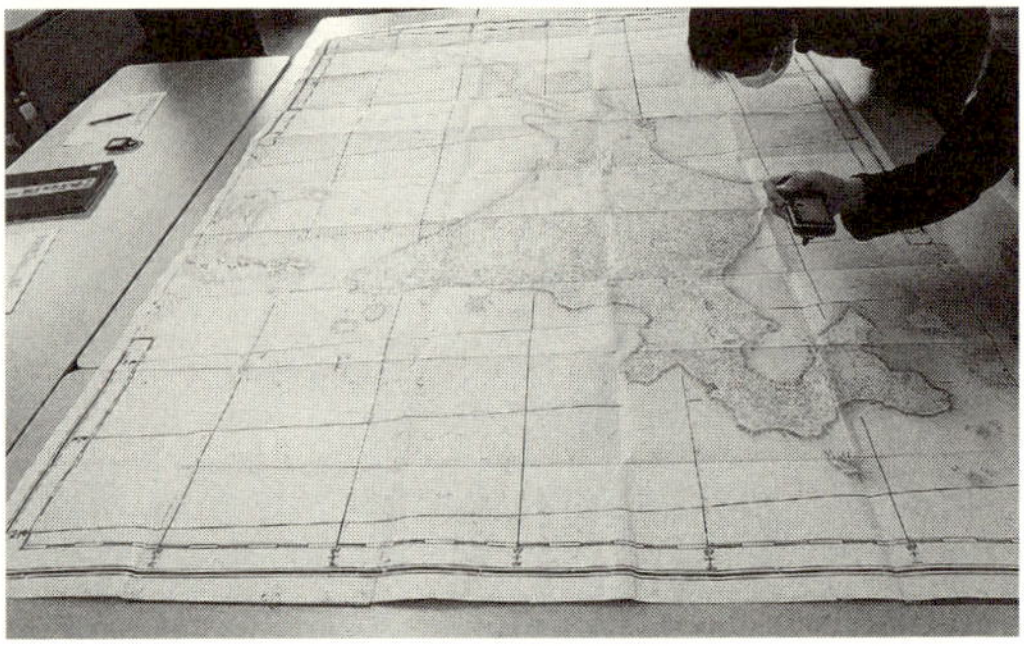

**図6⑦**　調査風景

注）調査者との関係から，『官板実測日本地図』の図一枚の大きさがわかる．

（2）「山陰　山陽　南海　西海」（図6①のD図　外郭寸法八七〇×一三七〇ミリメートル）

（3）「蝦夷諸島」（図6①のB図　図6②、北海道・カラフト島南端・千島列島の内エトロフ以南　外郭寸法一五一五×一九四〇ミリメートル）

（4）「北蝦夷」（図6①のA図　図6③④、カラフト島　外郭寸法二〇一四×七九三ミリメートル）

（1）には、凡例（図6⑤）と付図「小笠原群島総図」が、（2）には付図「琉球諸島総図」が掲載されている。いずれも、長辺二メートル内外の大型図である（図6⑦）。図中のタイトルや凡例に従うと、南が上となる。図中には経緯線が引かれている。経度は、京都に経度ゼロ（中度）を置き、そこから「東一」「東二」……、「西一」「西二」……と表示されている。三色の淡い色刷だが、当時高度に発達していた多色刷り木版画である錦絵を思わせる印刷技術が生かされている。陸上は薄墨色で山形などを下刷りした上に、墨色で、名山・国名・地名などを印刷するという手の込んだ二色木版刷になっている。また、沿岸から海中にかけて美しい青色のぼかしが印刷されている。

図6①に示したように、『官板実測日本地図』は、文久元年の幕府判断に従い、伊能図の図示範囲より広い範囲を内容とした。一方、境界線や着色による領域区分はみられない。一見経緯度のマトリックスの中に「日本」を配置した、現代の我々が見ても違和感のない「日本」がここには描かれている。しかし注意深く観察すると、「北蝦夷」、「蝦夷諸島」「小笠原群島」「琉球諸島」には、図中に内題のかたちでそれぞれの名称が記されている（図6①）。伊能小図には図中にこういった名称は記載されていないので、これは『実測図』検討のなかで、意識して付加されたものと考えられる。一見何気ないこの表現であるが、『実測図』検討の経緯を追ってきた我々には、そこに込められた意味を看取することが可能である。文久元年（一八六一）に幕府が着色を指示した範囲のうち、エトロフ以東の島々の掲載は断念され、カラフト北緯五〇度以北・小笠原・琉球が、着色はされずに内題を付して掲載されているのである。内題の記載により、「日本」は、名称を必要としない自明な領域と、名称を必要とする領域とに描き分けられた。そしてその外側には、日本図に掲載が検討されたが掲載されなかった島々（竹島、千島列島の内エトロフより東）が存在していた。一見、近代国民国家を表示したかのように見えるこの日本図は、実は、均質な国土ではなく、階層化された島々の集合体を表現していた。なお、本図の示す「日本」の外形線をはじめとする、当時の外交・政治情勢のなかにおける本図の特質については、杉本史子「新たな海洋把握と「日本」の創出――開成所と幕末維新」（『日本史研究』六三四号、二〇一五年）を参照されたい。

用された。

### 7　外交の表舞台へ――パリ万国博覧会・欧州歴訪

そして、『官板実測日本地図』は、最後の将軍慶喜による積極外交のなかで、西欧諸国に向けた幕府の顔として使用された。

慶応元年（一八六五）、駐日仏蘭西公使ロッシュ（Léon Roches、一八六四年着任―一八六八年五月帰国）は、幕府にパリ万国博覧会への出展を要請し、慶応二年（一八六六）二月には、勘定所・外国方・目付が出典品の収集を分担することになった[51]。同年七月第二次長州征伐の渦中に将軍家茂が死去したが、新たに将軍職を襲職した慶喜は、実弟徳川昭武を将軍名代として派遣することとした。この万国博覧会に、勘定奉行小栗忠順・外国奉行らは、ロッシュが要請した日本図（「御国図」）として、すでに摺りたてた『官板実測日本地図』のうちから鮮明のものをえらんで箱などを特に入念に仕立てたものを五部出品したいと上申書を出した（慶応二年正月二三日）。その理由として彼らは、「英国測量船に写図をお渡しになったこともあり、彼らも精微の段を賞賛していたので、出品してしかるべきだ」と述べている[52]。

当時の「日本」の現実は、中央権力としての幕府のありかたが朝廷・諸侯以下諸階層から問い直され、誰が国内政治のヘゲモニーをどのように握るかについて予断を許さない状況にあった。パリ万博とそれにともなう外交は、幕府にとっては欧米に対しての中央政権としてのアピールの舞台であり、それに対して政治秩序を問い直そうとする諸勢力にとってのアリーナでもあった。その開場の日、薩摩藩は琉球国を統括する立場で参列し、幕府側の抗議にもかかわらず、幕府の「大君政府」とならんで、薩摩藩・佐賀藩も政府と表示して展示を行った。西暦一八六七年四月二六日（和暦三月二二日）のパリの新聞『リベルテ』は、幕府と薩摩藩の同格な立場を強調した論説を掲載した[53]。一方、仏皇帝ナポレオン三世への謁見に成功した昭武に対して、薩摩藩の使節は、英・仏からは公式使節としては遇されず、薩摩藩の希求したベルギー国王謁見は実現しないという結果に終わった[54]。

一八六七年に開催された同博覧会に幕府が出品した地図・絵図類は、慶応三年二月に博覧会掛・外国奉行が提出し

た「博覧会出品目録」によれば次の通りである。(55)

| | |
|---|---|
| 実測日本図 | 一部 |
| 同 | 同 |
| 同 | 同 |
| 同 | 同 |
| 同 | 同 |
| 江戸図 | 一枚 |
| 富士見十三州図 | 一枚 |
| 関八州図 | 壱枚 |
| 輿地便覧 | 二帖 |
| 沿革図説 | 弐帖 |
| 銅板細図 | 弐部 |
| 国郡全図 | 弐冊 |
| 校正日本図 | 壱冊 |

これらがどういった内容の地図であったかを全てここで明らかにすることはできないが、まず冒頭に、『官板実測日本地図』が五部（前述したように、四枚で一部となっている）、一部ずつ書き上げられ、それに幕府の基盤となる『江戸図』が続き、そして、上空から真下に見下ろした富士山――当時としては異例の地形表現であった――とその周辺を描いた『富士見十三州図』、さらに『関八州図』が続く。次に、日本全体に関わるものとして、国別の国図を集成した地図帳（『日本輿地便覧』『国郡全図』）や、日本の中央政権が日本列島上に支配を伸張していく過程を地図として図

示した一種の歴史地図帳（『沿革図説』）が用意されたのである。このように、パリ万国博覧会に幕府から出品された地図・絵図類は、幕府を支える歴史と空間を表す諸刊行図であった。『官板実測日本地図』は、その筆頭として、西欧諸国に誇りうる日本図として、特別仕様に仕立てられ出品された。

さらに、『官板実測日本地図』は、「外国人あい望み候品につき」（慶応三年正月九日、外国奉行上申）、昭武から諸外国の要人に贈る土産としても展示品とは別に一五部用意された。パリ万博開催国フランスのナポレオン三世や、開催と同じ一八六七年に修好通商条約の仮条約を結んだイタリアの太子など、欧州各国首脳に贈られたのである[56]。

『官板実測日本地図』の刊行は、計測され経緯度をもった図として表現されうる海洋にとり囲まれた地球という新しい世界認識を前提としていた。出版という行為を通じて、政治権力が世界や社会に対してこのような世界のなかで領土を視覚的に表現するという、それまでの日本の中央権力が持たなかった発想を帯びていった。ここに開成所という存在が大きな役割を果たした。彼らは出版検閲のありかたに対しても問い直しを行い始めた。すなわち、「日本」としてどの範囲の島々まで表示するのか、地球全体を覆う位置表示（経緯度マトリックス）の中に正しく位置づけられているか、外国製の地図の翻刻図まで内容を精査のうえ必要があれば出版を停止させるといった諸規制が、国際的公開という行為の誕生とともに姿を現し始めた。この外交と内政が不可分に結びついて展開する過程を具体的に見てきた我々は、その過程における幕府側の模索が、現代の我々には一見理解不能ともいえる対応も含んで展開していたことを目の当たりにしてきた。このことは、視覚化された国家の姿を、西欧社会も視野に入れて公開するという行為が、当時の人々にとってはいかに新奇な政治文化であったかを雄弁に物語っている[57]。維新政府は、早くも明治三年（一八七〇）、この図を大学南校から出版することになる。

（1）　山口啓二『鎖国と開国』（岩波書店、一九九三年）、第一講。

（2）杉本史子、礒永和貴、小野寺淳、ロナルド・トビ、中野等、平井松午編『絵図学入門』（東京大学出版会、二〇一一年）。Kären Wigen, Sugimoto Fumiko, Cary Karacas eds. *Cartographic Japan*, University Press of Chikago, 2016, pp. 6–9.
（3）石橋悠人『経度の発見と大英帝国』（三重大学出版会、二〇一〇年）、二五四頁。
（4）安政四年十月二六日「西丸下老中役宅対話書」（東京大学史料編纂所編『大日本古文書　幕末外国関係文書之十八』東京大学出版会、一九七二年、一〇六頁）。
（5）中野等「表題・文字情報・年代・作製主体」（杉本史子他編『絵図学入門』東京大学出版会、二〇一一年）。
（6）金田章裕・上杉和央執筆、京都大学大学院文学研究科地理学教室・京都大学総合博物館編『地図出版の四百年——京都・日本・世界』（ナカニシヤ出版、二〇〇七年）、一九一頁。
（7）山本秀樹『岡山大学文学部研究叢書二九　江戸時代三都出版法大概——文学史・出版史のために』（岡山大学文学部、二〇一〇年）、一九一頁。なお、本書において使用する検閲という用語は、「改《あらため》」の現代語訳であり、日本国憲法が禁じている、行政権による、発表前の審査という意味での検閲ではない。
（8）福井保『江戸幕府刊行物』（雄松堂出版、一九八五年）。
（9）『東京大学百年史　通史一』（東京大学、一九八四年）、一八、二七頁。
（10）金田章裕・上杉和央『日本地図史』（吉川弘文館、二〇一二年）、二一四頁。
（11）海野一隆「絵図」（『CD-ROM版　世界大百科事典』日立デジタル平凡社、一九九八年）。
（12）村井章介「「日本」の自画像」（『岩波講座日本の思想　第三巻』二〇一四年）、四五—八三頁。
（13）杉本史子「支配・領有のための絵図Ⅰ」（杉本史子他編『絵図学入門』東京大学出版会、二〇一一年）。
（14）辻垣晃一・森洋久編著『森幸安の描いた地図』（国際日本文化研究センター、二〇〇三年）、一三—一五頁。
（15）東京大学史料編纂所編『大日本近世史料　市中取締類集』（東京大学出版会、一九八八年）、一八—二三。以下『市中』と略記する。
（16）『市中』一八—二三。
（17）石井良助・服藤弘司編『幕末御触書集成　第五巻』（岩波書店、一九九四年）、四七一二。
（18）『市中』一八—二九。
（19）『市中』一八—二七（七九）。『天保撰要類集』二六二—六、国立国会図書館蔵。

(20)『市中』一八―五六（一三七）。
(21)『市中』一八―一八。
(22)老中阿部正弘より大目付に達す。注(17)『幕末御触書集成　第五巻』、四七二二。
(23)老中阿部正弘より三奉行に達す。注(17)『幕末御触書集成　第五巻』、四七二八。
(24)注(17)『幕末御触書集成　第五巻』、四七三一。
(25)以上、『市中』二一―一九五。
(26)本項史料はいずれも、『続通信全覧』類輯之部　文書門　地図、日本輿地図検査一件、外務省外交史料館所蔵。
(27)『続通信全覧』類輯之部　警衛門　蝦夷地開墾幷警衛一件附録　雑　蝦夷地図一件、外務省外交史料館所蔵。
(28)高木崇世芝「『官板実測日本地図』論考（一）―(三)　その編纂過程と図の内容・種類」（『伊能忠敬研究』二七―二九号、二〇〇一―二〇〇二年）。引用部分は、（一）一頁。
(29)横山伊徳「一九世紀日本近海測量について」（黒田日出男、メアリ・エリザベス・ベリ、杉本史子編『地図と絵図の政治文化史』東京大学出版会、二〇〇一年）、二八二―二八五頁。
(30)注(17)『幕末御触書集成　第六巻』（一九九五年）、五一六七。
(31)川村博忠「幕府命令で作成された嘉永年間の沿岸浅深絵図」（日本国際地図学会『地図』三七号、一九九九年）、六頁。
(32)『開成所事務』東京大学史料編纂所所蔵。
(33)『旧記雑』東京大学史料編纂所所蔵。
(34)鈴木純子「伊能図はどう利用されたか　その1　江戸時代」（『伊能忠敬研究』六五号（二〇一二年）、六―一四頁）、藤原秀之「早稲田大学図書館所蔵伊能図（大図）について」（『早稲田大学図書館紀要』五四号（二〇〇七年）、一―三頁）、同「伊能図と江戸湾の防備――早稲田大学図書館新収伊能図（中図）および『海岸要地之図』（伊能図・大図）」（『日本史攷究』三九号（二〇一五年）、七二―九七頁）。
(35)東京大学史料編纂所編『大日本古文書　幕末外国関係文書之五十二』（東京大学出版会、二〇一三年）、一〇〇号、三八一頁。
(36)W・G・ビーズリー「衝突から協調へ――日本領海における英国海軍の測量活動」（木畑洋一ほか編『日英交流史1』、東京大学出版会、二〇〇〇年）、一一九頁。横山伊徳「一九世紀日本近海測量について」（黒田日出男、メアリ・エリザベス・

ベリ、杉本史子編『地図と絵図の政治文化史』東京大学出版会、二〇〇一年)、二七三―二七四頁。

(37) 菊池眞一「幕末から明治初年にかけての日本近海英国海図」(海上保安庁『海洋情報部研究報告』四三、二〇〇七年)、六頁。横山伊徳「一九世紀日本近海測量について」(黒田日出男、メアリ・エリザベス・ベリ、杉本史子編『地図と絵図の政治文化史』東京大学出版会、二〇〇一年)、二八〇―二八二頁。

(38) 金窪敏知「世界測量史における伊能図」(『伊能図に学ぶ』朝倉書店、一九九八年)、一五八頁。

(39) 以上、『続通信全覧』編年之部一一、外務省外交史料館所蔵。

(40) 池内敏『竹島問題とは何か』(名古屋大学出版会、二〇一二年)、七頁。

(41) 東京大学史料編纂所編『大日本古文書　幕末外国関係文書之五十一』(東京大学出版会、二〇〇七年)、八〇号、四五二頁。

(42) 安岡昭男『幕末維新の領土と外交』(清文堂出版、二〇〇二年)、五八―五九頁。

(43) 東京大学史料編纂所『維新史料綱要』データベース所収史料。

(44) 『沖縄県史　各論編　第四巻』(二〇〇五年)。

(45) 東京大学史料編纂所『維新史料綱要』データベース所収史料。

(46) 横山伊徳「日本の開国と琉球」(『新しい近世史2　国家と対外関係』新人物往来社、一九九六年)、四一一―四一四頁。高木不二『日本近世社会と明治維新』(有志舎、二〇〇九年)、二二三頁。

(47) 『続通信全覧』類輯之部　警衛門　蝦夷地開墾幷警衛一件附録　雑　蝦夷地図一件、外務省外交史料館所蔵。なお、この文久三年一〇月外国奉行回答では、「内地でも別段着色には及ばない」と述べているが、もともと文久元年一〇月の外国奉行答申・同一一月の老中判断には内地への着色は含まれていなかった。文久元年一〇月時点の外国奉行のメンバーのうち、文久三年一〇月まで残留していたメンバーは皆無であり、文久三年の外国奉行の面々は、もともとの趣旨を継承していなかった可能性がある。

(48) 『続通信全覧』類輯之部　警衛門　蝦夷地開墾幷警衛一件附録　雑　蝦夷地図一件、外務省外交史料館所蔵。

(49) 以上、『続通信全覧』類輯之部　文書門　地図、日本実測地図一件、外務省外交史料館所蔵。

(50) 櫻井豪人「「開成所刊行」の朱印と開成所刊行物」(『汲古』三五号、一九九九年)、二四頁。

(51) 森仁史「一八六七年パリ万国博覧会における「日本」」(『戸定論叢』三号、一九九三年)、三頁。

(52) 『続通信全覧』類輯之部　修好門　徳川民部大輔欧行一件附録十、外務省外交史料館所蔵。

(53)　犬塚孝明「パリ万国博覧会と薩摩外交――「プロパガンダ」の外交戦略」(鹿児島純心女子大学国際文化研究センター編『新薩摩学1　世界の中の「さつま」』南方新社、二〇〇二年)、三三一頁。國雄行『博覧会と明治の日本』(吉川弘文館、二〇一〇年)、三三三頁。寺本敬子『パリ万国博覧会とジャポニスムの誕生』(思文閣出版、二〇一七年)、一四九頁。

(54)　高木不二「慶応期薩摩藩における経済・外交路線と国家構想――五代友厚のベルギー商社計画をめぐって」(明治維新史学会『明治維新の新視角』高城書房、二〇〇一年)、六六頁。寺本敬子『パリ万国博覧会とジャポニスムの誕生』(思文閣出版、二〇一七年)によると、一八六七年万博では、ヨーロッパのみならず、アメリカ・アジアを含めた地域からの参加が実現し、普遍的・全世界的(「ユニヴェルセル」)な博覧会がめざされた(三七、五三頁)。寺本は、薩摩藩・モンブランの行動により、日本の主権が幕府にあることをアピールしようとした幕府の目論見は失敗に終わった、とみている(一六四―一六五頁)。

(55)　注(52)『続通信全覧』徳川民部大輔欧行一件附録二三。

(56)　注(52)『続通信全覧』徳川民部大輔欧行一件附録一、および同類輯之部　礼儀門　謁見　徳川民部大輔各国帝王へ謁見一件。

(57)　杉本史子「新たな海洋把握と「日本」の創出――開成所と幕末維新」(『日本史研究』六三四号、二〇一五年)、一七―二一頁。

# 第三部　新たな政治空間の模索と政体構想

# 第六章　「画工」と「武士」のあいだ
## ――渡辺崋山、身分制社会のなかの公と私

## はじめに

### 1　近世における絵師と狩野家

近世には、幕藩領主・天皇家・寺社などの御用絵師から、町絵師、また農間余業として作画を行う絵師など、さまざまな絵師が存在していた。これらの絵師のなかで、絵師集団としての、最も強固な地位を確保していたのは、将軍家の御用を務めた狩野家であった。狩野家については、「芸術家集団としては異例の、きわめて日本的なあり方として、画系が家系と一致する世襲の地位が保障された[1]」とされる。このような世襲の御用絵師というありかたは、中国の画院制（翰林図《かんりんと》画院《がいん》の略称。皇帝直属で、画院の名称をとるのは、唐からである。清代にはイタリア人画家も所属していた）にも類のない特権であった[2]。

日本列島上では、一四世紀から一六世紀にかけて「家」の一般的成立がみられ、一七世紀には農村の庶民層までにも及び、社会の基礎単位となっていった。新たに成立した近世国家は、開かれた科挙制度によって官僚を採用した中国とは異なり、幕藩領主の「家」を国家組織の不可欠の要素としていた。一五世紀から一九世紀の後半にかけて、世襲制を建前として、家系と画系を両立させながら画壇の中心勢力を維持し続けた狩野家[3]は、こうした秩序に適合的な

かたちで集団化を遂げる道を選んだといえよう。とくに狩野探幽兄弟の家系は、一八世紀以降将軍家「奥御用」を務め、医師並《なみ》に列せられ、知行地・扶持や拝領屋敷を与えられたといわれ、一般に将軍家「奥絵師《おくえし》」と呼ばれている（本章では、「奥絵師」を将軍家御用絵師の典型と捉えている。一方、「表絵師」は扶持は与えられたが定日出仕の義務はなかった）。「奥絵師」諸家のうち浜町狩野家では初代岑信が、六代将軍家宣が甲府徳川家主であったときからその御伽《おとぎ》を務め、家宣が将軍家養嗣子《ようしし》となったとき、江戸城西丸に従った。宝永四年（一七〇七）には姓を授けられて別家し、「松本友盛」として西丸の土圭間《とけいのま》番を務めた（岑信の子甫信のとき、幕命により、狩野姓に復す）。以後、同家では家督相続後一両年は、小普請《こぶしん》入することを慣例とした[4]。浜町狩野家は、「奥絵師」のなかでも「昵近《じっきん》候第一也」（木挽町狩野家出身朝岡興禎（寛政一二年（一八〇〇）—安政三年（一八五六））著『古画備考』）とされたのである。

狩野家は、一方で、画所を持ち、多くの弟子を教育して、諸藩や朝廷に——間接的には公卿・有力寺院の絵所にまで——送り込み、一八世紀には「全国支配網」をほぼ完備して[5]、依頼画や鑑定により、膨大な収入を得ていたといわれる。狩野家の徹底的な模写教育は、基礎的技量の訓練としての意味を持ち[6]、近代以降の新たな日本画の発展の模索を可能にする基盤ともなった。しかし一方で、一八世紀以降、狩野派に代表される粉本主義を批判する諸潮流が湧き起こり、一九世紀には、多くの画派が独自の様式を洗練化させる一方、相互の交流が活発化する。また画論のうえでも、描かれる対象と描く主体が分離して考えられるようになり、絵画の価値は対象そのものではなく、作成主体に求められるようになる。描く主体としての創意と自由の主張がなされてくるのである[7]。

## 2　渡辺崋山の位置

本章で取り上げる渡辺崋山（定静、通称は登）もまた、このような絵画における一九世紀的状況のなかに生きた絵師であった。第一に、崋山は、沈南蘋をはじめとする中国画人、狩野派、琳派、英一蝶、与謝蕪村、円山応挙など、さまざまな流派の画を模写して学び[8]、また複製画を中心に洋画も収集した[9]。崋山は、肖像画の描き方について、着色は「和法・漢法・蘭法一極ニハ申しかね」（高木悟庵宛書状[10]）と答えている。中国・朝鮮の画の鑑定も行い、洋画の国による違いにも言及した崋山は、内外諸派を研究し、自分なりに消化した彩色方法を行っていたのである。第二に、後述するように崋山は、自分の「好事」としての絵事の位置づけについて、自覚的であった。そして崋山は、絵師であると同時に、三河国（現、愛知県東部）田原藩主一万二千石三宅家の重役であった。以下述べていくように、崋山のなかでは、「画工」と「武士」がともに重要な意味をもち、拮抗しあっていた。

本章は、このような崋山を取り上げ、その身分意識・秩序観を分析しようとするものである。以下、「第一節　儒学と絵事への志向」において、崋山が備前侯と自分を「同じ人間」ととらえ発奮して儒学と絵事を志した意味を、当時の身分制社会・身分秩序のなかにおいて問い直すことから出発し、「第二節　崋山にとっての絵事と政治」においては主君に仕える士としての崋山を、「第三節　社会のなかの崋山」においては社会のなかに生きる個人として崋山を検討する。そのなかで、崋山にとっての「人間」、主君、自己認識、「公」が問われ、本章なりの崋山像へと収斂されていくはずである。

## 第一節　儒学と絵事への志向

### 1　儒学と絵事への志向

崋山は、幼少より絵と儒学を学び、三〇歳を過ぎたころから蘭学に興味を持ち始めた。崋山が絵事に志した動機として常に言及されるのは、崋山自身が記したとされる「退役願書之稿」（田原町博物館蔵。注（10）『渡辺崋山集　七』二六―五七頁に影印収載。ただし、書き下し文・新かなづかいに直した。以下本章引用史料については全て同様）の次のような一節である。「退役願書之稿」は、田原藩年寄役を務めていた崋山が、天保九年（一八三八）四六歳のとき、体調不良を理由として、同役中へ退役を内願したものである。退役を望むにあたり、貧困のうちに刻苦勉励した自分の半生を振り返り、その経験をふまえて当時の諸侯や治世を批判している。

> そもそも私十二歳の時、日本橋辺通行つかまつり候節、ワすれもつかまつらず、備前侯の御先供に当り、打擲を受け候時、子供なからも大息つかまつり候ハ、右備前公、御年大体同年位にて、大衆ヲ引き、御横行なられ候事、同じ人間にて天分とハ申しなから、発憤ニ堪えず、今より何なりと志《ココロシ》候はハ、如何ナル義にても出来申すべしと存じ（中略）爽鳩《鷹見》先生の門に入り、儒者あいなり申すべしと決心つかまつり候（後略）、

ここでは、崋山が一二歳のとき、岡山藩主池田斉政（ただし実際には当時三〇代）の行列に突きあたり打擲されたことから発憤し、まず儒者を志したことを述べている。さらに、崋山一家が父の大病のため困窮を極めたため、一六歳のときに「とても学問などと申し、儒者にあいなり候とて、金のとれ候義はこれ無く、いづれにも貧を救う道第一なりと申すにより、爽鳩先生を頼み、芝の白芝山と申す画工へ入門つかまつり候」と、一家の貧困を救うため、儒学に加え、本格的に画の道に進んだことを記している。

身分制社会のなかにあって、備前公と自分を「同じ人間」ととらえ、一方が多人数を率いて「横行」し、一方がその従者に打擲されることを不条理と感じ、今より志せばどのようなことでもできると発憤する少年崋山の姿は、崋山について述べる際には必ずといっていいほど言及され、多くの人々が強い共感を寄せてきた。だが、私たちは、基本的にはすべての人間を平等ととらえる今日的感覚からこの述懐を理解する前に、なぜ崋山が発憤して志したのが儒者であったのか、まず当時の社会における「儒者」や「画工」の位置と、崋山自身の位置を検証し直すことから、始めなければならない。以下、「2　身分制社会のなかの儒者と絵師」「3　年寄役と崋山」のなかで、これらの検討を行っていこう。

## 2　身分制社会のなかの儒者と絵師

渡辺浩は、日本近世における儒者という身分について、次のように述べている。儒者は、科挙制度を有する中国・朝鮮では、「本来全人的選良として治者たるべき人々」だとされていたのに対し、科挙制度のない日本においては、武士・百姓・町人などの「通常の身分の外」に位置づけられていた。また、世襲の者もあれば、出家・町人・百姓・浪人出身のものもあり、儒者となれば、「元の身分はあまり意味をもたなかった」。将軍や大名に仕官する「御儒者」は、身分制度のなかで、能力によって登用される例外的な出世コースであった。また儒者の仕官は、武士の仕官とは異なり、一時的なものであったり、次々と仕官先を変えることも行われた[11]。

近世の政治組織に能力によって登用される方式が全くなかったわけではなく、また「通常の身分の外」という表現が正鵠を射ているかどうかについては、慎重な検討が必要であろうが（福沢諭吉は「旧藩情」のなかで儒者・医師を上等士族のなかに含めており[12]、また、崋山自身、『両国橋図稿』（後掲図1）のなかで、儒者を「士」に含めている）、儒者は、身分制の枠組みのなかで、個人的技能によって相対的には自由に動くことのできる存在であったといえよう（なお、兵学者北条氏長は、軍隊の諸機関を「役」、それを担う人を「役者」「役人」と呼んだが、儒者は「諸役の外」とされた。また越後流兵学では、陣を補うものとして儒者・医者・絵師が挙げられている[13]）。

武士とは異なる髪型・服装で、技能を持って武家の権力者に近侍するという性格は、御用絵師にもあてはまる。後年の狩野謙柄（慶応元年（一八六五）生まれ。木挽町狩野家出身）の談によると、「御絵師」（この場合は、直接には将軍家奥絵師を指すと思われる）は、結髪あるいは総髪で、法眼《ほうげん》に叙せられると剃髪した[14]。

狩野養信（晴川院、木挽町狩野家、文化七年（一八一〇）―弘化三年（一八四六）江戸城本丸・西丸の「奥御用」を務めた）の業務は、表1の通りである[15]。その業務の中核は、将軍の「家」に関わるものであったといえよう。大名の例では、た

**表1　狩野養信の業務**

| | |
|---|---|
| 季節毎定期 | 書き初め献上（正月），絵馬（2月），団扇（5-6月），御竈御用（10-12月） |
| 不定期 | 普請御用（障壁画）・御繕御用，引き移り御用（将軍子女の養子縁組・婚姻時調度），朝廷への進献御用（屏風など），将軍面前での「御前画」・接待時の席画，模写，手本作成（将軍・子女用），調度品装飾の下絵作成，三国志絵巻作成（家斉下命），書き溜め御用（将軍より下賜用「禄絵」などのストック），地取（城内外の行事のスケッチ），鑑定 |

注）この他に将軍死去後の肖像画作成も重要な業務の一つである．

とえば米沢藩では、目加田家をはじめとする藩御用絵師と、岩瀬家が世襲した絵図方があった。岩瀬家が、寛文一〇年（一六七〇）以後、基本的に与板組に編成された武士であり、絵図作成はもちろん、藩内外の情報収集や、幕府への情報発信に携わったのに対し、目加田家は、多くは将軍御用絵師の鍛冶橋狩野家に弟子入りし（岡山藩池田家御用絵師の例では、こうした弟子入りは、藩費によるものと自費によるものとがあった）[16]、法体《ほってい》、字《あざな》を有していた[17]。御用絵師は、将軍や大名の側近的存在になりやすく、より統治的な業務に専門化した形態をとる場合は、たとえば絵図方という位置づけを与えられたといえるだろう。

北宋の八代皇帝徽宗が作画を行ったように、絵事は、将軍や大名にとっても、みずから行う教養のひとつであった。徳川将軍家では慶喜が油絵を描いたことで有名であるが、吉宗をはじめ、多くの将軍が画に造詣が深く、またみずから作画を行った[18]。田原藩でも、四代・五代・七代藩主が画を能くしたことで知られる[19]。また、歴代岡山藩主一〇人のうち七人が、みずから絵筆をとった[20]。「御儒者」が進講を行ったように、御用絵師もまた将軍や大名を教導した。また、前述した米沢藩御用絵師目加田家は、藩の御用だけでなく、狩野家から独自に仕事に動員されている。御用絵師の師弟関係は、武士の主従制に吸収され尽くしていたのではなく、いわばそれと交錯しながら存在していたのである。

崋山が「儒者」「画工」を志願した意味を考えるには、身分秩序のなかでの以上のような儒者や絵師の位置を念頭に置かなければならない。同時に、以下のような、より直接的な周囲の状況も考慮に入れられるべきであろう。田原藩では、代々年寄役を務める鷹見家が、初代爽鳩（元禄三年（一六九〇）—享保二〇年（一七三五）。荻生徂徠が、最も経済

**表 2**　渡辺崋山関係年表

| 和　暦 | 作　成 | 師事・学習（儒学・絵事・蘭学） | 藩　務 | 交　友 | そのほか |
|---|---|---|---|---|---|
| 寛政 12 年（8 歳） | | | 世子亀吉（10 歳で夭折）伽役 | | |
| 享和元年 | | 最初の師田原藩士平山文鏡（直員，崋山とは縁戚，狩野派加藤文麗に学び，谷文晁とは相弟子）死去 | | | |
| 文化元年（12 歳） | | このころ田原藩年寄役・藩儒鷹見星皐（定之，佐藤一斎・松崎慊堂・崋山の父定通も，その弟子）に師事 | | | 日本橋で岡山藩大名行列に行きあたり，打擲される |
| 文化 3 年 | | | 世子元吉（後の九代藩主康和）伽役 | | |
| 文化 5 年 | | 白川芝山入門 | 藩主近習役 | | |
| 文化 6 年 | | 金子金陵（藩主家と両敬関係にあたる大森勇三郎の家来）に入門，谷文晁にも師事 | | 滝沢馬琴父子 | |
| 文化 8 年 | このころ百枚一貫文の灯籠画 | このころ鷹見星皐門弟である佐藤一斎に入門<br>父定通，鷹見星皐に代わり藩主に講釈，崋山も近習として聴くこと多し | 藩主（九代康和）の武道の相手も務める<br>藩主名代として神田明神参詣 | | |
| 文化 11 年 | | | 納戸役 | 絵事甲乙会結成 | |
| 文化 13 年 | | | 藩主（九代康和），藩邸に同席大名を呼び，谷文晁・崋山が席画 | 金陵門下椿椿山（16 歳）を知る | 「江戸文人寿命付」に掲載される |
| 文化 14 年 | | | 藩主（九代康和）の登城にたびたび供奉 | | 「文人墨客大見立」に掲載される |
| 文政元年（26 歳） | 「一掃百態」（稿） | | 同志のものと藩政改革意見書提出 | 日本橋百川楼にて書画会 | 「江戸当事諸家人名録」に掲載される |
| 文政 3 年 | 滝沢馬琴「玄同放言」挿画 | | | 親友竹村梅斎（挙母藩士）自刃 | |
| 文政 4 年 | 「使相録」（鎌倉）<br>「佐藤一斎像」 | | | | |

**表 2 つづき**

| 和　暦 | 作　成 | 師事・学習<br>(儒学・絵事・蘭学) | 藩　務 | 交　友 | そのほか |
|---|---|---|---|---|---|
| 文政 6 年 | 「心の掟」 | | 藩主襲封祝賀の席で席画（全楽堂先生年譜） | | 同藩士和田伝娘たかと結婚<br>10 代藩主康明襲封 |
| 文政 7 年 | | 三宅友信（蘭学・絵画を崋山に師事）「崋山先生略伝補」によれば，このころより，洋学に傾倒 | | 鈴木春山知る | 家督相続・父死去 |
| 文政 8 年 | 「四州真景」(両総常武) | 松崎慊堂に師事 | | | |
| 文政 9 年 | | | 取次役 | | 江戸長崎屋において蘭人ビュルゲルと対談，対談図画く |
| 文政 10 年 | | | | 三国屋楼上で書画会 | 10 代藩主康明死去，姫路藩酒井家から養子（11 代康直） |
| 文政 11 年 | 「日省課目」<br>「松崎慊堂像」 | | 側用人・中小姓支配前藩主格三宅友信傳（ふ）兼務 | | |
| 文政 12 年 | | | 家譜編纂拝命<br>幕命による関所手形発行に携わる | | |
| 天保元年<br>(38 歳) | | | 崋山宅にて在府藩士に文学講義を行う | | |
| 天保 2 年 | 「游相日記」<br>(相模)<br>「毛武游記」<br>(上毛) | | 藩主家譜のため，旅行自由<br>江戸上屋敷に文武稽古所設置，責任者総稽古掛就任 | 蘭医小関三英を知る | |
| 天保 3 年<br>(40 歳) | | 前藩主格三宅友信邸で蘭学研究を始める | 年寄役・海岸掛，世子となった友信の息子の傳となる<br>5 月紀州藩商船難破漂流物を田原藩民が取得した事件の処理にあたる<br>「訪瓺録」を藩主に上呈 | このころ高野長英知る<br>本多香雪の真率会の幹事に立原杏所らと名を連ねる | 「書画薈粋」に掲載される |
| 天保 4 年 | 「客参録」「参海雑志」(田原)<br>「賜禄説」(現存せず) | | 1 月三宅家系譜・三河志調査旅行<br>3 月領内猪狩に若党・鉄砲・槍持を連れ騎馬で出場，領内海岸巡検 | | |

| | | | | | |
|---|---|---|---|---|---|
| | | | 12月格高制創案（鈴木春山上書），翌年より実施 | | |
| 天保5年 | | | 大蔵永常招聘<br>幕府新田開発に反対の藩主願書起草 | | |
| 天保6年 | 大蔵永常「門田の栄」の挿画 | | 助郷免除嘆願書起草<br>報民倉提案採用される | | 6月田原藩，家中・領内へ「海岸手当」指令，異変のとき庄屋家筋のものに刀を許可し鉄砲所持の者も動員する |
| 天保7年 | 高野長英「救荒二物考」挿画 | | 江戸留守居役 | | 「公益諸家人名録」「百名書画帖」に掲載される<br>露艦，エトロフに漂流民護送<br>三河打ちこわし |
| 天保8年 | 2月ロシア・イギリス船旗図印刷，沿岸各村に配布<br>「鷹見泉石像」・「市河米庵像」・「笑顔武士像稿」 | | 「凶荒心得書」草す | 韮山代官江川英龍知る | モリソン号事件 |
| 天保9年 | 3月オランダカピタン・ニーマンとの対話を「鴃舌小記」・「同或問」にまとめる<br>10月「慎機論」「芸妓図」 | | 「退役願書之稿」草す<br>夏，佐藤信淵農政指導<br>12月伊藤鳳山再招聘（藩校教授）<br>藩校振興のため孔子像画く | | |
| 天保10年 | 「諸国建地草図」・「西洋事情書（初稿・再稿）」・「外国事情書」「牢中縮図」 | | | | 5月14日捕縛，12月18日幕府北町奉行から，在所蟄居に処せられる |
| 天保11年 | | | | | 田原に蟄居 |
| 天保12年（49歳） | | | | | 10月11日自刃 |

注）「作成」欄は，全ての作品を網羅するものではない．

に長じている弟子として名指ししたことで知られる）以来三代儒者を輩出していた。崋山の父定通も、佐藤一斎・松崎慊堂らとともに鷹見星皐（寛政六年（一七九四）より年寄役再役）に師事した。定通は、年寄役であった文化七年（一八一〇）・八年（一八一一）前後には、星皐のかわりに藩主に進講を行い、文化一三年（一八一六）には江戸上屋敷御稽古場にて家中に文学指南を行っている。また崋山の祖父・父を渡辺家に養子に出した平山家では、茶道の宗匠北湖斎（直儀、宝暦五年（一七五五）田原藩用人）、狩野派に学んだ文鏡（直員、天明六年（一七八六）田原藩年寄役、享和元年（一八〇一）没、表2参照）、梅人（直昌、松尾芭蕉高弟）といった文化人が続いていた。崋山の最初の画の師は、この文鏡だといわれている。

### 3　年寄役と崋山

崋山は、小藩とはいえ、主君とともに政治を行うべき家に生まれ、そしてその階梯を進んでいくことが期待されていた。崋山の生家である渡辺家は、田原藩にあって年寄役に任じられる家（鷹見・村松・佐藤・丹羽・間瀬・川澄など）のうちのひとつであった。崋山もまた、藩主世子の側近から藩主の側近を経て江戸の年寄役[21]につくという通常のコースをたどっている（表2「藩務」の欄を参照）。近世においては、基本的には、「諫」は、家臣一般ではなく、とくに家老（田原藩では年寄役がこれに当たる）の職務とされており、藩の実態としては、「大名と家老・重役が一体となって指導者集団を形成し、他の家臣団と向き合っている」構造が常態であった[22]。天保一〇年（一八三九）一二月一八日の崋山に対する幕府北町奉行による処断が、「三宅土佐家来渡辺登（崋山）」が幕府批判の著述を行ったことに対して「重役相勤め候身分、別して不届」というものであったのも、崋山の置かれたこうした位置を示している。

崋山の発想や行動をうかがう際には、彼が、藩主とともに藩政を行う家の長子として生まれたことを、まず押さえておかなければならない。崋山が「退役願書之稿」の回想のなかで、行列の主の岡山藩主と自己を「同じ人間」と表現していることについては、まずは、身分制社会における崋山のこのような位置から考えなければならない。

## 第二節　崋山にとっての絵事と政治

### 1　主家・政治のための絵事

崋山にとっての作画が、まず第一に生活のための売画であったことは、これまでの研究史が繰り返し指摘してきたところである。たとえば文化一二年（一八一五）二三歳の崋山は、毎日一枚一〇文の彩灯画や慶賀関係の絵・合歓図（春画）まで描いて生活の資としている[23]。しかし、崋山にとって作画という行為は、個人的に絵を売り、一家の生活を潤し、父母に孝養を尽くすということにとどまるものではなかった。たとえば、文化一三年（一八一六）谷文晁とともに席画（儀礼の席で即興で作画すること）を行い、文政六年（一八二三）、藩主康明の襲封祝いに同席諸侯を饗応した際にも、席画を行った（表2参照）。藩主世子の初幟の絵や、先藩主室の居室の襖絵も描いている。藩の借金の返済の代わりに「猛虎図」を描いて債権者に渡したこともあったとされている[24]。また、家譜編纂の一環としての、藩主家の旧領地の地誌作成の際には、文章だけでなく、その挿画も自身で描いている。

とくに、年寄役に任じられて後の崋山は、「画工」崋山を藩務に登場させている。招聘した農学者大蔵永常による農業技術の啓蒙書『門田の栄』（版元硯寿堂津田景彦、天保六年（一八三五）刊）・高野長英撰『備荒二物考』（大観堂、天保七年（一八三六）刊）の挿画作成と刊行を行い、天保八年（一八三七）には、海防を徹底させるためロシア・イギリスの船・船印・旗印図を刊行し、領内海岸付近の村々に配布している。また、天保九年（一八三八）には、藩校振興のため伊藤鳳山を招き、孔子を祭る釈菜のための孔子図を作成している。政治の道具としての画という、近世儒教に裏づけられた画の位置づけを[25]、崋山は身をもって実現していこうとしていたと思われる。

## 2　絵事と世事の結合

同時に、「渡辺崋山の位置」でも触れたように、崋山の生きた時期には、このような儒教的位置づけのみにとどまらず、絵事の価値を作画主体に置く考え方が出現していた。崋山は、自分の「好事」としての絵事と「世事」を、自分のなかで意識的に結び付けようとしていた。弟子立原春沙（水戸藩士で谷文晁に師事した立原杏所の娘）が、父母への孝養や「世事」多用のために「好事」（絵事）に集中できないと訴えたのに対し、崋山は、「好事」と「世事」を別々に考えてはいけない、そうしないと「芸と申すもの、天下無用の棄物にあいなり申すべく候」[26]と答えている。

崋山は、鈴木春山（蘭方医・兵学者、田原藩主侍講・藩校教授）宛と思われる書状[27]のなかで、幼少から生命を賭して絵事に励んでいたところ、父の大病にあい、ぐずぐずと今日まで過ごしてしまったとし、自分の真意は、「天下画の真面目」を見据えることであり、自分以外にはそれを果たす者はいないとまで、言い切っている。「君臣・父子の難」（主家の継嗣をめぐる紛争と、崋山が「天下第一の画工とあいなり申すべし」（「退役願書之稿」）と出奔して長崎行きを決心したところ父に止められたことを指す）のため、絵事に専念できなかった苦しみを、密かに春山に語っている。春沙に述べた「世事」と「好事」の融合は、崋山が苦しい経験のなかから選び取った姿勢であったと思われる。

そして、絵事における作画主体としての経験は、崋山の思考方法をも規定していた。「退役願書之稿」のなかで、あるべき政治について述べるにあたって、まず崋山は、作画について説明する。「画事」について、志一途にならないでは、物の形が調い、落ちなく見事に画くことはできない（「志一途ニ立不申而ハ、物之形の調ヒ候而、落なく見事ニハ出来不申」）、逆に心ばかりで手が動かないでは画はできない、また、心・手ばかりでなく、胴体・四肢が治まらないでは、机に向かい腹からあふれ出るように思わないでは、画くことはできない、「惣身のうち、髪の先・爪の端まで、皆画ニあいなり候様つかまつる事」が肝要だと述べる。そして、「画事も治道も一理」であると主張するのである。[28]

衣笠安喜は、崋山のこの主張を「政治との結合にその価値をみいだすという伝統的絵画観」にすぎないと評価している(29)。たしかに前述したように（「1　主家・政治のための絵事」）、崋山は実際に自らの画業を政治のなかで生かそうとしていた。しかし、崋山は、ここでは「画事」を「治道」に従属させるのではなく、あくまで「画事」の経験を「治道」に適用しようとしていることに注目すべきであろう。

### 3　崋山にとっての主君

崋山は「退役願書之稿」において、「士」は「三民」（農工商）を治める職であり、家中が「治安」に留意しないでは、ほかの「三民」も治まらないとする。また、「士」を「治安」に邁進させるために藩主が一途に「治安」に努めさえすれば、家中すべて末端の中間《ちゅうげん》に至るまで、そのような主君を知って「惣身皆画」となり、職務を全うすることができると説いている。上がよければ、家中・領内が治まるとする、仁君政治の考え方である。崋山には、君主を代替可能な一種の機関としてみる視点は希薄であった。藩主康明の死後、その継嗣をめぐって、康明の弟（のちの友信）を襲封させるか、財政窮迫を救うため姫路酒井家から持参金付きの養子を迎えるか、という議論が起こった時、崋山は養子に反対し、これがかなわないとなると、今度は、友信の息子に「復統」させることを願った。真木定前宛と思われる書状のなかで、「統ヲ絶テハ国危シ」、さらには、

一日モ君臣トナリ一粒モ其粟《ゾク》ヲ食トキハ、忠ヲ以テ報ヒザルベカラズ、今君人ノ姓ヲ襲ヒ、人ノ子ト成テハ、何其祖ヲ念《オモ》ハザルアラン、(30)

と述べている。幼少時からつねに君側に近侍してきたという経験も影響していると思われるが、崋山の君主観は、君主のよって立つ基盤を、職分の遂行ではなく、むしろ、血統という「人間の意志や価値判断を超えた自然的要素に求め(31)」た、国学的思惟にも近しいものだったといえる。

図稿』（部分）

崋山は、天保二年（一八三一）、主家の家譜編纂のため他出自由とされ、桐生・足利方面に旅行した際、志村をすぎたあたりで、煙草の火を借りようとして、偶然先を行く生田《いくた》万《よろず》（国秀、こののち、天保八年（一八三七）、凶作のなかで桑名藩柏崎陣屋の米入札制度が御用商人を潤し農民を困窮させるものとして、同志の浪人六人で決起、失敗して自刃する）と知り合っている。万は平田篤胤に師事した国学者で、館林藩士であったが、文政一一年（一八二八）藩政改革意見書「岩にむす苔」を提出して、藩から追放に処せられ、崋山と出会った天保二年（一八三一）には、上野太田に塾を開いていた。崋山は、万について、総髪で肩に包みを背負った「もののふ」であったと記している。篤胤について語るなかで、崋山は万と意気投合して、一夜同宿して語り明かそうとまで提案した。[32] 崋山がこれほどまでに共感した万は、「岩にむす苔」のなかで、君臣の間に情誼細やかな人格的接近を求めていた。君臣一体感に包まれたなかでの、主君への人格的愛情に基づく忠誠心と、天下国家に対する自立的な政治的関心を持つ家臣としての意識を表白していたのである。[33] おそらく、こうした主君観や、藩士としての政治主体意識は、崋山に通底するものがあったのではないだろうか。

しかし崋山にとって主君とは、このような存在にとどまるものではなかった。後述（第三節「5　君主と教主」）するように、蘭学を学ぶなかで崋山は、これとは別種の君主観をも語るようになるのである。

図1 『両国橋

注） 紙本淡彩　巻子.

## 第三節　社会のなかの崋山

### 1　風俗画と肖像画

崋山は、山水画や花鳥画といった伝統的絵画、実景や市井の風俗に取材した作画、肖像画など、諸種の作画を行った。ここでは、風俗画と肖像画のなかで特徴的なものを取り上げたい。

崋山は、「南画風の走筆」[34]で当時の日常世界に取材した「風俗画」を描いている。まず『両国橋図稿』（小襖用の絵、図1）は、両国橋の上に「士農工商」を描く、一種の職人づくしである。[35]「臣登」と署名しているところから、主君の用のための作画であったと思われる。

絵の余白には、諸身分を以下のように分類している（抹消部分を除く）。

士　大名・旗本・倍(陪)臣・浪人・御家人・儒者

農工　百姓・医・大工・屋根屋・左官の類・相撲・俳優・男女芸者・跳子・車引・食力の類・乞食

商　呉服・魚商人の類・僧・山伏・巫・神主・巾着きり

この分類で目をひくのは、俳優・男女芸者等を「農工」に、僧・山伏・巫・神主・巾着きりを「商」に、入れていることである。

また、崋山が、文政元年（一八一八）二六歳のころ描いた、「一掃百態《いっそうひゃくたい》」（稿、図

図2　働く女性たち

注）渡辺崋山『一掃百態図』所収．田原市博物館蔵．

図3　『鷹見泉石像』

注）渡辺崋山．東京国立博物館蔵．絹本着色．
Image: TNM Image Archives

2）は、おそらく木板出版を想定したものであり、
①　総論
②　鎌倉時代から一八世紀半ばまでの風俗図（跋文あり）
③　当代風俗図（跋文あり）
から成る。とくに③の当代の風俗画については、葛飾北斎による木板絵手本『北斎漫画』（文化一一年（一八一四）―明治一一年（一八七八）刊行）の影響を受けつつも、さらに深い社会描写であることが指摘されてきた。たとえば、各階層の外見による書き分けのみならず、生態描写ともいうべき表現を行い、単体として表現するのではなく、周囲の人々との関係のなかで把握している[36]。また、浮世絵にしばしばみられるような、性的対象としての女性ではなく、日常生活や仕事のなかで女性をとらえている（図2）[37]。

こんにち、絵師としての崋山を最も著名ならしめているのは肖像画である。通常、崋山の肖像画（図3）の特徴としては、衣服に

ついては南画の技法を採用し、顔をはじめとする肉体部分については、洋画の陰影法を取り入れるという技法が指摘されてきた。しかし、このような技法は、実は崋山独自の手法というよりは、清代肖像画や同時代の朝鮮の肖像画にもみられ、すでに司馬江漢や石川大浪も採用していた方式でもあった。崋山の肖像画は、一八世紀から一九世紀にかけての東アジア全体の絵画の潮流のなかに存在するものであったのである㊳。

崋山は、伊藤鳳山が亡父鹿鳴の肖像画を依頼した際、故人とは面識がなかったとの理由で、いったんその依頼を断っている。また、儒学の師松崎慊堂の肖像画を作成するために、松崎邸を訪れては六年間に八度に及ぶ写生を行っている㊴。崋山にとって、肖像画とは、たとえそれが死者の追善のための肖像画であっても、描かれる人物との現実のなかでの交流を前提に構築されるべきものであった。

崋山は、その画業の頂点ともいうべき天保八年（一八三七）と九年（一八三八）に、ふたつの異色の肖像画を描いている。そのひとつは、『笑顔武士像』（稿、天保八年（一八三七）、紙本着色、像主は不明、図4）である。通常は無表情で描かれる像主であるが、この肖像画稿では上下（裃）姿に正装した壮年の武士が歯を見せて破顔一笑しており、稿ではあるものの彩色されており、見る者に強い印象を与える。これに類するものに、崋山の「松崎慊堂像稿本二」（紙本着色）と、崋山の師谷文晁が大坂商人木村孔恭の訃報を聞いて手元のスケッチに基づいて作成した「木村蒹葭堂像」（享和二年（一八〇二）、紙本着色、大阪府教育委員会蔵）がある㊵。

ふたつめは『芸妓図』（天保九年（一八三八）、絹本着色、図5）である。この画に書かれた崋山の自賛は、竹や蘭や梅を写生し人に贈った故事を引き、自分の「愛妓」を写して弟子平井顕斎に贈ると記している。きらびやかな髪飾りもせず素顔の「愛妓」を、雨後の蓮のようだと褒めているのである。崋山には「愛妓」を自分と対等の他者としてとらえる視点は希薄である。しかし、日比野秀男が「日本の肖像史上、このような女性像が存在したであろうか」と述べたように㊶、自分が愛情を抱いた芸妓を、芸妓としての着飾った姿ではなく、個人として日常のくつろいだ姿で描いた

**図 4 『笑顔武士像稿』**

注）渡辺崋山．紙本着色．

**図 5 『芸妓図』**

注）渡辺崋山．静嘉堂文庫美術館蔵．絹本着色．静嘉堂文庫美術館イメージアーカイブ／DNPartcom

このような女性肖像画は、他に例をみないものと言える。また、崋山の自賛は、

　人と生まれて飲啄牡牝の欲なき者は人に非ざるなり、是をもって予が好むところの者は天下の公道

と述べ、人間としての飲食・性愛の欲望を肯定し、「天下の公道」としているのである。

　崋山は、作画において、あるべき秩序のなかだけではなく、日常社会のなかの個人に興味を持ち、表現する視点を持っていたといえよう。

## 2 出版という世界

江戸時代に入ると商業活動としての出版が始まり、印刷が宗教的な内容を主にし、限られた上層の文化にとどまっていた前代[42]に比べ、出版物の享受層は庶民層にまで広がった。もちろんその出版部数は、こんにちのものとは比較にならないほど僅少であり、また個人が直接印刷人と掛け合い、限られた読者を念頭に置くいわゆる私家版に近いものが、すくなからず存在していた。しかし出版物は、写本や手紙・口頭による情報伝達とともに、社会の動向を規定する重要な要素のひとつとなったのである。

ヘンリー・D・スミスは、近世フランスと日本の書物の歴史を、次のように比較史的に論じている。ロバート・ダーントンの指摘した、言葉の違い、習慣の障壁やイデオロギーの統制を超えて国境をはみだしていくという書物の持つインターナショナルな性格は、江戸時代の日本列島においても、指摘する事ができる。その販路を国外にも持っていたフランスとは異なり、日本における書物の供給先はほぼ列島上に限定されてはいた（ただし、漢字文化圏という共通基盤のなかで、日本で著述・出版された「漢籍」が中国に流入するという現象もあった[43]）。しかし、一方で、主に中国からの、あるいは中国を経由した列島外からの書物が流入し――それらの書物は、直接政治体制の破壊を意図したものではなく、また限られた読者しか持たなかったにもかかわらず――、いわゆる蘭学の潮流となって、列島上の政治体制や身分制度を相対化する契機のひとつとなった[44]。

日本では、中国や朝鮮とは異なり、フランスと同様、国家の手ではなく、多くは商業資本の手中で書物生産が行われた。フランスでも日本でも、一六六〇年代というほぼ同時期から、中央政府による出版統制が実施された。両者のあいだで異なるのは、

① フランスでは書物取り引きの統制のための政府組織が創設されたのに対し、日本においては、出版ギルドに統制

の責任を負わせたこと、

② フランスでは多くの非合法出版が国境の外側で行われたのに対し、日本では、出版統制を行っているその足下で、非合法出版が行われなければならなかったこと、

という点である。(45)

崋山は、江戸の「文人」あるいは「画家」として、少なくとも二〇代前半から、出版物のなかにその名を見せ始める（表2「そのほか」の欄）。たとえば、畑銀鶏（寛政二年（一七九〇）生まれ、医者・戯作者。一時加賀藩前田侯に仕官。父は代々加賀藩医・狂歌師）が、自分の交友関係のなかで集めた書画に自分が見聞きした情報を加えて出版した『書画薈《しょがわい》粋《すい》　初編三巻』（江戸燕石楼蔵版、天保三年（一八三二）刊）(46)がその例である。また崋山自身、著者・編者・挿画家・序文などの揮毫者として、多くの出版物に関係していた。崋山が滝沢馬琴の著書の挿画を描いたことは有名であり、また文化から天保にかけて二〇年あまりにもわたって俳人太白堂萊石のために表紙下絵・挿図を描いた。(47)前述した『門田の栄』についても、製本を急がせ、自分が板木を取りに行くと連絡している。(48)また、崋山自身が書画帖の出版に関係していた例として多賀谷向陵（瑛之、書家）宛に、「江都二十四名家書画帖」を刊刻したい者がいるので揮毫を頼むと依頼していることが挙げられる。(49)

社会のなかで、あるいは政治の場で、積極的に出版物にかかわってきた崋山は、蘭学摂取（後述）のなかでも、西洋における出版事業に注目した。学校における学術研究が公刊されることに注目し、また、地球中を併呑してきた西洋諸国が、諸地に「風説板行署」を設け、「一地球中ノ風説書相互ニ取替セ、諸領役所・諸商館ヨリ本国ニ相達候間、天地・人事ノ変替、居ナガラニシテ相分」るとする。これら西洋諸国は、小国であるが広大な規模に拡大しているがゆえに、「秘蔵」ということなく、「流儀口伝」という方式をはなはだいやしむ風俗であり、そのようなことは「ナチユール（natuur）」に背くとされているとするのである。このような国々においては、歴史とは「一地球中ノ史」なの

である。[50]

### 3　書画の集まり

前述『書画薈粋』では、崋山について、

崋山、人何レノ許ノ人ナルヲ不知、書画集会アルコト突然トシテ来ル、酔ヘハ必揮洒《きしや》ス、身丈九尺長刀短袴、ソノ所能ヲ問ヘハ万シルコトナシ〔ママ〕

と記している。[51] 書画会が、互いに知悉したメンバーのみではない開かれた場であったことがわかる。こうした書画会は、有名料亭で開催されたり、また「文人墨客の中には、あえて米や酒のできる時期を見越して地方回りを組んだり、行く先々での書画販売による収入を当て込んだ営利的な企ても少なくなかった」。[52]『書画薈粋』の記事からは、江戸の書画会の様子をうかがうことができた。以下、しばらく崋山が旅の過程で参加した書画会の様子を追ってみよう。

崋山は、天保二年（一八三一）の上野国山田郡桐生（現、群馬県桐生市）への旅程の途中、一〇月二九日、新田郡前小屋村（幕領）の菅原社で行われた書画会に、足利で知り合った岡田立助（坤、丹南藩五十部代官、朝川善庵門人）の提案で参加した。岡田らと共に会場の場所を探し、「農夫とおほしく、あたらしきぬの子（木綿の綿入れのこと――杉本注）に、縄なせる帯を結び、たばこ入尻のあたりに垂れ」るという風体の人に道を尋ねたところ、たまたまその書画会に参加する人であったので、同道してもらった。会場に着いて、「太刀に、はかまつけたる」という士分の身なりをした崋山らが天神の御堂に案内される様子を、子供たちが珍しそうに眺めている様子も記述している。崋山がここで出会った会主は、「月代《さかやき》もそらず、髪もそゝげ、たゞ垢つきたる羽おり打着たるまゝ」という姿であった。会衆は、銭二緡《さし》を払うことになっており、崋山もこれを払い、求められるままに画を揮毫している。このときは岡田のはからいで、あらためて会主から感謝のしるしとして金百疋を贈られている。[53]

崋山が、民衆の為政者批判を直接聞いて書き留めていることは、従来の研究史でもよく言及されているが、それが、こうした書画の集まりの場であったことは、見逃してはならないだろう。天保二年（一八三一）、崋山は、相模川水運の物資集散地として繁栄していた相模国愛甲郡厚木町（現、神奈川県厚木市）に旅行した。それまで厚木には知人がいなかったため、溝呂木宗兵衛という鉄物屋（厚木の豪商溝呂木孫右衛門分家）宛の小林蓮金の手紙を持参し、厚木に着いて弟子高木にこれを持たせて手交させた。しかし、宗兵衛は「絵師の憐を乞いて訪いいたれる」と、崋山を援助めあての絵師と勘違いし、返事もよこさないという対応をした。

崋山は、万年屋という宿屋に宿泊して、宿の主人に、

我ハ三宅土佐守家来にて渡辺の登《ノボル》とよべる、絵なと走りかきて、おかしき男なり、この里に、ワれにひとしき人しあれは、迎ひてひと夜を語りあかさまほしく思ふなり、物読人か、手なと書人か、歌・はいかい・詩なと好める人か、はなし好る人か、いつれ話をきかまほしく思のまま呼たまはれ、酒と肴は、我カ極て進め申さんなり、吾詩画ハこのめとも、人の袖にすかりて乞兒めくものにあらす、君より禄賜りて、優々と世を終ふ、もののふにて候、

と名を名乗り、仕官した武士であり金銭目当ての者ではないことを断ったうえで、自分が絵事を行う者で、近隣の読書人・書家・韻文をつくる人がいれば、一夜の酒宴を開き語り明かしたいと申し出たのである。宿の主人は、崋山が、その「住み処」まで明らかにしたことに安心し、崋山の依頼に応えた。

この呼びかけに応じて集まったのは、書家であり「一郷の師長」を務める斎藤鐘《かね》助、医者唐沢蘭斎、提灯作りで長唄に長じた内田屋佐吉、三味線を得意とする目薬屋常蔵らであった。彼らと、歌い舞い、語らうなかで（図6）、崋山は、忌憚のない政治批判に接するのである。唐沢は、文政初年（一八一八）の官による相模川大規模堤がもろくも壊れ、多くの死者を出したこと、民はただ来訪した吏への饗応・使役に苦しんだだけであったこと、官威をかさにき

た工事請負人のこと、また、もし官金を「村長」に下して新築をさせていたならば、水害は決して起きなかったろう、その費用も半分で済んだだろうと、痛烈な官批判を行う。また、厚木の侠客と呼ばれ才能・人望のあった駿河屋彦八は、崋山の記すところによると、酒井村（現、神奈川県厚木市酒井）の元の領主の「不道」を糾弾し、幕府「公裁」に持ち込み、酒井村が幕府領となったのち名主となったという経歴の持ち主だったが、崋山に向かい、厚木の領主（三万石、下野烏山藩大久保氏）について、「今ノ殿様ニテハ、慈仁ノ心、毫分モこれなし、隙ヲ窺、収斂ヲ行フ、殿様ヲ取カヘタランコソヨカルヘシ」と述べ、崋山を「愕然と」させた[54]。

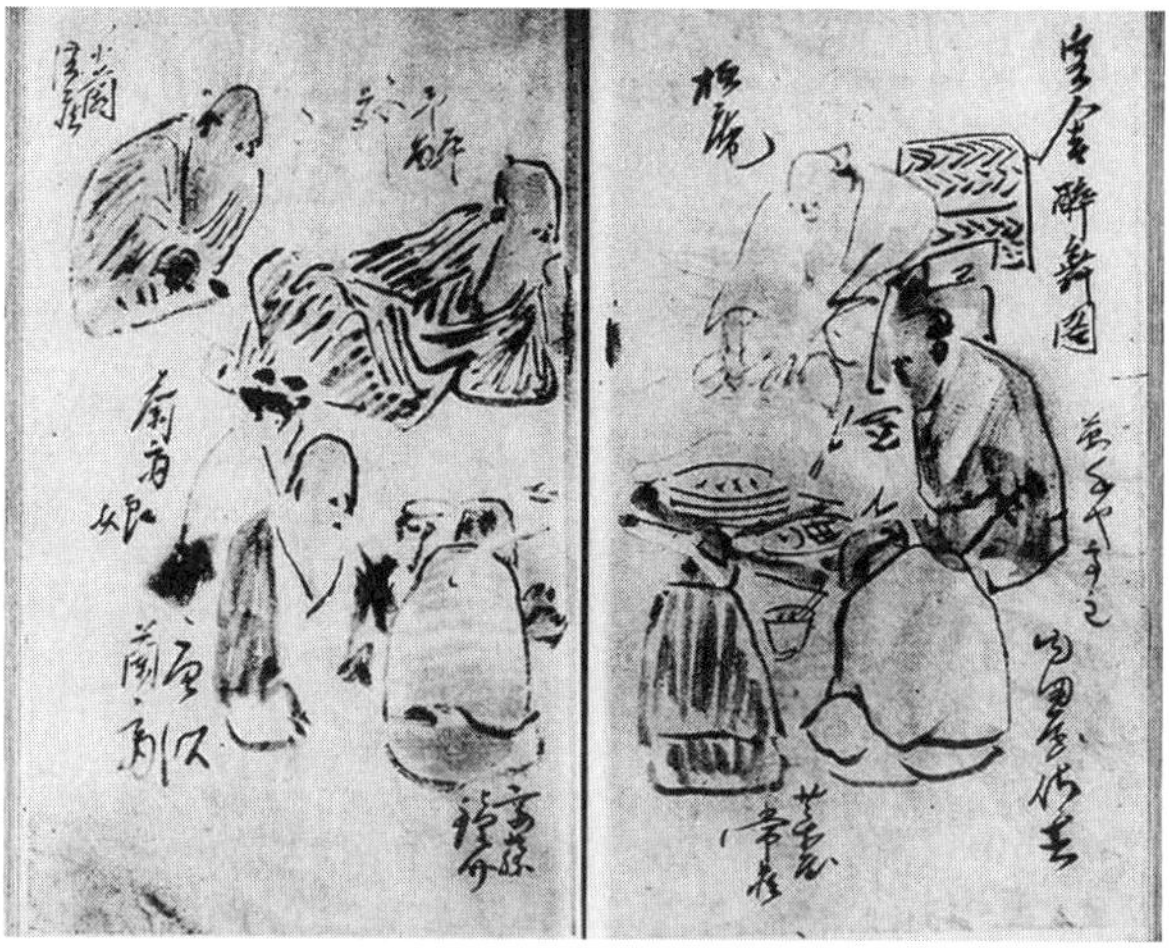


**図 6 「客舎酔舞図」**

注） 渡辺崋山筆『游相日記』山田清作編輯，米山堂，1918 年，国立国会図書館デジタルコレクション 15-363．この夜集まった面々と，頬杖をつき横になった崋山自身を「予，酔臥」と注記し描いている．

このような書画の集まりは、「はじめに」で触れた、狩野家の、武家に密着した組織化の方向の、おそらくは対極に位置していた。狩野家においては、絵師個人の画は「家」に継承されるものとしての画に価値が置かれ、それより劣位に置かれていた。中国の画論書をもとに、狩野宗家である中橋狩野家の安信がまとめた『画道要訣』では、個人の才能による「質画」よりも、代々継承され「後世の法」となる「学画」を上位に置いていた。『画道要訣』そのものも、免許を受けた弟子のみに授けられるものだったのである。また、木挽町画所で教授を行うのは、つねに当主のみに限られ、いかに優秀な弟子であっても、教授を行うことはなかったといわれる。木挽町狩野家では、「文人画流に交リ、書画会ニ臨ムコト」

を禁じていたのである[55]。

一七世紀末から一八世紀にかけて、ブルジョア階級を中心に都市社会と宮廷社交界の一部が交流し、イギリスではカフェハウス、フランスではサロン、ドイツでは夕食会が、おのおの独自の性格を持ちながらも、教養という共通点を持った対等な私人たちの間の持続的討論を組織化していった。「公共的なもの」は、もはや宮廷や教会という上からの解釈に委ねられるものではなく、公衆が批判的に取り上げるものとなっていったのである[56]。とくにイギリスにおいては、一七世紀以降、単なる中世的団体の継承ではない、任意的結合体としての自由なアソシエーションが、トラスト制度の発達に基礎づけられ展開していく[57]。

書画会やそれに類する書画の集まりは、崋山が「我と等しき人々」と呼んだ、読書人・書家・詩歌人たちにとって、共通の開かれた場としての可能性を持っていたといえよう。そこでは右にみたような直截な政治批判も行われたのである（今中寛司は「蘐園社団」から「蘭学秘密結社」にいたる市民社会的グループに注目しながらも、その構成員が、商人・職人・農民といった「来るべき市民社会大衆の主力を含んでいない所に日本近代国家の特異な形態と跛行性がある」としている[58]。しかし、ここでもみたように、崋山は、「我と等しき人々」という認識のもと、地域の文化人と交流を行っていた。このことは、近年研究の進展している、地域ネットワークの問題を考えるうえでも重要であろう）。

ただ、崋山の旅行日記からもうかがわれるが、崋山を含めた当時の人々が、こうした書画の集まりなどにおいて未知の人々と邂逅するとき、髪型や服装によって、常に相手の身分を確認していたことは、念頭に置かれなくてはならないだろう。崋山は、早川村百姓幾右衛門の家への道を尋ねた際、相手から、「お殿様」と呼ばれる（『游相日記』）ような存在として、これらの場に立ち会っていたのである（「守貞漫稿」では、「殿様」という呼び方は、元来、幕府直参の武家に対して、その家来が呼ぶことばであったとする。ただし、官医も寛政（一八世紀末）以後は、私的に弟子から「殿様」と呼ばれた。木挽町狩野家でも、少なくとも幕末には当主は弟子から「殿様」と呼ばれていた[59]）。

崋山は、藩士という位置だけでなく、出版という世界、また、会約をもつ鑑定会や谷文晁系の画会（甲乙会など）[60]、また、以上みてきたような、より柔らかな人的交流のなかにもその主体性を置いていた。藩年寄役・海防掛に任じられたあと、次第に蘭学の研究を深めていく際に、崋山は、それまでこうした交友を育んでいた儒者や文人といった層をも蘭学研究のなかに巻き込んでいくのである。[61]

## 4　蘭学情報と崋山

佐藤昌介によれば、崋山の世界認識は次のようにまとめられる。まず、地球中のほとんどがヨーロッパ人の所有に帰し、わずかに中国・ペルシア・日本のみが独立を保っていること。そして、このようなヨーロッパの発展の基礎にあるのは「物理の学」、その根本にある人事・自然に対する「窮理」の精神（「窮理」は、元来、個別道徳の根本にある普遍的な人間性に基づく道徳の原理を窮めるという、朱子学の用語であるが、前野良沢（享保八年（一七二三）―享和三年（一八〇三））は西欧的概念として「窮理」を用いた[62]）であり、またそれを保障する社会的条件（教育・研究成果の公表・職業選択の自由による身分制度の不存在）であった。佐藤は、このような崋山の世界認識は、そのまま封建批判の視角となったとしている。[63]

しかし、以下「5　君主と教主」「6　「武士」」「7　「同じ人間」」で述べるように、崋山は必ずしも既存の身分制を否定してはいなかった。と同時に、彼は、西洋文明について卓越した理解を示し、自分の身を置く秩序を意味づけなおす視点、秩序に対する外部的視点を有していたのである。

## 5　君主と教主

崋山は、小関三英「新撰地誌」（プリンセンの地誌書の翻訳）に基づき、ヨーロッパ諸国を、

① 男女を問わず血脈によって位に就く者のなかで、ひとりの君主が権をもっぱらにし、王家と政府が合同して権を持つ、「独立（大君）ノ国」（専制君主国）

② 他国の従属国（「附庸」）というべき「守盟ノ国」（立憲君主国）※立憲君主国を附庸と理解したのは、憲法によって権限が規定されるという趣旨を、小関が誤訳したことによる

③ 賢才豪傑を推薦して君長とし、一国を「公」にする、「共治国」（共和国）

に分けている。[64]

「西洋事情書」（初稿・再稿[65]）では、天子＝国王を、天子たる所以を失えば、教主から正される「役」「職役」のごときものととらえている。崋山は、西洋諸国について、一国法下にあって、上に君・師を置き、君は子に相伝し、師は賢に相伝するという方式を採るがゆえに、教と政の二道が分立すると捉えていた（「慎機論」、六九頁）。崋山にとって、教主とは、血脈ではなく、優れた能力を持つ賢であるがゆえに、師を継承するものであり、「人倫五常之様ナルコトヲ教」える存在であった（「外国事情書」、二六頁）。また、天子と「位を同じくし」天子から庶民に至るまで、その行状に責任を持ち、生殺与奪の権を持つ存在であった（「再稿西洋事情書」、四七頁）。「外国事情書」では、「教主《ジュシャ》」とルビをつけている（三九頁）。教主は、いわば、近世日本における儒者の地位をさらに強化し、君主と同位に置くというイメージで語られているのである。崋山が「慎機論」の末尾で、外国による国亡の危機に際して、当時の大臣・要路の臣皆頼むに足らずとし、「唯これ心ある者は儒臣」としたうえで、その儒者すら大きな視野を欠くとして現状を嘆いている（七二頁）のも、単なる現状批判と読むべきではなく、こうしたコンテクストのなかで理解すべきであろう。[66]

ここでいう君主とは、「3　崋山にとっての主君」で触れたような、血統により継承される君主であるとともに、このような教主によって絶えず掣肘されるなかで政治を行う「職」としての君主である。あくまで個人の能力によって教の道を行う人間＝教主により正されるという点で、超越的な天によって付託される伝統的天道観念に基づいた君

主、日本近世的「職分」論に基づいた君主とは、異なるものだといえよう。注目すべきなのは、このような君主と教主により、並立した政教が分離せず、君主は身を治め人を治めることを第一の任務とするため、「造士開物の学校」が政治の根本となると、崋山が捉えていたことである。崋山は、「西洋事情書」（初稿・再稿）では、「造士の道」（教学・政学・医学・物理学を中軸に据えた、学校・女学校・病院など）を、君主制に基盤を置いた制度として述べていたのである。

## 6 「武士」

崋山は西洋諸国の「武士」のありかたについても注目している。「初稿西洋事情書」では、西洋諸国では兵は陸軍と海軍に分かれ、海軍では常時海岸を防御し、余剰の軍艦は空船にして非常に備えていると説明する。ヨーロッパにおいては、ルネサンスに典型的にみられた傭兵による戦争形態――傭兵隊長みずから集めた兵を引き連れ君主と契約を結び戦争に参加する――の矛盾を克服すべく、一五世紀に常備軍を備えたフランスを先頭にして、一八世紀には、平時にも一三〇万もの兵を勤務につかせる状況となっていた[67]。また崋山は、西洋において「武士の番は、皆武装にて非常時の備えの奉公のみにて、常の事を兼勤ると申す事これなく、江戸の火消役の如くに御座候」と述べ、西洋の「武士」の「番」とは非常時の備えに純化されており、「常の事」（＝日常の警護・護衛・供奉など）を兼ねることはないとする。そして、この説明に続けて、西洋では、国王に対する日常的な供奉は手軽に抑えられ、一方、政庁・教堂・学校などに人材が十分に投入されている、と述べている。

ここでは、近世武士の「番」のありかたが問いなおされている。崋山は、天保一〇年（一八三九）三月一二日の真木宛の書状で、藩校における文武の修業は役人を養成するためのものだと主張し、

士の勤と申ハ役人計のもの、其余ハ属官也、番方と申ハ属官の中にて、ホンノ番人也、勤ニ立たず候、然ルニ諸

家とも、番ヲ奉公と心得候ハ、大間違也[68]

と述べ、日常的「番」を奉公（の本筋）と考えるのは誤りであるとする。「士の勤」とは役人としてのそれであり、「番方」は番人にすぎないとする崋山は、君主や王城の警護といった平時の「番」と、戦時の軍事行動を区別し、前者の合理化を主張したのである。

一六世紀、多民族的な密貿易のネットワークを否定し、日本列島上に、軍事力を集中した近世統一権力が成立する際には、東アジアの中心たる中華を長袖の国として貶め、それに対する自己確認として「武威」に基づく武門の政権であることが賞揚された[69]。この政権は、軍事動員と兵站のシステムを骨格として行政組織が形づくられたとされる[70]。すでに一七世紀、武家諸法度に、武士の治めるべき徳目として武と並んで文が掲げられ、「武威」から文への一定の転換が図られた[71]。一九世紀、崋山の視点は、中華文明の価値を明確に相対化する一方（「西洋事情書」初稿・再稿）、軍事組織と行政組織を原理的に分離し、行政を独自のものとして充実させる可能性を含んでいた。

### 7　「同じ人間」

崋山は、天保九年（一八三八）田原藩士宛書状のなかで、日本標流民を乗せた「イギリス」商船の来航を報じたオランダ風説書（天保九年（一八三八）六月、オランダ定期船がもたらしたモリソン号（実は米国船籍の商船）についての情報を、オランダ商館長が長崎奉行に報じたもの。同船は、天保八年（一八三七）六月二七日江戸湾に到達、浦賀奉行は、これを砲撃し、追い返していた[72]）の情報を引き、彼らが日本交易を乞うことは必至であり、また日本側がこれを断る事も必定として、次のような問いを発している。諸外国が、この日本側の行為に対して、「同く天ヲ戴キ、同敷地ヲ踏、同ジ人間にて、（「我邦」が）一国の故をもって天下の害ヲなされ候節、天下のために拠んどころなく兵器を相用るべし、此お答承りたし」と詰問した場合、幕府は一体どう答えるのかと[73]。崋山は、「慎機論」のなかでも、同内容の趣旨を記し、「同じく天地を載踏して、類を以類を害《そこな》う、豈これを人と謂うべけんや」（七〇頁）と表現している。

ここで崋山のいう天下は、西洋諸国が権を競う地球そのものである。そのような天下においては、西洋諸国は、まず「名を正する事」（六三頁）を掲げて戦闘を開始する。すなわち、西洋的普遍的価値に悖る行為を攻撃の理由に掲げることを、崋山は、繰り返し警告したのである（「西洋事情書」初稿・再稿）。

崋山が「退役願書之稿」のなかで岡山藩主と自分を「同じ人間」と表現したことに対し、第一節「3　年寄役と崋山」では、ひとまずは、藩主とともに政治を行う藩重役としての位置をふまえて、これを解釈した。しかし、ここでは、崋山のなかには、近世の身分制を超え、日本列島を超え、アジア文化圏を超えて、地球的視野のなかで発せられる「同じ人間」という発想に対する理解が存在していたと指摘できるのである。

このような崋山の前には、「武家義理物語」のなかで「人間の心万人とも替われることなし」と記して、日本近世諸身分の等質性に立脚した大坂町人井原西鶴（寛永一九年（一六四二）―元禄六年（一六九三））が、また、士と三民を相対化してとらえた、儒者荻生徂徠（寛文六年（一六六六）―享保一三年（一七二八））・京都商人石田梅岩（貞享二年（一六八五）―延享元年（一七四四））が、さらに、西洋図画に「肩輿シタル図」がないことをもって、西洋では車は馬に引かせ「人ヲシテ牛馬タラシムコト」がなく、「人トシテ人ヲ貴ム」（「和蘭天説」）と理解した司馬江漢（延享四年（一七四七）―文政元年（一八一八））の存在があったのである。[75]

## おわりに――「予が手は天下百世の公手」

崋山は生涯に何度か、藩からの出奔、藩役からの離脱を試みている。前述したように、二六歳のとき、思うように儒学が修められないことに絶望し、本格的に絵事に邁進し「天下第一の画工とあいなりもうすべし」と長崎に出奔しようとした。また、年寄に就任した後も、天保八年（一八三七）四五歳のとき、幕府代官による無人島（小笠原諸島）渡航同行を希望し、また翌年にも体調不良を理由に「退役願書之稿」を草している。しかし、いずれも失敗に終わった。

天保八年（一八三七）、幕府代官羽倉用九は、イギリスの無人島占拠の動きを背景に、その巡視を行った。崋山は、これに随行するため「しばらくの御暇」を同役中に願った口上書別紙で、

　重き御役を蒙候て、軽々敷進退仕候ハ、如何敷候得共、御一家の義は天下の儀にて、今この撰ニ相当候者、恐れながら、私ナラテハこれあるまじく存じ候、（中略）譬《タトエ》途中死候ても、天下のために死候にて候得は、恐ながら上にも御不本意とハ存じ奉らず候(76)、

と述べている。無人島測量という天下の仕事に参画することを、御一家＝主家はすなわち天下に連なるものであり、藩重役に暇をもらい、天下のために身命を賭すことは主君も否定しえないという論法を用いたのである。しかし、同役中・主君からの同意を得られず、崋山は断念せざるをえなかった。

この当時、崋山のなかで蘭学の比重はかつてないほど高まっていた、その頂点において、自分の蘭学知識をもって、無人島測量に「私以上の適役はいない」とまで言い切った崋山は、しかし、同時に、測量への参画に、主家―天下という筋道を主張せざるをえない存在であったのである。当時、まだ蘭学者は職業としては成立してはいなかった(77)。そして、儒者は、崋山の理解するところの教主のごとく君主と並び立ち君主を正すような位置は与えられず、君側に近侍する存在にすぎなかった。

崋山のなかで、主君に仕える士としての自己規定から解放される可能性は、「画工」としての自分にあった。崋山は信頼する真木定前宛書簡のなかで、

　予かからたハ燧石箱程ノ家老、味噌用人に毛のはへたる、十分事成た処か掌《タナゴコロ》程の片田舎也、予か手ハ天下百

世の公手、唐天竺迄も筆一本あれハ公行出来申[78]と述べている。ここで崋山は、自分を藩重役という地位から断ち切り、「画工」としての技能にのみ立つ「予が手」に絶対的信頼を置いている。そして、その「手」を「公」としているのである。

近世身分制社会においては、個々の構成員はそれぞれの身分に属することによってのみ、公的世界における位置を与えられていた[79]。しかも、日本近世儒学においては、元来朱子が重視した父子よりも、君臣関係のほうが優越するとさえ考えられた[80]。公は、まず第一義的には、君主という地位に根拠を持つものであった。

ここで崋山が「公」と表現したものは、そのような君主的公では包みきれないものであったといわねばならない。崋山は、自分のなかで、私事としての絵事を価値あるものとして位置づけ、絵事から得られた経験を逆に政治にも適用しようとした。その絵事のなかで、崋山は、身分集団に埋没しえない個々の「人間」の形象を表現しようとした。近世的秩序のなかでは、主君を前提として近世的公と結びつけられる存在であった崋山は、一方で、「天下（ここでは江戸幕府の支配範囲を指す）と申す大なる箱、諸侯と申す小なる箱、士と申す内のしきり」（「退役願書之稿」）と崋山自身が表現した制度・秩序を超えた、広汎で柔らかな情報空間にその足を置く存在でもあったのである。私たちは、崋山の「公手」のなかに、「公共的意義を帯びてきた、私有圏（民間の圏）[81]」を発見する視角を見出すことが許されるだろう。

しかし、崋山には、このような「公」を、自身の日記や、信頼する友人への私信――親密な私信自体がひとつの時代を象徴する存在であったとしても――のなかにひそかに記すことしかできなかった。崋山自身のなかでも、この視角は、ひとつの思想として結実するには至らなかった。自己のなかに矛盾を抱えたまま、天保一二年（一八四一）一〇月一一日、蟄居中の田原で、生活のための売画が幕府の譴責をうけ主君に累が及ぶことを恐れた崋山は、宋が滅びた後も宋に対する忠節を守りぬいた鄭思の故事になぞらえて[82]、「不忠不孝渡辺登」と絵絹に大書し、長男立に「餓死するとも二君に仕うべからず」との遺書を残し、自刃したのである。

(1) 小林忠『江戸絵画史論』(瑠璃書房、一九八三年)、一七頁。
(2) 辻惟雄「日本文人画の成立——中国から日本へ」(源了圓編著『江戸後期の比較文化研究』ぺりかん社、一九九〇年)。
(3) 武田恒夫『狩野派絵画史』(吉川弘文館、一九九五年)、三頁。
(4) 田島志一『東洋美術大観　第五冊』(審美書院、一九〇九年)。
(5) 注(1)小林忠、一九八三年、三二頁。
(6) 安村敏信「江戸狩野家の絵師教育」(『歴博』七六、一九九六年)、一六—一九頁。
(7) 衣笠安喜『近世日本の儒教と文化』(思文閣出版、一九九〇年)、三九七頁。同時に衣笠は、その主体のよりどころや自我の内容は明らかにはなっていなかったととらえている。
(8) 日比野秀男『渡辺崋山——秘められた海防思想』(ぺりかん社、一九九四年)、三三一—六三頁。
(9) 蔵原惟人「渡辺崋山の思想と芸術について」(『世界』八七号・八八号、一九五三年。のち『蔵原惟人評論集　四』新日本出版社、一九六七年)、一七〇—一七一頁。
(10) 小沢耕一・芳賀登監修『渡辺崋山集　四』(日本図書センター、一九九九年)、二四六頁。尚、『渡辺崋山集』全七巻の書誌情報は同一故、以下本章では略記する。
(11) 渡辺浩『東アジアの王権と思想』(東京大学出版会、二〇一六年)、一二九頁。
(12) 『福沢全集　六』(国民図書、一九二六年)、六七七頁。
(13) 前田勉『近世日本の儒学と兵学』(ぺりかん社、一九九六年)、二四頁・三七—三八頁注(23)。
(14) 注(4)田島志一、一九〇九年。
(15) 松原茂「奥絵師狩野晴川院「公用日記」に見るその活動」(『東京国立博物館紀要』一七、一九八一年)、三一—六四頁。
(16) 片山新助『岡山藩の絵師と職人』(山陽新聞社、一九九三年)、六〇頁。
(17) 浅倉有子「御用絵師と絵図編纂」(『絵図でみる城下町よねざわ』米沢市立上杉博物館、一九九二年)、二五—二九頁。
(18) 「実紀付録」(『新訂増補国史大系　徳川実紀』『新訂増補国史大系　続徳川実紀』吉川弘文館、一九二九—三六年)。

(19)『田原町史　中』(愛知県田原町教育委員会、一九七五年)、三九二—三九三頁。
(20)注(16)片山新助、一九九三年、一〇五頁。
(21)「天保八年四月改　田原・江戸御家中分限並席次」(田原町教育委員会『田原の文化』一一号、田原町教育委員会、一九八四年、四七頁)によれば、江戸年寄は、江戸詰家臣のなかの頂点に位置する。
(22)石井紫郎『日本国制史研究Ⅱ　日本人の国家生活』(東京大学出版会、一九八六年)、二〇七頁。
(23)森銑三『森銑三著作集　第六巻』(中央公論社、一九七一年、五—一九二頁)、菅沼貞三『渡辺崋山　人と芸術』(二玄社、一九八二年、一二—一七頁)、佐藤昌介『渡辺崋山』(吉川弘文館、一九八六年、一八—二二頁)、注(8)日比野秀男、一九九四年、一八—二二頁)。
(24)注(23)菅沼貞三、一九八二年。
(25)注(7)衣笠安喜、一九九〇年、三九八—三九九頁。
(26)注(10)『渡辺崋山集　三』、五四頁(天保七年)。
(27)注(10)『渡辺崋山集　三』、一〇七—一〇八頁(天保四年)。
(28)注(10)『渡辺崋山集　七』、四七—五一頁。吉沢忠は、崋山が、思想・行動と、その形象的形態である絵画を一致させようとしながら矛盾を抱いていたことに注目した(吉沢忠『渡辺崋山』東京大学出版会、一九五六年、九二—一〇〇頁)。
(29)注(7)衣笠安喜、一九九〇年、三九八—三九九頁。
(30)天保二年九月一四日付(注(10)『渡辺崋山集　三』)、四八頁。
(31)松本三之助「幕末国学の思想史的意義——主として政治思想の側面について」(『日本思想体系　五一　国学運動の思想』岩波書店、一九七一年)、六五一—六五二頁。
(32)「毛武游記」(注(10)『渡辺崋山集　五』(八—一一頁)、『同　五』(三七一—三七四頁))。
(33)注(31)松本三之助、一九七一年。
(34)注(9)蔵原惟人、一九五三年。
(35)鈴木進「渡辺崋山筆　一掃百態図譜解説」(『複製「一掃百態」図』崋山会、一九九五年)、一三頁。
(36)注(8)日比野秀男、一九九四年、一二二頁。
(37)注(9)蔵原惟人、一九五三年。

(38)　成瀬不二雄「肖像画家としての渡辺崋山」(『大和文華』九六、一九九六年、四〇頁)、同『日本肖像画史』(中央公論美術出版、二〇〇五年、一二三頁)。
(39)　注(23)菅沼貞三、一九八二年。
(40)　高階秀爾『一九・二〇世紀の美術』(岩波書店、一九九三年)、八―一二頁。
(41)　注(8)日比野秀男、一九九四年、一七五―一七六頁。注(38)成瀬不二雄、一九九六年、四三―四五頁。
(42)　今田洋三『江戸の本屋さん』(日本放送出版協会、一九七七年)、一二―一八頁。
(43)　王勇・藤善真澄・蔡毅「中国における日本漢籍の流布」(大庭脩・王勇編『日中文化交流史叢書　第9巻　典籍』大修館書店、一九九六年)、一八五―三四〇頁。
(44)　ヘンリー・D・スミス二世、関根素子訳「江戸およびパリにおける書物の歴史」(鵜川馨、ジェイムズ・L・マックレイン、ジョン・M・メリマン編『江戸とパリ』岩田書院、一九九五年)、四八五頁。
(45)　注(44)スミス、一九九五年、四九〇―四九三頁。
(46)　東京大学総合図書館、鷗外文庫F九一―一〇。
(47)　注(23)森銑三、一九七一年。注(23)菅沼貞三、一九八二年。
(48)　天保六年一〇月七日付埣蔵(経歴不明)宛の書状(注(10)『渡辺崋山集　三』)、一三七頁。
(49)　文政末期(注(10)『渡辺崋山集　三』、二五頁)。
(50)　渡辺崋山「外国事情書」(二八頁)・「再稿西洋事情書」(四八頁)(佐藤昌介・植手通有・山口宗之校注『日本思想大系五五』岩波書店、一九七一年)。
(51)　注(46)『書画薈粋　初編三巻』(天保三年)では、崋山のみ、住所・出身・経歴を不明としている。
(52)　上野憲示「崋山と椿山」(『椿椿山展』田原町博物館、一九九四年)、八九頁。
(53)　「毛武游記」(注(10)『渡辺崋山集　五』四九―五〇頁、『同　六』四三四―四三六頁)、天保二年一一月六日岡田立助宛書状(注(10)『渡辺崋山集　三』、五二―五四頁)。
(54)　渡辺崋山『游相日記』(複製、米山堂、一九一八年)、注(10)『渡辺崋山集　五』、二九九―三二七頁。
(55)　橋本雅邦「木挽町画所」(『国華』三、一八八九年)、二〇頁。
(56)　J・ハーバーマス、細谷貞雄・山田正行訳『公共性の構造転換』(未来社、一九九四年)、五〇―六四頁。またハーバーマスの議論を日本社会から捉え直したものとして、たとえば花田達朗「公共圏と市民社会の構図」（『岩波講座　社会科学の方法Ⅷ　システムと生活世界』岩波書店、一九九三年）、のち同『公共圏という名の社会空間』（木鐸社、一九九六年、一五一―一九三頁））がある。
(57) 村上淳一『〈法〉の歴史』（東京大学出版会、一九九七年）、一三三頁。
(58) 今中寛司「幕末における洋学と近代社会への過程」（『日本文化史研究』三和書房、一九六七年）、二八三頁。
(59) 注(55)橋本雅邦、一八八九年、一七頁。
(60) 蔵原惟人「崋山青年期の師友」（『蔵原惟人評論集　第三巻　芸術論Ⅲ』新日本出版社、一九六七年）、二九頁。
(61) 注(23)佐藤昌介、一九八六年、一〇九―一一九頁。佐藤昌介「渡辺崋山の生涯と思想」（菅沼貞三監修・常葉美術館編『定本渡辺崋山　第Ⅲ巻』郷土出版社、一九九一年）、二二頁。
(62) 源了圓『徳川合理思想の系譜』（中央公論社、一九七二年）、一六一頁。
(63) 注(23)佐藤昌介、一九八六年。
(64) 「外国事情書」（注(50)『日本思想大系　五五』）、二四頁。
(65) 注(50)『日本思想大系　五五』、四七・六〇頁。
(66) 注(50)『日本思想大系　五五』、六九頁。
(67) 注(50)『日本思想大系　五五』、六二―六三頁、猪口邦子『現代政治学叢書17　戦争と平和』（東京大学出版会、一九八九年）、三四―三九頁。
(68) 注(10)『渡辺崋山集　四』、一五頁。
(69) 朝尾直弘「鎖国制の成立」（『講座日本史4』東京大学出版会、一九七〇年、のち『朝尾直弘著作集　第三巻』岩波書店、二〇〇四年）、三〇九―三二〇頁。
(70) 高木昭作『日本近世国家史の研究』（岩波書店、一九九〇年）はしがき、第Ⅰ章。
(71) 朝尾直弘「16世紀後半の日本」（『岩波講座日本通史11　近世1』岩波書店、一九九三年、のち『朝尾直弘著作集　第八巻』岩波書店、二〇〇四年）、二三八頁。
(72) 注(10)『渡辺崋山集　三』、二五九頁。
(73) 注(23)佐藤昌介、一九八六年、一四三―一五六頁。

(74) 注(22)石井紫郎、一九八六年、一八三頁。
(75) 注(62)源了圓、一九七二年、一八二頁。
(76) 「渡海願書」(田原町博物館蔵)、天保八年一二月二五日付鈴木弥太郎・川澄又次郎宛書状として、注(10)『渡辺崋山集六』二三四―二三五頁に影印収録。
(77) 小関三英は兄に宛てて、「蘭学致し候」医者か和蘭通辞ならともかく「蘭学の儒者」では糊口はなりたたないと述べている(天保五年(一八三四)九月一〇日、小関仁一郎宛小関三英書状(山川章太郎「小関三英とその書翰(九)」『中外医事新報』第一二六七号、一九三九年(複製版)『日本医史学雑誌　昭和十四年』思文閣出版、一九七九年、二〇一頁))。
(78) 天保九年七月七日付書状(注(10)『渡辺崋山集　六』、二五一―二五二頁)。
(79) 塚田孝『身分制社会と市民社会――近世日本の社会と法』(柏書房、一九九二年)、九頁。
(80) 三宅正彦「幕藩主従制の思想的原理――公私分離の発展」(『日本史研究』一二七号、一九七二年)、二八頁。
(81) 注(56)ハーバーマス、一九九四年、三一頁。
(82) 注(28)吉沢忠、一九五六年。
崋山研究についての網羅的な文献目録は、注(23)佐藤昌介、一九八六年、『洋学関係研究文献要覧』(日蘭学会、一九八四年)、菅沼貞三監修・常葉美術館編『定本渡辺崋山　第Ⅲ巻』(郷土出版社、一九九一年)、小沢耕一・芳賀登監修『渡辺崋山集』(日本図書センター、一九九九年)、別所興一訳注『渡辺崋山書簡集』(平凡社、二〇一六年)に掲載されている。

(補注1) ドナルド・キーン、角地幸男訳『渡辺崋山』(新潮社、二〇〇七年)は、日欧の研究文献・刊行史料を消化し、数多くの作画に丁寧に言及しながら崋山の生涯を追い、その生きた時代についても活写した優れた評伝といえる。惜しまれるのは、ひとつは、画業の評価の中で、成瀬不二雄「肖像画家としての渡辺崋山」(『大和文華』九六、一九九六年、注(37)参照)の評価に言及することなく、崋山の作画と西洋理解の関係を考察していること、そして、将軍からみると陪臣の立場にあったことが崋山の外国への関心と矛盾を生じさせていた一因であったことを暗示しながらも、近世を「士農工商」というステレオタイプ化された身分社会として理解し(二〇二頁)、近年の身分制研究の成果について組み込んでいない点(「士農工商」という表現は江戸時代の実態に即して作られた概念ではなく、中国古典に出典をもつ(朝尾直弘「近世の身分とその変容」『日本の近世　第七巻』中央公論社、一九九二年)である。キーンは、近代に入って、明治日本の先駆者・「忠義と孝行の完璧な模範」・天皇尊奉者として崋山が位置付けられていく過程についても言及し、「しかし、崋山が将来の世代を惹きつけるとしたら、それは何よりも一箇の人間―貧窮と迫害に屈することなく画業に邁進し、忘れがたい肖像画の傑作群を残した人物としてではなかろうか」（二九八頁）と結んでいる。この書は、近代以降の日本における崋山像をも相対化していく貴重な示唆を与えてくれる。

（補注2）　横山伊徳は、『日本近世の歴史5　開国前夜の世界』（吉川弘文館、二〇一三年、二七六―二九四頁）で、崋山らを弾圧した天保期の幕閣について、対外関係の危機に対する人々が独自の動きを見せ始めるその動きの弱点を鋭敏にとらえ、巧みに競わせながら旧来通りの権力の保持を図っていたととらえ直している。崋山が被った蛮社の獄とは、オランダによってもたらされた国際情勢が国内政治を左右するという、日蘭関係の政治化を示すものだとの理解を示した。

（補注3）　崋山がしばしば言及した「画工」という表現については、門脇むつみは、狩野探幽が同時代の知識人から「画工」と呼ばれたことに触れ、文化人・画家としての評価を得ていた探幽についての呼称であるからには、「画工とは画のプロフェッショナルを指す敬称的ニュアンスを含む表現とみなしてよいのではなかろうか」と理解している（『寛永文化の肖像画』勉誠出版、二〇〇二年、九四頁）。

（補注4）　本章冒頭で言及した将軍家などの御用絵師については、武田庸二郎・江口恒明・鎌田純子共編『近世御用絵師の史的研究――幕藩制社会における絵師の身分と序列』（思文閣出版、二〇〇八年）が出版され、朝廷・幕府・藩の御用などに携わる絵師の具体像と身分的特質が明らかにされた。同書に収録された尾本師子「江戸幕府御絵師の身分と格式」（二九頁）および江口恒明「近世後期における幕府御絵師の名順と身分編成」（六一頁）によれば、将軍家の「御絵御用」を務める絵師には独自の格付はなく、番方の役職や医師や坊主の役職が参考にされた。絵師の僧位も幕府が朝廷に推叙したが、徳川家臣団の礼席・名順とは次元を異にしていた。僧位を持つ絵師は医師の列で拝礼し、持たない場合は職人の列で拝礼した。絵師には医師の僧位より一段下の僧位が与えられた。なお、同書は、個性や独創性をもって近世の絵師をとらえる従来の研究視角を批判し、当時の支配・社会・身分の構造の中でとらえなおすことをめざしている（武田庸二郎「本論集の視覚」、八―一〇頁）。

（補注5）　崋山『芸妓図』については、天保九年当時の崋山が、男が作った絵画を男に贈るという男性間のイメージ交換ルールに従いながらも、見世物としての女ではなく、女と崋山自身の〈私〉を、〈公〉に背きつつ同時に〈公〉に未練を残しながらも、描き切っていると位置付けた、佐藤康宏「雨後の菡萏――渡辺崋山筆『芸妓図』を読む」（『美術史論叢』一三号、一九九七年、七九、八三―八六頁、同「図版五　渡邉崋山　芸妓図」『國華』第一四三二号、二〇一五年、四一―四三頁）を、本章の原論文刊行時には参照しえていなかったが、崋山における公と私の問題を、一つの作品に即して見事にとらえた論考だといえる。

# 第七章　開成所会議と二院制議会
## ――慶応四年初頭、江戸の政治空間

### はじめに

鳥羽伏見の戦いに敗退した徳川慶喜が江戸城に帰還した翌日、すなわち慶応四年正月一三日、開成所は会議の招集を諸方に廻達し、開成所頭取・教授以下と、御三家以下三六藩のメンバーの会議を開催した（以下、開成所会議と記述する）。また、二月徳川家のもとに公議所が開設された（以下、本書で「公議所」と記す場合、同年（明治元）一二月開設の明治政府の公議所とは別の、この徳川家のもとに置かれた公議所を指している）。本章では、この開成所会議と公議所について、第一に、開成所会議は当時の政治社会のなかで前例のない会議形態であったこと、第二に公議所とは実は緩やかな二院制議会の構想のもとに設立された下院に相当する会議体であったこと、第三に、この二院制議会は開成所メンバーの構想に基づき、開成所会議の経験をふまえて設立されたこと、第四に、この時期の徳川家新体制と二院制議会とは連動したものとして構想されており、公議に基づく政体の実現を目指していたことを明らかにする。本章では、この政体設立についての開成メンバーの主導性に着目して、この政体を「開成所公議政体」とよぶ。

## 1　開成所会議・公議所についての研究史

開成所会議・公議所については、憲政史研究と幕末政治史研究においてそれぞれの問題関心から言及されてきた。憲政史研究においては、公議所は、日本における議会制度の嚆矢を飾るものとして高く評価されてきた。尾佐竹猛は議会制度の実施運用はされなかったが「我国最初の施設」として特筆すべきと位置づけ[①]、稲田正次もこの会議に掲げられた「公議規則」について、公の近代的会議規則の日本最初のものと位置づけている[②]。また、大久保利謙も「議会施設の先駆として特筆すべき」と評価した[③]。

一方、幕末政治史のなかでは、開成所会議・公議所の問題は、いわゆる公議政体論との関係、また、徳川慶喜が戊辰戦争に敗退して江戸に退去した段階の徳川家の性格をどう考えるかという点と関わって取り上げられてきた。公議政体論について、原口清は、幕府の廃止を前提とし、諸侯会議を国家意志決定の最高機関とする権力形態の構想であり、封建的個別領有権の維持を前提とし支配階級の内部矛盾を「封建民主主義」によって調整克服し支配体制の再編・存続をはかるものであったと理解している[⑤]。原口自身は、公議所は、徳川慶喜による大政奉還─公議政体樹立の線上にあり、慶喜は自己の公議政体論を放棄してはいなかったとの理解を示した[⑥]。これに対して、亀掛川博正は、公議所は、旧幕府の分解を統合し分散化する権力の集中をはかり人材登用をめざすもので、公議政体論とは無関係であると批判している。亀掛川自身は、江戸を根拠地とした「江戸徳川藩」構想の存在を主張し、そのなかに公議所を置いて理解している[⑦]。これらに対して高橋実は、徳川家が個別権力としての徳川絶対主義をめざす「関東徳川藩」構想の一環として、徳川家の私的権力基盤としての関東の支配強化を模索する動きのなかに、開成所会議・公議所を置き、開成所会議・公議所双方にかかわった阿部潜（邦之助）に注目した[⑧]。

両分野を通してこれまでの研究史が抱える最大の問題点は、原口清・亀掛川博正らの一九七〇年代の研究をはじめとして、実証レベルでの誤りが正されることなく、そのうえにたって今日まで論じられてきたことである。これまでの研究は、『復古記』や雑誌『旧幕府』に掲載された回顧談といった活字史料を主たる検討対象としており、原史料の性格を必ずしも正確に把握せず、誤った史料解釈を行っている。また、近世政治慣習・手法、政治空間に対して理解が不足しており、この点も史料解釈の誤りを誘発してきたと思われる。誤りのなかでも最大の問題点といえるのは、慶応四年正月に徳川家に置かれたふたつの会議をひとつのもの（公議所）と誤認してきたことである。次に『復古記』史料掲載方法に規定され、開成所会議の位置づけがあいまいなまま放置され、しかもそのことが研究史上自覚化されてこなかった。このことはまた、両会議の関係をとらえにくくしてきた。そのため近年の「公議」「公論」研究のなかでも、両会議は、漠然と徳川政権「公論」の制度として言及されるにとどまっている[9][10]。

このため、本章では、同時代史料の検討から史料解釈の誤謬を正していく。次項においてまず、『復古記』における開成所会議・公議所についての記事を洗いなおす[11]。そのほかの個々の史料の再解釈については、それぞれの記述のなかで述べていきたい。そのうえで、公議所は開成所の洋学者たちの主導なくしては成立しえなかったものであり、その直前に開催された開成所会議の経験を前提としていたことを指摘する。

また、本章では、開成所会議、公議所およびそれを含む政体がどのような発想のもとに構想されたかについて、開成所教授職から目付となってこの政体構築の中心となった加藤弘蔵（弘之）・津田真一郎（真道）・西周がそれぞれこの時点までに執筆していた政体構想『隣草』『日本国総制度　関東領制度』『議題草案』を参照しながらその特質を探る。

## 2　『復古記』掲載上の問題点と研究史上の錯誤

開成所会議・公議所の基本史料とされてきたのは、『復古記』に収録された『武内孫助筆記』である。これまでの研究において、国立公文書館に所蔵されている『武内孫助筆記』（一六六―一二一）原本が検討されることはなかった。

しかし、原本に立ち戻って検討すると『復古記』収載方法の特質とそれによる先行研究の誤読の問題が浮かび上がってくる。

結論を先取りして述べると、『武内孫助筆記』とは、実は、開成所会議の当事者のひとりであった武内孫助が、『復古記』編纂のための修史局沢渡広孝の問い合わせに応じてまとめたものであった。その内容は、①武内が某（資料提供者は明らかにされていない）から入手した書類を書写したものや、②武内自身がこの時点での記憶をまとめた文章を、③武内の送り状とともに綴じ込んだものである。沢渡が入手した時期は武内存命中の明治一一年（一八七八）以前と考えられる。

『武内孫助筆記』の内容は、以下の三つの部分に分けられる。各部分は、綴じ込まれた三通の書状に対応している。

(1)　大政奉還後の、慶応三年一〇月柳之間会議、同一一月紀州家会議、近藤勇関係

(2)　慶応四年正月　開成所会議、公議所関係

(3)　慶応四年五月　彰義隊鎮撫関係

このうち(2)が開成所会議・公議所関係であり、この部分を史料1として本章末尾に引用した。なお、史料1の傍線部分は、『復古記』巻二三・二七（東京帝国大学蔵版、内外書籍、一九三〇年。いずれも沢渡広孝は『復古記』「校録」担当として記載されている）に収録されていない部分を示すため、杉本が施したものである。また［　］内に、内容の概要を付記し、便宜（ア）〜（ソ）に区分した。『復古記』編纂では、これらの文書の必要部分のみを「割裂」して収録している（史料2。アルファベットは杉本による）。文章も改変している。また③の武内から沢渡に出した書状（史料1（ア））については触れておらず、①②の性格の違いは、収録記事からはうかがうことが困難となっている。

公議所についての、『復古記』収録時の問題点は以下のふたつである。この点を、史料1と史料2とを比較しながら、ここで要点のみ整理しておこう（詳しくは、本章第一節3で分析する）。まず、もとの武内筆記には書かれていた開

成所から招集をうけた大名側が困惑した史料（史料1［1］の（イ）（ウ））は『復古記』には掲載されず、開成所会議が、当時の政治社会にあっても異例の会議であった事実が研究史上認識されてこなかった。すなわち、既存の政治社会に明確な位置づけを持っていなかった開成所――史料1（エ）が語るように、開成所は招集状にわざわざ小川町にあると書かなければならないような存在だった――が、なぜ、諸家をはじめとする大規模な政治的会議を招集しえたのかという本質的な問いは、これまでの研究史では問われることはなかった。次に、前述したように、公議所についてのこれまでの全ての研究は、当時存在したふたつの会議体をひとつのものと混同してきた。実は、徳川家では、このとき、公議所だけでなく、江戸城西丸大広間での会議（以下「大広間会議」と呼ぶ）という、ふたつの会議を開設していた。一種の下院である公議所と、上院に相当する大広間会議からなる、緩やかな二院制議会が構想されていたのである。これまでの研究史上の誤った理解の大きな要因は、『復古記』収載の配列にある（史料2）。『復古記』では、本来の本紙・別紙関係に配慮した配列がなされておらず、また、公議所と大広間会議の記事が混在したかたちで収載されている⑿。

ここで、開成所会議・公議所・大広間会議の区別を明確にするために、これら三つの会議の場所を、江戸図上で示しておこう（図1）。この図では、①開成所会議の開催された開成所、②大広間会議の開催された江戸城西丸、③公議所の開催された評定所・伝奏屋敷の所在を示した。先行研究のいくつかは、評定所に大広間があると誤解してきたが、江戸城西丸大広間は、東京大学史料編纂所蔵・島津家文書八二―六―二「西丸惣絵図」にもみられるように上段・下段・二間・三間・四間の五室続きの大空間であり、当時の「城内⒀」最大の儀礼ホールであった。

### 3　開成所とは

開成所会議・公議所の検討にあたっては、その開催・設立に重要な役割を演じた幕府開成所についての、一九八〇

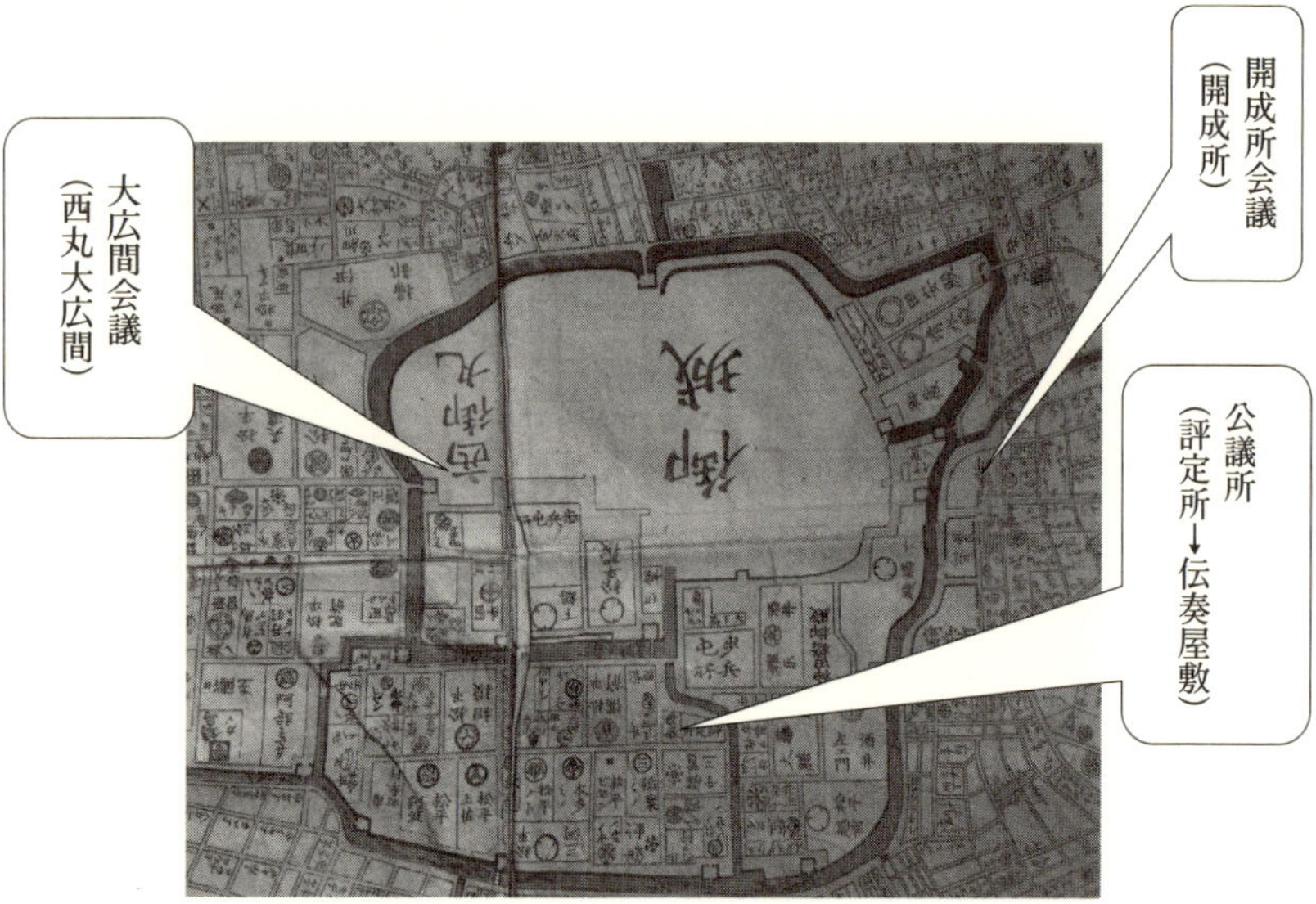


**図1**　開成所会議・公議所・大広間会議の開催場所

注）『分間懐宝御江戸絵図』須原屋茂兵衛，慶応三年版（東京大学史料編纂所 1047.36-30）に，加筆.

年代以降に進展した研究成果をふまえる必要がある。開成所については、大久保利謙らの大学史・教育史に主眼を置いた研究の流れがあり、倉沢剛の『幕末教育史の研究』（吉川弘文館、一九八三年）は関係史料を広汎に収録した。また原平三の市川兼恭研究を中軸とした基礎的研究[14]や、倉沢も依拠した『東京大学百年史』編纂のなかから（一九八七年完成）、宮崎ふみ子によって、幕政組織のなかでの開成所の特徴的なありかたが格段に明らかになり、開成所の多面的性格を歴史研究のなかでとらえなおす基礎が築かれた。宮地正人も指摘するように[15]、幕末史・外交史における開成所の重要な機能をとらえなおす条件が揃ったといえる[16]。

開成所は、一八五五年洋学所、一八五六年蕃書調所、一八六二年洋書調所、一八六三年開成所とめまぐるしく名称変更してきた（総称する場合は便宜上「開成所」と記述する）。宮崎も指摘するように、幕末には、「中央」洋学機関として、規模・分野の多様さ・水準の高さ・教育体制整備のうえで他の機関の追随を許さない存在となっていた。特に開港以降外交に欠くべからざる機能（安政五カ国条約では、調印日より五カ年以降は相手国言語での交渉が義務づけられる）を果たした。また、官版出版、出版検閲のうえでも、他の専門機関（昌平坂学問所、医学所など）とならんで重要な役割を果たした（本書第六章）。

その一方で、開成所の初期の教官はほとんど陪臣（諸大名の家臣）であり、彼らの多くは直参に取り上げられたが原則一代限り（「其身一代召出《めしだし》」）とされた。慶応二年（一八六六）に至っても、上位の職ほど陪臣・旧陪臣の割合が高いという、幕政内組織としては異例の性格をもっていた[17]。一方で直参出身者の教授方も、直参当主以外の者すなわち、従来幕府役職登用の対象外であった「厄介」と呼ばれる層が多く、文久元年（一八六一）には「厄介」が直参出身者のうちの七七パーセントを占めていたと言われている[18]。

開成所が徳川政権下では明確な位置づけを与えられていなかったことは、その運営が、開成所頭取とともに、奉行・奉行並が兼務として立合あるいは開成所御用に携わるというかたちで行われ、その担当奉行はめまぐるしく変転していることにも示されている[19]。開成所に独自の奉行（開成所総奉行・開成所奉行）が置かれるのは、江戸城が維新政府に接収されたのちの慶応四年（一八六八）閏四月の徳川家職制改革においてであり、開成所総奉行は陸軍副総裁の次席、開成所奉行は外国奉行の次席とされた。

なお、本テーマに関わる主な開成所メンバーの、幕末までの略歴は、表1の通りである。彼らは、一八三〇年前後に出生し、一八六〇年前後に蕃書調所に入った者が多い。多くは、洋学を学ぶために一旦脱藩するなどの経験を持ち、諸家家中あるいはそれに連なる身分として「出役」のかたちで蕃書調所に入り、後、一代限りの幕臣として教授職・同職並に任用された。なお、開成所では、慶応二年当時で語学に関わる教官としては、教授職（直参御目見え以上、本役）、教授職並（同上）、教授手伝（藩からの出役）、教授手伝並（同じく出役）があり、その下に正式の教授方ではない句読教授が置かれていた。科学技術系の教官は、語学の教授手伝以下に位置づけられ、語学に比べ低い位置づけだった[20]。慶応三年末、校長に当たる頭取の下で、教授職以下教官総数は六〇名を超えたと思われる[21]。

**表1**　主な開成所メンバー略歴

| | | |
|---|---|---|
| 柳河春三 | 天保3年（1832）2月25日，栗本武兵衛の子として名古屋大和町（現，名古屋市中区）に出生 | 安政4年（1857）紀州藩（大廊下）付家老水野忠央の知遇を得，翌年同藩に仕え寄合医師として蘭学所に勤務．慶応2年（1866）蕃書調所教授手伝出役（「紀州殿医師」の肩書）から開成所教授職並，慶応3年，其身一代召出，教授職に昇任． |
| 津田真道 | 文政12（1829）津山藩（大廊下）料理番の家に出生 | 嘉永3年（1850，22歳）から江戸遊学，嘉永6年一時父より永代勘当・藩籍離脱，同年より安政2年（1853-55，25-27歳）大久保忠寛・勝海舟宅に寄宿，安政3年勝海舟に入塾．安政4年（1857，29歳）蕃書調所教授手伝並出役（「松平三河守（慶倫，津山藩主）家来」の肩書），文久2-慶応元年（1862-65，34-37歳）オランダ留学．慶応2年開成所教授職，其身一代召出となる． |
| 西周 | 文政12（1829）津和野藩（柳之間）亀井家に医をもって仕える西家に出生 | 安政元年（1854，26歳）脱藩．安政4年（1857）「堀田相模守（正篤，佐倉藩主）家来佐波銀次郎厄介」肩書で蕃書調所教授手伝並となる．文久2-慶応元年（1862-65,34-37歳）オランダ留学（留学に蕃書調所大久保忠寛が尽力）．慶応2年開成所教授職，其身一代召出となる．慶応3年（1867，39歳）5月19日大坂にて慶喜の奥詰並，同12月28日奥右筆所詰，慶応4年正月朔日目付となる． |
| 加藤弘之 | 天保7年（1836）出石藩（柳之間）藩士の家に出生 | 万延元年（1860），師大木仲益（のち坪井為春と改名）の推薦で蕃書調所教授手伝となる．元治元年（1864）開成所教授職並任命． |
| 神田孝平 | 天保元年（1830），旗本竹中氏の臣の子として出生 | 文久2年（1862）蕃書調所教授出役，元治元年寄宿寮頭取出役（肩書は「堀田摂津守（正頌・佐野藩主・帝鑑間）家来」）．慶応2年（1866），教授職並． |

注）以上，『開成所伺等留　四』，『同　五』，大久保利謙編『津田真道　研究と伝記』みすず書房，1997年，大久保利謙編『西周全集』宗高書房，1960年，熊井保編『江戸幕臣人名事典』新人物往来社，1997年．

以下、第一節では、開成所会議について検討する。以上述べたような当時の政治社会のなかで周縁的性格をもった開成所が会議を招集することがなぜ可能だったのか。開成所会議の検討は、まずこの本質的な点を問いなおすことから始めなくてはならない。第二節では、公議所について検討する。前述したように、従来の公議所についての理解は根本的に訂正される必要がある。このとき設置された大広間会議と公議所は、開成所会議の経験をふまえたうえで、ゆるやかな二院制をかたちづくっていた。そしてこの二院制議会は、徳川家家政改革と有機的に結びつけられて構想されていた。

## 第一節　開成所会議

### 1　「非公式会議」叢生の時代と開成所会議

徳川政権下では、留守居組合など大名家側

の自主的な会議・紐帯であるとともに政治社会で了解された準公式会議[22]が機能していた。しかし、徳川慶喜の大政奉還から王政復古クーデタを経て戊辰戦争という旧来の日本の政治秩序が最終的に瓦解し内乱に突入していく時期には、既存の政治社会の秩序や慣行への順応という目的からは逸脱した会議が、日本各地――政治動向の焦点である京都・江戸・長崎・新潟など――で、主に諸大名家中あるいは諸侯自身により、藩邸や料亭などで開催された（表2）。表2には、「公議」「公論」を明示的には標榜していないものも含んでいる[23]。こうした会議の先駆的形態としては、徳川家定の継嗣をめぐるいわゆる「南紀派」「一橋派」の政争――井上勲はここに派閥の形成をみた[24]――の過程における、安政五年（一八五八）七月頃の水戸徳川家小石川邸における集会[25]などを挙げることができる。幕府は、このような現象に対し、大目付・目付に小石川邸の見回りを命じたが、口実を設けて実行されず立ち消えとなった。田安家小普請奉行松永半六は、こうした事態を将軍の威光に関わることと問題視している[26]。本章ではこの新しい政治的会議を、政治社会の慣行からは逸脱しているという意味で、個々の幕府役職者の承認を得ているものも含めて「非公式会議」と仮称する[27]。

開成所会議はこうした新しい政治的会議のひとつであり、しかもそのなかでも、開催場所、開催主体、招集対象の範囲の広さにおいて、他に例をみない特異な会議であった。まず各会議のなかでは、御三家を含む大規模なものであった。このとき参集したメンバーのうち諸家家臣は御三家以下以外、徳川家に詰め奉公をする、いわゆる「詰」大名（溜之間・雁之間・菊之間詰）のみならず、「表」大名（大広間・帝鑑間・柳之間席）までも含んでいた[28]（後掲表3）。維新政府側もこの会議開催の情報をキャッチし、「十五日、開成所ヲ局トシテ、関東市民ニ令ヲ下シ、急務筋之見込聞候ニ付、建白之徒、市ヲ成シ候」とその様子を記述している[29]。次に、他の会議の開催主体・場が藩を母体にしていたのに対し、開成所が主体となり「会議一同」から身分の貴賤にかかわらない「尽忠有志諸君」に向け呼びかけられた。後述するようにこの異例の開催の呼びかけを受けた藩側は困惑を示していた。

**表 2**　大政奉還―戊辰戦争の主な「非公式会議」

| 時期 | 名称（場所） | 主導 | 参加者・経緯など（典拠） | 議題 |
|---|---|---|---|---|
| 大政奉還 | 円山会議（京都丸山） | 紀州・熊本・藤堂あたり | 慶応3年10月23日　国主・譜代10万石以上20数藩出会，会主は紀州・熊本・藤堂の辺り．（伝聞記事，「会津藩文書」『史籍雑纂』第五，国書刊行会，1912年，365頁）．※円山では，12月26日も諸藩会合あり | 10月22日朝廷から出された指示に対して，「外国の儀」は二-三藩に命じるのではなく，衆議を尽くすようにと相談し伝奏・議奏に趣意伺ったが，伝奏・議奏は「大御当惑」の由． |
| | 赤坂会議（紀州藩江戸藩邸） | 紀州藩江戸藩邸「交際方」 | 慶応3年11月3日　江戸赤坂紀州藩邸に，御三家・親藩・溜席・帝鑑席，4日，雁・菊席集会，5日回答書を持ち寄って二度目の会合．11月29日，老中板倉勝静から，上書は（慶喜の）本意に逆らうものとの回答付札あり，上京拒否運動も挫折（右欄・鈴木，2010年）．※新聞会（慶応3初頭より，武内孫助主導） | 議論の中心は，将軍に大政奉還を撤回させること．（鈴木壽子『幕末譜代藩の政治行動』同成社，2010年）という説があるが，本会議の目的が，王政復古否定かどうかについては，なお議論がある． |
| | 新潟会議（新潟町） | 会津藩等 | 大政奉還に先行したものだが，慶応3年9月，会津藩等のよびかけで，開港予定の新潟港を擁する新潟町の料亭で越後諸藩が会議を開催 | 今後毎年5月に会議を開催すること，浮浪の徒の取締，各藩が探索した情報の共有を記した「条約書」を交わした． |
| 王政復古 | 二条城会議 | 熊本藩溝口貞直 | 慶応3年12月12日　熊本藩溝口貞直（孤雲）は，四品以上の諸家に廻状を廻し，二条城に各重役を招集．岩倉・松平慶永の支持もあらかじめ取り付けていた．二条城は慶喜等下坂のため通路もないという騒然とした状況だったが，留守居の采配で大広間での会議が実現した．諸家重役名連名の建白書を王政復古政府の議定に提出した．参集したのは，加州・阿州・筑前・仙台・因州・津・米沢・久留米・南部・佐竹・備前・柳川・津軽・丹羽（二本松）・肥前・対州・溝口（越後新発田）（細川家編纂所編『肥後藩国事史料第七巻』，1931-1932年）．※貞直は藩主代として上京．慶応3年12月14日，王政復古政府の参与就任（『新熊本市史通史編　第5巻』2001年） | 御所内外の「戎服」警固を廃止し，摂政以下の取扱も公平正大衆議の所帰をもって施行すべきと訴えた |
| 戊辰戦争 | 長崎会議（旧長崎奉行所） | 土佐藩士・海援隊士 | 慶応4年正月15日-2月15日　土佐藩士・海援隊士が旧長崎奉行所を占拠し，在長崎藩士（土佐藩，薩摩藩，大村藩，広島藩，宇和島藩）と地役人との合議制を立ち上げた．この会議は，従来の聞役組合の延長線上にあると考えられている．『会議所日記』（長崎歴史文化博物館蔵）によると，参加藩は，福岡藩・土佐藩・熊本藩・対馬藩・広島藩・佐賀藩・島原藩・宇和島藩・越前藩・大村藩・五島藩・唐津藩・薩摩藩．1月21日，萩藩，小倉藩，加賀藩，柳川藩も加えた藩代表者が「誓書」（長崎歴史文化博物館蔵）を | 長崎，日田・天草天領の支配，九州全域の統括をめざす．2月14日九州鎮撫総督・長崎裁判所総督沢宣嘉が，長崎赴任，諸藩会議を諮問機関として認める意向を示す（『新長崎市史　第二巻近世編』長崎市，2012年）． |

| | | | | |
|---|---|---|---|---|
| | | | 作成し結束を図る．(『新長崎市史　第二巻近世編』) | |
| | 小石川会議（水戸藩邸） | 水戸藩小石川邸 | 正月18日，水戸藩小石川邸に26家の重役が参集した．これは小石川屋形から出された，「内府君を以大逆無道之地に陥り候次第（中略）御名分粲然相立候」について相談の呼びかけに答えたものであった．その後も水戸家に諸侯自身が相談に来訪しており，21日も諏訪忠誠（高島藩主，元老中）・酒井忠毗（前敦賀藩主・元若年寄）・間部詮勝（松堂，元鯖江藩主，元老中）らが来訪していたとの記事がみえる（『藤岡屋日記』410）． | 慶喜追討令などへの対応（※正月18日，笠間藩（雁間）牧野貞邦家来から徳川家に，京都参与役所に用達が呼ばれ慶喜追討の書付が渡されたことを書付写とともに届けている．『藤岡屋日記』411） |
| 戊辰戦争 | 酒屋会議（会津藩陣屋） | 会津藩 | 2月2日，新潟町の防衛のため，会津藩は，同藩陣屋のある酒屋村に長岡・高田・新発田・村松・与板・桑名藩の代表を招集した．新潟港の運上を費用として新潟町や周囲の幕領を防衛し，外国貿易の方針は諸藩合同で決定し実務は新潟奉行所が行うことを，新潟奉行所に提案することを申し合わせた．その後，新潟奉行所は，奥羽越列藩同盟の一員米沢藩に新潟町の管理を依頼し，6月から米沢・仙台・会津・庄内藩による新潟会議所が新潟港を共同管理し，新潟港は奥羽越同盟軍が武器などを購入する基地となった（新潟市史編さん近代史部会『新潟市史通史編3　近代（上）』新潟市，1996年） | 新潟港運営・幕領管理 |
| | 「越前国諸侯連合構想」 | 越前藩 | 大政奉還後から，諸藩が越前藩を中心に地域連合の動きをみせる．慶応4年3月には，松平春嶽は，大野・丸岡・勝山・鯖江などが盟約を立て，越前一国のことは諸侯が相談して決めるなどの構想を持っていた（高木不二『横井小楠と松平春嶽』吉川弘文館，2005年） | |

## 2　開成所会議の特質

開成所会議の経緯について史料批判をしながら詳しく洗いなおしていく前に、本章の趣旨を理解しやすくするため、あらかじめその特質をまとめておきたい。

### ①　会議開催主体と徳川家との関係

まず、従来の研究史では必ずしも明確ではなかった、開成所会議と徳川家の関係について述べておこう。会議の開催は開成所から徳川家側に届けられてはいたが、以下述べていくように会議を主導したのはあくまで開成所メンバーであり、特に教授職柳河春三と紀州藩上屋敷武内孫助とのラインが開催に大きな意味を持っていたと考えられる。主導層としては、柳河の他に、開成所教授職津田真一郎・同教授職並神田孝平・同加藤弘蔵を挙げることができる。開成所会議は、衆議の結果を徳川家「政府」に呈上し、また「政府」よりの下問を想定していた。

② 会議の仕法

開成所会議は、会議ルールを定めたうえで開催されたところに、その大きな意義がある。『会議之記』によれば、神田孝平「会議法則」(史料6)の他、加藤弘蔵「会議法之愚按」(史料7)、無記名「会議之要領」がこの会議のために用意された。

まず、会議中の口頭発言を保証するルールが定められ、有効な議論展開のための周到な提案が行われていたことに注目すべきであろう。参加者に配られた神田「会議法則」は、「会議の法、動《やや》もすれば諸説区々に分れ、紛乱を生し易し故に、予め法則を立つる」として、会中に、一ヵ月間の演説方一人を立てることを定めている。各人存意は演説方に口上または書面で提出し、演説方はそれを理解のうえ「高声」で読み上げて衆中に聞かせる。異説がある者は、演説方を介して議論すべしとしていた。明治政府の公議所に対しては在野の立場を貫いた福沢諭吉について、自発的結社や国民的規模での討論の複合体の一部としての議事院という、議会制についての深い理解を有していたとの指摘がなされている[30]が、慶応四年段階の開成所会議の模索は、こうした意味での福沢的発想の萌芽を十分含んでいたといわなくてはならない。加藤案も同様にルールについて言及しており、第二節で述べるように、開成所公議政体における「公議規則書」に影響を与えていた。

神田「会議法則」(史料6の一〇条・一一条)では、議決した内容は出席者の姓名を記した一紙にしたため、政府に提出してその裁断をうけ、政府よりの「下問」も受けるとしていた。すでに述べてきたように、開成所会議は、徳川家「政府」の諮問組織として自己を位置づけていた。

また無記名「会議之要領」は、「兵備を整へ、軍機を決する」ことを急務とし、「賊徒の間諜」が潜入することに注意を喚起しつつ、「一　幕士は幕府の兵勢を議し、藩士は諸藩の兵勢を議すへし、是各其知る処を挙て論断するか為なり、敢て彼我の分を立るにあらす、」「一　会議の席上、官・藩を別つことなく、尊卑礼譲、凡て従前の定則に泥む事なく、諸事同等の心得を以て応酬接待すへし」としている。この藩とは、参集諸家からみて、特定の殿席大名のみを想定していたものではない。この「会議之要領」は、旧幕府・藩という垣根を超えた議論を提案していた（『会議之記』四三六頁）。

③　情報蓄積と公開への志向

そして、開成所会議は、単なる議論の場の創出ではなかった。当初は毎日会合を開く事が想定され、神田孝平の「会議法則」（史料6）では「新聞あらは、必ず会中に吹聴すへし、会中之か為に新聞帳を設け尽く記録し、会中各人の観覧に便にすへし」（一二条）として、情報集約・共有の場を創出することを目ざしていた。開成所メンバーは、すでに文久二年（一八六二）から始まる外字新聞翻訳、幕閣への情報提供の任務とともに、独自の情報蓄積・公開の動きを見せ始めていた。慶応元年（一八六五）から翻訳筆写新聞「中外新聞」「中外新聞外篇」を作成し始めると、翻訳統括の柳河春三は会費制閲覧組織である会訳社を設立した。この情報は、諸藩の江戸留守居にとっても必須のものとなっていった。また慶応元年から『新聞薈叢』を編纂（会訳社外への貸出禁止。謄写可。記事の大部分は柳河筆）し、また新しい知識を翻訳・紹介する『西洋雑誌』発行も開始した[31]。開成所会議は、こうした開かれた情報の流れを創り出す志向に裏打ちされた新しい「会中」的発想に立っていた。

### 3　会議の経過

開成所会議の経過については、近年の奈良勝司の成果[32]も含めてこれまでの研究は、「黙斎随筆」（『旧幕府』掲載）の記述に依拠し、「一五日、関口隆吉が開成所を訪れ会議停止を要請し、また隆吉の前橋藩への上申により、一六日会議停止命令が出た」と理解してきた。しかし、開成所宛て諸建白には一七日以後のものもあり、矛盾が指摘されていた。[33]本章では、関口隆吉の子孫が『旧幕府』の読者に向けて隆吉の功績を際だたせるべく潤色したと考えられる「黙斎随筆」ではなく、隆吉手記の原形をとどめていると思われる『関口隆吉伝』(関口隆正著述、何陋軒蔵版、一九三八年)の割注部分[34]を分析対象とする。そして、他の同時代史料とあわせ分析することにより、正月一六日には開成所会議停止命令は出されていなかったこと、隆吉ひとりの行動が会議を停止させたのではなく、彼を超えた複数の動きがからまって事態は推移していたことを明らかにする。

関口隆吉の出自と経歴を述べておこう。隆吉の父隆船は、与力の株を買い幕府持弓与力となった人物であり、隆吉もその職を継いだが文久二年(一八六二)職を辞し家督も譲り、兵学等を講じる生活に入った。慶応元年(一八六五)一二月、市中取締役中条金之助(景昭)の下で数寄屋橋内巡邏にあたることになった。こののち隆吉は、慶応四年二月一一日、新設された町奉行支配組頭(席は外国奉行支配組頭の次)に任じられ、同四月二七日時点では、精鋭隊頭取・町奉行支配組頭兼帯を名乗っている。同閏四月二六日にはこれまた新設された市中取締役頭(席は日光奉行の次)に任じられる等頭角を現した。また維新後は山形県令・山口県令・元老院議官・静岡県知事などを歴任した。[35]隆吉は、開成所会議が開催された慶応四年正月時点では、中条のもとで脱走兵などの逮捕などにあたっていたと思われる。[36]隆吉が開成所会議について報告した前橋藩主松平直克は、正月一〇日、京坂不穏のため関東の府内警衛を命じられ、上申あらば度々登城し斟酌無く述べるよう命じられ、陸軍方・中条らと共に市中巡邏を行っていた。[37]すなわち、隆吉は、このとき市中警戒の一環として開成所の事情を探り、市中巡邏を担当していた松平家に、開成所の状況の報告を行ったのである。

まず、本章で明らかにした慶応四年(一八六八)正月の開成所会議の経過の概略をあらかじめ時系列で整理して提示し、各日の経過について述べていきたい。

一三日　「会議一同」から「有志」に呼びかける招集状を諸家に出す
・開催について、閣老に申し出て聞き届けをうける
一四日　開成所メンバー・月番目付阿部邦之助・諸家家中が出席し、会議開催
・神田孝平「会議法則」を、参加者に渡す
・開催趣旨についての演説を行う
・「国家重大事件」に対する対応を、入札により「出戦」と決議する
・目付から諸向・万石以上・以下・諸藩士・末々まで布告（会議招集状か）
・七時ごろ散会し、有志が柳河宅に会す
・夜、渡部一郎が目付設楽能棟を訪問
一五日　建白者が多数開成所に集まった
・この日、関口隆吉らが来訪し会議停止を要請するが、開成所側は拒否する。隆吉は、前橋藩松平家に開成所会議について報告する
・開成所から前橋藩松平家他あてに会議の招集状を出す（招集状としては初めて「閣老方よりの御達」に言及する。関口への対抗か）。松平家はこれを大廊下・大広間等の諸家に通達する
・佐倉藩依田百川（学海）に、開成所教授方から明日登城して決議の上申を行うとの連絡が入る
一六日　開成所関係者・紀州藩・会津藩・庄内藩が、議決を上申するため、閣老に面会乞うが実現せず、開成所頭取に託す
一七日　老中小笠原長行は、会議決議を慶喜に当面上申しないと判断した可能性あり

① 慶応四年正月一三日　会議招集状と大名家の困惑

一三日の具体的経緯を追う前に、まず、『武内孫助筆記』原本の開成所記事（史料1）について説明しておこう。本章「はじめに」でも簡単に概説したが、まず史料1全体の性格をみてみよう。冒頭の、一二月二一日付け・沢渡広孝宛・武内扶書状では、武内が「書類写」を武内に送り、「筆墨料」を受け取っていたこと、大火によって調査が遅延したこと、手元から失われた史料については「知己の書類等」を探索し写し取って送ったこと等が述べられている。

史料1の［1］［2］は、武内がこの「知己」から書写した史料である。開成所からの招集状に対しどのような対応をすべきか、下総結城藩主水野勝知家中が他家に問い合わせた書類を書写したものである。この問合せをうけた家の関係者が武内に情報を提供したと考えられる。武内は、修史局に写を送付するに当たって、情報提供主がわからないよう、水野勝知家中の書状の宛先を省いている（イ）。

この書状には三種の別紙が付されていた。(1)まず（オ）は、開成所からの招集状である。正月一三日付けで「会議一同」から出された。「国家重大事件」について会議をするので、尽忠有志の諸君は、貴賤にかかわらず、明日一四日、小川町開成所に集まるように、ただし、弁当持参とし、毎朝五半時から八時まで会議を開くことが述べられている。(2)（エ）によると、この招集状（オ）は、同日付けの「別紙の通り、諸藩様方に通達のことを開成所から連絡があったので、国家存亡の危機切迫の時勢なので諸藩有志で議論あるようにとの趣旨なので、ご相談されご出席ありたい旨を申し合わせに及ぶ」との「赤坂交際方」の添状（エ）により、諸藩に送付された[38]。(3)（ウ）からは、本多家では、これを受けて、正月一五日付けで同席の水野家・松平家留守居に内達していることがわかる。(4)そして、前述したように、これらを受け取った水野勝知は「別紙のように紀州交際方から通達があったが、どのように心得るべきか、各家の御内慮を伺いたい」と問合せの書状（イ）を某家宛てに出させている。『武内孫助筆記』には、『復古記』からは省かれた、開成所の要請をうけた大名家の困惑が記載されていたのである。

開成所会議呼びかけの添状を発した「赤坂交際方」は、紀州藩江戸藩邸の役職であり、表2に収録した政治的会議のうち慶応三年一一月の赤坂会議を主導していた。この交際方には、紀州藩用人岡田清右衛門、紀州藩士榊原耿之助・武内孫助もその「経営」に関わっていた(39)。実は、武内孫助は、これに先行して慶応三年年頭から「新聞会」と称する独自のネットワークも主宰していた。同会は少人数でスタートし、毎月一の日に開催された。紀州藩家老斉藤政右衛門も参加している。慶応三年一〇月、紀州藩附家老水野忠幹も親藩・譜代会盟に賛同し、藩主の内命を得て、前述岡田清右衛門も動き出すなど、この動きは紀州藩江戸藩邸を巻き込んでいった。赤坂会議はこれらを前提に成立したのだ(40)。そして、開成所会議を主宰した同教授職柳河春三は、表1に示したように、紀州藩附家老水野忠央に仕えたことがあり、元紀州藩医師であった。武内孫助は春三を「柳河先生」と呼んでいる。赤坂交際方添状による開成所会議の招集状が諸家に廻達された正月一三日の前日の一二日にも、この「新聞会」が開催され、慶喜の帰還が話題となっている(『学海日録』)。

一方柳河は、一三日には、老中稲葉正邦から徳川慶喜の帰還につき内々に諮問を受け、江戸の府内警衛、「山海街道」襲来に備えること、速やかな西征、外国への事情布告にならんで、閣老以下に会うことも「手重」である現状を改革し建言のある者には貴賤を論ぜず面会し場合によっては慶喜に直言できるよう、「言路洞開衆論御採用」のための緊急の制度改革が必要な事を述べた答申を作成した(提出は一四日。『会議之記』四二一—四二三頁)。この一三日、閣老(後述するように、老中小笠原長行と考えられる)に会議開催を上申し、聞き届けられていた(『会議之記』四一四頁)。柳河—武内ラインが、開成所会議を実現させたと考えられる。

② 慶応四年正月一四日　会議の開催と阿部潜ネットワーク

『会議之記』によれば、正月一四日午前、赤坂交際方から招集状をうけとった諸藩士が参集してきた。史料1［2］は、某家家来田辺潤之進が正月一四日に開成所会議に出席したときの様子を、武内が書写したものである。稽古場らしい板の間の床机に着席した一同に「書付」が示された。この「書付」とは『会議之記』によれば、教授職並神田孝平が作成した、2②にも言及した「会議法則」（史料6）であった。また、開成所頭取・同教授以下による、皇国のために徳川氏再興を計るための見込みを銘々から提案してもらい、会議のうえで言上し採用してもらうようにしたいとの演説がなされた（史料1［2］（キ））。しかし、議論は進まず、七ツ半頃「攻か守か」を問う入札をすることになり、田辺は、独断では提案することはできないとの書取を掛に提出して退散した。また土岐家家中も存意なしとの書取を出した。武内によれば入札の結果「出戦」と決議した（史料1［3］（コ）・『学海日録』正月十四日条）。七時頃散会し、その後有志がとどまって柳河春三宅で会合が行われた（『会議之記』四一五頁）。

『会議之記』（四一六―四五四頁）には、この日以降に出された意見が書きとめられている（表3）。『会議之記』では、単に「攻」「守」の表明だけでなく、具体策を提示したものに「有説」と注記している（四二六頁）。表では、「有説」と評価された人物に■、一四日夜の、西丸に赴き言上する（「登営、上言」）という評決に参加した者（四三一頁）に、●を付した。表から明らかなように、「有説」を提示しえたのは、武内以外は、すべて開成所関係者であった。とくに注目すべきは、開成所のなかでも軽輩に位置づけられていた画学局・絵図調局から、外国と提携した具体的な積極策が提示されていることである（表3）。画学局は、条約締結局に公表が予定されていた官板日本図の検討を担うなかで、「御国」（日本）の領域問題と密接に関わっていくなか、幕閣に対し意見を提出するなどの動きをみせていた（本書第六章）。一方、諸藩側からの出席者には具体策を提示しうる人材は少なく、このため議論が進まなかったのではないかと思われる。

『会議之記』（四一四頁）によれば、この日は月番目付の阿部潜（邦之助）も来訪し、目付方（「監察局」）から、「諸向、万石以上以下、陪臣末々迄」、開成所の呼びかけ状が流された。すでに一三日諸藩には「赤坂交際方」から招集状がまわされていたが、この一四日には幕臣・諸藩士・末々まで招集状が流され、一五日には建白者が多数開成所を訪れ

**表 3**　開成所会議における意見表明者一覧

| 所属 | 出身藩など | 名前・出身・役職 | 「会議の記」に記載された意見 | 掲載ページ |
|---|---|---|---|---|
| 開成所 | (大廊下・和歌山藩) | 柳河春三（紀伊殿医師，慶応 3・7 教授職） | 守而後攻■● | 421 |
| | (溜格・長岡藩) | 藤野善蔵（越後長岡牧野備前守（忠雅）家来，国立公文書館蔵明細短冊では慶応 2・12 英学教授手伝並出役） | 会議に付至極の急務 2 ケ条 | 418<br>432 |
| | (帝鑑・福山藩) | 佐原純吉（福山藩阿部主計頭（正方）家来，慶応 3・3 数学教授手伝出役カ） | 攻 | 426 |
| | (溜・桑名藩) | 小林鼎輔（桑名藩松平越中守（定敬）家来 | 守● | 426 |
| | (帝鑑・松代藩) | 「村上弥左衛門」村上英俊（松代藩真田信濃守（幸民）家来） | 攻，外夷への依頼は如何か | 428 |
| | (帝鑑・佐野藩) | 神田孝平（堀田摂津守（正頌）家来，慶応 2・12 教授職並） | 「会議法則案」● | 455 |
| | (帝鑑・陸奥泉藩) | 林正十郎（陸奥泉藩本多能登守（忠紀）家来，慶応 2・12 教授職並・陸軍所三兵御用兼） | ● | 431 |
| | (雁・敦賀藩) | 「駿河　金子泰甫」「酒井左京亮軍事取扱・開成所筆記方出役金子泰輔」(敦賀藩酒井飛騨守（忠毗）家来） | 攻● | 426<br>429 |
| | (大広間，津藩) | 榊令輔（津藩藤堂和泉守（高猷）家来，慶応 2 年時点，活字御用） | 守● | 426 |
| | (大広間，松江藩) | 入江文郎（松江藩松平出羽守（定安）家来，慶応 2・12 教授職並・陸軍所三兵御用兼） | 守而後攻■ | 426 |
| | (柳・出石藩) | 加藤弘蔵（出石藩仙石讃岐守（久利）家来，慶応 3・7 教授職並・調役組頭兼） | 「会議法之愚按」会の趣旨は，兵を集め国家を再興．攻守両方■● | 426<br>459 |
| | 幕臣 | 渡部一郎 | 大守小攻■ | 426 |
| | その他 | 画学局・絵図調局：川上万之丞（信濃国松代領福島新田村（長野県上水内郡）山岸瀬左衛門の二男．1851 年（嘉永 4）幕府の家臣川上仙之助の養嗣子．慶応 2 年時点画学教授出役），前田又四郎（西丸留守居甲斐庄大和守家来，慶応 2 年時点画学教授出役），宮本元道（大垣藩（帝鑑）戸田助三郎家来，慶応 2 年時点絵図調出役） | 欧羅巴諸国から戦艦を借用，海軍は賊の本城をつき，海軍は上様親兵として東海・中山道より親征■ | 420<br>426 |
| | | 佐沢元太郎（慶応 2・4 教授手伝並出役） | 攻 | 426 |
| | | 石川長次郎（慶応 2・12 英学教授手伝並出役）あるいは石川新次郎（慶応 3・8 仏学教授手伝並出役） | 攻 | 426 |

**表3つづき**

| | | | | |
|---|---|---|---|---|
| 開成所 | その他 | 福田銀一郎（英学世話心得） | 攻 | 426 |
| | | 磯貝 | 攻 | 426 |
| | | 杉山三八（元治元・9教授手伝出役） | 守 | 426 |
| | | 「後藤三達（ママ）」後藤達三か（慶応2年時点，調役兼英局） | 守而攻．当時関東御兵力手薄故，北国筋の義の大小侯御募兵し…相房厳重固め，幕府の御人数一五才以上は軍役賦課，百姓町人有志にも軍令状…■ | 426<br>438 |
| | | 開成所調役下役　上野初三 | 攻 | 432 |
| | | 開成所調役　名取平四郎 | 「見込書」(正月15日) 攻める趣意は奸臣誅殺にあり…江戸住居出兵の家族への扶助，遊撃・築造に町兵使用など | 437 |
| 諸家等 | 大廊下・和歌山藩 | 武内孫助 | (正月15日) 在府の兵士はなはだ寡少．ほかに助けの諸侯なければ勝算如何，(正月14日武内→開成所) 御局中会議御盟主　御名正しく恭順の実を…■● | 417<br>426<br>445<br>446<br>449 |
| | 大廊下・和歌山藩 | 紀州　榊原耿之助 | 攻．片時も早く御再挙● | 426<br>427<br>431 |
| | 大廊下・和歌山藩 | 紀州　渡部魯輔 | 攻守不可欠● | 426<br>431 |
| | 溜・会津藩 | 会津　神尾銕之丞・平尾豊之助 | ● | 431 |
| | 大広間・前橋藩 | 前橋　久永 | ● | 431 |
| | 溜・上田藩 | 松平伊賀守（忠礼）家来　岩崎直之助 | 弊藩国論：速やかに奸族を討滅 | 419<br>426 |
| | 溜・彦根藩 | 彦根　西村・横川 | 守 | 426 |
| | 溜・佐倉藩 | 佐倉藩　依田七郎 | 在府の諸侯・諸藩士を会して江城に死を決するの義を建つべし● | 429 |
| | 帝鑑・沼田藩 | 土岐隼人正（頼知）内　齋藤勝佐衛門 | 存意無し | 420 |
| | 帝鑑・湯長谷藩 | 内藤長寿麿（政養）家来　茂原肇・白石七左衛門 | (正月14日)急攻 | 424 |
| | 帝鑑・小田原藩 | 小田原　日治厚七郎 | 攻● | 426 |
| | 帝鑑・延岡藩か | 内藤　鈴木才蔵 | 攻 | 426 |
| | 帝鑑・小浜藩 | 若州　成田作左衛門 | 攻● | 426 |
| | 帝鑑・庄内藩 | 庄内　名前無し | ● | 431 |
| | 帝鑑・出羽松山藩 | 酒井紀伊守（忠良）内　小林平次右衛門 | (正月17日) この節在府諸家人数不十分…（江戸）守衛は | 442 |

| | | | | |
|---|---|---|---|---|
| | | | 手薄なのは仕方なし．一時も早く攻め登る必要… | |
| 諸家等 | 帝鑑・安志藩 | 小笠原幸松丸（貞孚）家来　熊谷武左衛門 | （正月 17 日）見込み無し | 449 |
| | 帝鑑・郡山藩 | 松平甲斐守（柳沢保甲）内　稲野多蔵 | （正月 17 日）ひとまず撤兵，東海・中山より御進発など | 453 |
| | 雁・安中藩 | 板倉主計頭（勝殷）家来　田辺潤之助 | 御請もうすべき品なし | 421 |
| | 雁・棚倉藩 | 阿部美作守（正静）家来　阿部甚四郎・三雲理兵衛 | 席上私論：上様御在城，兵隊は上筋両道・海路進発など | 425<br>426 |
| | 溜・伊予松山藩あるいは雁・備中松山 | 松山　佐藤道右衛門 | 攻● | 426<br>431 |
| | 雁・古河藩 | 土井大炊頭（利與）留守居　赤見貞 | 「土井大炊頭藩一同之見込」幕府と存亡を共にする．藩中あげて神奈川表警衛する | 438 |
| | 菊・西大平藩 | 大岡越前守（忠敬）家来　篠崎佳門 | （正月 17 日）征西は自亡．執政・軍師には入札をもって選挙 | 450 |
| | 柳・今治藩 | 松平内膳正（久松定法）家来　河上六郎次 | （正月 15 日）紀州様交際方より通達あったが主君は在邑中…何の見込もなし | 443 |
| | 不明 | 松平伊予守内　十河鑑次郎 | 大君自ら速やかに進攻，拙藩江戸にあるものお供 | 440 |
| | 清水家陪臣 | 清水小普請堀錠之助支配　赤坂勘次郎 | 攻を主● | 418<br>426 |

注）名前・出身・役職欄に，「会議之記」の記述を引用する際には「　」を付した．

たと考えられる。正月一六日まで江戸事情を探索していた岩倉家従が、前述したように「十五日、開成所ヲ局トシテ、関東市民ニ令ヲ下シ、急務筋之見込聞候ニ付、建白之徒、市ヲ成シ候由」と京都に報告している[41]のは、こうした状況であった可能性がある。

ここで、高橋実も注目した阿部潜について述べておかなければならない。潜は単に月番目付として役職上出席した以上の意図を持っていたと考えられる。

高橋も指摘したように、潜は、本多晋[42]ら、慶応三年末から独自に御目見え以上以下、諸藩士、「在・町共卑賤ノ者」による集議所設立の建白[43]を行っていた、一橋系陸軍の末端に連なる有志グループとつながりをもっていた[44]。それとともに指摘しておかなければならない点は、高橋は言及していないが、阿部潜が、実は、元老中阿部正外の実弟であり、かつて蕃書調所蘭学句読教授を務めていた曽根邦之助であった[45]ことである。開成所会議は、赤坂会議やまた武内や阿部のネットワークの結節点としての性格も持っていたといえよう。

また一四日夜、会合メンバーの渡部一郎は、目付設楽能棟を訪問している（『会議之記』四一五頁）。

③　慶応四年正月一五日　関口隆吉の来訪と開成所側の対抗策

『関口隆吉伝』割注（史料3）によれば、「先人」（関口隆吉）の手記には次のように記されていた。隆吉は、「開成所トテ洋学ヲ研究スル学舎」が諸藩士を招集して会議を行っている事に対し、「何事ナルカ、其儘ニ過キ難シトノ趣ニテ、頻ニ注進アレバ、余ハ甚コレヲ疑ヒ一二社友ニ謀り開成所ニ出頭」した。正月一五日午後に開成所を訪れた隆吉らはまず「紀藩ノ人竹内某」に会う。これは武内孫助のことだと思われる。武内は隆吉に対し、会議の目的は「第一世間ノ新聞ヲ諸方へ報道スル事」と「如何ノ点を取テ進止ヲ決スベキヲ議スル」ことだと説明し、参集したのは「大概、親藩・譜代諸藩ニテ、会・桑ヲ初メ、尾・紀州・越、其他大久保・本多・榊原等、合セテ三十六藩ナリ」、議論の方針としては「戦フベク守ルベキ得失利害ニ至ルマデ各自十分ナル意見ヲ発議シ、衆議ノ決スル所ヲ以テ、其儘ニ具状スルノ筈ナリ」と答えた。開成所会議は当時の各地で行われていた「非公式会議」（表2）のうちでも御三家以下の関係者が参集した、特に大規模な会議であった。そのような会議体が情報を独自に収集し、今後の方針について各自の意見を発議し衆議の決議を徳川家に具申するつもりだとの回答に、隆吉らは「初メテ之ヲ聴キ、驚愕ニ堪ヘザレ」と衝撃をうけた。彼らはさらに会議の「頭取」との面会を申し込む。

隆吉らは、奥の「極めて広き板敷」に椅子を並べた場所に通された（一四日の会議場と思われる）。このとき、隆吉とともに入室したのは、前年まで開成所に勤務していた前島来助(46)（密）、相原安次郎（昌平坂学問所助教か(47)）らであった。そして頭取を名乗る神田孝平（教授職並）、渡部一郎（温、教授職並）、「柳川春蔵」（柳河春三、教授職）、「林欽之助」（教授職並林正十郎のち欽次か）に面会し、隆吉は「国家ノ大事、会議ヲ以テ議定スベキニアラズ、宜シク内府公（徳川慶喜）ノ旨ニ従フベシ」と会議の停止を要請した。これに対して会議側は、「是皆閣老小笠原ノ命ズル所、某輩私ニ会議ヲ止メ難シ、今日ノ事ヲ具状シテ後命ニ従ハント」(傍線杉本)と、この会議は老中小笠原長行の命によるものなので、自分たちが勝手に停止することはできない、(48)今日のことを具申してその後の徳川家側の命に従うつもりだと、停止要請を拒否した。

ここで、「黙斎随筆」にみられる潤色例を指摘しておこう。「黙斎随筆」ではこの傍線箇所の「後命」を「貴命」と書き換えており、読み方によっては、「具申した後、隆吉の命令に従って会議を停止する」と会議側が返答したと解釈できる書き方に変えられている。また、隆吉は退去したあと、前橋藩主松平の邸に行き、開成所会議について報告し、明朝登城して会議停止の命令を乞うてほしいとの希望を伝えて帰宅した。しかし、「黙斎随筆」では、「(会議停止上申希望の)趣旨を述べ、夜半家に帰りしが、翌十六日に至り、果たして会議停止命下り」(傍線杉本)と加筆し、あたかも隆吉の上申が功を奏して一六日の停止命令となったかのような書き方になっている。「黙斎随筆」は意識的に隆吉の功績を強調するべく、改変を行っている。

しかし、実は、この一五日中に、開成所側は、早くも隆吉来訪への対抗策を実行していた。なんと、隆吉が報告した当の前橋藩松平家の留守居に開成所調方名で会議招集状を送っていたのである(史料4)。そして、前橋藩主松平直克自身が、この書状の内容の大廊下・大広間・柳之間の諸家への通達を命じ、そのことを触元の大目付木下利義に届けている。開成所側は、一五日に閣老の命によることを明記して前橋藩松平家に会議開催を直達し、隆吉らの停止行動を阻止しようとしたのである。

④　慶応四年正月一六日　開成所関係者らの登城

正月一五日から一六日の状況については、次の『学海日録』の記事がある。『学海日録』正月一五日条には、開成所教授方より使者が依田学海を来訪し、「紀藩之公論に従ひ、出戦の議決して之を朝に乞うべし、明日営中に出仕あるべし」と、出戦と議決したので、徳川家に上申するため明日江戸城に登城するよう要請がなされた事が記されている。一六日条には、「開成所諸君」・紀州藩・会津藩・庄内藩が、閣老に面謁を乞うたが、多忙故実現せず、開成所頭取河田煕等に託して帰宅したことが記されている。一六日に開成所側が登城したことは史料1［2］（コ）武内筆記の記述とも符合する。

⑤　慶応四年正月一七日　老中小笠原長行は開成所会議決議上申見合わせか

『学海日録』一七日条の次の記事は、開成所会議決議具申の顚末についての記述である可能性がある。「○保科弾正、君公に召さる、小笠原壱州の命を伝て合兵のことを議せらる、昨夜こひ奉ること、小笠原閣老に申せしに、多人数にて請奉るは君を要するに似たり、某、折を見て並忠の悃は申すべしとてやミぬ」。すなわち、保科弾正（正益、飯野藩主、慶応三年七月一四日願いにより若年寄辞任）が、「君公」（堀田正倫《まさもと》、佐倉藩主）に召された。（保科は）老中小笠原長行の指令を（佐倉藩側に）伝え、合兵（一六日に佐倉藩主は先鋒を希望していた）について評議した。（保科は）昨夜の趣旨（開成所「攻」決議上申か）については、「長行に申したところ、「多人数にて上申（「請を奉る」）することは君主に回答を強いるも同様なので（「君を要するに似たり」）、自分が折を見て皆の忠の悃《まこと》については（慶喜に）伝える」として（決議上申については）終息した」。以上のように、開成所決議は長行の判断により慶喜には上申されなかった可能性がある。

なお、前橋藩主松平直克は、正月一六・一七・一八日に登城し、一七・一八日には慶喜に面会、一九日に慶喜に恭順の上申書を提出しており、直克が恭順の立場から開成所会議の「攻」決議に反対した可能性は存在する。

## 第二節　二院制議会——公議所・西丸大広間会議

前述したように、公議所については、原口・亀掛川以来、ふたつの会議をひとつのものと誤解したまま議論がなさ

**表4**　公議所と大広間会議

| 会　議 | 場　所 | メンバー | 備　考 |
|---|---|---|---|
| 公議所 | 当初評定所，後に伝奏屋敷内 | 布衣以下の小役人を頭支配ごとに一人選出 | 御目見え以上以下の次三男厄介・諸藩士・百姓町人まで，有志は見込みを書面あるいは口頭で申し立てが可能 |
| 大広間会議 | 西丸（江戸城〈中核空間〉である「城内」のひとつ）の大広間 | 布衣以上の役人，あるいは寄合有志 | |

れてきた。しかし、『学海日録』正月二七日条においても、「会議・公議二会を開きて、幕臣・陪臣下、市人・農人に至まで、命じて議論を尽くさしむ」（傍線杉本）と、ふたつの会議開催であることが明快に記されている。ふたつの会議とは、すでに述べてきたように、下院に相当する公議所と、上院に相当する大広間会議である（表4）。この二院制議会は、徳川家の政体改編と一体のものとして創設された。公議所・大広間会議・新徳川家体制は、全体として、公議政体と呼ぶべきものをめざしたのである。これらの点を明らかにするために、以下、本節第1項では、二院制議会開設までの経緯、第2項では二院の特質について述べていく。

### 1　二院制議会開設までの経緯

二院制議会開設を主導したのは、津田真一郎・西周・加藤弘蔵らの開成所出身者であり、大久保忠寛ら新総裁（本章第三節）と連携していた可能性が高い。開催までの経緯を時系列に従い記述すると以下のようになる。

正月二二日　開成所教授職津田真一郎建議
正月二四日　津田を目付と為す
正月二五日　公議所新規取立ニ付御用取扱任命（第一弾）
正月二六日夜から二七日にかけて、
（A）慶喜の引退と、和歌山藩主徳川茂承への徳川宗家継承希望を、公表

（B）大広間会議・公議所開設に関わる一連の指令が出される

正月二八日　公議所取立ニ付御用取扱任命（第二弾）
正月二九日　公議所・大広間会議開催

まず、正月二二日、開成所教授職津田が集議所設立について建議した。二四日には津田は目付に任じられ、慶応四年正月二一日に帰着した西周とともに、その設立にあたることになる。西は、元開成所教授職であり慶応三年から津田とともに慶喜の側近を務めた。「西家譜略」（国立国会図書館蔵）には次のように記されている。「津田真道氏ハ、余ノ東帰ノ前ヨリ集議所ノ説ヲモ唱ヘテ拝謁モナシ、余カ帰着ノ一・二日後ニ監察ニ任シ、専ラ集議所創立ノ事ニ任シ、余モ之ノ助手タルヘシト命セラレ、尋テ之カ為ニ、加藤弘蔵・鵜殿団次郎モ皆相続イテ監察ニ任セラレ、共ニ集議所設置ノ事ニ鞅掌セリ」。二五日には、津田・西・加藤・設楽・阿部が公議所取立御用に任命された。彼らは全員開成所会議関係者であった。このうち、特に津田・西・加藤（同日目付に任用）は、目付としての本勤を免除され、公議所御用専任とされた。

二六—二七日には、慶喜引退が表明されたが、慶喜は、二六日に謁見したロッシュには、退隠後も紀州公を助けその政務の面倒をみると述べていた[49]。そして、同時に、以下の、公議所・大広間会議についての一連の指令が出された。これらの指令については、『復古記』掲載記事には本章「はじめに」に述べた問題点があり、また『慶喜公御実紀』の記事も正確さに欠けるので[50]、当時の発令のありかたを最も正確に書き残していると思われる『被仰出之留』を挙げる（本章注(11)参照。史料5［1］—［4］）。

まず、公議所については、［1］の「書付」で、御目見え以上以下の次三男厄介・諸藩士・百姓町人まで有志は見込みを書面あるいは口頭で公議所へ申し立つべしとし、別紙として慶喜の上意を公表した。［2］の「覚」により布衣以下の役人を、頭支配ごとに一人選出とした。次に、大広間会議については、［3］「覚」で、布衣以上の役人、ならびに寄合（三千石以上及び布衣以上が入る）有志は、二九日四時から大広間にまかり出ることとした。なお、以上の［1］—［3］は大目付・目付宛であり、諸家[51]・徳川家直臣[52]に触れられていた。このなかでも特に［1］は、「書付[53]」として、さらに三奉行にも触流しを命じ、御三家・田安・一橋に周知され、この時期の徳川支配下にあった遠国にも継飛脚にて達せられている。［4］公議規則書については次項で述べる。

正月二八日に公議所取立御用第二弾の人事が公表された。このときは、目付松浦信寔、鵜殿団次郎（元蕃書調所数学教授。同日、軍艦役格から目付に任じられた）が御用に加えられた。そして、翌二九日、公議所、大広間会議が開催された。公議所については、史料1［4］（ス）（ソ）・史料5［2］にみられるように、布衣以下小役人・諸藩を招き（紀州家から、斉藤政右衛門・武内孫助も参加した）、目付の津田・加藤が、慶喜恭順の方法について諸藩の意見を聞いた。町人も参加した[54]。

## 2　二院制議会の特質

公議所と大広間会議は、布衣[55]以上・以下という、従来からの徳川家の身分区分に従った二院制議会の形式をとっていた（表4参照）。一般的には、立法機関としての二院制は、下院に上院を掣肘する権限を認め民意を反映させる仕組みを趣旨としたものと考えられている[56]。当時の日本の政治状況のなかでは、二院制とは、会議の担い手を、諸侯だけでなく諸身分に拡大させることを可能とする会議形態であった。大政奉還を建言した土佐藩建白にも、議事所について、下院には「陪臣・庶民」に至るまで議事官に選挙することが述べられていた[57]。王政復古政府側でも、慶応三年（一八六七）一二月一五日、福岡孝弟が、有力公家・諸侯の合議機関である上院が議題を決定し、下院では藩から政府が選抜した徴士、藩が選出した貢士が意見を出し、上院で決議するという構想を出すなど、二院制構想の模索が続いていた[58]。

すでに、開成所メンバーも、二院制議会についての見解を著述していた。加藤は、文久元年（一八六一）一二月七日付序をもつ『隣草』で、大律と公会により「王権を殺く」方式として「上下分権」の政体を紹介していた[59]。津田も、慶応三年九月に『日本総制度　関東領制度』と題して、「日本総政府」下の「列国」による連邦国家案を草し、二院制の政体構想をまとめていた。そこでは、総政府は六局総裁制をとり、立法権は、上院（諸大名）・下院（国民一〇万人につき一人ずつ推挙）と政府が分掌するとされていた。徳川家（関東領）・禁裏（山城国）は列国中特別の地位を占める構想であった[60]。次に言及する西の『議題草案』も、国家「元首」あるいは「大頭領」と、徳川家当主とを、原理的には分離する政体構想を既に持っていた。

① 公議所・大広間会議と西周『議題草案』

公議所・大広間会議の大きな特色は、上院・下院両院に共通する規則が設定されたことにある。この点は、従来の研究が、この時の二院制議会設置を、公議所のみの会議体開設と誤解してきた要因ともなっているので、ここで立ち止まって説明する必要がある。まず、慶応四年正月二六日夜から二七日にかけて公表された内容のうち、史料5［4］「公議規則書」は、評定所と大広間両方に掲出されていた[61]。次に、規則書に次のように定められた公議掛頭取・公議掛も、同様に、両院に関わるものとして構想されていた。

・公議掛頭取は、会議の議題を提案し、各局総裁からの議題提出先であった。また公議掛頭取は、（列座へ）同意・不同意を尋ねる、議論二様に分かれたときの指揮をとる等の役割を持っていた。

・公議掛は、公議の作法の指揮をとり、列座からの議題提出先であり、また（列座からの）議題中不審事をうけつけた。

なぜこのような両院共通という特徴ある方式がとられたのか。その解答は、西周が、慶応三年一一月に慶喜のために執筆し若年寄並・外国総奉行平山敬忠に提出していた『議題草案』から導き出すことができる[62]。西は、「議政院」

の上院は万石以上（初度は、大廊下・大広間・溜・帝鑑・雁・柳など差を立てる）、下院は藩士（百姓・町人は未だ文盲なので参加させず）により構成し、決議を「政府（全国の公府）」より禁裏に移して「鈐《けん》定」をうけ、「政府」から布告するとしていた（一七五頁）。そして、会議開設時には、幕府・諸藩のなかから才能ある者一〇人ばかりを撰び「会議取調役」として仕法・議題・議論の順序をあらかじめ検討し、上下両院に分かれて「会議世話役」とすればよいと述べており（一七二頁）、二院共通の役職を想定していた。

西のこの構想は、彼の次のような見方に立脚していたと思われる。西は、「洋制」では、上下院は「懸隔之別」があり「権義」も全然異なるが、俄にその制に倣うことは困難なので、「後日之議」に任せ、細目は追って立てるように議定する事と述べていた。すなわち、目下本格的な二院制の実現は難しいが、上院ばかりでは決定が困難なので、下院を置く必要があると述べていた（「上院・下院被為別候とも、目下ニ彼方之姿ニは相成不申候は明白之義ニ有之候得共、上院斗ニ而は会議決兼候間、下院をも被為置候事可然奉存候」（一八一頁））。西は、「洋制」そのままではなく現状に沿った二院制をまず敷くことを考えていたのである。

公議所と大広間会議について、上院・下院の相互関係を律する規定などは現時点では見出せていない。また後述するように、布衣以上・以下が一堂に会することも行われた。公議所と大広間会議は、徳川家臣布衣以上に限定されない多様な身分・階層の意見を聴取する会議のありかたを、まず緩やかな二院制の形式によって確保しようとしたものと思われる。

② 開成所会議の会議ルールを反映した「公議規則書」

「公議規則書」史料5［4］は、西の構想以外にも、開成所会議の加藤案（史料7）とも共通の発想をもっていた。会議に頭取を置く点や、議題提出権の考え方に共通点があり、規則書は、加藤案をも下敷きにして、徳川家政体との摺り合わせをした可能性がある。会議を差配する役割は、加藤案では、入札で決められた「会議頭取」であった。規則書でも「公議掛頭取」が置かれたが、選出方法は記述されていない。徳川家目付兼公議掛のなかから決められたと考えられる。また、直接議論を戦わせるのではなく、提案者と異論者の間に公議掛を介在させるという規則書の趣旨は、開成所会議の際の神田案（史料6）と共通している。

## 第三節　開成所公議政体——二院制議会と新総裁制

### 1　徳川家中枢部の編成替え——老中総裁制の廃止と新総裁制の設置

#### ①　新総裁制の創出と二院制議会との連携

慶応四年正月の徳川家の中枢部編成替えについては、従来の研究史では、当時、老中職の必要性はすでに消滅しており、譜代大名から徳川家における政事上の実質的な役割を奪ったものであると理解されてきた(63)。ここでは、この編成替えが、従来の総裁制を改編し「新総裁制」ともいうべき陣容を敷いたこと、老中制の廃止ではなくその改変をめざしたことを明らかにする。

本項では、『慶喜公御実紀』『雑書集』『御書付留』『史談会採集史料　殿中御沙汰書　四』『藤岡屋日記』『学海日録』を相互検討したうえで、徳川家中枢部の編成替えは次のように行われたと考える(64)。

正月二三日夜から二四日にかけて以下の改編が行われた（表5）。

(1)　従来の老中兼務の総裁およびその下の若年寄兼務による奉行を罷免。
(2)　新たに総裁を任命（以下、この時以降に任命されたものを「新総裁」と表記する）。
(3)　慶喜の積極外交を支えた平山敬忠をはじめとする若年寄並三名を若年寄に昇格させた（以下「新若年寄」）。
(4)　老中・老中格・新若年寄に国内御用取扱を命じた。

**表5**　慶応4年正月・2月の人事と登城状況

| | 正月23-24日人事 | | | 正月24-29日登城状況（『藤岡屋日記』による）×＝登城せず | | | | | | 正月末-2月に行われた罷免（たとえば129は，1月29日罷免されたことを表している） |
|---|---|---|---|---|---|---|---|---|---|---|
| 名前 | 役職 | 罷免（総裁・奉行） | 新規任命※新総裁はこの表のメンバーからの任命無し | 24日 | 25日 | 26日 | 27日 | 28日 | 29日 | |
| 板倉勝静 | 老中 | | 国内 | | | | | | ×<br>不快 | 129 |
| 稲葉正巳 | 老中格 | 海軍総裁 | 国内 | × | × | × | × | × | × | 201 |
| 酒井忠惇 | 老中 | | 国内 | ×<br>不快 | × | × | × | × | × | 205 |
| 松平康直 | 老中 | 会計総裁 | 国内 | | ×<br>不快 | × | | × | × | 205 |
| 小笠原長行 | 老中 | 外国総裁 | 国内 | | | | × | | | 210 |
| 稲葉正邦 | 老中 | 御国内総裁 | 国内 | ×（15日以来登城せず） | × | × | | × | × | 221 |
| 松平乗謨 | 老中格 | 陸軍総裁 | 国内 | | × | × | × | × | × | 205 |
| 立花種恭 | 老中格 | 会計総裁 | 国内 | | | | | ×<br>不快 | | 205 |
| 松平正質 | 老中格 | | | | | | | | | 209 |
| 大河内正質 | 老中格 | | | | | | | | | 209 |
| 大関増裕 | 若年寄 | 海軍奉行 | — | — | — | — | — | — | — | 慶応3年12月9日死去 |
| 堀直虎 | 若年寄 | 外国奉行 | — | — | — | — | — | — | — | 正月17日自刃 |
| 永井尚服 | 若年寄 | | | | | | | | | 206 |
| 松平近説 | 若年寄 | 会計奉行 | | × | × | × | × | × | × | 206 |
| 京極高富 | 若年寄 | 海軍奉行 | | | | | | ×<br>不快 | | 214 |
| 石川総管 | 若年寄 | 陸軍奉行 | | | | | × | × | × | 219 |
| 平岡道弘 | 若年寄 | | | | | | | | | |
| 永井尚志 | 若年寄 | | | | | | | | | 209 |
| 竹中重固 | 若年寄並 | | | | | | | | | 209 |
| 塚原昌義 | 若年寄並 | | | | | | | | | 209 |
| 平山敬忠 | 若年寄並，外国惣奉行 | 会計奉行 | 新若年寄・国内 | | | | | | | 209 |
| 川勝広運 | 若年寄並・国内御用引受取扱 | | 新若年寄 | | | | | | | |
| 浅野氏祐 | 若年寄並・陸軍奉行 | | 新若年寄 | | | | | | | |

「新総裁」は次のように任命された。海軍総裁（矢田堀鴻、元軍艦奉行）・陸軍総裁（勝義邦、元陸軍奉行並）・外国事務総裁（山口直毅、元外国惣奉行並）・会計総裁（大久保忠寛、元留守居支配・隠居）および各副総裁を慶喜が「御直」に任命した。これらの「新総裁」は、総裁が本役であり、席次は若年寄の次とされた。大名役であった従来の老中や若年寄（旗本指揮とも呼ばれた）とは異なり、旗本が任じられた。このとき廃止されたのは、老中・老中格が総裁を兼ねる従来の「老中総裁制」であり、老中職の廃止ではなかった。また、老中総裁制のひとつであった国内事務総裁は、新総裁制のなかには組み込まれず、別に「国内御用取扱」が設けられ、主に老中が任じられた。老中稲葉正邦（淀藩主）は、御国内総裁を免じられ、国内御用取扱に任じられている(65)。

さらに注目すべきは、この新総裁制が二院制議会と連動したものとして構想されていたことである。公議規則書（史料5［4］）では、公議掛頭取・列座（会議出席者）のほか、各局総裁に議題提出権が認められていた。開成所会議の加藤案（史料7）では、議題提出権は会議頭取と会議士（会議出席者）にあったが、開成所公議政体においては、これに新総裁が加えられ、新総裁制と二院制議会が有機的に連結されたのである。

この新総裁人事について依田学海は、正月二四日の条に、「昨夜遽《にわか》に命ありて、閣老・参政等の諸総裁の職を停められて、矢田堀・大久保・勝等の人々をしてこの職にあてしめらる。閣・参は国内の諸務のみ領して、要枢の事ハ皆かの人々に帰せらる。これ、深き思慮のおハしましてなるへし(66)」と述べ、その本質を、矢田堀・大久保・勝等を政権の中心に据えたことにみている。

また、延岡藩内藤家中が『風聞書』に留めた、「夷国飛船」によってもたらされた慶応四年二月四日付江戸発二月一〇日長崎着の某書状(67)では、この政体変革がこれまでにないほど徳川家の士気を高めた状況が、次のように報じられている。まず、某書状は、江戸表も当節は「よほど奮発」とその様子を報じている。これまで閣老・参政まで大名が務めてきたが、悉皆「御免」になり、麾下《きか》の内から推挙されて総裁に任命されたゆえ、江戸表も人物才智の者が悉く採用され愚なる者は遠ざけられ、再興一洗之時となり余程盛であること、新たな勝陸軍総裁・矢田堀海軍総裁・大久保会計総裁が採用され、諸局では、「人心奮ひ立ち、是迄の江戸とは最早相違、誠ニ喜ぶべきことだ」と、新体制への期待を語っている。

　江戸表も当節者余程之御奮発ニ而、閣老・参政是迄大名ニ而御勤仕致候処、追々頃日悉く御免ニ相成、麾下之内ゟ選挙致し、総裁と相成申候故、江戸表も人物才智之者ハ、悉く挙られ、愚なる者ハ遠けらる再興一洗之時ニ而、余程盛ニ御座候、陸軍総裁者勝安房守、海軍総裁者矢田堀讃岐守、会計総裁者大久保逸翁是ハ、是迄大名閣老ニ而相勤来候処也、右ニ而諸局々者、人心奮ひ立、是迄之江戸と者、最早相違、誠ニ可喜義ニ奉存候、

### ②　老中職の抱える矛盾

次項に述べるように、結果として、慶応四年二月、老中職は途絶した。しかし、これを「全国支配が消滅した結果、老中職の必要性の大半がなくなった[68]」と片付けるべきではない。この時点では、東日本の旧幕府遠国奉行支配地域は維新政府支配下には下っておらず、二月一二日、徳川家は一橋家郡奉行橋本悌蔵を箱館奉行並に任じ、箱館の運上増徴を図っている[69]。むしろ、正月の政体改革は老中制度の矛盾克服を試みたものとみるべきではないか。

　譜代大名[70]と幕府官僚制については、近年、藤本仁文により、元禄—享保期（一七世紀末—一八世紀前半）に、幕府官僚と譜代大名の存在形態・役割・権限が分離されたとの見解が出されている。藤本によれば、譜代大名は、徳川家中の性格を残しながらも、外様大名と同じ軍役体系のもとに編成された。そして、一方では、幕府官僚制は人から職へと移行し、職と職との相互関係を構築したとされる。「全国の大名が一斉に藩として定着していく」とまとめられたこの現象は、幕府役職就任と領地換えを切り離したという点では確かにある種の合理性の獲得であった[71]。しかし、逆から見れば、譜代大名が幕府官僚として純化せず、小規模領主としての性格を残し続けたことを意味していた。たとえば西丸老中水野忠邦は、天保二年（一八三一）の幕府による諸国の国単位の石高（国高）調査[72]に際して、領地地先の

新田の隠蔽を国元に指示していた[73]。特に、開港以降老中が将軍裁可の前提として実質的な意志決定を行うべき幕府の通常時の最高重役でありながら[74]、一方で領主としては小規模大名である点が、桎梏としてとらえられ[75]、有志大名による「公議」政体構想の批判の標的とされていた。たとえば、文久三年（一八六三）一〇月島津久光から松平春嶽に派遣された小松帯刀は、「幕府の政権を依然小身の閣老に委ねられては、天下の人心最早其制に服せざる」と述べた。春嶽の手元には、「老中之権を廃」し「親藩外藩之差別なく、世に有名之諸侯を挙用して、これを幕府の上に登」すべしと主張する『虎豹変革備考』があった[76]。慶応三年六月二九日、幕府は、老中月番制を廃止し、老中・老中格を、国内事務総裁、会計総裁、外国事務総裁、陸軍総裁、海軍総裁に任じたことを大目付・目付に達し、万石以上・以下に周知させた（前述「老中総裁制」）。諸向の身分に関する伺・届などは国内事務総裁が担当することになった。従来、幕府や藩の機構内では、役人間は、身分上の「支配」（家督相続、役職任免など役人本人の身分に関する事柄）関係と、職務上の指揮監督関係の二つの関係によって編成・管理されていた[77]。老中総裁制は、このうち前者を国内事務総裁の職務にした可能性がある。またこの老中総裁制を、「西欧の内閣制に近い[78]」分担制だとする評価もあるが、老中のもとで各対象に対する支配の実務を担っていた奉行所組織も改変されたのか否か今後の検討課題であろう。総裁に任じられたのは国内事務総裁稲葉正邦（淀藩主）を除いて転封大名・譜代小大名・前藩主・大名世子であり、「幕閣の権力編成は江戸幕府創設以来もっとも弱体化した内容[79]」と評価される性格を持っていた。

慶応四年正月の徳川家中枢部改変は、以上のような状況の克服をめざそうとしたものであった。

### 2　二月以降の動向

#### ①　公議政体の動き

二月以降の公議政体の動きを、判明する限り箇条書きにしておこう。

○二月七日「公議所開局の事、監察連署の状ヲ以、平野《知秋》・八木《弘二郎》・余《依田学海》と三人参上すべきの旨仰下さる」（『学海日録』二月七日条、傍線杉本）。※議題不明

○二月九日

＊公議所目付から「伝奏屋敷内に公議所を取り立てるので、先般御達面の通り、有志の面々を四時に同所に差し出されるように達する」という通達あり（維新史料稿本引用「小寺玉晁雑記」（原名は「戊辰雑記集5」（帝国図書館））※小寺は尾張藩陪臣の文筆家）。

＊「○此日、八木・渡辺、公議所に至る、余ハ出さりき」（『学海日録』）。

○二月一九日、明日の「臨時公議」のため布衣以上以下、一役一人、大広間に出ることが達せられた。この会議では洋服の可否が論じられた[80]。同時期、維新政府でも、堂上・地下、諸侯・藩士、農工商民の服制をどう秩序付けるかが問題となっていた[81]。服制は、新しい秩序のありかたを可視化するという重要な機能を持っていた。

②　徳　川　家

徳川家は、二月二日付大目付・目付触で向々へ宛て、慶喜は深く御恭順しているとして旗本・御家人に鳴物停止・月代不剃を命じた。前掲内藤家『風聞書』では、あれだけ沸き立った新総裁制発足の興奮が二月二日には鎮静化してしまったことが述べられている（「一昨日（二月二日）ゟ御停止被仰出、右者京坂之一条ニ而深く御恭順被為在候旨、麾下・御家人共ニ長髪ニ而謹慎可致旨、被仰出、別而静ニ御座候」）。二月四日、慶喜は、有馬帯刀の説得により再度の謝罪状草稿に取りかかった[82]。翌五日[83]、慶喜は、西丸に福井藩留守居を呼び、「伏而奉仰　朝裁候、此段御　奏聞被成下様、奉頼候」との謝罪状を渡した[84]。

正月二五日以降、総裁を外された老中・若年寄たちの大挙不登城[85]の状況が現出していた（表5）。二月上旬には、老中・老中格・老中並・若年寄の免職が続いた。二月六日時点では、大久保忠寛は松平慶永にあて、閣老は実質的に

は小笠原ひとりの状況である（「閣、唐津一人に相成」）と述べている（二月六日付　慶永宛忠寛書状[86]）。その小笠原も、二月一〇日免職が公表された。さらに、二月九日には、維新政府が官位を剝奪した者たちに対しての大量免職がなされた。このなかには、慶応三年末時点では慶喜唯一の助言者と評されていた若年寄永井尚志[87]や、新体制を担うべき新若年寄平山敬忠、（表5には含まれていないが）公議掛設楽が含まれていた。彼らは免職の翌一〇日登城禁止を命じられた。大久保忠寛は、「このなかには甚だ惜しむべき人も両三人これあり」と述べている[88]。しかも、八日には、大久保自身が会計総裁を罷免され、「赤面慚愧」（二月九日付　慶永宛て忠寛書状[89]）と述懐している。そして、二月一一日の老中稲葉正邦の免職により、老中在職者は皆無となった（表5）。

徳川家は長崎・関西地方を失い、その根幹をなす主従制支配も変質を迫られていた。正月、近畿関西に知行をもつ者は任意に采地に帰り、朝命を遵奉するように布達した[90]。二月七日、旗本・御家人家族に土着を命じ、役扶持や手当の減額措置が伝えられるなど奉禄などの減額措置が相継ぐ。二月上旬には歩兵の集団脱走が続き、旗本自身、朝廷に対して本領安堵・朝臣化の運動を展開していた[91]。このような中、二月一一日、慶喜は、新総裁に、東叡山へ移り謹慎することを告げる[92]。翌一二日、慶喜は、東叡山に移り、「一身」への刑罰を覚悟し東叡山に謹慎する旨の慶喜の「直書」が二丸にて目付より福井藩留守居へ渡された[93]。この謹慎について、大久保は、慶喜の独断だと見ていた（二月一九日付け　慶永宛て忠寛書状[94]）。

このような情勢のなかで二月二〇日以降、開成所公議政体がどのように推移したのか現在のところ不明である。津田・加藤・鵜殿・松浦は、二月末ごろの時点では、目付として在任していた[95]。しかし、公議所取立御用掛の内、西周は、二月一二日奥詰に任じられ、翌日慶喜の東叡山行に従っていた。また、阿部潜は二月二三日付で目付を解任され、三月には慶喜謹慎下に一揆・騒動など起きて恭順を阻害しないように置かれた「総房三州鎮静方」に関わることになる[96]。

# おわりに

戊辰戦争の勃発によって、京都で形成されつつあった新たな政体の中枢部から慶喜が離脱し、江戸へ「還御」することになった。江戸で新たな政体が模索された。その実現形態が慶応四年初頭の公議政体であり、慶喜政権時代の京都—江戸二元態勢の克服[97]とともに、結果として途絶してしまったとはいえ、老中制の矛盾の克服を試み、「公議」を組み入れた政体が模索された。この政体は、柳河らによる開成所会議の経験をふまえ、緩やかな二院制議会を設置し、津田・加藤・西の政体構想を可能なかたちで実現化しようとしたものであった。この二院制議会は、いうまでもなく選挙に基づく近代的議会ではなかったが、従来の幕府の合議体のありかた、すなわち老中のもとで支配の実務を担当する奉行が同時に上司や関係奉行とのやりとりを仲介し諮問に応えるための合議を行うというありかた[98]とは全く異なる会議体を、老中制の止揚をめざした新総裁制と組み合わせ、新たな政治体制を模索したものだった。

## 1　開成所メンバーの動向と開成所会議・二院制議会・公議政体

開成所会議から二院制議会、公議政体樹立への動きは、開成所およびそのメンバーの主体的動きを抜きには理解できない。開成所会議という前代未聞の会議の開催実現には柳河—武内のラインが大きな役割を果たし、加藤・神田らが口頭議論の方策を練って、頭取・教授職以下が出席して行われた。これに、開成所出身目付である阿部らの、議論の場を希求する動向も合流して実現した。「はじめに」で触れた開成所の周縁性・ハイブリッドな性格は、既存組織・秩序における彼らの立場の弱さの反映でもあった。しかし、彼らが当時最新の知識を利用して、将軍や幕閣から与えられた職分を超えて独自の運動をも展開しようとしたとき、この特質は、逆に、枠組みを超えた多様な人脈・ネットワークの可能性として立ち現れてきた[99]。維新政府側も、開成所会議の情報をキャッチし、また、二月、太政官代から諸藩に、諸藩から開成所に抜擢あるいは雇われている者の名簿を弁事役所に提出するよう指令を出すなど、その動向を注視していた。

江戸の旧留守幕府を率いていた老中稲葉正邦も柳河を評価していたことは、第一節3①でも言及したように慶喜帰城の翌日の正月一三日「還御」対策の建白を内命していることからもうかがうことができる[100]。しかし、稲葉は、鳥羽伏見の戦いにおいて国元淀城が独自の判断で徳川家に反旗を翻すという事態に、同一五日以降登城を停止する。開成所会議の議決も徳川家に採用されることはなかった。

開成所会議は、慶喜敗退―江戸城帰還という危機的状況のなかで、緊急に採るべき方向を討議するとともに、継続的な議論の場、情報共有の場、そして徳川家から諮問をうける組織となることをめざしていた。その会議の開催自体が、諸家を単位とせず有志を想定した、新しい「非公式会議」叢生の状況のなかにあっても特異な存在であった。その基調を形作った柳河らは、すでに述べてきたように会訳社の経験のうえに開成所会議を構想していた。会訳社という命名自体、会読――近世日本という身分制社会・門閥社会のなかにあって、相互コミュニケーション、対等性、結社性を獲得し、政治的討論への架橋となった読書・学習の在り方――と深く結びついていたと考えるべきだろう。

開成所会議参加者のうち、津田らが徳川家目付として公議所を推進した一方、柳河・神田は開成所にとどまり（三月四日神田が、同月一一日柳河が、開成所頭取となる）[101]、二月、『中外新聞』出版に踏みだすこととなる。柳河と組んだ武内も公議所については初回以降参加することはなく、『中外新聞』に寄稿していく。『中外新聞』は、戦況、各地の情報、徳川家人事、維新政府布告、意見表明などを掲載し、日本在住外国人も含めた全国へ向け市販され、新たな情報の流れを創り出していった。

## 2　開成所ネットワークと政治社会

二院制議会設立は、柳河とともに開成所会議を担った津田が中軸となり、開成所会議の経験をふまえ、帰江した西と、加藤によって推進された。正月下旬からの徳川家中枢部再編で新たに中核に据えられた新総裁大久保・勝は、すでに安政期から西・津田らと深い結びつきを持っていた[102]。大久保・勝は、安政元年・二年（一八五四・五五）津田・西を寄宿させている。また大久保は二度にわたって蕃書調所に関わる職務についており（安政三年（一八五六）蕃書調所頭取兼務、文久元年（一八六一）九月「蕃書調所勤[103]」）、慶応二年（一八六六）、松平慶永・中根雪江宛て書状のなかで津田・加藤・西について高く評価している[104]。大久保は幕臣のなかでも、文久二年五―七月頃という早期に、将軍・列藩・四民・堂上による「公議所」を構想していたことで知られている[105]。慶応二年時点では、大久保は諸侯による大公議会と、小公議会という二院制の構想を、中根に語っていた[106]。大久保の先進的な議会論には、宮崎ふみ子も指摘したように、彼ら、開成所のメンバーとの交流が大きく影響していたと考えられる。

大久保・勝新総裁のもとで、津田・加藤・西は公議所専任の目付に任命され、建議から約七日後という短期間で、二院制議会（公議所・大広間会議）開設が発表されたのである。開成所会議に参加した目付阿部潜も蕃書調所出身であり、目付は、同役の選挙で決め、若年寄・閣老承知の上将軍に伺うという特色ある人事体制をとっていたことを考えると、津田をはじめとする開成所会議出身者が公議所取立御用目付に任用された人事には、阿部の意向が関わっていた可能性もある[107]。大久保・勝の路線とは異なる考え方に立っていた老中板倉勝静[108]は、大広間会議・公議所が開催された正月二九日辞任し、また同じく栗本鋤雲も前日の二八日勘定奉行を罷免されていた。

## 3　開成所公議政体と日本国総政府

開成所公議政体を、幕藩制的な「一大名」の体制ととらえることはできない。前述した津田の『日本国総制度　関東領制度』は、日本国総政府（総政府の大統領は「日本全国軍務の長官たるべき事」と、将軍職を彷彿させる位置づけを与えられていた）と徳川家関東府について述べたものである。[109]前者の政務には、「国内事務　学校・道路・宿駅・水利」「外国事務」「海軍」「司法」「寺社」「財用　貨幣鋳造・会計」が、後者の政務としては、「関東事務」「陸軍」「財用会計」「奥向」が想定されていた。開成所公議政体の新総裁制には外国事務総裁・海軍総裁が含まれ、老中等が国内御用取扱に任じられており、日本国総政府に近似する政務構造を与えられていた。

また、下院たる公議所は、「藩士」に向かって開かれていた。この藩士とは、前述した開成所会議の「会議之要領」をあわせ考えると、ひろく諸家家臣を想定していた可能性が高い。このことを考える前提として次のような状況を念頭におかなければならない。幕末、参与会議の崩壊ののち、政治主体は諸侯から藩士まで、組織レベルから個人レベルまで広がっていた。[110]また王政復古政府は、たとえば慶応三年一二月一八日、文久期に横井小楠の下で越前藩の富国策を担ってきた三岡八郎（のちの由利公正）を徴士参与職に任じ政府御用穀取り扱いを命じるなど、諸大名家と家中の関係も変容していた。[111]さらに戊辰戦争の勃発がこの方向を決定的に推し進めた。徳川家と維新政府側の双方から矢継ぎ早の指令がだされるなか、将軍家―諸家だけでなく、家中結合、主君と家臣、家臣相互の関係・身分格式制が破壊された。それらはかつての主従や父子・家中の絆を断ち切られ、それぞれ独自の政治主体として動き始めていた。開成所会議の開催自体が、紀州藩国元の方針に反して、開催に大きな力となった紀州藩江戸藩邸赤坂交際方に支えられていた。[112]冒頭の研究史で述べた亀掛川の「江戸徳川藩」も、高橋の「関東徳川藩」も、これらの事実を踏まえたうえで再考される必要がある。

「外務省の誕生」を論じた犬塚孝明は、慶応四年正月九日の天皇による維新政府の外国事務科の任命を「新政府に初めて外交事務を専管する機関が成立した」（二五頁）とし、同月二一日の同科による各国代表への局外中立の要請をうけて二五日列国が各国民に対して局外中立の布告を発したことを、「新政府がはじめて締約諸国から国際的地位を認められるとともに、旧幕府との関係においても、国内で有利な立場に立ったことを意味した」（二八頁）との理解を示している[113]。本章で明らかにした、二院制議会および開成所公議政体の役職任命と、江戸城中・公議所への公議規則書の掲示、諸家、三奉行、在府の遠国奉行、駿府・甲府・山田・日光・浦賀・佐渡・新潟へ向けた設立宣言は、まさにこの時期、正月二五日から二七日にかけて発布された（史料5）。戊辰戦争期政治社会の理解は、この動きをふまえて問い直される必要がある。

以上の事実からは、本章冒頭で述べた原口清の見解は、慶喜の慶応四年正月二六日の「上意」は政体放棄ではないことの証左であるという点では首肯できる。一方で、本章で明らかにしてきたように、この「上意」は、開成所会議、二院制議会と新総裁制による開成所公議政体樹立という、開成所メンバーの主体的動きがなければ存在しえなかった。次に述べるように、公議所は、原口の理解するような、慶喜の謝罪恭順の方法を検討するためだけの機関では決してなかったのである。

### 4　「広ク衆人之公議ヲ採ル」

公議所は、御目見え以上以下次三男厄介、諸藩士・百姓・町人に至るまでの有志に、書面での意見表明だけでなく、口上による申し立ても可能とした。これを、従来と同様の、単なる書面による建白方式とみる、亀掛川の見解は再検討されるべきだと考える。歴史学では往々にして文書化に価値が置かれるが、たとえば、裁判における口頭による対審は、開かれた場で双方の対話がなされることにより、相対的には対話者間の権威を減じ対等な関係を促進するという面を持つ[114]。その時代、各身分・階層に対し口頭による発言とコミュニケーションがどのようなかたちで保障されていたかという点は、その政治社会の質をある意味で規定する。開成所会議と開成所公議政体において、口頭での議論をどのように展開させていくかについてルール化が試みられていた点は重要である。そして、正月二九日の公議所会議には、実際に、町人体の者も出頭し見込みを申し立てている。

観世座連梅若六郎として、観世太夫に所属し、地方百石、一〇人扶持、配当米二五石の徳川家家臣であった観世実は、二月四日に日記に次のような廻状を書き付けている。

四日（中略）左之通り、三十郎《（観世清孝）》殿より廻状

一　今般公議所御取立ニ相成候ニ付而ハ文武之業前等ニ不拘、公《オヽヤケ》之議論を述度者ハ、右場所江罷出、御席ヲ不憚、銘々見込之趣申聞候様可致との御達ニ付、此段御達申候、罷出度者ハ、明日中拙宅江可被申聞候、

右によれば、公議所取立に付き、文武の「業前」にかかわらず、公《オヽヤケ》の議論を述べたい者は右場所において御席を憚らず意見を言うようにとの通達が、観世清孝から観世実に伝達されていたのである。[115] この通達は、この会議においては、諸身分の口頭での議論の保障にいかに意を尽くそうとしたかを物語っている。公議所は、原口の理解するような、慶喜救解の方策を検討するという限定した会議ではなかった。「公」の議論を保障するという強い意志がそこには存在していた。

慶喜は、この公議所開設に際しての「上意」において、「是迄之家政向を熟考すれハ、士民之心ニ称《（かな）》はさる事少からす、実以恥入候、就而者此度公議所を設け、広く衆人之公議を探り、上下之情相通し候様致度候」（史料5［1］）と、士民に対しての謝罪を表明させられていたのである。[116]

（1）尾佐竹猛は、あるべき「憲政史」として、立憲思想発達史・憲法制定史・憲法運用史・議会史・政党史・憲法学説史を含むものとの理解を示している。そして、近代国家において憲法制定が必要とされたのは、統治者自身の自己規定で足れりとすることなく、議会を設けることの要求が存在しているからだとしている（尾佐竹猛『日本憲政史大綱　上』、明治大学史資料センター監修『尾佐竹猛著作集　第七　憲政史一』ゆまに書房、二〇〇六年、八―九頁）。

（2）尾佐竹猛『維新前後に於ける立憲思想――帝国議会前史』（文化生活研究会、一九二五年）、一八五頁、注（1）尾佐竹猛

『日本憲政史大綱 上』、二〇〇六年、一〇〇頁。尾佐竹が、公議所開設の触（本章第二節1に述べるように慶応四年正月二六日―二七日）について「第一項は貴族院で、第二項は衆議院の積りのように見へる」との見解を述べたのは卓見であったが、尾佐竹においてもあいまいなまま深められることはなく、後述するようにその後の研究史においても放置された。

（3）稲田正次『明治憲法成立史』（有斐閣、一九六〇年）、三七―四二頁。

（4）大久保利謙編『津田真道 研究と伝記』（みすず書房、一九九七年）、六五頁。

（5）原口清「日本近代国家の形成」（『原口清著作集4』岩田書院、二〇〇八年）、三九頁。また本書終章注（3）参照。

（6）原口清『明治前期地方政治史研究（上・下）』（塙書房、一九七二年、三六―三七頁。

（7）亀掛川博正「旧幕府公議所について――「江戸徳川藩」構築構想とその挫折（1）―（4）」（『政治経済史学』一四六・一四七・一四九・一五〇、一九七八年）。

（8）高橋実『幕末維新期の政治社会構造』（岩田書院、一九九五年）、四四四―四四五・四七〇―四七二頁。

（9）公議・公論の研究史については、本書終章注（1）参照。

（10）寺島宏貴「『公議』機関の閉鎖」（『日本歴史』七八六号、二〇一三年）、五五―五六頁。

（11）本章では、『復古記』の原史料を検討するほか、次の幕府側・藩側の同時代史料を用いて、その解釈の誤りを正し、新たな理解を提示する。復古記の原史料である『武内孫助筆記』（国立公文書館蔵一六六―二二一）を再検討するほか、開成所側の史料として『新聞薈叢』および『会議之記』（底本は、開成所メンバーのひとりである渡辺一郎の遺族の伝本。尾佐竹猛編集代表・明治文化会『新聞薈叢』岩波書店、一九三四年）のほか、幕府側記録として、『被仰出之留』（幕府奥右筆記録、国立公文書館蔵一七九―一八七―九）、『御書付留』（幕府勘定奉行所記録、国立公文書館蔵一八〇―一〇二）、諸家記録として、『雑書集』（新谷藩士三橋久治による記録。国立公文書館蔵一六〇―八〇）、『学海日録』（佐倉藩留守居依田百川（学海）の日記、無窮文庫）、そのほか『史談会採集史料 殿中沙汰書 四』（東京大学史料編纂所蔵、史八―九―一一五四）、『藤岡屋日記』（『近世庶民史料集成 十五巻』三一書房、一九九五年）。なお三橋久治については、『旧新谷藩分限録 明治四年二月』（大洲市立博物館蔵）より新谷藩士だと判明する。この点については白石尚寛氏よりご教示を得た。

（12）史料2のaは徳川慶喜の上意であるため、bの別紙にもかかわらず冒頭に配列されている。しかもこの上意の内容は、武内筆記には略記されていた（史料1（シ））ため、別の『牧野康民家記』からの引用となっている。このため、本紙・別紙関係が非常にわかりにくくなっている（a、bの完全な内容は、史料5［1］参照）。このb＋aおよびd・fが公議所に関わる記事、cが大広間会議についての記事、eが公議所・大広間会議両方に関わる記事である（本章第二節2①参照）。またfの記事は、公議所には初回以降関わらなかった武内の知識・経験内に限定された内容となっている。
(13)「城内」については、本書第二章第二節2参照。
(14) 原平三『幕末洋学史の研究』（新人物往来社、一九九二年）。
(15) 宮地正人「混沌の中の開成所」（東京大学『学問のアルケオロジー』東京大学出版会、一九九七年）。
(16) 杉本史子「新たな海洋把握と「日本」の創出――開成所と幕末維新」（『日本史研究』六三四号、二〇一五年）参照。
(17) 宮崎ふみ子「蕃書調所＝開成所に於ける陪臣使用問題」（『東京大学史紀要』第二号、一九七九年、後、家近良樹編『幕末維新論集3』吉川弘文館、二〇〇一年収録）。
(18) 関儀久「江戸幕府洋学振興政策における厄介の役職登用について――開成所教授方の任命に注目して」（『教育基礎学研究』創刊号、二〇〇三年）。
(19) 安政二年（一八五五）八月、古賀謹一郎を「洋学所頭取」に任じて洋学機関設立専任とする。筒井政憲・川路聖謨・岩瀬忠震は「立合」として監督・相談役的位置にすえる。安政三年二―四月、勘定組頭菊池大助らを立合とすることが許可される。文久二年（一八六二）一一月、学問所奉行新設、洋書調所は林大学頭・林式部少輔の指揮下に入る。文久三年二月、洋書調所は、学問所付属となる。慶応二年（一八六六）の幕府「慶応改革」のなかで、開成所御用を担当した山口直毅・菅沼定長・藤沢次謙ら、陸・海軍奉行並らの者により、次のように、新設軍事組織の機構改革と密接な関係をもった数々の開成所学制改革が行われた。慶応二年、勘定奉行・海軍奉行・同並・歩兵奉行・軍艦奉行に「開成所御用」あるいは「開成所御用向取扱」が命じられ、一一月には、開成所教授職・同並は、海軍奉行並菅沼定長支配と心得るよう達せられている。慶応三年一一月一〇日、外国惣奉行並・外国奉行に、「開成所御用向」を命じる。（以上、『東京大学百年史　通史1』（一九八四年）、倉沢剛『幕末教育史の研究』（吉川弘文館、一九八三年）、佐藤孝「地域社会と新聞――幕末期開港場の新聞を中心として」（『シリーズ日本近現代史1』岩波書店、一九九三年。のち保谷徹編『幕末維新論集10　幕末維新と情報』吉川弘文館、二〇〇一年に再録）、原平三『幕末洋学史の研究』（新人物往来社、一九九二年）、宮崎ふみ子「開成所に於ける慶応改革――開成所「学制改革」を中心として」『史学雑誌』八九―三号、一九八〇年）。
(20) 宮崎ふみ子「開成所に於ける慶応改革―開成所「学制改革」を中心として」（『史学雑誌』八九―三号、一九八〇年）。
(21)『東京大学百年史　通史一』一九八四年、四四頁。

(22) 徳川吉宗は、留守居組合を法令の効率的伝達に利用している（小倉宗「近世の法」『岩波講座日本歴史12　近世3』（二〇一四年）、一八九頁）。

(23) 三谷博『明治維新を考える』（有志舎、二〇〇六年、七一頁）の見解をふまえ、本章でも「公議・公論」について、安定した内容をもつひとつの理念とみるよりは、自己の正当性を主張したり、あるいは抗議のために持ち出されるという側面に注目する。

(24) 井上勲「開国と幕末の動乱」（井上勲編『日本の時代史20　開国と幕末の動乱』吉川弘文館、二〇〇四年）。

(25) 東京大学史料編纂所編『大日本維新史料　類纂之部　井伊家史料　七』（東京大学出版会、一九七一年）、第七八号付属文書、一九四―一九九頁。

(26) 東京大学史料編纂所編『大日本維新史料　類纂之部　井伊家史料　八』（東京大学出版会、一九七三年）、第八八号。

(27) 下記のような王政復古政府・維新政府についての高橋秀直の指摘をふまえると、それらも一種の「非公式会議」的性格を帯びていたととらえることができるかもしれない。高橋は、中下級公卿が摂関家を排除し幼主を擁して権力を握った王政復古政府は、正当性に大きな問題を抱えた勢力であり、武家勢力を十分に包摂できていなかったこと、藩の側には、王政復古勢力による参与任命に対する拒否権が存在していたこと、また、列藩会議招集の展望が立たず、公議の正当性を確保するためには、慶喜復権を容認せざるをえなかったことを指摘している。さらに、維新政府については、武家の主導性が高まった維新政府にとっては、御所という空間が桎梏に（藩士出身の参与は、政治決定の場となる小御所には入れず、御所内の「仮建」と呼ばれる休所までしか入ることができなかった）なったこと、正月一二日、九条邸へ太政官代が置かれ、正月二七日、太政官代はさらに旧幕府の二条城に移されたことを指摘している（高橋秀直『幕末維新の政治と天皇』吉川弘文館、二〇〇七年、五〇一―五一二・五一七―五二三頁）。

(28)「詰」大名・「表」大名については、松尾美恵子「近世大名制の成立」（『学習院史学』三三号、一九九五年）、同「雁之間詰大名の江戸勤め」（『東京都江戸東京博物館研究報告』一二号、二〇〇六年）、一三九頁など。

(29) この会議開催の報は、すくなくとも正月二三日には京都の岩倉・松平春嶽にも届いていた（正月二三日記事、『春嶽私記戊辰正月』（外題『松平茂昭家記　五』、東京大学史料編纂所蔵）、『戊辰日記』（日本史籍協会叢書一七八、大正一四年刊行）にも同文）。

(30) 松沢弘陽「公議輿論と討論のあいだ――福沢諭吉の初期議会思想」（『北大法学論集』四一―五～六（一九九一年）、四二九―四八四頁）。なお、松沢は、開成所会議と公議所については混乱したまま記述している。

(31) 山口順子「『民間木版新聞群』とその情報環境」（箱石大編『戊辰戦争の史料学』勉誠社、二〇一三年）、二七一―二七二頁。尾佐竹猛『新聞雑誌の創始者　柳河春三』（高山書院、一九四〇年）。

(32) 奈良勝司「小笠原長行と「公議」――唐津統治期を中心に」（『立命館大学人文科学研究所紀要』一〇五号、二〇一五年）。

(33) 原口清「江戸城明渡しの一考察」（『原口清著作集3』岩田書院、二〇〇八年）。

(34) 何陋軒蔵版『関口隆吉伝』は、隆吉養子の隆正が隆吉の遺稿等に基づき、明治二三年（一八九〇）に関口家の子弟親族のための「私史」としてまとめた『顕考黙斎府君行状』（『先人行状』）を覆刻したものであり、本文は関口隆正が執筆しており、割注として「先人ノ（隆吉を意味する）手記ニ云フ」などの注記を付し、隆吉の遺稿などを引用している。『旧幕府』には、①漢文学者としての隆正が、何陋軒蔵版『関口隆吉伝』の本文を漢文化した「関口隆吉伝」（関口隆正謹述、『旧幕府』第一巻五号・六号・九号、第二巻一号・二号、一八九七―一八九八年）と、②何陋軒蔵版『関口隆吉伝』の割注部分だけを独立させ、項目を立てて記述しなおした「黙斎随筆」（関口隆吉遺稿、関口隆正増注）『旧幕府』第一巻四号・五号、一八九七年）が掲載されている。①漢文版「関口隆吉伝」は『旧幕府』の一段組「史料」に掲載され、②「黙斎随筆」は掲載開始時から同二段組み「耳袋」の記事の扱いとなっており、当時としては、①漢文版「関口隆吉伝」の方を重視する扱いとなっていた。②「黙斎随筆」には、（　）を付して隆正によると思われる掲載当時の肩書を付した人名注記も施されているが、人名比定の誤りが散見される。

(35) 東京大学史料編纂所編『大日本近世史料　柳営補任』（東京大学出版会、一九八三年）。

(36) 注(34)『関口隆吉伝』（何陋軒蔵版、一九三八年）本文・割注。

(37) 『慶喜公御実紀』・東京大学史料編纂所維新史料稿本所収『前橋藩庁日記（原題　慶応四年御記録）』。大藤彬編『橋藩私史下』（舊藩士茶話會、一九一七年、謄写版、東京大学史料編纂所蔵一〇四一、三三―二〇―二）では正月一一日として記載されている。なお、直克は、文久三年（一八六三）一〇月―元治元年（一八六四）六月、将軍徳川家茂のもとで政治総裁職を務めていた（当時は川越藩主）（久住真也「政治君主としての徳川家茂」（明治維新史学会編『明治維新史論集1　幕末維新の政治と人物』有志舎、二〇一六年）、四〇―六九頁）。

(38) 本史料のほか、帝鑑間同席触として正月一三日附で、小浜藩酒井家家中より、松代藩以下にも、同様の触が確認できる（松代藩儒山寺信龍『如坐漏船居紀聞』三五、東京大学史料編纂所　貴別架6）。

(39)『南紀徳川史』では、赤坂会議の「交際掛」として武内半助の名を挙げ、本多晋『喘餘吟録』の引用箇所では赤坂会議を経営したひとりとして武内孫助と記している。『南紀徳川史』を編纂した堀内信は赤坂藩邸に生まれ、江戸常詰の家臣であり（平良聡弘「旧紀州藩の明治維新観――『南紀徳川史』を中心に」『和歌山県立文書館紀要』一七号、二〇一五年）、名前を書き間違える可能性は低いと考えられるので、慶応三年時点では交際掛は父半助が務め、孫助も会議に尽力した可能性もある。

(40) 鈴木壽子『幕末譜代藩の政治行動』（同成社、二〇一〇年）、三六頁。

(41)『春嶽私記　戊辰正月』（外題『松平茂昭家記　五』、東京大学史料編纂所蔵）、『戊辰日記』（日本史籍協会叢書一七八、大正一四年刊行）にも同文。会議開催の報はすくなくとも正月二三日には京都の岩倉・松平春嶽にも届いていた。

(42) 本多晋は、一橋家陸軍俗事役から、慶応四年正月一四日時点では徳川家陸軍調役並となっていた。本多は、紀州藩上屋敷赤坂会議にも出席し、依田学海とも交流を持っていた（『学海日録』）。紀州藩上屋敷では、すでに慶応三年一一月には表門傍の物見所を「衆議所」と呼び、諸藩との集会などにも使用していた（『学海日録』）。慶応三年、本多は、慶喜の将軍職辞職を聞き上京しようとしたが、韮山代官江川英武手代柏木忠俊（総蔵）・松本順（良順）に止められ、徳川家閣老・参政の内で諮るべき人物として小笠原長行・立花種恭（たねゆき）を教えられる。本多は立花に面会し所説を述べることに成功している。本多によれば、阿部潜・水野忠徳（痴雲）・土岐朝昌（蛙渓）・小笠原長行・大久保忠寛も訪問し、柏木からも話を聞いて、「輿論を表する」衆議所設立建白を発想した（『本多晋談話　全』東京大学史料編纂所　維新史料引継本Ⅱは36）。本多の同志には、建白に名を連ねた、伴門五郎（徳川家陸軍附調役並、武蔵国足立郡蕨宿の名主の家に出生）、須永伝蔵（同、上野国新田郡成塚村出身）、青木平九郎（徳川家陸軍附勤方、元一橋家陸軍俗事役）、浅田耕（元韮山代官所手代三浦剛蔵、徳川家撤兵方勤方友次郎養子）のほか、岡本寔、宇都宮三郎（洋学者）らがいた（役職・身分は慶応四年正月一四日建白に記された肩書、樋口雄彦「沼津兵学校の思想的前提――公議・建白・勧業」（『沼津市博物館紀要』三九、二〇一五年、および樋口雄彦氏のご教示による）。

(43) 本多らの建白が記録された史料は、『同方会報告』第一号（明治二九年）に収録された「彰義隊発起顚末」（「来賓　本多晋氏演説」を収録したもの）に引用された「喘餘吟録」である。本多によれば、「喘餘吟録」は、静岡移住後に吟じた長歌に、数年後記事を加えたものである。徳川宗家を継いで駿河府中藩主に任じられた徳川家達は、明治元年一二月五日東京を発し駿河に向かったが、本多自身も同時期に駿河に移住した。「喘餘吟録」の原型は、明治に入ってあまり時期を置かない時点で執筆されたものと考えられる。また東京大学史料編纂所には、大正六年に本多晋自身が所蔵していた「喘餘吟録」を筆写した、維新史料引継本Ⅱ—15『喘餘吟録　全』が所蔵されている（明治二四年本多晋あとがき、明治四二年鷹州逸人識）。『同方会』収録分と比較すると若干の字句表現の差が存在する。『喘餘吟録　全』に収録されている本多らの建白は以下の三回である。このうち一回目と二回目の建白が集（衆）議所設立に触れている。一回目　慶応三年一二月付建白（集議所、諸藩兵制統一など）。二回目　慶応四年正月一四日付建白（慶喜謝罪を布告すべき、かねて建白した集議所開設は急務であり阿部潜の屋敷に有志が出るよう布告すべき、軍事、人材登用、慶喜退去先は甲府城など）。三回目　日付不明建白（慶喜謹慎など）。一回目建白については、柏木家に伝えられた草案段階の原稿が残されており、青木が本文を草したものに、青木本人や浅田・伴・本多が加筆・潤色を行ったこと、一二月一二日前後に検討されていたことがわかる（前注・樋口雄彦、二〇一五年）。二回目の建白の日付は正月一四日という開成所会議が開催された当日であり、すでに述べてきたように、本多らが衆議所会場として阿部邸を提案していた当の阿部潜も開成所会議に出席していた。本多らの一回目・二回目建白については、提出先は記述されていない。三回目と同様に、立花種恭宛に提出した可能性もあろう。立花は、慶応四年正月一〇日、老中格・会計総裁に任じられたが、同二四日には会計総裁を、二月五日には老中格を罷免されている。この罷免は、第三節に詳述する開成所公議政体樹立にともなうものである。立花家からは、二月二八日には維新政府弁事役所に天気伺等のため重臣を上京させる願書が提出され認可されている（東京大学史料編纂所蔵四一七五—一〇二三「立花種恭家記」）。また二月二八日には、下手渡藩主立花種恭は、藩兵を宗家柳河藩の隊伍に付して征役に従わしめんことを請うている。こうした動向をみると、本多らの建白が、果たして徳川家の中枢部まで届いたものかどうかについては、再検討の必要があろう。

(44) 樋口雄彦「沼津兵学校の思想的前提——公議・建白・勧業」（『沼津市博物館紀要』三九、二〇一五年）。

(45) 倉沢剛『幕末教育史の研究』（吉川弘文館、一九八三年）、一六三頁、菊地久「維新の変革と幕臣の系譜　改革派勢力を中心に（四）」（『北大法学論集』三二（二）、一九八〇年）、五七六頁。

(46) 前島は、越後国頸城郡の幕領の酒造業を営む家に出生し、薩摩藩に招聘されたのち、幕府御家人養子となり、慶応二年八月に開成所反訳方に採用、同三年五月に同数学教授となったが、同八月には兵庫奉行手附となり、慶応四年正月朔日同支配調役翻訳方兼務、同一一日に江戸に帰着していた（山口修『前島密』吉川弘文館、一九九〇年）。

(47) 注(34)『関口隆吉伝』割注。

(48) 長行は、慶応三年六月五日外国事務総裁兼務となり、慶応三年一一月一〇日、外国惣奉行並・外国奉行に、開成所御用向兼帯を命じている（注(45)倉沢剛、一九八三年、二一五頁）。『関口隆吉伝』割注によれば、開成所側は、長行の命により会議を開催したので勝手に停止にはできないと隆吉に回答しているが、これは開成所側が停止を回避するために述べたもので、実態は、開成所側の主体性によって開催された会議であり、長行は開成所管轄のトップとして開成所から会議の開催の届はうけとったが、その決議を慶喜に上申することまでは考えていなかったと理解すべきであろう。会議開催が老中命令によることが、正月一三日の開成所からの呼びかけ状には言及されず、関口に対抗して出したと思われる一五日付けの前橋藩松平家宛の招集状に初めて言及されることもこのことを傍証すると考えられよう。なお奈良勝司は、小笠原長行を「公議」を体現する人物としてのとらえなおしを主張している（奈良「小笠原長行と「公議」――唐津統治期を中心に」『立命館大学人文科学研究所紀要』一〇五号、二〇一五年）。

(49) 一八六八年三月一日付けファルケンバーグよりシュアード国務長官への報告（萩原延壽『遠い崖――アーネスト・サトウ日記抄6』朝日新聞社、二〇〇七年、二七四頁）。

(50) 『慶喜公御実紀』（正月二七日条）には、史料5［2］［3］の「大目付・御目付江」というツマ書の部分、「覚」が省略され収録されており、［2］［3］が連続した一つ書のように誤解される記載となっている。なおツマ書は、側衆へ渡されるときには「御側衆江」と書かれた。

(51) 二月二八日、この書付と別紙を受け取った延岡藩内藤家では、「公儀御触」として「家中一統」に達している（『明治元年万覚帳』明治大学博物館蔵内藤家文書、七万覚帳、一五六）。

(52) 田原藩三宅家文書・書簡142には、史料5［1］―［4］は、「慶応四辰正月、御旗下へ御公議所之一件」としてこの触が記録されている。なお、書簡142では、「大目付・目付江」のツマ書はいずれも記載されていない。また書簡142に写された文言には語句に異同がある（［1］別紙の慶喜上意の文中の「是迄之」が「我領内」と、［2］「布衣以下小役人」が「布衣以下御役人」と、［4］第四条「可承合事」が「可承事」と書記されており、［4］の差出の「公議掛」は省かれている）。

(53) 対概念は「書取」。大目付・目付宛て「書取」は、基本的には、「上次廻し」と側衆への通達にとどまり、文体は、文末が「事」で終わる。

(54) 延岡藩内藤家文書『延岡ニ残風聞書』所収の、慶応四年二月四日付在江戸某書状でも、「一此節、公議所御取立ニ相成、御役人・諸藩共、下者百姓・町人ニ至迄、公議所ニ於て、公議有之候、」と記述している。

(55) 布衣以上は、将軍の直命により任命された（小川銀次郎編『旧事諮問録』旧事諮問会、一八九一―九二年）。

(56) 議会について、近年のヨーロッパ史研究の動向に言及しておきたい。従来の研究史では、イギリスは、議会制統治が順調に発展してきた地域であると理解されてきた。すなわち、一八―一九世紀スコットランド・アイルランドを含みこんで「イギリス」議会となっていく過程において、議会が、権力の広場（フォーラム）として、宮廷に代わり、最も重要な政治勢力としての地位を確立したととらえられてきた。それに対し近年の研究では、一七世紀の議会は君主に従属させられるという可能性が強く存在しており、君主と政治エリートが、他の統治階級に対して説明責任を果たす場として、そして社会のどのような集団に対しても過大な行政権力を与えることなく個別の社会問題を解決するための合意されたメカニズムの場としてとらえられるようになっている（ジョナサン・バリー「選挙区と利害」青木康編著『イギリス近世・近代史と議会制統治』吉田書店、二〇一五年）。この近年の視点は、原口の公議政体論理解における、国家意志の決定機関としての議会とは異なる議会理解の可能性を示唆していよう。

(57) 井上勲「ネーションの形成」・同「統一国家のヴィジョン」（橋川文三・松本三之介編『近代日本政治思想史　1』有斐閣、一九七一年）。

(58) 慶応四年正月一七日の三職七課の制では、諸藩から下の議事所に代議員貢士を出させることにしていた（白石烈「佐倉藩公務人（貢士）依田学海の「藩制議」」『佐倉市史研究』三〇、二〇一七年）。また、湯川文彦「近世近代移行期における「公論」行政の構築」『東京大学日本史学研究室紀要』一九号、二〇一五年）。維新政府は、閏四月二一日「政体書」公布において、初めて三権分立を唱えた。しかし、現実には困難を極めた。「政体書」では、立法権を掌握する議政官（上局・下局）が、行政権を担当する五官、司法権を司る刑法官とともに設置されたが、立法と行政は実質的には分立されず、九月には議政官はしばらく廃止されることになる。明治二年（一八六九）三月太政官は東京に移され、五月には、大広間会議が開催された「皇城」大広間を上局会議所とすることになる（尾形裕康「徴士貢士制」『論集日本歴史9　明治維新』有精堂、一八八三年）、井上勲「開国と幕末動乱」（井上勲編『日本の時代史20　開国と幕末の動乱』吉川弘文館、二〇〇四年）、稲田正次「議事所」、「議政官」（『国史大辞典』吉川弘文館、一九七九―一九九七年、ジャパンナレッジ））。

(59) 奥田晴樹『立憲政体成立史の研究』（岩田書院、二〇〇四年）、五九―六二頁、同「明治維新と立憲政体構想」（『立正史学』一〇八号、二〇一〇年）、一四―一五頁。

(60) 大久保利謙・桑原伸介・川崎勝編『津田真道全集下』（みすず書房、二〇〇一年）、二五一―二六七頁。

(61) 史料1。ならびに、『藤岡屋日記』一五、四二九頁には「辰ノ正月二十九／大広間へ御張出／公議規則／一公議作法は……（中略）／右之趣、堅可相守もの也、／正月廿九日、発会」と記録されている。

(62)　大久保利謙編『西周全集』（宗高書房、一九七一年）、一六七―一八三頁。『議題草案』に添えられた西上書では、「公議」が重視される情勢の中では、慶喜が「輿論」に与することは仕方のないことであり、「会議之趣意」が立つようにすべきであると述べていた。そして「会議」というものは人衆集会のうえで元より混雑も生じやすいので、人々の「甘服」のうえで決定することが「一大肝要」であり「会議之仕法」を講究するべきであるとしていた。

(63)　松浦玲は、「譜代大名の老中・若年寄には仕事をさせず、すべてを旗本の若年寄や、旗本の総裁・副総裁で切り回すようになる」と理解している（松浦玲「補注」勝海舟全集刊行会『勝海舟全集　1』講談社、一九七六年）。また原口は、正月から二月にかけて老中が補充されなくなったことを「全国支配が消滅した結果、老中職の必要性の大半がなくなった」と理解している（同『明治前期地方政治史研究　上』（塙書房、一九七二年）、三三三頁）。

(64)　注(11)参照。幕府側の『御書付留』・『史談会採集史料　殿中御沙汰書　四』の収録記事はこの時期収録順序等に乱れがみられるが、他史料との校合により、本文の通り理解した。

(65)　稲葉正邦は『慶喜公御実紀』の国内御用取扱任命記事には記載されていないが、『殿中沙汰書』には筆頭に記載されている。また、正邦は二月二一日免職時「御国内御用久々壱人ニ而格別出精」で時服拝領している（『藤岡屋日記』、四六一頁、注(11)『殿中沙汰書』）。

(66)　注(11)『学海日録』。

(67)　『延岡ニ残風聞書』（明治大学博物館蔵内藤家文書　29維新152）収載記事。奈良勝司「小笠原長行と「公議」――唐津統治期を中心に」（『立命館大学人文科学研究紀要』一〇五号、二〇一五年）もこの史料に言及している。奈良はこの書状について本文では、江戸詰めの内藤家中のものとし、注98では「延岡藩江戸探索方カ」としているが、この書状の書式は藩への報告という正式の書き方にはなっておらず、検討の余地がある。また、奈良の論考は公議所については、「黙斎随筆」に依拠し、不正確な理解となっている。

(68)　原口清『明治前期地方政治史研究　上』（塙書房、一九七二年）、三三三頁。

(69)　『函館市史　通史編第二巻』（函館市、一九九〇年）、注(35)『柳営補任』。

(70)　近年の「幕藩」政体、大名研究のなかでの注目すべき動向は、一七世紀を中心に譜代大名についての見直しが進んできたことである。この層は幕府の中核を担った老中など重職に任じられており、徳川政体の理解にも関わっている。三宅正浩は、近世の政治構造を考える際の前提認識となっている大名・旗本区分を見直す必要を主張し、また、将軍権力と大名の問題を考えるうえでは、朝尾直弘の議論において「門閥」や「譜代」概念が不明瞭であったとの批判の視角を提示した（三宅正浩「江戸幕府の政治構造」『岩波講座日本歴史11　近世2』二〇一五年）。

(71)　藤本仁文「近世上方支配の再編」（『史林』九四―四、二〇一一年）、三五頁。

(72)　杉本史子『領域支配の展開と近世』（山川出版社、一九九九年）、一九八―二〇六頁。

(73)　藤田覚『水野忠邦』（東洋経済新報社、一九九四年）、七七―七九頁。

(74)　藤田覚「幕府行政論」（『日本史講座6　近世社会論』東京大学出版会、二〇〇五年）、一二四―一二五頁。

(75)　老中・若年寄が主宰する御用部屋の政策立案独占体制はすでに天保期以降崩れ、立法主体が多様化していた（服藤弘司「『幕末御触書集成』解題」（石井良助・服藤弘司編『幕末御触書集成　別巻』岩波書店、一九九七年）、三三一頁）。また、奈良勝司は、文久―元治期、老中制度は事実上の破綻状態にあったとの理解を示している（奈良勝司「幕末政治と〈決断〉の制度化――幕閣の動向からみる」『ヒストリア』二二三号、二〇一〇年、一八七―一九一頁）。

(76)　三谷博「維新と「公議」――最初の「公議」政体創出の試みを中心に」（近代日本研究会『年報・近代日本　一四』山川出版社、一九九二年）、三七―三八頁。

(77)　小倉宗『江戸幕府上方支配機構の研究』（塙書房　二〇一一年）、一八―二六、三〇六頁。

(78)　犬塚孝明「外務省の誕生」（明治維新史学会編『講座明治維新6　明治維新と外交』有志舎、二〇一七年）、二三頁。

(79)　藤野保『幕藩制国家と明治維新』（清文堂、二〇〇九年）、三三四頁。なお、ロッシュの提言については、奈良勝司は、老中の、専門部局の長としての責任の明確化と多数決原理の導入の意味を持ったととらえている。しかし、そのうえに立つ頂点権力（政治総裁職）設置の試みは頓挫していたと指摘している（「幕末政治と〈決断〉の制度化」『ヒストリア』二二三号、二〇一〇年、一九七頁）。

(80)　『新訂増補国史大系第五二巻　続徳川実紀　第五編』（吉川弘文館、一九九九年）、三八九頁。慶應義塾図書館編『木村摂津守喜毅日記』（塙書房、一九七七年）、四五七頁。

(81)　刑部芳則「明治太政官制形成期の服制論議」（『日本歴史』六九八号、二〇〇六年）、同『明治国家の服制と華族』（吉川弘文館、二〇一二年）、二二一―二二五頁。

(82)　注(41)『戊辰日記』、一七八頁。

(83) この記事を収載した勝義邦日記は『続徳川実紀』二月朔日に引用されているため『幕末御触書集成』は朔日と判断しているが、記事からは朔日と特定できない。
(84) 注(41)『戊辰日記』、一七三頁。
(85) 老中の不登城（引き籠り）は、文久三年・元治元年（一八六三・六四）にもみられ、奈良勝司は、「政治対立を可視化してその止揚を図る、過渡的な政治文化として機能した」と位置づけている（奈良勝司「幕末政治と〈決断〉の制度化」『ヒストリア』二二三号、二〇一〇年）。
(86) 注(41)『戊辰日記』、一七六頁。
(87) 萩原延壽『遠い崖　アーネスト・サトウ日記抄6』（朝日新聞社、二〇〇七年）、九四頁。
(88) 注(41)『戊辰日記』、二〇〇頁。
(89) 注(41)『戊辰日記』、一九九頁。
(90) 石井良助・服藤弘司編『幕末御触書集成　第三巻』（岩波書店、一九九三年）二三四八（引書、国立公文書館蔵「御書付留」）。
(91) 原口清『明治前期地方政治史研究』（塙書房、一九七二年）、三九—四〇頁、三野行徳「維新期、旗本家・家臣団解体過程の検討」（『関東近世史研究』七一、二〇一二年）、四—五頁、佐藤友理「幕末維新期の旗本と知行村——長坂血鑓九郎家家臣の日記から」（『川崎市市民ミュージアム紀要』二七、二〇一五年）、一五—一六頁。
(92) 『新訂増補　国史大系第五二巻　続徳川実紀　第五編』（吉川弘文館、一九九九年）、三八二頁引用勝海舟日記。
(93) 注(41)『戊辰日記』、一九五頁。
(94) 注(41)『戊辰日記』、二二六頁。
(95) 山寺信龍『如坐漏船居紀聞』三六（東京大学史料編纂所　貴別架6）、六一項。山寺信龍は松代藩儒。「江戸を二月廿九日立ニて皈国之志、垣村岡本広太持参」と注記された徳川家役職者一覧による。なお『維新史　附録』の在任記事は、津田らの目付としての本勤務免除を目付罷免と記述するなどの誤りが存在する。
(96) 阿部は、「総房三州鎮静方」としては、慶喜の意向で政事向につき「百姓共迷惑筋」の調査・上申を命じられたとして「村々迷惑筋・御国益筋ならびに村々助成利害商売等」についての見込み上申を促す触などを出している。徳川家の駿河移住に深く関わり、移住後は陸軍頭などを歴任、沼津兵学校を設立した（以上、高橋実『幕末維新期の政治社会構造』（岩田

書院、一九九五年、四七四―四八一・四九三頁）。

(97) 慶喜政権では、京都―江戸の二元態勢ゆえの矛盾が存在していた。①諸藩申請は双方で出され、双方で独自決裁、②将軍決裁が必要な案件でも江戸で弾力的に決裁、③諸藩所領関係は、江戸で最終調整、④畿内・江戸での触伝達に差異も存在していた（宮本敦恒「慶喜政権の政務処理に関する一考察」二〇一四年二月日本史研究会例会報告、『日本史研究』六二五号、二〇一四年）。

(98) 小倉宗『江戸幕府上方支配機構の研究』（塙書房、二〇一一年）、一八―二七・四六頁。

(99) 板倉勝静は、勝海舟・大久保忠寛の存在意義を、諸藩への人脈と諸藩からの信頼に置いていた（『続再夢記事　第六』、松平家蔵版、一九二二年）、三九―四〇頁。

(100) 注(11)『会議之記』、『元淀藩主稲葉正邦公閣老在職中秘書写　四』（東京大学史料編纂所・維新史料引継本Ⅱほ-5-514）。

(101) 『浮天斎日記』（東京大学史料編纂所、維新史料引継本-Ⅰほ-一二八六）。

(102) 宮崎ふみ子「開成所に於ける慶応改革――開成所「学政改革」を中心として」（『史学雑誌』八九―三、一九八〇年）、菊池久「維新の変革と幕臣の系譜　改革派勢力を中心に（5）」（『北大法学論集』三二（一）、一九八一年）。

(103) 『開成所事務　一』（東京大学史料編纂所蔵、六一六〇―三―二一―一）、一三頁。

(104) 注(99)『続再夢記事　第六』、四一―四二頁。

(105) 高木不二『横井小楠と松平春嶽』（吉川弘文館、二〇〇五年）、一〇〇頁。なお大目付・側衆任用のころの大久保忠寛については東京大学史料編纂所編『大日本維新史料　類纂之部　井伊家史料　二十九』（東京大学出版会、二〇一五年）、第六九号・第八二号。

(106) 『続再夢記事　第五』（松平家蔵版、一九二二年）、五六頁。

(107) 注(59)『旧事諮問録』。

(108) アーネスト・サトウが二月一一日に徳島藩の大坂留守居から聞いた江戸情報では、当時、板倉は他の閣老と意見が合わず切腹したという噂が流れていた（萩原延壽『遠い崖――アーネスト・サトウ日記抄6』朝日新聞社、二〇〇七年、三〇一頁）。田原嗣郎は、松平春嶽の主張である有力大名の意見集約こそ幕府の役割という考え方に対立する「徳川氏の私政」に属する人物として、井伊直弼、板倉勝静を中心とする老中の路線があったとし、慶喜もこの枠から抜け出せなかったと理解している（田原嗣郎「幕末政治思想における「公」と「私」――公武合体論をめぐって」（敬和学園大学『研究紀要』第六号、一九九七年）、一三三頁）。
(109) 大久保利謙・桑原伸介・川崎勝編『津田真道全集　下』（みすず書房、二〇〇一年）、二五一―二六六頁。なお、西『議題草案』には、徳川家政体についての具体的記述はなされていない。
(110) 井上勲「統一国家のヴィジョン」（橋川文三・松本三之介編『近代日本政治思想史　1』有斐閣、一九七一年）、一一〇頁。
(111) 高木不二『横井小楠と松平春嶽』（吉川弘文館、二〇〇五年）、一九二頁。
(112) 紀州藩以外の御三家でも、尾張藩徳川慶勝は、家中の佐幕派首脳部を抹殺する必要があった。水戸藩では佐幕派が一掃できず、流血の闘争が続いていた（原口清「戊辰戦争」（注(33)『原口清著作集3』、六五頁）。
(113) 犬塚孝明「外務省の誕生」（明治維新史学会編『講座明治維新6　明治維新と外交』有志舎、二〇一七年）。
(114) 高橋良彰「取引社会と紛争解決」（水林彪他編『体系日本史2　法社会史』山川出版社、二〇〇一年）、五一〇頁。
(115) 梅若実『梅若日記　第二巻』（八木書店、二〇〇二年）、一六三頁。
(116) 本多晋らの慶応四年正月一四日の建白では、慶喜直筆により「衆人」に謝罪することが必要と主張されており、阿部潜を介して、開成所公議政体に向けての慶喜の上意表明に反映された可能性がある。
（補注）　本章脱稿後、奈倉哲三・保谷徹・箱石大編『戊辰戦争の新視点　上・下』（全二冊、吉川弘文館、二〇一八年）が刊行された。正月一二日の徳川慶喜江戸城帰着後、大坂への再攻撃の可能性が江戸周辺村々に伝えられ、正月から二月にかけて海軍奉行などを廃止し、軍艦蒸気役を新設し身分上昇をともなう人材登用を採ったこと（神谷大介「戊辰戦争の海軍力と基地機能」（下、二九―三七頁））など、本章の背景となる政治・軍事状況が指摘されている。また維新政府側は二月八日には触頭を通じ全国の諸藩を統制することとし、徳川将軍家や江戸城内殿席の秩序とは全く異質の諸道・諸国ごとの編成が行われた（箱石大「維新政府による旧幕藩領主の再編と戊辰戦争」（上、九八頁））との指摘もあり、本章に言及した江戸城「城内」諸御殿焼失後の西丸仮御殿での殿席の運用状況など幕末期の政治空間としての江戸城の実態解明が待たれている。

# 引用史料

**史料1『武内孫助筆記』（国立公文書館蔵）**

※本史料の傍線部分は『復古記』巻二十三・二十五からは除かれている部分を示す。

［書状綴じ込み］

（ア）芳翰薫誦仕候（中略）陳者、先頃中書類写取差上候ニ付、筆墨料トシテ御金頂戴被仰付、有難奉多謝候、（中略）且又先般被仰越之儀拝承、早速取調可申上之処、此程之大火ニ而下町迄親類共居宅類焼、其外之彼是取込、漸ク取調候処、手元書留之内遺《亡》失仕候も有之、知己之方之書類等探索致シ、別紙之通写取差上申候、御落手可被成下候、猶取調、追々可申上候、頓首

十二月廿一日　武内　扶

沢渡先生

［1　開成所会議　某家よりの情報］

（イ）一　水野日向守（勝知、下総結城藩、帝鑑間）家来差出候書付

別紙之通、紀州様交際方ゟ通達御座候、如何相心得可然儀ニ御座候哉、各様迄御内慮奉伺候趣、日向守被申付候、已上

正月十五日　水野日向守家来
平井庄左衛門

［宛名書写せず］

（ウ）別紙

以廻状致啓上候、然者紀州家より別紙ニ通御同席中様江御廻達可申上旨《ムネ》、只今被頼越候付、則写、御廻達申候、早々御順達可

被下候、以上

正月十四日　　（康穣、膳所藩主、帝鑑間）本多主膳正内

福田雄八郎

水野日向守様

御留守居中様

（茂昭、福井藩主、大廊下）松平日向守様

御留守居中様

（エ）

別紙

別紙之通、諸藩様江御通達之儀、開成所ゟ申立候ニ付、右壱通及被申合候、国家存亡極切迫之時勢ニ付、諸藩御有志之方々御議論有之様との趣意ニ付、被　仰合御出席有之様致度、此段及御申合候、以上

正月十三日　　赤坂交際方

帝鑑間御席

御留守居中

尚々、開成所者小川町ニ有之候、以上

（オ）

別紙

国家重大事件ニ付、会議致度候間、尽忠有志之諸君者、不拘貴賤、明十四日ゟ小川町開成所江御入来可被成候、以上

但毎日朝五半時より八ツ時迄之内、銘々腰弁当之事、

正月十三日　　会議　一同

［2　開成所会議　某家中田辺潤之進よりの情報］

一（カ）辰正月十四日、開成所会議席江罷出候処、出席一同床机ニ而並居候処江、左之書付出候間、書取退引、但板間ニ而、右稽古場之模様也、

一条

此度会議之趣意者、戦力同心して義を唱へ兵を集め、国家を再興するを主とす、外他議不可有、

（中略）

十二条

新聞あらは必会中に吹聴すへし、会中是か為に新聞帳を設ケ悉く記録し会中ハ人々観覧之便にすへし

軍機之事者、封書ニ而演説方江差出し、其儘　大君江呈候事、

（キ）

演説

此度会議相始候者、餘之義にあらす、国家危急之場合ニ付、同心唱義　皇国之為　徳川氏御再興之義を計り候ニ付、御銘々御見込之趣、何事によらす御申出被下度、会議之上言上仕、夫々御採用相成候様仕度也、

御見込、今日被差出候共、御帰之上御認御持参相成候共、両様之内、いつれニ而も、諸君御説ニ附キ会議可致候、

開成所頭取

倉橋但馬守

西尾錦之助

田中哲助

小田切庄三郎

目加田帯刀

河田相模守（熙）

同教授職等

津田真一郎

神田孝平

林　正十郎
加藤弘蔵
柳河春三
渡辺一郎
小林鼎輔
榊　令輔

(ク) 右之趣御達も有之候処、出席即答之者も無之哉処（哉）、彼是刻限延引、夕七ツ半時にも相成候ニ付、右ニ而者際限も無之、八時迄之刻限相定メ候詮無之、左候ハヽ入札にて直ニ答有之候様被申聞候、

書取ニ而（攻か 守か）入札

右承り度事、

右ニ付、左之書取相認、掛り江差出、引取候而も宜候哉承り候処、勝手ニ引取候而宜旨ニ付、退散、

此度御大事件ニ付、御会議之御席江罷出候処、独断ニ而も存意可申上旨奉畏候得共、即御受可奉申上品無御座候、以上

正月十四日　　（未詳）——家来　田辺潤之進

(ケ) 土岐隼人正（頼知、上野上田藩主、帝鑑間）様衆齋藤氏出席有之候ニ付、答之趣承り候処、左之通り、

国家之御大事件ニ付、何等存意可申上も無御座候、以上

正月十四日

[3　開成所会議　武内によるまとめ]

(コ)
一　開成所会議ノ事情

伏見変動ニ付、慶喜公卒然帰府、衆人方向ヲ失ヒ、開成所頭取・教授職等ノ発意ニテ諸藩士ヲ集メ質問ノ主意ハ、

攻守

右見込ヲ可申立旨也、各攻或ハ守ノ一字ヲ筆記シテ投票セリ、此日竹内孫助（復古記には「予」と記す）差出セシ書面ノ大意ハ、
　攻ルノ力有テ（中略）注意セザル可カラズ、云々、

一　然ルニ攻ノ入札多クアリシニヤ、同十六日右会合之面々西城へ出仕、慶喜公へ謁見シ再挙ヲ慫慂セント議ス、慶喜公敢テ見ズ、
　空シク退城セシナリ、（下略）

［4　公議所・大広間会議関係　紀州家内の情報か］

一（サ）（辰）正月廿六日、伊賀守殿（板倉勝静、老中）御渡、大目付御目付江
此度、会議御開相成候ニ付、布衣以上之御役人幷寄合有志之面々、来ル廿九日四ツ時ゟ大広間江可被罷出候事、
右之趣、可被達候事、
　正月

（シ）［一］別紙之通上意有之候ニ付而者、御目見以上以下次三男厄介、且諸藩士幷百姓町人ニ至る迄、有志之輩者見込之次第書面ヲ以、
公議所江可被申立候、尤事柄ニ寄、口上を以申立候而も不苦候事、
　但公議所御取建迄者、評定所へ可被申立候、尤日限之儀者、追而相達ニテ可有之候、
右之趣、向々江不洩様可被相触候、
　正月
　　別紙
皇国御制度之基本者、皇国之公議を以て定むへき者至当之儀ニ付、云々、下略、

一（ス）大目付目付江
此度公議所御取建相成候ニ付、布衣以下小役人ニ至迄、頭支配ニ而壱人ツヽ撰挙致し、可被差出候事、

但、一役五人ニ不満向者、差出ニ不及候、多人数之向者、五十人ニ而壱人之割合を以可被差出候事、

右之趣、向々江可被達候事、〔『復古記』は「向々へ不洩様可被相触候」〕

正月

(セ)

一　大広間江御張出

公議規則

一　公議之作法者、惣而公議掛ノ指揮ニ従ひ、座順ヲ不乱、混雑無之様可致候事、

一　公議懸り頭取、議題差出可申事、

一　公議中、議題外之議論決而致間敷事、

一　議題中、不審之廉有之候ハヽ、公議掛江可承合事、

一　頭取ゟ同意不同意相尋候得者、異論之有無可申聞事、

一　公議中、頭取ヲ差置、銘々之議論或雑話一切致間敷事、

一　列坐之内ニテ議題差出度向者、公議掛江差出、頭取之取捨ニ従ひ可申事、

一　各局総裁ゟ議題差出候節者、頭取へ相渡出坐可致事、

一　議論二様ニ分れ候得者、頭取之模様指揮ニ従ひ可申事、

右之趣、堅可相守者也、

(ソ)

正月廿九日発会

一　丸ノ内評定所ヲ以テ公議所トシ、諸藩ヲ招ク、此日紀藩齋藤・武内出仕ス、幕ノ監察津田真一郎、加藤弘蔵其外出頭、諸藩ニ質問セシハ、恭順之事件ナリ、曰ク大君（慶喜公）恭順ヲ以テ　天朝ニ謝罪セラル、抑恭順ハ如何シテ可ナラン、此日諸藩士各見込ヲ演述セシカドモ口演ナレバ筆記スベクモアラズ、戦争ノ激論多ク有リタル様子、○紀藩答ヘハ、大君恭順ヲ上申セラレシ上ハ、寧ロ首ヲ失フトモ変易スベカラズ、苟モ臣トシテ君ヲ欺クノ名義ヲ得ハ、末代徳川氏ノ汚命ヲ残スニ似タリ、仍テ大君ニハ飽迄も恭順ヲ尽サルヽヲ請フ、乍去天朝ニ於テ強テ兵ヲ差向ケラルヽニオイテハ（中略）大地ニ拝伏号泣シテ憐ヲ乞ヒ、縦令ヒ踏殺サレ打殺サレ、千人が一人ニナルトモ手向ひセズ退カズ、一身を抛ツテ嘆願セバ如何也、云々

一　此日、町人体之者も出頭、何か見込み申立し由、何事ニヤ未《不》詳、

一　此後、右公議所ヘ出頭セズ、諸藩ノ議論等一向ニ聞込無之、

一　大監察ゟ諸藩ヘ嘆願之儀ヲ依頼セラレ留守居役等少々ツヽ小田原其外ヘ出張大総督府ヘ嘆願書ヲ持参セシ由、

右〔以下空キママ〕

**史料2　『復古記』巻二十五　明治元年正月二十六日条**

○徳川慶喜、公議所ヲ置キ、其下ニ令シテ各所見ヲ陳シ、家政ヲ匡救セシム。

a皇国御制度之基本ハ、全国之公議ヲ以テ定ムヘキハ至当之義ニ付、政権ヲ奉帰　朝廷、諸藩公議ヲ被為尽候様奏聞致候儀ニ有之、然ルニ是迄之家政向ヲ熟考スレハ、士民之心ニ称ハサル事少カラス、実以恥入候、就テハ、此度公議所ヲ設ケ、広ク衆人ノ公議ヲ採リ、上下之情相通シ候様致度候間、銘々見込之趣、不憚忌諱申聞候様可致トノ上意ニ候。牧野康民家記

○

b別紙之通　上意有之候ニ付テハ、御目見以上、以下次三男、厄介、且諸藩士、並百姓町人ニ至ル迄、有志之輩ハ見込ノ次第、書面ヲ以テ公議所ヘ可被申立候、尤事柄ニ寄リ口上ヲ以テ申立候テモ不苦候事、

但、公議所御取建相成候迄ハ、評定所ヘ可被申立候、尤、日限之儀ハ追テ相達ニテ可有之候、

右之趣、向々ヘ不洩様可被相触候、

正月　武内孫助筆記

○

c此度、会議御開相成候ニ付、布衣以上ノ御役人、並寄合有志之面々、来ル二十九日四ツ時ヨリ、大広間ヘ可被罷出候事。

正月　武内孫助筆記

○

d　此度、公議所御取建相成候ニ付、布衣以下小役人ニ至ル迄、頭支配ニテ壹人ツヽ、撰挙致シ可被差出候事、

但、一役五人ニ不満向ハ差出候ニ不及候、多人数ノ向ハ、五十人ニテ壹人ノ割合ヲ以テ可被差出候事、

右之趣、向々ヘ可被達候事、

正月　武内孫助筆記

e

○附録大広間掲示

公議規則

一　公議之作法、総テ公議掛ノ指揮ニ従ヒ、座順ヲ不乱、混雑無之様可致候事、

一　公議掛頭取、議題差出可申事、

一　公議中、題外之議論決シテ致間敷事、

一　議題中、不審之廉有之候ハヽ、公議掛へ可承合事、

一　頭取ヨリ同意不同意相尋候得ハ、異論之有無可申聞事、

一　公議中、頭取ヲ差置、銘々之議論、或雑話一切致間敷事、

一　列坐之内ニテ議題差出度向ハ、公議掛へ差出、頭取之取捨ニ従ヒ可申事、

一　各局総裁ヨリ議題差出候節ハ、頭取へ相渡出坐可致事、

一　議論二様ニ分レ候得ハ、頭取之指揮ニ従ヒ可申事、

右之趣、堅可相守者也。武内孫助筆記

f

○附録紀伊藩士武内孫助筆記ニ云、正月二十九日発会、丸ノ内評定所ヲ以テ公議所トシ、諸藩ヲ招ク、監察津田真一郎、加藤弘蔵、其外出頭、諸藩ニ質問セシハ恭順ノ事件ナリ、曰ク、大君恭順ヲ以テ　天朝ニ謝罪セラル、抑恭順ハ如何シテ可ナラン、此日、諸藩士各見込ヲ演述ス、戦争ノ激論モ多ク有リシ様子、町人体ノ者モ出頭、何カ見込申立シ由、何事ニヤ不詳、此後右公議所へ出頭セス、諸藩ノ議論等一向ニ聞込無之、監察ヨリ諸藩へ歎願ノ儀ヲ依頼セラレ、留守居役等少々ツヽ、小田原其外へ出張、大総督府へ歎願書ヲ持参セシ由。

復古記　二十五終

総括兼纂修
一等編修官　臣　長松　幹
校勘
一等編修官　臣　長　炗

一等掌記　臣　四屋恒之
校録
六等掌記　臣　沢渡広孝
繕写
二等繕写　臣　小川長和
二等繕写　臣　小島　春

**史料3　何陋軒蔵版『関口隆吉伝』三九―四一頁割注部分**（傍線は杉本）

先人ノ手記ニ云ク。内府公御帰東後ハ、旗本ノ士諸藩ノ人々、各見ル所ヲ主張シ其説ヲ同スルノ徒ヲ集メ、衆議紛々タリ。コノ時要職ニ在リシ板倉・小笠原・稲葉等ノ歴々ヲ初メ、諸有司ニ至ル迄、其善ヲ承順スルモノナク、其悪ヲ匡救スルナシ。只懵然タル迄ナリシ。然ルニ開成所トテ洋学ヲ研究スル学舎モ会議ヲ開クト風聞ヲ承ハリ、其様子ヲ覘フニ開成所ノ役人ガ各藩士ヲ招集シテ議定スルコトアリトノ事故、何事ナルカ、其儘ニ過キ難シトノ趣ニテ、頻リニ注進アレバ、余ハ甚コレヲ疑ヒ一二社友ニ謀リ開成所ニ出頭シテ会議ノ事ヲ親シク聴聞スベシト決シ、正月十五日午後ヨリ一橋御門外ナル開成所へ到リシナリ。案内ヲ通ジ会議ノ要領ヲ質セシニ、紀藩ノ人竹内某ノ答ニ、本所ニ集リシハ、一昨日ヨリナリシ。第一世間ノ新聞ヲ諸方へ報導スル事ト、又向後如何ノ点ヲ取テ進止ヲ決スベキヲ議スル為ニシテ敢テ異情アルニ非ズ。而シテ集ルモノ大概親藩譜代諸藩ニテ会桑ヲ初メ、尾、紀、越、其他大久保、本多、榊原等合セテ三十六藩ナリ。且戦フベク守ルベキ得失利害ニ至ルマデ各自十分ナル意見ヲ発議シ、衆議ノ決スル所ヲ以テ其儘ニ具状スルノ筈ナリト申シタリキ。余輩初メテ之ヲ聴キ驚愕ニ堪へザレドモ、竹内輩ニ対シテハ別ニ弁論スル所ナク竹内ノ取次ヲ以テ頭取タルモノニ面接ヲ乞ヒシニ、頓テ奥ノ間ニ引キテ極メテ広キ板敷ナル処ニ椅子ヲ並ベテ通シタリ。余輩ニ随ヒ来リシ人ハ前橋来助、相原安次郎、松岡萬、山沢源吾ナリシ。本所ノ頭取タル人ト云フハ、神田孝平、渡辺一郎、柳川春蔵、林欽之助ニテアリシ。余ハ先ツ政権奉還ノ美事ヲ説キ、而シテ大阪ノ挙動ノ其義ニ当ラザリシ事ヨリ図ラズモ天譴ヲ蒙リ、官軍不日ニ箱根ヲ越テ来ルベク、是時ニ当テ徳川家ノ臣子タルモノ、如何ニ心掛ケテ然ルベキカノコトヲ発シタリ。各々申スニハ、進デ可レ戦カ退テ可レ守カノ事ハ既ニ議スル所アリ、衆議ノ決スル所如何ノ点ニ帰スベキヤ、計ル可カラズトノ事ナリ。余輩云ク、是国家ノ大事、会議ヲ以テ議定スベキニアラズ。宜シク内府公ノ旨ニ従フベシ。抑モ内府公ノ一橋ニ在スヤ、源烈公ノ遺旨ニ基キ尊王ノ志厚ク真実ノ忠義、天下ノ所レ許、会々伏見ノ変起リ嫌疑百出、遂ニ朝敵ト云フニ至ル。コレ臣子ノ言フニ忍ビザル所ナリ。ソレ頼朝ノ府ヲ鎌倉ニ聞キシヨリ、北条、足利両氏ノ事天下コレヲ何トカ云フ、大義ノ在ル所名分ノ存スル所、其罪不レ可レ遁、諸君コレヲ知ラザルヤ。諸君コレヲ畏レザルヤ。請フ諸君本会ヲ撤シテ奚ゾ忠義ノ言ヲ以テ内府公ニ奉ラザル。皆曰ク、然リ。然レトモ是皆閣老小笠原ノ命ズル所、某輩私ニ会議ヲ止メ難シ。今日ノ事ヲ具状シテ後命ニ従ハント。於レ是余輩去ル。帰路前橋藩主松平ノ邸ニ至リ開成所会議ノ事ヲ報ジ、又明朝城ニ登リテ会議停止ノ命ヲ請ヒ、一ニ内府公平常尊王ノ御意志ヲ傷クナカランコトヲ切ニ希望スル趣意ヲ述ベテ夜半家ニ帰リシ。翌朝会議停止ノ命下リ、守戦ノ論漸ク衰ヘシ。

**史料4 前橋藩廰日記 明治元年正月十五日（維新史料綱本所収 原題「慶応四年御記録」伯爵松平直之蔵）**

正月十五日晴

一 御触元大御目付木下大内記（利義）殿江、左之御通達済御届書、用人迄御留守居共ゟ相遣之、

松平阿波守殿（蜂須賀齊裕、徳島藩主、大廊下）
松平陸奥守殿（伊達慶邦、仙台藩主、大広間）
松平三河守殿（慶倫、津山藩主、大廊下）
松平因幡守殿（池田慶徳、鳥取藩主、大廊下）
上杉弾正大弼様（齊憲、米沢藩主、大広間）
有馬中務大輔殿（慶頼、久留米藩主、大広間）
南部美濃守殿《様》（利剛、南部藩主、大広間）
松平備前守様（池田茂政、岡山藩主、大広間）
松平土佐守殿（山内豊範、高知藩主、大広間）
津軽越中守殿（承昭、弘前藩主、大広間）
松平右近将監殿（武聰、浜田藩主、大広間）
伊達遠江守殿（宗徳、宇和島藩主、大広間）
松平肥前守殿（鍋島直大、佐賀藩主、大広間）
南部遠江守様（信順、八戸藩主、柳之間）

右御名方ゟ通達仕候分ニ御座候、以上

正月十五日

亀井隠岐守様（茲監、津和野藩主、柳之間）

御名家来

三上雄之進

松平御名様

御留守居中

開成所

調方

以手紙致啓上候、然者此度之事件ニ付会議有之候間、今日開成所江有志之者御差出可被成候、尤閣老方ゟ御達も有之義ニ付、此段御達申候、右得御意度如此御座候、以上

正月十五日

**史料5　『被仰出之留』**（国立公文書館蔵）

［1］

大目付

御目付

江

別紙之通

上意有之候ニ付而者、

御目見以上以下次三男厄介、且諸藩士幷百姓町人ニ至迄、有志之輩者見込之次第書面ヲ以、公議所江可被申立候、尤事柄ニ寄、口上を以申立候而も不苦候事、

但公議所御取建相成候迄ハ、評定所江可被申立候、

尤日限之儀者、追而相達ニ而可有之候、

右之趣、向々江不洩様可被相触候、

正月

右書付、伊賀守（老中板倉勝静）渡之、

正月廿六日

別紙

皇国御制度之基本者、全国之公議を以て定むへき者至当之儀ニ付、政権を奉帰
朝廷・諸藩公議を被為尽候様、
奏聞致候儀ニ有之、然るニ是迄之家政向を熟考すれハ、士民之心ニ称はさる事少からす、実以恥入候、就而者此度公議所を設け、
広く衆人之公議を採り、上下之情相通し候様致度候間、銘々見込之趣、不憚忌憚申聞候様、可致との　上意候、

右三通控如例、御側衆江も遣之、

右書付渡方

一　三奉行江　　壱通
　奥書
　右之通可被相触候、

一　御三家　御城附江　［空キ、ママ］
　同
　右之通相触候間、可存其趣候、

一　一橋殿（徳川茂栄、一橋家家主）
　亀之助殿（田安家家主）家老衆江　　壱通
　同
　右之通相触候間、可被得其意候、

一　在府之遠国奉行江　　壱通

同
右之通相触候間、可被得其意候、

一　駿府　甲府　山田　日光　浦賀　佐渡　新潟江次飛脚ニ遣之、

〔2〕

大目付
御目付　江

覚

此度公議所御取建相成候ニ付、布衣以下小役人ニ至迄、頭支配ニ而一人充撰挙致し、可被差出候事、
但、一役五人ニ不満向者、差出ニ不及候、多人数之向者、五十人ニ而一人之割合を以可被差出候事、
右之趣、向々江可被達候事、

正月

右書取、伊賀守達之、

正月廿六日

右上次廻し　御側衆江も遣之、

〔3〕

大目付
御目付　江

覚

此度会議御開相成候ニ付、布衣以上之御役人幷寄合有志之面々、来ル廿九日四時より、大広間江可被罷出候事、
右之趣可被達候事、

正月

右書取、伊賀守達之、

正月廿六日

右上次廻し　御側衆江も遣之、

［4］

公議規則書

一　公議之作法ハ、惣而公議掛之指揮ニ従ひ、座順を乱さす、混雑無之様可致事、
一　公議掛頭取、議題差出可申事、
一　公議中、議題外之議論者、決而致間敷候事、
一　議題中不審之廉有之候ハヽ、公議掛江可承合事、
一　頭取より、同意・不同意相尋候節ハ、異論之有無可申聞候事、
一　公議中、頭取を差置、銘々之議論或者雑話等一切致間敷事、
一　列座之内ニ而、議題差出度向者、公議掛江差出、頭取之取捨ニ従ひ可申事、
一　各局惣裁より、議題差出候節ハ、頭取江相渡、出座可致事、
一　議論二様ニ分れ候節ハ、頭取之指揮ニ従ひ可申事、

右之趣、堅可相守もの也、

正月　　　　　　公議掛（朱筆カコミにより抹消）

右規則書、大奉書竪継紙江認、二通リ上ル、尤大広間・評定所江張候由、

**史料6　神田孝平『会議法則』**（尾佐竹猛編集代表・明治文化会『新聞薈叢』岩波書店、一九三四年、四五五—四五八頁）

会議法則

一条

会議之法、動もすれは諸説区々に分れ、粉乱を生し易し故に、予め法則を立つる事左之如し、

二条

此度会議之趣意は、戮力同心して義を唱へ兵を集め　国家を再興するを主とす、外他義あるへからす

会議に預る者は、定日刻限に急度出席あるへし、
三条
会中ゟ壹人を選み、壹ケ月中演説方となすへし、
四条
各人存意を申出す節、演説方に口上、又は書面にて申述ふへし、
五条
演説方は右書面を請取り、文意を熟覧し、不審之廉あらは承糺し、明瞭に理解すへし、
六条
次に演説方、右書面を高声に読上け、衆中に聞かしむへし、
七条、
衆中異説之者は之を論難すへし、其節演説方其返答すへし、返答し難き儀は説を立て候者江承糺すへし、始終説を立てたる者と難者と直に応対すへからす、演説方其間に居りて双方之意味を貫徹し、可成丈一致に帰せしむへし、
八条
双方之意味行違ひ一致し難き節は、衆説に従ふへし、
但任選者入札を以て定むへし、
九条
衆説之帰する所は、私心を屈して之に従ふへし、自己之説之行はれさるを以て不平を懐き、戮力同心の本意を失ふへからす、
十条
衆議一定之上は一紙に認め、出席人数之姓名を記し、政府に呈して裁断を乞ふへし、
十一条
政府より下問之廉あらは、亦右之手続きにて答へ奉るへし、
十二条
新聞あらは、必す会中に吹聴すへし、会中之か為に新聞帳を設け尽く記録し、会中各人の観覧に便にすへし、

教授職並

**史料7　加藤弘之『会議法之愚按』**（尾佐竹猛編集代表・明治文化会『新聞薈叢』岩波書店、一九三四年、四六〇―四六一頁）（傍線は杉本）

神田孝平

第一　会議は公論を得るを以て主旨とす、蓋し其法則正大ならされは公論を得る事甚た難し、故に先つ其正大之法則を立るを以て第一要件となす、

第二　西洋会議院には必す言官といふ者ありて、都て院中各員の議論をあつめて之を言述し、且つ其他都て院中の指揮をなす、此言官は多くは其院中の入札にて選挙する者なり、此度会議社を立るにも、必す此言官といふを会議仲間の入札にて定め、之を会議頭取と為すへし、

第三　其余之衆員は会議士と称し、席順は出席順と定むへし、偖此席順を以て各其勘考之説を頭取江申出可し、但し大抵は其議論の概略を認て、之を頭取江出し、委曲之事のみ演述するをよしとす、

但頭取物体之議論を請取候後、一々之を高声にて読上く可し、

第四　衆議尽く同一といふ事は甚た難き事故、大半同一する所の議論を取る事となす可し、故に先つ大抵三分の二同一せる説を取るをよしとなす、

第五　先つ第一に議す可き事は、此度の御処置方なり、

但し頭取・会議士共に、自分一論を抱ける事件ある時は、之を頭取江申出して、仲間之衆議を乞ふ事を得可し、

其外猶数多可有之、猶諸君之高議を拝聴いたし度存候、

加藤弘蔵

# 終章　裁き・公・「日本」を問い直す

すでに序章において、空間論的視点に関わる本書の論点、および各部の研究史上の位置づけについてはまとめて記述している。ここでは、各章を横断するテーマである、「身分制社会のなかの公」「近世社会のなかの裁判」「近代的議会制度模索の歴史的前提」「海から見た「日本」と世界」について、本書の成果を総括し、残された課題についても展望したい。

## 第一節　身分制社会のなかの公

本書各章に共通するのは、〈身分制社会における公とは何か〉という問題意識である。幕府や大名たちが「公儀」という公的側面を表す自称を用いたことは、近世社会の達成と上からの編成の両方を表すものだった（序章第二節）。開国圧力を契機として、この「公儀」に対する批判としての「公議」「公論」[1]が登場する。この進展のなかで、「公議」の担い手は、当初の有志大名にとどまらず藩士・草莽層まで拡大した。重要なことは、この過程のなかで、意思決定の主体を、君主や主君といった特定の人格に必ずしも依存させず、複数主体による議論にその価値の保証を置く発想が獲得されていったことである[2]。

「公議」「公論」の問題は、狭い政治史を超えて、社会との接点、思想史・学問史・教育史と相互に刺激しあう視野のなかで論じられてこそ意味を持つ。[3] 本書でその背景として注目したのは、近代的意味での諸階層の情報公開という発想を欠いていた近世社会にあって、社会各層が世の中の出来事を自分たちのやり方で理解し議論する多様な「社会情報」「近世的公開メディア」や、自発的な社会的結合およびそれに基づく場・圏であった。本書の三部構成は、「公」の視点からは次のように位置づけることが可能である。

第一部では、近世武家権力が公的側面を表現する自称として用いた「公儀」とは、社会においてはどのような意味を持っていたのかを、政治空間（政治空間$\alpha$）としての江戸城と裁判から問いなおした。その結論は序章第二節1にまとめた。

第二部では、表現主体と情報の「公開」・統制の問題を取り上げた。一方では、太平洋が政治空間化（政治空間$\beta$）しその海洋情報が国際的に共有されていくという状況のなかで、他方では、商業出版と結びついた「社会情報」「近世的公開メディア」が展開していくなかで、支配層や知識人達も、出版されたものの意味と機能を発見し官版出版のありかたを模索していた。ここでの表現主体とは民・官の両方を含意している。

第三部では、まず、藩重役であり蘭学者であり画工であった渡辺崋山を素材に近世身分制社会の特質を考察し、第二部の民間出版と結びついた文化状況や書画のあつまり（政治空間$\gamma$）のなかから、既存の公私観念を問いなおす個人が出現していたことを浮き彫りにした。彼は、藩組織から離脱し個の技能を誇りとする「天下第一の画工」をめざし、それこそが公だと表明した。そこには近世の秩序を相対化し、新たな社会・国家の仕組みを希求する発想が生まれ出ていた。そして、戊辰戦争という近世から近代への権力の空白期に、「幕末の洋学」者たちの主導により、今まで知られていなかった二院制議会と政体が実現していたことを明らかにした。彼らはこの下院に「公議」という言葉を冠していた。

## 第二節　近世社会のなかの裁判

本書において「公儀」の再検討のための分析対象としたのは、「江戸城」と幕府評定所における裁判であった。「江戸城」と評定所についての空間論的とらえなおしについては、すでに序章第二節1・第二章でまとめているため、ここでは、裁判を近世社会のなかに置きなおすという本書での論点についてまとめておこう。

日本近世は、政治社会[4]から、脱政治化した・された社会が分化・自立しようとする前夜であり、政治権力の介入ではなく民間の経済メカニズムが自己再生産をしていく流れが、伏流ではあるが社会のなかで無視できない存在となりつつあった段階であった。近世日本の政治社会はこの流れを支配の仕組みのなかに組み込むことに必ずしも成功してはいなかった。人格的紐帯に基づく主従制や身分制に基礎を置く近世権力は、「非人格的・没主観的関係[5]」を捕捉しきれていなかった[6]。近世の大名は領地の年貢米を大坂蔵屋敷で売却することによって生計をたてていた。大坂での売買は、米そのものではなく米切手による証券取引であり、蔵屋敷に存在する米の量は、藩の極秘事項であった。その一方、米切手は、現実の米を離れて独自の流通が可能であり、実米の裏付けのない空米切手発行の問題が生じた。切手取得という行為は、身分秩序とは別の論理で動く経済行為であり、商人（切手取得者）は、空米切手について、大名側を幕府奉行所に出訴する可能性を持っていた[7]。

近世日本において支配者は、無数の民衆・情報と直接向き合うというよりは集団の長を押さえる原則をとった。そのなかで、裁判の場とは、支配者側が集団や個人と邂逅する場でもあった。諸集団の身分体系は、各種の儀礼や服制・行為規範だけでなく、身分によって場を分けた牢獄[8]や裁判の場によっても、可視化されていた。評定所での原告・被告対決の場は、公事人（原告・被告）をその座る場所によって物理的に座敷内、上縁《うわえん》・下縁《したえん》（縁側の一種）、地面

（白洲）の四区分に仕分けする空間であった。幕府評定所は、地域や社会のなかで絶えず生み出される多様な身分観念・規定に対して、標準化した格差体系に位置づけるために止むことのない再定義を行い続ける必要があったのである。[9]

逆に、諸身分の側からみると、裁判におけるこの原告・被告対決の場は、口頭で参加することが可能な一種の政治的アリーナ（競技場であり、本書第二章でも明らかにしたように、江戸に集陣した領主や市民など複数の立場からの眼にさらされる場でもあった）でもあり、こうした場に出訴することを彼らは「公儀に出る」と表現することがあった。[10] 権力の自称としての「公儀」という言葉を、訴える村の側から捉え直した用法として注目すべきだと考える。

また、「公儀」の中央政権的機能の重要な働きのひとつであった、個別の支配を超えた複数の支配に亘る紛争（「支配違江懸る出入」）の裁きを担った評定所については、本書は、空間論的視点から、城と都市の両方がかさなりあう政治空間に立地し、城の中核部分と連携しながら、成熟した都市機能に依拠して業務を行うという新しい評定所像を打ち出した。

このように、裁判の場を具体的な空間のなかに置きなおし、社会との関係でみたとき、それは、裁きを行う側によって完全に統御された場ではなかったことが浮き彫りにされてくる。裁判のありかたそのものも不動のものではありえない。

幕府は幕藩体制を克服した真に中央集権的な政治体制を構築することはついになかった。[11] 複数の裁判権が相互に体系化されないまま併存するなかで、評定所は、天明期（一七八一―一八八年）をひとつの頂点に、各種の判決方式を使い分ける精緻な裁判手順を構築していた。複雑な使い分けを大きく二つにまとめるならば、判決書を下達する方式と、決定された内容に対する受諾書を要請する方式とが使い分けられていた。それは、「公儀」の裁判による決定というものを、複合的で複雑な権力編成と、複数の裁判権併存状況のなかで、いかに提示するかという問題状況への幕府の対応だった。幕府は、どのような裁許内容を決定するかという点のみならず、どのような裁許方式・裁許書類を用いてその決定を示すかによって、個々の裁許行為を意味づけたのである。

しかし、幕府の裁きは、次に記すような過程のなかで、現実に対する確定性を縮減していかざるをえなかった。幕府は、重要な論所裁判については、紛争の現地に幕府検使を派遣する方式を定めていた。この方式は、現地で、幕府が裁きの主体として、領主を介さず公事人に対峙する方式であり、その裁きの内容は、担当奉行が連印した権威ある下達書形式（裁許裏書絵図・書下《かきくだ》し）により当事者たちに達せられるはずだった。しかし寛政五年（一七九三）に、費用節減の観点から、幕府検使を派遣すること自体を抑制する方針が老中から三奉行に示された。寛政七—八年（一七九五—九六年）ごろには、一旦出された判決が領主の側からの再論要求により撤回され、また、裁きを下した奉行が交代したあとでも裁許決定に対して再論を提起しないことを受諾させるための永続的な受諾形式（上証文《あげしょうもん》）が廃止に追い込まれた。少なくとも一八世紀末以降幕府倒壊までの約半世紀の間は、本来ならば、当座の決定を受諾するに過ぎない手軽な受諾形式（請証文《うけしょうもん》）を、幕府にとってはもっとも重要な、自ら現地調査を行い確定力をもつ判決を行うべきと位置づけたケースにも用いるという運用を行わざるをえない状況となっていた（本書第三章）。

本書第三章の冒頭で触れた、近世の判決手順についてのこれまでの法制史の通説——判決手順の中核に請証文を置いて全体を理解する——とは、この徳川政権最後の半世紀の、請証文に頼らざるをえなくなっていた幕府の状況を、近世の裁きの本来のものとして無批判に受け入れた結果生じた誤った理解だったということができる。

第三章での検討は『裁許留』を素材とした判決手続きの検討という極めて限定されたものではあるが、「公儀」の裁きが本書で言及したような矛盾と限界性のなかにあったという事実は、裁きと裁判外での解決——すなわち、政権からは非合法と位置づけられた訴え、社会のなかでの解決、裁判および裁判外にまたがる内済の問題、および国持大名らの「訴訟」も含む政治的決着のありかた——との問題（本書第一章第二節2）を改めて浮上させてくる。裁きの政治史、権力・社会編成論と有機的に切り結んだ裁判史研究が求められており、それを踏まえた近世後期—幕末史政治史があらためて論じられるべきであろう。

## 第三節　近代的議会制度模索の歴史的前提

わたくしは、近代日本の議会制度は、単に西欧諸国の模倣ではなく、近世における政治経験と政治空間を前提に模索されたのであり、その模索には、「公議」「公論」の議論とともに、第一部で分析対象とした評定所の存在が重要な役割を果たしていたと考えている。第三部では、開成所の主導により「公議」の名を冠した下院（公議所）が実現していたことを明らかにしたが、この公議所は、当初評定所に設置された。これは、評定所が、江戸城のなかでも諸身分がアクセスしやすい〈境界空間〉（第二章）に置かれていたことによるものであるとともに、立法・行政・司法の三権が分立していなかった近世において、裁判機能を持つとともに、幕府の諸局の会議体として、老中の、立法・行政的分野に関わる諮問にも答える議論を行っていたという、近世政治のなかの評定所の位置と機能に無関係ではないと考えられる。

身分制議会を欠いていた近世日本にあって、幕末維新期の人々はしばしば評定所を足がかりに西欧の議会制度を理解しようとしていた。たとえば、元治元年（一八六四）『海外新聞』は英国議会を「上の評定所」「下の評定所」と記述していた(12)。また、これまで指摘されたことはなかったが、開成所出身で徳川慶喜側近として戊辰戦争を迎えた西周の『議題草案』における議政院も、全国立法の府であると同時に、個々の支配領内で県令や大名の治め方がよろしくなく百姓一揆や家中分党が起こり人数が百人より多い場合は、その曲直刑罰は議政院の捌きにまかすこと、訴訟は全国行政の府たる公府の全国事務府に出訴しその裁許は議政院に移すこととされており、明らかに幕府評定所をモデルにしたうえで改定を加えた案である。西は、私曲を自ら抑止するという、「西洋官制」における三権分立の意義を十分承知のうえ、当時可能な政体を構想したのであり[13]、近世社会が作り上げた政治社会の在り方を基盤として新たな政体を模索しようとしていた。

これまで、幕末史における議会模索の動きは、政治家サイドによる政権構想の問題としてもっぱら論じられていた。しかし本書では、政権からは、政権を危機に陥れる存在であるとともに西欧列強への対峙には不可欠の言語能力・知識・技術をもった存在として、諸刃の剣として位置づけられてきた幕末の洋学者たち——本書では、彼らを、学問ネットワーク・結社といった自発的な社会的結合と国家論の交差する地点に立っていた存在ととらえている（序章）——が、開成所という制度化された場・空間（序章）を得て、新たな議会制度を実現化していたことを明らかにした（第七章）。

開成所は幕府による当初の設置意図を超えて、メンバーの主体的営為がそのうえで展開する場となっていた。慶応四年（一八六八）正月、鳥羽伏見の戦いに敗れた徳川慶喜が江戸に逃げ帰った直後に開催された開成所会議は、中央権力不在状況のなかで各地の幕領やその周辺を中心に叢生していた「非公式会議」のなかでも、異色の会議であった。他の「非公式会議」のように藩に基盤を置くものではなく、開成所の「会議一同」から「尽忠有志諸君」へ呼びかけられた前代未聞の会議であった。この会議は開成所教授職柳河春三が主導し、一橋系陸軍有志グループともネットワークをもつ蕃書調所（のち、開成所）出身の徳川家目付阿部潜、譜代大名家中とネットワークを形成していた紀州徳川家家中武内孫助らが支え、「建白之徒、市ヲ成シ」と報告されるほど広範・多人数の参加を得た。開成所の、すでに政体構想を執筆していた加藤弘之（文久元年一二月序『鄰草』）・津田真道（慶応三年九月『日本国総制度　関東領制度』）そして神田孝平らが、柳河を支える主要メンバーとなり、加藤・神田が練った会議ルールを会衆に提示して会議は進められた。また、柳河が構築していた会訳社などの経験に裏打ちされた、会議と恒常的な情報蓄積・公開の場である

「会中」という新しい自発的な社会的結合ともいうべき形態を企図していた。

次に、同二月に徳川家のもとに設置された公議所は、津田と、開成所での津田の同期でありこの時期に江戸に帰還した西周が中心となって、開成所会議の経験をふまえて設置された。おそらく、二度にわたる蕃書調所頭取の経験を持つ大久保忠寛のバックアップがあったと考えられる。本書では、この公議所が、二院制議会の構想の下にあったことを初めて明らかにした。すなわち、城内（当時城内の中核部分となっていた西丸）に設置された大広間会議を上院とし、公議所は下院の位置に据えられていた。この二院制議会は、慶応三年（一八六七）に、当時徳川慶喜の側近であった西周が慶喜のために執筆したとされる『議題草案』の構想をもうけついでいた。そして徳川家に設置された「新総裁制」と密接な関係をもつ議会として構想されていた。開成所の洋学者たちは、最新の西欧知識とともに、開成所での会議・情報発信・共有の実績、そして評定所を手掛かりとして、独自の政体構想[14]を実行に移したのである。慶応四年正月の江戸に出現したこの公議政体を、原口のかつての公議政体論理解のような、諸侯会議[15]の範疇で理解することはできない。

戊辰戦争のさなかという権力と社会の変動の坩堝のなかにあって、開成所メンバーが作り上げようとした開成所会議や二院制議会を擁した開成所公議政体は、徳川家当主の隠遁という政治的判断を乗り越えて存続することはできなかった。それは結果としては、ヘゲモニーを握る権力の空白期の須臾の存在に過ぎなかったといえるかもしれない。しかしそれは、単なる胸中のプランや著作で表明されただけではなく現実の政治の場[16]として形作られ、江戸城と都市江戸（第二章）のかつてない広い階層に対して、そしてその情報を察知した京都の維新政府や各地の人々に、新しい政体のありかたを提示し問うたのである。

ほぼ同時期（慶応三年一二月—慶応四年正月）、京都で維新政府側が打ち立てようとしていた二院制議会構築がいかに苦難の過程を辿っていたかについては、高橋秀直が空間論的視点を用いて見事に描き出している。当初政権の政策決定の場とされた禁裏御所では、武家参与は入口付近の「仮建」にしか入ることが許されなかった。高橋もいうように、まさに「空間の問題は政治の問題[17]」であった。今後、これらの視点や事実をふまえて近代議会形成史の問題が論じなおされる必要がある。

## 第四節　海から見た「日本」と世界

海は、一国史的な歴史を止揚しようとする研究動向のなかで、人の移動や物流を媒介する場、あるいは国家を超える地域を媒介する場として注目されてきた。しかし、本書で明らかにしたのは、近世から近代の社会にとっての海とは、そうした場にとどまらない性格を持っていたという点である。それは情報共有と競合の場としての海である[18]。前者すなわち情報共有の側面は海図という刊行情報を共有する経験として本格化し、後者すなわち競合は、このような知識共有された空間における領土の主張という課題として新たな段階に入った。海に視座を据える歴史学とは、「一国史を超える」という発想よりさらにその先の、「一国史の束として描かれる世界史を超える」可能性をも内包しているということもできるかもしれない。海の情報を世界的規模で共有するという経験は、国際的な情報公開の考え方、日常情報の統制、国土観[19]へも影響を与えていったのである。これらの点について、以下、第二部・第三部で記述した内容を総括しながら、近代への移行についても言及していきたい。

一八世紀以降、世界的規模で、多様な世界像から、ある特定の世界像・世界把握の方法が政治的意味を持ち始めた状況（本書第五章）が現出していた。一七六〇年代英国において長い間航海の課題であった経度の計測が実用化されると、陸地を離れた海洋のただなかでもその位置を確定することができるようになった。そして、帆船の時代には風まかせで行程を予想することが難しかった航海は、一九世紀の蒸気船の実用化により、迅速な、そして予定航路を計画することができる航海へと変わった。海は、もはや、かつてのような、とらえどころもない液状の空間でも、風まかせの移動しかできない空間でもなく、確実に計測することができる空間、計画的な移動が可能な空間へと変容した。それは、大洋の政治空間化（政治空間$\beta$）をも意味していた。

そしてこの過程とほぼ並行して、こうしたデータを搭載した近代的海図を国際的に共有する体制が、英国主導で構築されていった。ここで近代的海図と呼ぶのは、第一に経緯度という国際的に共有できるデータ方式に立脚し、第二に、国家機関が作成から公開にまで関与し、国際的に共有される海図をさしている。

西洋社会にとって「日本」とは、南極・北極を除けば「地球最後の未測海域」と一部重なる島々の集合体であり、このような状況のなかで、経緯度情報に位置づけられた「日本」の海岸線確定と近代的海図としての表現方式にのっとった情報公開が、西欧諸国から徳川政権に要請されていくことになる。海をめぐる国際的公刊情報共有体制ともいうべき状況が「極東」を包囲しつつあるなかで、「日本」像をどう国際社会に提示するか、これに連動した国内の出版統制をどう行うかというこれまでにない問題が出現したのである。

この視点をいち早く看取したのは、幕府から伊能忠敬測量図の刊行を命じられた開成所メンバーであった[20]。彼らは、こうした状況に対応すべくそれまでにない新たな出版検閲をも提案していた（第五章）。その一方で、彼らは、それまでの「近世的公開メディア」（第四章）や社会情報（序章）とは異なる、新聞や雑誌といった新たな出版のありかたを自主的に模索していた。

彼らによって作成された、初めてのオフィシャルな日本図である『官板実測日本地図』は、伊能忠敬の実測地域に、当時幕府が有していた外国製の詳細図や測量データを加え、経緯度マトリックスのなかに据えた、一見、現代の私たちが見ても違和感のない、近代地理学によって表現された「日本」図に見える。しかし、その検討過程および完成図の詳細な検討からは、この図が当時の国際情勢のなかで、カラフト・千島・小笠原・琉球諸島という国際合意に到達していない地域の表記について、周到な配慮のもとに表現を選び取って作成されていたことがわかる。すなわち、ここで「日本」は、第一に日本として自明な地域と、そうではない地域に分けられ、第二に「日本」の外形線確定は慎重に回避されていた（第五章）。

『官板実測日本地図』が示した「日本」は、一二五〇―一八〇〇年を対象とした羽田正編『東アジア海域に漕ぎだす1　海から見た歴史』（東京大学出版会、二〇一三年）と、近代を論じた山室信一編『岩波講座「帝国」日本の学知8　空間形成と世界認識』（二〇〇六年）との間の重要な転換点を具体的に示しているともいえよう。前者は、「この世紀（一八世紀――杉本補足）は、東シナ海をこえて世界をみわたすと、北太平洋が姿をあらわした時代ということができるが、それをきりひらいた欧米船が、領土・境界という概念・作法をもちこんできたのである」[21]との見通しを示し、後者は、近代の帝国形成と空間の問題を論じている。一八六八年成立したばかりの維新政府は、英国測量隊と協力して日本沿岸測量を開始し[22]、一八七一年に水路局を創設、一八七二年には東北地方釜石港についての日本版海図を刊行した。そして自分たちの全ての国土の海岸・沿海を可視化するまえに、諸外国への帝国主義的進出のための測量・海図作成を行った。一八七三年には南西諸島から台湾にかけての測量を実施、一八七四年、台湾・香港に至る海図を刊行し、台湾出兵に踏み切った[23]。

開成所が、近代地理学のフレームワークを使用しながらも、均質な国土空間と確定された国境をもつ近代的国土として描くことはしなかった『官板実測日本地図』は、一方で、新たな政府のもとで増刷され、各官庁において近代国家建設の基礎データとして使用された。一八八二年、開成所出身の西周は、山県有朋の依頼で執筆した「憲法草案」において、現在の本州にあたる地域を「日本」と呼び、「筑紫」「四国」「蝦夷」およびその属島（千島・佐渡・隠岐・対馬・壱岐・五島・天草・大島・沖縄・伊豆大島・八丈島・小笠原島その他を「デパンダンス」と呼んでいる）の総称を「大日本」とするという、大英帝国に範をとった国土案を示した[24]。

空間論的にみたとき、近世から近代への移行とは、国民国家論が描いたような、均質な国土空間と明確な国境をもった「日本」の形成というよりも、不均質な空間から別の階層をもった空間への移行であるととらえることができるのではないだろうか。その国境は、拡大させることを想定しうる可変的な国境であり、経緯度データにより、地球上どこにあろうと捕捉可能のはずであった。[25]

一方で、幕末期に姿を現しつつあった政治空間γとそれを支えた情報世界・議論の慣習に対して、維新政府は江戸に到達するや早くも統制の網をかけた。慶応四年（一八六八）四月一一日江戸に入った維新政府は、閏四月二一日には、政治組織の大綱「政体書」を公布、二七日に頒布した。その直後、早くも、新著・翻刻類は総て官許を得なくては売買禁止という太政官布告を発した。[26] 会読もまた禁じられ、一方的な講義という学問方法がとられるようになっていく。[27]

「近世的公開メディア」に特徴づけられた社会情報も、近代国家建設のなかで否定されていく。明治五年（一八七二）岩倉使節団の一行としてワシントンに滞在中の久米邦武と畠山義成は「ソサイティ」の訳出と格闘していた。彼らは、社会というこんにち定着している訳語はもちろん、会社・会聚・会・社・組・座といった人々の集まりや自発的な社会的結合を表す日本語のどれもが、「正義と動きを帯びた語」society を訳すには不十分で、「社交」という言葉をあてるしかないと考えた。久米は、のちに（一九二一年）雑誌『解放』に「社会観念は日本歴史になし」という論文を発表する。[28]

周知のように久米邦武は草創期の日本古文書学に大きな足跡を残した人物である。[29] 久米が日本歴史に社会観念なしとした見方は、次のような、彼の、足下にあった「社会」への痛烈な批判と切り離すことはできない。

私宅の隣に寄席がある。（中略）其寄席は正史実録の軍談場で、道徳的の史学講演を聞て居るのです。又歌舞伎座も近いが、是にも男女共に高い会費を出して、道徳的の史学をなすのです。世の中に冷淡から出た道徳的の史学は（この「冷淡」とは現実生活を合理的に直視しないという意味に使われている――杉本注）、大抵此類で、正史実録とて読も聞も夫につきて忠姦邪正を品評して或は怒り或は泣きて、其座の感情に愉快を覚ゆるの外は、何の益があるのですか。全体歴史事実に品評を極むるといふことからして無用なことです。其上動《そのうえやや》もすれば社会に寄席芝居の模擬をさせ、さなくとも社会を道徳的に思想を誤らせて利益競争に失敗を取らする弊害は甚多い[30]。

寄席芝居に影響されて情動的な見方しかできないと当時の日本社会を批判する立場に立つ久米は、「正義と動きを帯びた語」society に相当するものを、それまでの自分たちの歴史のなかに見出すことができなかったのである。

しかし、わたくしは、本書において、このような社会情報・「近世的公開メディア」そして自発的な社会的結合のなかに近世社会の世界解釈の可能性を見出し、それを手掛かりとして新しい価値や政体を模索しようとする人々が出現していたことを指摘した（第二部・第三部）。

本書で試みた政治空間論とは、歴史と歴史的主体を具体的な空間のなかで問いなおす方法論であり、「政治空間と都市空間からなる「江戸城」」「城の〈境界空間〉に置かれた評定所」「裁判から問いなおす「天下の公儀」」「近世的公開メディア」「社会情報」「君主的公とは異なる公の発見」「自発的な社会的結合と国家論の交差点に立つ蘭学者・洋学者」「制度化された自発的な社会結合」「近代的議会制度模索の歴史的前提」「地球レベルでの情報共有と競合の場としての海」「海からみた「日本」と世界」という視角を提示した。まだ全体史には及ばない点と線を描いたにすぎないが、近世社会で何が達成されたか、どのような限界を持っていたのか、何が受け継がれ何が否定されていくのかを問う視点を、分野を横断した独自の形で具体的に示すことができたならば、本書の役割はひとまず果たせたことになる。「近代前夜の成熟[31]」を考えるにあたって、国内的要因と国外的要因という区分けのうえに歴史事象を位置づけて論じる姿勢が意味をなさないことは、本書の行論のなかで示すことができたのではないだろうか。本書のなかで描いてきた人々は、「日本」が、概念のうえでも具体的な像としても必ずしも共有化・固定化されていない歴史空間のなかで、考え、行動してきたのである。

（1）「公議」「公論」の研究史については、山崎有恒「公議所・衆議院の設立と『公議』思想」（明治維新学会編『講座明治維新3　維新政権の創設』有志舎、二〇一一年）、一一八―一二二頁。また政治理念としての「公議輿論」についての概念整理は、井上勲「公議輿論」「公議政体論」（『国史大辞典』吉川弘文館、一九七九―一九九七年、Japan knowledge）。

（2）井上勲「ネーションの形成」（『近代日本政治思想史　I』有斐閣、一九七一年）は、「忠誠行為の複合体系」としての幕藩制的支配体制（九二頁）から、「輿論」の担い手の拡大化と「公論」概念の超越化・活性化が「公議輿論」を誕生させた（一〇二頁）ことを描き出している。三谷博は「公論」について、西洋諸国による開国圧力への対処のなか、諸々の政治共同体のなかで「日本」というまとまりが重要な地位を獲得した段階に、幕府の専制・恣意に対する抗議のために使われ始めたと位置づけている（三谷博「維新と「公議」――最初の「公議」政体創出の試みを中心に」近代日本研究会『年報・近代日本　一四』山川出版社、一九九二年、二七―三〇頁。同「「王政」と「公議」」『明治維新を考える』有志舎、二〇〇六年、七一頁）。また原口清は、公議政体論を、慶応三年という特殊段階に成立したもので、「王政復古政府」はそれを体現していたとし、①幕府の補助的・諮問的な会議（列侯会議）・議事制度ではなく幕府制の廃止と結びついていること、②会議（列侯会議）や議事制度が、専制政治の従属物ではなく国家意志の最高決定機関に位置づけられていたこと、③封建的個別領有権の維持を前提とする諸侯の連合政権であったこと（絶対主義的性格をもつ政体ではない。諸侯は領有権保持の資格においてのみ、国家意志の最高決議機関たる「議院」に参加し「公議」を行う）、④平和的手段により構想を実現しようとしたことを指摘していた。そして、鳥羽伏見戦争以降の「維新政府」は、これとは異なり、官僚の独裁国家の方向が打ち出されたとした（原口清『原口清著作集　3』岩田書院、二〇〇八年、第一章）。

（3）この点を明快に提示したのは、宮地正人である。宮地は、幕末社会を、「急速に形成されつつあった国民的輿論＝「公議輿論」と、幕府の専制的・家産制的政治支配との間の構造矛盾」によって特徴づけられた社会だと位置づけ、これを「「公論」世界の端緒的成立」と呼んだ。また、宮地は、幕末維新期の巨大でダイナミックな過渡期を動態的にとらえるためには社会的な広がりと深みから政治過程を逆照射する必要があると指摘して、それを「社会的政治史」と名付けた（一三六頁）。そして、①一八世紀後半から一九世紀にかけてとくに蘭学や国学が被支配階級の社会論・国家論形成に不可欠な前提となっていき、②私的な営為・表現としての漢詩・和歌・俳句・書・絵画などが登場するなど広範な分野で社会の人々が独自の表現・議論を求めるようになることに注目した（宮地正人『幕末維新期の社会的政治史研究』岩波書店、一九九九年、「本書の視角」、第三章）。宮地はその後開成所研究や国学者に注目する検討を行っていく（同『歴史のなかの『夜明け前』――平田国学の幕末維新』吉川弘文館、二〇一五年）。

（4）本書序章注（4）参照。

（5）大平祐一『近世日本の訴訟と法』（創文社、二〇一三年）、一五六頁。

（6）近世裁判手続の身分的性格については、小早川欣吾『増補　近世民事訴訟制度の研究』（名著普及会、一九八八年、九九―一二三頁）。本書第三章第三節で言及する、金公事における証書重視主義についても参照のこと。

（7）高槻泰郎『近世米市場の形成と展開』（名古屋大学出版会、二〇一二年）、第五章。

（8）ダニエル・V・ボツマン『血塗られた慈悲、笞打つ帝国。江戸から明治へ、刑罰はいかに権力を変えたのか？』（合同出版、二〇〇九年）、九一―一〇〇頁。

（9）たとえば幕府寺社奉行の間で編纂・書写された『当用便覧　一』（国立公文書館）にはその仕分け方が詳細に記されている。この構造は町奉行所・勘定奉行所も共通している。寺社奉行所では上通・下通・浪人台・砂利の四段階に分けられた。この吟味座順の扱いの実態については、尾脇秀和「吟味座順と身分・職分」（『日本歴史』七六六号、二〇一二年）で詳細に紹介されている。しかし、幕府側の方針を「曖昧さ」「ごまかし」「表面的な平穏」などという、定義されていない言葉で説明する分析方法には再考の余地があろう。

（10）杉本史子『領域支配の展開と近世』（山川出版社、一九九九年）、二七〇頁。

（11）ここでの比較軸は、伝統中国においては皇帝から最末端の行政区画である県または州までの国家的行政組織が、そのまま国家的裁判組織であったという、寺田浩明の見解を念頭に置いている（同『中国法制史』東京大学出版会、二〇一八年、一五二―一五五頁）。なお、寺田見解についての本書の理解については、本書第三章注（110）参照。

（12）尾佐竹猛『日本憲政史大綱　上』（日本評論社、一九三八年）、四一頁。

（13）大久保利謙編『西周全集　第2巻』（宗高書房、一九六二年）、一七四頁。

（14）坂野潤治は、文久三年以来検討され、王政復古直前にいったんは成立しかけた議会論（藩主の上院と藩士代表の下院の二院制）について、重要な財権と兵権は行政府でも議会でもなく議員たる各藩主が握っているため、憲法は必要なかったとし、行政府と立法府の権限を明確にする憲法は論じられなかったとの理解を示している（坂野潤治『未完の明治維新』筑摩書房、二〇〇七年、一二三―一二五頁）が、本書では、大広間会議・公議所は、行政府と立法府の関係をも問題にする視点を胚胎していたと考えている。この二院制を主導した津田真道は慶応二年（一八六六）にすでに、大日本帝国憲法よりはるかに議会主義的な憲法論（坂野・二〇〇七年、四三―四五頁）『泰西国法論』を脱稿し幕府に提出していた。さらに、進献本とは別に、手元に残った控本を基にして、慶応四年（一八六八、四月以前）開成所から刊行した（大久保利謙「津田真道の著作とその時代」大久保利謙編『津田真道　研究と伝記』三陽社、一九九七年、三九・四四頁）。本書で明らかにしたこの時期の開成所の性格をふまえると、この開成所からの刊行は、従来の旧幕府の一組織としての刊行ではありえない。坂野は津田の「日本国総制度」を、大久保以来の「公議会」論を憲法風に書き換えたものに過ぎない（坂野・二〇〇七年、四四頁）と理解するが、本書の評価はこの点では本文に記したように（第七章2）坂野とは異なる。ただし、津田については、国学的素養に立っており、主権を主《ぬし》の権と理解していた可能性も指摘されている（坂井雄吉「フィッセリングとブルンチュリ」大久保利謙編『津田真道　研究と伝記』三陽社、一九九七年、一九九頁）。慶喜の隠遁を超えてこれらの二院制が存続することができなかったことはその限界性をも暗示している。これらの点を踏まえて今後の検討が必要とされる。

(15) 本書第七章はじめに1参照

(16) かつて原口清は、徳川慶喜の評価をめぐる石井孝との論争の中で、政治史の方法論について次のように述べた。「政治の世界は、宗教や倫理の世界とは異なる。現実の政策として提起され、外部に働らきかけられるのでなければ、慶喜の政治的性格を規定する第一義的要素としてとりあげられるわけにはいかないのである。（中略）そしてこのような考察のみが、政治史を、個人の胸中に去来する主観的願望から説明するのではなく、客観的諸条件と主体との相互関連のなかで、その法則性を解明する科学たらしめるものであると私は考える」（『原口清著作集3』（岩田書院、二〇〇八年）、二二一頁）。

(17) 高橋秀直「禁裏御所の政治空間と大坂遷都問題」（同『幕末維新の政治と天皇』吉川弘文館、二〇〇七年）、五二一頁。

(18) 後藤敦史「幕末外交と日本近海測量」（『歴史学研究』九五〇号、二〇一六年、七三―八一頁）もそうした関心からの成果と位置づけることができる。

(19) Fumiko Sugimoto, "Modern Nautical Charts and Geo-Bodies." The Third Global History Seminar Workshop: Sources in Global History, Institute for Advanced Studies on Asia, The University of Tokyo, January 28, 2017. Fumiko Sugimoto. "Sea changes and the geo-body: the creation of 19th century 'Japan'"（「海洋の変容とgeo-body——19世紀「日本」の創出」）. paper

presented at The Meiji Restoration and its Afterlives: Social Change and the Politics of Commemoration: Critical Reflections on the 150th Anniversary of Japan's Meiji Restoration. New Haven, Edward P. Evans Hall, Yale University. Sep. 15-17. 2017.

(20) 杉本史子「新たな海洋把握と「日本」の創出――開成所と幕末維新」(『日本史研究』六三四号、二〇一五年)、一七―二一頁。

(21) 羽田正編、二〇一三年、一九九頁。

(22) L. N. Pascoe, "The British Contribution to the Hydrographic Survey and Charting of Japan: 1854 to 1883" (日本水路協会『水路研究論文集』、一九八二年、三五九―三六六頁)。

(23) 山室信一「国民帝国・日本の形成と空間知」(山室信一編、二〇〇六年)、二三―二九頁。

(24) 大久保利謙『西周全集　第二巻』(宗高書房、一九七一年)、二〇一―二〇二頁。明治一四年(一八八一)三月に、欧米の憲法制度にならった国憲案を提出していた元老院の国憲取調局が廃止され、憲法制定の模索がなされていた。山県(明治一二年一二月提出)をはじめ諸参議は、意見書を左大臣に提出していた。明治一五年、元老院国憲案を批判した伊藤博文による憲法制定検討作業が開始される(清水伸『明治憲法制定史(上)』原書房、一九七一年、一七七―一九九頁)。

(25) 一般的には、主権国家は一八七一年の廃藩置県により成立する一方、「他者としての国民国家システム」の成立は日清戦争後の一八九〇年代にようやく成立する、それは同時に植民地台湾をもつ帝国日本の成立だと理解されている(原田敬一「総論　立憲制と帝国への道」明治維新史学会『講座明治維新　第5巻』有志舎、二〇一二年、五頁)。また、高橋秀直『日清戦争への道』(創元社、一九九五年)は、日本が近代化政策実現のために必然的に大陸国家化(朝鮮・清国への侵略政策)を選択したことは日本の資本主義化にとって不可欠であったとの主張を否定し、一九九〇年代には多くの研究者に支持されるようになっている(大谷正「日清戦争」明治維新史学会『講座明治維新　第5巻』有志舎、二〇一二年、一二〇―一二一頁)。その一方で、本書で述べてきたように、ひとつのまとまった国土という概念の成立が、同時に、従来の支配傘下の階層性を組み替えた、別の階層性の成立をも内包していたことは留意されるべきであろう。

(26) 『毛利元徳家記』(東京大学史料編纂所、四一七五―一一六三)によれば、この布告が松代から廻達されたのは、同二九日だった。

(27) 瀧井一博『渡邊洪基』(ミネルヴァ書房、二〇一六年)、一七頁。

(28) 木村直恵「《society》と出会う――明治期における「社会」概念編成をめぐる歴史研究序説」(『学習院女子大学紀要』第九号、二〇〇七年)、一―三二頁。なお、瀧井一博は、東京大学初代総長渡邉洪基を、「知の水平的ネットワーク」を追いながら「一極集中の知の要塞としての帝国大学」と中央集権的官僚機構構築に寄与した人物として描き、その渡邊のひとつの出発点となったのは明治初期の在欧中に出会ったsociety(各種の団体)であったと理解している(瀧井一博『渡邉洪基』ミネルヴァ書房、二〇一六年、七七頁)。

(29) 杉本史子「史料学の試み――「モノとしての史料」を問い直す」(齋藤晃編『テクストと人文学――知の土台を解剖する』人文書院、二〇〇九年)、五〇―七〇頁。

(30) 久米邦武「史学の独立」(『史学雑誌』第四編第四一五号、一八九三年。のち『久米邦武歴史著作集　第三巻』吉川弘文館、一九九〇年)、一九頁。

(31) 井上勝生「書評　高橋秀直『幕末維新の政治と天皇』」(『史林』第九一巻第二号、二〇〇八年)、一五一頁。

(付記) 本書脱稿後、三谷太一郎『日本の近代とは何であったか――問題史的考察』(岩波新書、二〇一七年)に接した。三谷は、ウオルター・バジョット(一八二八―一八七七)の議論を引き、「前近代」と「近代」を、「慣習の支配」と「議論による統治」として対比させる立場に立って、自律的資本主義、植民地の法的定義、日本近代を貫く機能主義的思考様式など、明確な定義のもとに、総論としての日本近代を見事に描き出している。その前提となる近世日本理解については、公儀の捉え方など必ずしも本書と一致しない部分もあるが、公儀から公議へという方向性への着目、知的共同体への共感など、本書の視角と共鳴する部分も多い。バジョットら一九世紀ヨーロッパ知識人の「近代」概念自体、同時代の、彼らにとっての「非ヨーロッパ」との邂逅無くしては生み出されなかった。ここでも、歴史の発見と空間の発見が不可分に結びついている。この点は今後、三谷の成果を踏まえて深められるべき課題だと考える。

# 初出一覧

序章　空間と主体の近世政治史　書き下ろし

**第一部　政治空間としての江戸城と裁判――「天下の公儀」を問い直す**

第一章　近世の政治体制と裁判権の特質　書き下ろし

第二章　城と都市のなかの評定所　書き下ろし

第三章　「公儀」の裁きとは何か

「「裁許」と近世国家――口頭・文字・絵図」（黒田日出男、M・E・ベリ、杉本編『地図と絵図の政治文化史』東京大学出版会、二〇〇一年）、「近世裁判再考」臼井佐知子、H・ジャン・エルキン、岡崎敦、金炫栄、渡辺浩一編『契約と紛争の比較史料学――中近世における社会秩序と文書』（吉川弘文館、二〇一四年）を全面的に改稿した。

**第二部　政治空間化する太平洋と「日本」――地球的世界のなかの表現と公開**

第四章　異国異域情報と日常世界――近世的公開メディア

初出は、「異国・異域情報と日常世界」（荒井泰典・石井正敏・村井章介編『日本の対外関係6　近世的社会の成熟』吉川弘文館、二〇一〇年）。

第五章　公開される「日本」――新しい海洋の登場と出版文化の変容

初出は、「地図・絵図の出版と政治文化の変容」（横田冬彦編『シリーズ〈本の文化史〉4　出版と流通』平凡社、二〇一六年）。

**第三部　新たな政治空間の模索と政体構想**

第六章　画工と武士のあいだ――渡辺崋山、身分制社会のなかの公と私

初出は、「絵師――渡辺崋山、「画工」と「武士」のあいだ」（横田冬彦編『シリーズ　近世の身分的周縁2　芸能・文化の世界』吉川弘文館　二〇〇〇年）。

第七章　開成所会議と二院制議会――慶応四年初頭、江戸の政治空間　書き下ろし

終章　裁き・公・「日本」を問い直す　書き下ろし

再録分についても、図表や字句の修正を施した箇所がある。また必要に応じ、補注を付した。なお、本書は、基盤研究（C）（一般）「近代国家模索の歴史的前提――一八―一九世紀、「極東」のなかの「日本」」（代表杉本史子、17K03094）の成果の一部である

# あとがき

本書は、書き下ろしと、著者がこれまで発表してきたもののなかから政治と社会に関わる諸論考に大幅に加筆したものとを、一書にまとめたものである。個々の論文には、政治空間という用語を必ずしも明示していなかったものもあるが、その底流には一貫して歴史的空間への関心が置かれていた。

本書の出発点のひとつは、日本・アメリカ・ドイツの日本研究者が、近世日本の政治文化を地図・絵図から論じた、黒田日出男、メアリ・エリザベス・ベリ、杉本史子編『地図と絵図の政治文化史』（東京大学出版会、二〇〇一年）にある。本書では、この論集において横山伊徳、ヘンリ・スミス、杉本らが提出した論点をふまえその後展開した見解を記述している（第三章・第四章・第五章・第七章）。

また本書は、近世絵図についての諸分野からのアプローチのプラットフォームを形成することを目指した、杉本史子、礒永和貴、小野寺淳、ロナルド・トビ、中野等、平井松午編『絵図学入門』（東京大学出版会、二〇一一年）成果を、歴史学の側から捉え直したものである。同書は、その英文タイトル *Ezu, Society and the World: An Introduction to Early Modern Japanese Maps* が現しているように、絵図・地図とは、孤立した中立的なテクストではなく当時の世界や社会というコンテクストのなかで機能しており、また身分制社会のなかのモノの身分体系のなかに組み込まれていたことという立場にたっていた。この点について、千葉敏之氏が「（近代史学形成時に切り捨てられていった——杉本補足）画像がようやく、社会におけるコミュニケーションという正しい文脈に戻された」（千葉敏之「画像史料とは何か」（吉田ゆり子・八尾師誠・千葉敏之編『画像史料論　世界史の読み方』（東京外国語大学出版会、二〇一四年）と評してくださったのは、画像研究についての広い視野からの重要な指摘である。

英語圏の近世史研究においても、Marcia Yonemoto, *Mapping Early Modern Japan: Space, Place, and Culture in the Tokugawa Period (1603–1868)* (University of California Press, 2003) や、Kären Wigen, *A Malleable Map Geographies of Restoration in Central Japan, 1600–1912*, (University of California Press, 2010) が出版されてきている。そのようななかで、Kären Wigen, Sugimoto Fumiko, and Cary Karacas ed., *Cartographic Japan: A History in Maps*, (The University of Chicago Press, 2016) において、国内外の日本関係研究者と、一六世紀以降二〇一一年の東日本大震災までの「日本」について地図を素材に論じたことは、外側から「日本」をみるという貴重な経験となった（この点については、東京大学ウェブサイト UTokyo Biblio Plaza (http://www.u-tokyo.ac.jp/biblioplaza/ja/) に、著者の自著紹介文として掲載予定）。

なお、『絵図学入門』をふまえた、直接絵図・地図に関わる論考、およびそれに関わる史料論は、別に一書としてまとめたいと考えている。ただ本書においてあらかじめ付言しておきたいのは、図として視覚化するという行為、特に絵図・地図という世界や社会を図化するという行為は、限定的な共同体を超えた他者に対しての、支配や、合意や、主張という、政治性に深く関わっていたことである。

個々の論文については、歴史学研究会・日本史研究会・明治維新史学会や、東京大学史料編纂所の先輩・同僚、ここ一〇年間代表をつとめてきた各種の共同研究に参加していただいた皆さんから、本書にまとめる過程では、岩淵令治氏・梅澤ふみこ氏・小野将氏・松尾美惠子氏、「歴史と史料の会」の皆さんから、貴重なご教示を賜った。また、本書を構成する過程で、東京大学出版会の山本徹氏から、数々の的確なご指摘をいただいた。ご学恩を賜りながら、おひとりおひとりお名前をあげることはできない方も多いが、心から感謝の意を表したい。

最後に、私事にわたるが、本書の準備の過程では二度にわたる母の入院・事故があり、二ヶ月にわたる山口—広島での治療・看病を経て、無事東京搬送が実現した。困難な状況のなかで常に前向きに道を切り開いてきた母と、いつも家族を支えてくれている夫・山田能弘、そして「今を生きる」大切さを日々示してくれている岳に感謝の言葉を記したい。

二〇一八年七月

杉本史子

**著者略歴**
1958年　山口県出身
東京大学史料編纂所教授

**主要著作**
『領域支配の展開と近世』（山川出版社，1999年）
『地図と絵図の政治文化史』（共編，東京大学出版会，2001年）
『歴史をよむ』（共編，東京大学出版会，2004年）
『絵図学入門』（共編，東京大学出版会，2011年）
*Cartographic Japan: A History in Maps*（共編，The University of Chicago Press, 2016年）

近世政治空間論
——裁き・公・「日本」

2018年8月29日　初　版

［検印廃止］

著　者　杉本史子《すぎもとふみこ》

発行所　一般財団法人　東京大学出版会
代表者　吉見俊哉
153-0041 東京都目黒区駒場 4-5-29
http://www.utp.or.jp/
電話 03-6407-1069　Fax 03-6407-1991
振替 00160-6-59964

印刷所　株式会社三陽社
製本所　牧製本印刷株式会社


ISBN 978-4-13-020155-1　Printed in Japan

# 索　引

## 人名索引

か　行

## さ 行



## た 行

## 事項索引

## か　行

## さ　行

な　行



は　行

## ま　行



## や　行